规范与准则

上海市公证管理文件选编（2017版）

- 公证法和司法部规章汇总
- 办证实务和公证研究集萃

上海市司法局公证工作管理处／编

法律出版社
LAW PRESS · CHINA

目　　录

第一部分　上海市公证管理文件选编

第二部分　公证法和司法部规章汇总

第三部分　办证实务和公证研究集萃

第一部分

上海市公证管理文件选编

市司法局印发关于
公证工作管理的若干规定的通知

沪司制〔2015〕26号

市监狱管理局，局政治部、戒毒管理局、社区矫正管理局及机关各处室，局属各单位，各区县司法局：

《市司法局关于公证工作管理的若干规定》已经10月19日召开的市司法局2015年度第6次局长办公会议审议通过，现印发给你们，请遵照执行。

特此通知。

上海市司法局
2015年10月27日

市司法局关于公证工作管理的若干规定

第一条（目的和依据） 为了规范和加强本市公证管理工作，根据《中华人民共和国公证法》、《公证机构执业管理办法》、《公证员执业管理办法》等法律、法规、规章和有关规定，结合工作实际，制定本规定。

第二条（适用范围） 市司法局对公证协会、公证机构、公证员等的监督、指导和管理，适用本规定。

第三条（工作原则） 公证管理工作应当坚持职权法定、程序规范、公开公正、从严监管、分类指导、积极引导的原则。

第四条（机构和职责） 市司法局负责监督、指导和管理全市的公证工作并承担相应责任，履行作为公证类社会团体业务主管机关的工作职责，具体事项由其内设的公证工作管理处（以下简称“局公管处”）承担。局公管处的主要职责包括以下方面：

（一）组织开展公证管理工作调研，拟定和落实发展规划、管理制度和规范性文件；

（二）监督指导公证业务工作，检查考核公证机构执业情况；

（三）负责公证机构和公证员的投诉处理和行政处罚工作；

（四）联络和协调其他部门公证业务，协助开展公证文书真实性核查；

（五）制定公证员职业培训规划和方案；

（六）指导、监督市公证协会开展行业管理；

（七）完成局领导交办的其他工作。

第五条（公证管理研究） 局公管处应当围绕公证工作指导思想、基本原则、职责、执业规范、执业准入和监管、信息化和标准化建设、管理体制及公证资源科学配置等问题，定期组织开展公证管理工作的理论和政策研究。

第六条（公证制度建设） 局公管处应当根据司法行政工作中长期规划和年度安排，及时拟定和落实本市公证业发展的各项规划；强化对公证执业全过程监督，建立健全涵盖执业准入、日常监管、考核评价、奖励处罚等方面的公证管理制度和规范性文件。

第七条（公证业务督导） 局公管处应当全面监督、有效指导公证机构开展各项公证业务工作。推动和引导公证机构及其公证员认真办理涉及经济活动的工作事项，促进社会主义市场经济健康 发展；认真办理涉及公民权利义务的工作事项，维护人民群众合法权益；认真办理涉及社会和谐稳定的公证事项，促进实现社会公平正义；认真办理涉外、涉港澳台公证事项，促进对外开放交流。

第八条（常规监督检查） 局公管处应当对公证机构、公证员的执业活动、质量控制、内部管理等情况进行监督检查。具体事项包括：

（一）公证机构保持法定设立条件、公证员保持法定任职和执业条件的情况；

（二）公证机构执行应当报批或者备案事项的情况；

（三）公证机构和公证员执业活动情况；

（四）公证质量监控、业务档案管理、执行公证收费标准等情况；

（五）法律、法规、规章以及规范性文件规定的或者市政府、司法部等上级机关交办的其他监督检查事项。

第九条（重点监督检查） 本市公证机构或者公证员存在下列情形之一的，局公管处应当进行重点监督检查：

（一）被投诉或者举报的；

（二）执业中有不良记录的；

（三）未保持法定设立、任职和执业条件的；

（四）年度考核发现内部管理存在严重问题的。

第十条（监督检查方式） 局公管处实施监督检查，可以采取实地检查方式，要求公证机构和公证员说明有关情况，调阅公证机构相关材料和公证档案，向相关单位和人员调查、核实有关情况。

局公管处应当指导公证机构和公证员自觉接受司法行政机关依法实施的监督检查，如实说明有关情况、提供相关资料，不得谎报、隐匿、伪造、销毁相关证据材料。

第十一条（区县司法局监督检查） 根据“三定方案”规定的主要职责，各区县司法局应当协助局公管处开展对公证机构和公证员的日常监管工作。

各区县司法局协助开展日常监管的，局公管处应当加强对其的监督和指导。

第十二条（公证机构年度考核） 局公管处应当在每年的第一季度对公证机构进行年度考核。开展年度考核工作应当严格依照《公证法》的相关规定、《公证机构执业管理办法》第二十六条和本规定明确的监督事项，审查公证机构的年度工作报告，结合日常监督检查掌握的情况，对公证机构的年度执业和管理情况作出综合评估。年度考核等次及其标准，按照司法部和市司法局制定的相关规定执行。

第十三条（公证员年度考核） 局公管处应当监督、指导公证机构对所属公证员的执业情况进行年度考核，并对公证员考核的结果进行备案。

对公证机构的负责人履行管理职责情况的考核，由局公管处负责实施。

第十四条（年度考核结果通报） 局公管处应当以市司法局名义，在考核结束后，及时将公证机构及其负责人和公证员年度考核结果，书面向各区县司法局、市公证协会和各公证机构通报，同时报送司法部和中国公证协会备案。

第十五条（公证机构名录公告） 局公管处应当结合年度考核等工作，在市司法局门户网站或者公开出版的报刊等载体，按年度公告本市公证机构及其公证员的名录，以接受社会监督。

第十六条（立案调查违法行为） 局公管处在实施监督检查和年度考核过程中，发现公证机构或者公证员存在执业违法行为或者收到相关执业投诉、举报的，应当及时立案调查，全面、客观、公正地查明事实，收集证据。

第十七条（委托调查违法行为） 局公管处查处公证机构或者公证员的违法行为，可以依法委托市公证协会进行调查、核实，在市公证协会查明事实、核实证据后，听取其提出的实施行政处罚建议。

第十八条（实施行政处罚） 公证机构或者公证员有《公证法》所列应当予以行政处罚的行为之一的，局公管处应当依法实施行政处罚。局公管处对公证机构或者公证员违法行为实施行政处罚，应当严格按照法律规定的行政处罚程序进行。

第十九条（监督指导行业处分） 局公管处应当监督、指导市公证协会依据章程和会员惩戒规则等行业规范，对公证机构违反执业规范和执业纪律的行为，视其情节轻重，给予相应的行业惩戒；同时，应当要求市公证协会在查处公证机构或者公证员违反执业规范和执业纪律行为的过程中，发现有依据《公证法》的规定应当给予行政处罚情形的，应当及时送交局公管处处理。

第二十条（建议实施事业单位处分） 局公管处在查处公证员违法违纪行为时，发现虽无《公证法》或者公证协会会员惩戒规则所列应当予以行政处罚或者行业惩戒的行为，但有《事业单位人事管理条例》、《事业单位工作人员处分暂行规定》所列应当予以行政处分行为之一的，应当按照干部管理权限建议市司法局相关部门提起，或者责成东方公证处实施，或者责成区县司法局履行事业单位主管机关职责提起或者实施行政处分。

公证员有违法违纪行为，虽已受到市司法局或者市公证协会根据《公证法》或者公证协会会员惩戒规则实施的行政处罚或者行业惩戒，局公管处也可按照干部管理权限建议市司法局相关部门提起，或者责成东方公证处实施，或者责成区县司法局履行事业单位主管机关职责提起或者实施行政处分。

第二十一条（拓展公证业务领域） 局公管处应当积极联络和协调审判、公安、工商、民政、教育、房管、银行、证券等国家机关，工青妇等群众团体，行业协会等社会组织，为公证机构依法执业提供各种便利条件，不断拓展公证业务和服务领域。

第二十二条（核查公证文书） 局公管处应当会同市公证协会和各公证机构，配合、协助相关机关、机构和组织开展公证文书真实性核查工作。

第二十三条（制定公证培训方案） 局公管处应当及时制定公证员职业培训规划和方案，公证员培训内容应由职业道德、业务技能、执业纪律培训等内容构成，培训形式应当包括职前培训、年度职业培训和专项职业培训。

局公管处应当监督、指导市公证协会制定贯彻和执行上述规划和方案的年度计划。

第二十四条（监督指导公证协会） 局公管处应当督促市公证协会依照章程开展活动，实施行业自律管理，自觉履行制定行业规范、开展业务交流、表彰优秀会员、宣传行业形象、组织会员培训、提供会员福利、保障会员权利、调解执业纠纷、处理违纪投诉、作出行业惩戒等职责。

第二十五条（执业和信用信息档案） 局公管处应当配合局办公室、公共法律服务处等部门，及时在法律服务行业信用信息系统中录入公证机构设立（包括变更、备案）、公证员任职审核任命和执业核准、年度考核、违法行为查处、表彰奖励等方面的执业信息，推动公证行业信用体系建设工作。

第二十六条（公证宣传） 局公管处应当定期协调局对外宣传职能部门，开展公证宣传工作,有效展示公证工作成果,全面提升公证的社会影响力。

第二十七条(公证管理工作考核)　公证管理工作考核是市司法局司法行政工作考核的重要组成部分,列入本市区县司法行政工作年度考核指标。局公管处负责对本市各区县司法局公证管理工作进行考核。

公证管理工作考核采取日常考核、阶段性考核与年终考核相结合的方法。考核周期与市司法局司法行政工作考核周期保持一致。

公证管理工作考核结果包括划分等次或者具体分数等形式,计入市司法局司法行政工作考核结果。

第二十八条(解释权)　本办法由市司法局负责解释。

第二十九条(有效期)　本办法有效期5年,自2015年10月27日起施行,至2020年10月26日终止。

市司法局印发关于
公证执业活动投诉处理工作的具体办法的通知

沪司制〔2015〕32号

市监狱管理局,局政治部、戒毒管理局、社区矫正管理局及机关各处室,局属各单位,各区县司法局:

《市司法局关于公证执业活动投诉处理工作的具体办法》已经12月7日召开的市司法局2015年度第七次局长办公会议审议通过,现印发给你们,请遵照执行。

特此通知。

上海市司法局

2015年12月16日

市司法局关于
公证执业活动投诉处理工作的具体办法

第一条(目的和依据) 为了规范本市公证执业活动投诉处理工作,加强公证执业活动监督,根据《中华人民共和国公证法》和司法部《公证程序规则》、《公证机构执业管理办法》、《公证员执业管理办法》、《公证投诉处理办法(试行)》等法律、法规、规章和有关规定,结合工作实际,制定本办法。

第二条(适用范围) 投诉人对本市公证机构和公证员的执业活动进行投诉,以及司法行政机关开展投诉处理工作,适用本办法。

第三条(基本定义) 本办法所称投诉人,是指认为公证机构和公证员在执业活动中有违法违规行为,向司法行政机关投诉的公民、法人和其他组织。

本办法所称被投诉人,是指被投诉的本市公证机构和公证员。

第四条（处理原则） 公证执业活动投诉处理工作，应当遵循及时受理、依法查处、处罚与教育相结合的原则。

市和区县司法局应当依法保障和维护投诉人和被投诉人的合法权益。

第五条（公布事项） 市和区县司法局应当向社会公布投诉受理范围、投诉处理机构的通讯方式等事项，并指定专人负责投诉接待工作。

第六条（工作分工） 市司法局负责指导、监督全市公证执业活动的投诉处理工作，直接承担东方公证处及其公证员执业活动投诉处理工作。市司法局办理公证执业活动投诉处理工作的职能部门为局公证工作管理处（以下简称“局公管处”）。

根据所属区县政府确定的“三定方案”规定的主要职责，结合执行本规定载明的相关要求，各区县司法局应当协助局公管处开展对所属公证机构及其公证员的投诉处理等工作。

第七条（投诉和受理） 投诉人认为公证机构和公证员在执业活动中存在违法违规行为并向局公管处或者区县司法局投诉的，局公管处或者区县司法局应当受理。

对涉及严重违法违规行为的投诉，局公管处可以直接受理，也可以交由被投诉人所属的区县司法局受理。

对涉及东方公证处及其公证员违法违规行为的投诉，由局公管处直接受理。

第八条（投诉材料补正） 投诉人向司法行政机关提交书面投诉材料（被投诉人的姓名或者名称、投诉请求以及相关的事实和理由，并提供公证申请书、公证文书等相关的证明材料），局公管处或者区县司法局发现投诉人提供的信息不齐全或者无相关证明材料的，应当及时告知投诉人补充。

投诉人委托他人代理投诉的，局公管处或者区县司法局应当要求代理人提交投诉人的授权委托书和本人的身份证明。

第九条（投诉登记要求） 局公管处或者区县司法局收到投诉材料后，应当在3个工作日内填写《公证执业活动投诉登记表》。登记表应当载明投诉人及其代理人的姓名（名称）、性别、职业、住址、联系方式，被投诉人的姓名（名称）、投诉事项、投诉请求、投诉理由以及相关证明材料目录，投诉的方式和时间等信息。

第十条（投诉不予受理） 局公管处或者区县司法局发现书面投诉材料具有法律、法规、规章等规定的不予受理的情形的，应当在7个工作日内书面告知投诉人不予受理。

第十一条（投诉受理时限） 局公管处或者区县司法局应当自收到投诉材料之日起7个工作日内，作出是否受理的决定，并书面告知投诉人或者其代理人。情况复杂的，可以适当延长作出受理决定的时间，但延长期限不得超过15个工作日，并应当将延长的理由告知投诉人。

投诉人补充投诉材料所需的时间和投诉案件移送、转办的流转时间，不计算在前款规定期限内。

第十二条（投诉立案调查） 局公管处或者区县司法局受理投诉后，应当及时启动公证类投诉案件的立案和调查工作，全面、客观、公正地查明事实，收集证据。同时，应当责令被调查的公证机构或者公证员向调查机关如实陈述事实，提供有关材料。

第十三条（投诉调查笔录） 局公管处或者区县司法局进行调查，应当由2名以上工作人员进行，并制作笔录。调查笔录应当由被调查人签字或者盖章；不能签字、盖章的，应当在笔录中注明有关情况。

第十四条（要求配合调查） 局公管处或者区县司法局应当要求被投诉人配合调查，不得提供虚假、伪造的材料或者隐匿、毁损、涂改有关证据材料。

第十五条（投诉处理终止） 局公管处或者区县司法局在调查过程中发现具有法律、法规、规章等规定的不予受理的情形的，可以终止投诉处理工作，并将终止理由告知投诉人。

第十六条（责令停止违法） 局公管处或者区县司法局在调查过程中，发现被投诉人的违法违规行为仍处在持续状态的，应当责令被投诉人立即停止违法违规行为。

第十七条（局公管处处理意见） 局公管处应当根据不同的调查结论，分别作出相应的处理，并且形成书面意见答复投诉人，同时告知被投诉人：

（一）被投诉人违法违规行为涉嫌违反《公证法》或者司法部规章所列应当给予行政处罚的，局公管处应当提请市司法局分管局领导批准启动行政处罚立案和调查工作，同时建议市公证协会给予行业惩戒、事业单位主管机关给予行政处分；

（二）被投诉人违法违规行为虽未涉嫌违反《公证法》或者司法部规章所列应当给予行政处罚的，但是涉嫌《上海市公证协会会员惩戒规则（试行）》所列应当给予行业惩戒，《事业单位人事管理条例》、《事业单位工作人员处分暂行办法》所列应当给予处分的，局公管处应当建议市公证协会给予行业惩戒、事业单位主管机关给予行政处分；

（三）被投诉人违法违规行为情节轻微，没有造成危害后果，依法可以不予行政处罚、行业惩戒和行政处分的，局公管处应当给予通报批评、责令限期整改等处理；

（四）投诉事项查证不实或者无法查实的，对被投诉人不作处理；

（五）被投诉人涉嫌犯罪的，移送司法机关依法追究刑事责任。

第十八条（区县司法局处理意见） 区县司法局应当根据不同的调查结论，分别作出相应的处理，并且形成书面意见答复投诉人，同时告知被投诉人：

（一）被投诉人违法违规行为涉嫌违反《公证法》或者司法部规章所列应当给予行政处罚的，区县司法局应当提请市司法局启动行政处罚立案和调查工作，建议市公证协会给予行业惩戒，并以事业单位主管机关名义给予被投诉人相应的行政处分；

（二）被投诉人违法违规行为虽未涉嫌《公证法》或者司法部规章所列应当给予行政处罚的，但是涉嫌《上海市公证协会会员惩戒规则（试行）》所列应当给予行业惩戒，《事业单位人事管理条例》、《事业单位工作人员处分暂行办法》所列应当给予处分的，区县司法局应当建议市公证协会给予行业惩戒、事业单位主管机关给予被投诉人相应的行政处分；

（三）被投诉人违法违规行为情节轻微，没有造成危害后果，依法可以不予行政处罚、行业惩戒和行政处分的，区县司法局应当给予通报批评、责令限期整改等处理；

（四）投诉事项查证不实或者无法查实的，对被投诉人不作处理；

（五）被投诉人涉嫌犯罪的，移送司法机关依法追究刑事责任。

第十九条（投诉调查时限） 局公管处或者区县司法局受理投诉的，应当收到投诉材料之日起60日内办结。如因投诉事项复杂，在规定日期内不能处理完毕的，应向投诉人说明情况，延长答复时间，但最长不得超过3个月。

区县司法局对于市司法局委托调查的投诉事项，应在1个月内上报调查结论和处理意见。

第二十条（反馈处理意见） 局公管处和区县司法局应当在作出处理决定的当日，将投诉处理结果书面告知投诉人和被投诉人。

第二十一条（通报处理意见） 局公管处应当在投诉案件办结之日起1个月内，将投诉处理结论通报被投诉人所属的区县司法局和市公证协会。

区县司法局应当在投诉案件办结之日起1个月内，将投诉处理结论通报局公管处和市公证协会。对于涉及重大违法违规行为投诉案件的处理情况，区县司法局应当在投诉案件办结之日起7个工作日内，向市司法局和市公证协会通报。

局公管处和区县司法局应当分别将有责投诉处理意见记入被投诉人的执业和信用信息档案。

第二十二条（纠正违法行为） 局公管处或者区县司法局应当对被投诉人履行处罚、处理意见，纠正违法违规行为的情况进行检查、监督，发现问题应当责令其限期整改。

第二十三条（投诉处理督导） 局公管处应当加强对区县司法局投诉处理工作的指导、监督和检查，发现有违法违规、不当情形的，应当及时责令改正。区县司法局应当在1个月内上报纠正情况。

第二十四条（投诉处理考核） 局公管处和区县司法局承办投诉处理工作等情况，应当分别列入局机关处室绩效考核、区县司法行政工作考核指标，其工作人员在投诉处理工作中有滥用职权、玩忽职守或者其他违法违规行为的，应当按照干部管理权限，依据有关规定给予相应的行政处分。

第二十五条（投诉处理报告） 区县司法局应当在每年4月30日前，将上年度的公证执业活动投诉处理工作情况书面报告市司法局。

第二十六条（投诉处理归档） 局公管处和区县司法局应当建立公证执业活动投诉处理工作档案，并妥善保管和使用。

第二十七条（解释权） 本办法由市司法局负责解释。

第二十八条（有效期） 本办法有效期5年，自2015年12月16日起施行，至2020年12月15日终止。

市司法局关于印发
公证机构年度考核实施办法的通知

沪司制〔2014〕13号

市监狱管理局,局政治部、戒毒管理局、社区矫正管理局及机关各处室,局属各单位,各区县司法局:

为加强和改进本市公证机构年度考核工作,根据《市司法局关于内部工作制度制定和备案工作的若干规定》(沪司制〔2013〕1号),现将修订后的《市司法局关于公证机构年度考核的实施办法》印发给你们,请认真贯彻执行。

特此通知。

上海市司法局
2014年6月23日

市司法局关于公证机构
年度考核的实施办法

第一条 为了加强对公证机构执业行为的监督,规范本市公证机构年度考核工作,根据《中华人民共和国公证法》、《公证机构执业管理办法》、《公证员执业管理办法》和《公证机构年度考核办法(试行)》的有关规定,制定本办法。

第二条 公证机构的年度考核,是指司法行政机关对所设立的公证机构上一年度办理公证业务情况和遵守职业道德、执业纪律情况,以及公证机构内部管理等方面所进行的综合考评。

第三条 公证机构的年度考核工作,应当坚持客观公正、民主公开、年度考核与日常检查相结合、注重实绩的原则。

第四条 公证机构年度考核工作由市司法局组织实施,市司法局公证工作管理部门(下称考核部门)具体负责。

第五条 公证机构年度考核内容为上一年度(以下称考核年度)公证机构完成基础性工作和创新性工作的情况,重点考核公证机构的执业情况、公证质量情况和内部管理情况。

(一)基础性工作情况指公证机构为履行工作职责必须完成的日常基础性工作任务情况,具体内容如下:

1. 执业活动情况。包括在执业活动中,遵守职业道德和执业纪律,依法受理公证事项,提供公证服务情况;规范设立办公场所情况;按照法律法规及有关规定,认真办理公证业务投诉、复查、过错赔偿事项情况;严格执行公证服务收费标准情况等。

2. 公证质量情况。包括市年度公证质量检查与司法行政机关日常公证质量监管情况;加强公证质量自我监控,建立执行重大、复杂、疑难公证事项集体讨论制度、过错赔偿及责任追究制度情况等。

3. 组织建设情况。包括公证机构党组织建设及活动情况;公证员的配备数量及素质结构变化情况;开展公证员职业道德、执业纪律教育,开展公证业务知识、技能培训的情况等。

4. 窗口建设情况。包括办公设施和办公环境建设情况;公证人员仪表端庄、挂牌上岗、文明执业情况等。

5. 内部管理情况。包括公证机构建立执行有关人事管理、业务管理、档案管理、质量监控、财务管理、重大事项集体讨论、收入分配、年度考核和过错追究等内部管理制度情况等。

6. 其他考核事项。包括重大事项上报情况;认真完成司法行政机关、公证协会布置的年度重点工作和各类专项活动情况;及时、准确向司法行政机关、公证协会上报各种信息、材料、数据报表情况;社会公众满意度测评、法律服务行风测评情况等。

(二)创新性工作情况指公证机构在积极拓展公证业务、创新服务方式、延伸服务领域,组织公益性活动,创新内部管理模式等方面,在全市起到引领示范效应、具有推广价值,以及加强宣传、树立行业正面形象工作情况等。

第六条 公证机构在考核年度有下列情形之一,被司法行政机关责令改正的,考核部门应当将相关问题整改措施的落实、完成情况及其效果列入对该公证机构的考核内容:

(一)被投诉或者举报,经核查存在违法、违纪问题的;

(二)执业中有不良记录的;

(三)内部管理存在重大问题的。

第七条 对公证机构年度考核采取日常考核和年终考核相结合的方式进

行。日常考核是随机抽查考核和依据信访、投诉和行风检查等工作中发现的线索进行的专项检查考核。年终考核是对公证机构的年度工作报告进行审查,并结合日常监督指导中掌握的情况采取实地走访、听取汇报、查看台账、调阅卷宗等形式进行的综合考核。公证机构、公证员及其他工作人员应当积极配合考核部门,如实说明有关情况,提供相关材料,不得谎报、隐匿、伪造、销毁有关材料。

第八条 公证机构应当在每年2月1日前向本级主管司法行政机关提交包含有本办法第5条、第6条规定之内容的年度工作报告及《上海市公证机构年度考核表》一式二份。主管司法行政机关对公证机构的年度报告的内容进行确认、核实,并参照《上海市公证机构年度考核评分标准》,结合日常监督管理的情况,对公证机构考核年度基础性工作情况进行评分,每年2月15日前报送考核部门。

新设立的公证机构在考核年度执业不满3个月的,不参加年度考核。

第九条 考核部门根据年度综合考核掌握的情况,参照《上海市公证机构年度考核评分标准》,对公证机构年度考核进行评分。公证机构年度考核总得分由基础性工作情况分值与创新性工作情况分值相加得出。基础性工作情况分值100分,采取扣分形式,主管司法行政机关评分占30%,考核部门评分占70%。

创新性工作情况的分值15分,采取加分形式,由考核部门根据本市各公证机构整体推进情况,对其引领性、示范性进行评估,并对其创新性情况进行评分。

第十条 公证机构年度考核结果分为优秀、合格、基本合格、不合格四个等次,考核优秀比例由考核部门综合评定,一般不超过全市公证机构总数的1/3。考核评分为90分以上的,考核结果可以评定为优秀;考核评分为80分以上、不满90分的,考核结果为合格;考核评分为60分以上、不满80分的,考核结果为基本合格;考核评分不满60分的,考核结果为不合格。

第十一条 公证机构出现以下情形之一的,年度考核等次不得评定为优秀:年度公证质量检查优良率低于90%;因公证机构或公证员的过错导致公证文书被撤销3件以上;公证机构内部管理出现重大问题。公证机构所属公证员在考核年度受到吊销公证员执业证书处罚的,年度考核等次不得评定为合格及以上。公证机构在考核年度受到停业整顿处罚的,年度考核等次应当被评定为不合格。

第十二条 考核部门在每年3月底前征求市公证协会意见后,形成考核结果。考核结果包括:对公证机构年度工作情况的综合评价、主要成绩、存在的问题、整改要求或者建议,以及考核等次。考核部门将初步形成的考核结果向公证机构公示7日并抄送市公证协会。考核结果公示无异议后,考核部门将考核结果填入《上海市公证机构年度考核表》。

第十三条 公证机构对考核部门初步形成的考核结果有异议的,可以在公示期满前向考核部门申请复核。考核部门应当在10日内完成复核,并书面答复复核结果。

第十四条 考核部门在年度考核中发现公证机构有违反《公证法》和《公证机构执业管理办法》的突出问题的,应当责令其立即纠正或者限期整改,并进行重点监督、检查。

第十五条 公证机构对考核部门的年度考核结果列明的问题以及责令整改的要求,应当查找、分析造成问题的原因,及时制定整改措施,并书面报告考核部门。

第十六条 公证机构年度考核结果应载入公证机构执业档案和公证机构执业证书副本。《上海市公证机构年度考核表》一份由公证机构持有,一份存入公证机构执业档案。

第十七条 公证机构年度考核结果应作为公证机构评先表彰和行业奖惩的重要依据。公证机构年度考核确定为优秀等次的,可以参加全国、全市优秀公证处或先进集体评选。公证机构年度考核被评定为基本合格、不合格等次的,考核部门应当根据存在问题的不同情况,对该公证机构的负责人予以批评教育,提出整改要求,或者组织进行培训。

第十八条 市司法局于每年4月30日前,将公证机构年度考核结果在全市司法行政机关和公证行业内进行通报,在上海市法律服务行业信用信息服务平台上发布,主动向社会公开。同时将通报和年度考核工作总结报告上报司法部,抄送中国公证协会。

第十九条 本办法由市司法局负责解释。

第二十条 本办法有效期5年,自2014年6月23日起施行至2019年6月22日止。

附录:1. 上海市公证机构年度考核评分标准
2. 上海市公证机构年度考核表
3. 上海市公证员年度考核备案表

附录1

上海市公证机构年度考核评分标准

类别	一级指标	二级指标	分值	评分标准
基础性指标(100分)	1.执业活动情况(20分)	(1)在执业活动中,遵守职业道德和执业纪律,依法受理公证事项,提供公证服务	5	对符合受理条件的公证申请不予受理的,查实一件扣1分;不符合执业区域的有关规定受理公证申请的,查实一件扣1分;不遵守公证人员办证回避有关规定的,查实一件扣1分;有诋毁其他公证机构、公证员或者支付回扣、佣金等不正当竞争行为的,查实一件扣5分;公证机构或公证人员受到行政处罚、行业处分或诫勉谈话的,扣5分
		(2)规范设立办公场所	4	未经市局核准设立接待室、公证服务窗口的,查实一处扣2分
		(3)按照法律法规及有关规定,认真办理公证业务投诉、复查、过错赔偿事项	5	对符合条件的复查案件不予受理的,查实一件扣1分;不及时作出复查决定并告知投诉途径的,查实一件扣1分;对合理的赔偿请求不予理睬造成恶劣后果的,查实一件扣2分;市局转办的案件未按要求办理的,视情扣1~2分
		(4)严格执行公证服务收费标准	6	以不正当竞争为目的的降低收费标准的,查实一件扣2分
	2.公证质量情况(30分)	(5)年度公证质量检查情况	12	优良率低于85%的,扣8分,85%~92%的,扣5分;发现有不合格公证文书的,每件扣2分;发现假证的,本项不得分
		(6)日常公证质量监管情况	10	因公证机构或公证员的过错导致公证书撤销的,每件扣2分;被司法机关提出司法建议书,经查证属实的,每件扣2分;被提出公证书核查,且经查证存在不真实不合法情形导致公证书被撤销的,每件扣2分;被上级司法行政机关通报批评的,每件扣3分

续表

类别	一级指标	二级指标	分值	评分标准
基础性指标(100分)	2.公证质量情况(30分)	(7)加强公证质量自我监控,建立执行重大、复杂、疑难公证事项集体讨论制度、过错赔偿及责任追究制度	8	公证机构自查每年少于2次的,少一次扣1分;自查报告中无分析总结的,扣1分;对司法行政机关和公证协会检查中发现的问题整改不力的扣2分;未建立重大、复杂、疑难公证事项集体讨论制度以及过错赔偿及责任追究制度的,扣2分;未落实上述制度的,扣2分
	3.组织建设情况(10分)	(8)公证机构党组织运行良好,党组织生活正常,公证员队伍保持稳定,学历结构、年龄结构逐步优化,政治觉悟和专业水平与时俱进	5	党组织不健全的,扣2分;未正常组织开展或参加党组织活动的,扣2分
		(9)积极组织政治业务学习,开展职业道德、执业纪律教育以及集中业务学习,公证员能完成每年的教育培训目标	5	组织政治、业务学习各少于3次的,少一次扣1分;公证员参加市公证协会组织的职业道德、执业纪律以及业务培训出勤率低于95%的,扣2分(新任公证员不列入当年统计)
	4.窗口建设情况(10分)	(10)办公环境整洁,基础设施齐全	4	办证大厅环境杂乱的扣2分;基本的硬件设备不齐全的扣2分
		(11)窗口形象好,公证人员仪表端庄、挂牌上岗、文明执业	6	规定项目应当公示,凡缺一项扣0.5分,扣完为止(公示的项目包括:收费标准、业务范围、办证程序、投诉电话、公证员姓名、照片等);窗口服务人员未着制服的,发现一件扣0.5分;窗口服务未做到文明礼仪规范的,发现一件扣0.5分;未履行对社会承诺的,发现一件扣1分

续表

类别	一级指标	二级指标	分值	评分标准
基础性指标(100分)	5.内部管理情况(18分)	(12)建立健全公证机构有关人员管理、业务管理、档案管理、质量监控、财务管理、重大事项集体讨论、收入分配、年度考核、过错追究等内部管理制度	6	公证机构未制定人员管理、业务管理、档案管理、质量监控、财务管理、重大事项集体讨论、收入分配、年度考核、过错追究等内部管理制度的,缺少一项扣2分
		(13)公证机构严格执行各项内部管理制度,规范日常管理情况	12	未执行岗位目标责任制的,扣1分;未履行重大事项集体讨论制度的,扣1分;未按要求组织实施公证员日常管理及年度考核的,扣2分;未按要求组织实施公证员助理日常管理及年度考核的,扣2分;未按全市统一要求推进公证机构内部业务办证软件的,扣2分;公证档案管理制度执行不力,经核查发现问题的,扣2分;在财务审计中发现有违法违规行为的,扣3分;收入分配未按主管部门要求执行的,扣2分;人事变动不符合主管部门规定的,每件扣1分;内部管理出现重大问题的扣5分
	6.其他考核事项(12分)	(14)重大事项及时上报情况	5	规定应当上报的事项,未及时上报的,发现一起扣2分(应上报市局公管处事项包括:撤销公证书复查决定、公证赔偿决定或协议、涉及民事诉讼的公证事项以及可能引发群众上访投诉或矛盾激化的情况等)
		(15)认真完成司法行政机关、公证协会布置的年度重点工作和组织的各类专项活动	3	未按要求完成重点工作或开展专项活动的,扣3分
		(16)及时、准确上报应当提供的各种信息、材料、数据报表	2	上报工作信息少于10篇的,少一篇扣0.2分;未及时上报材料、数据报表的,扣2分
		(17)社会公众满意度测评、法律服务行风测评等情况	2	社会公众满意度测评、法律服务行风测评及行风热线中被点名且查证属实的,每件扣1分

续表

类别	一级指标	二级指标	分值	评分标准
创新性指标（15分）	7.创新加分事项（15分）	（18）积极拓展公证业务、创新服务方式、延伸服务领域，组织公益性活动，创新内部管理模式，在全市起到引领示范效应的，具有推广价值	10	组织或参加公益性活动以及开展便民惠民服务举措取得良好社会效果的，加2分；拓展公证业务、创新服务方式、延伸服务领域，得到服务对象肯定好评，取得良好效果的，加2分；形成特色服务，专业化、精细化管理成效明显的，加2分；建立健全人才引进、培育机制，队伍专业化、梯队化建设成效明显，加2分；探索创新公证质量监管模式，取得显著成效的，加2分
		（19）加强宣传，积极树立行业正面形象	5	工作经验在市委市政府、司法部层级宣传交流的加3分，在区委区政府、市司法局层级宣传交流的加2分。工作经验在中央电台、电视、报纸、媒体上宣传的，加3分，在市级电台、电视、报刊上宣传的，加2分；在区（县）级电台、电视、报纸上发表的，加1分（报纸需有刊号并对外发行）。同一事项不重复加分

附录 2

上海市公证机构年度考核表

考核年度________________

填报单位________________

填报日期________________

上海市司法局印制

<table>
<tr><td colspan="2">名　称</td><td colspan="2"></td><td colspan="2">法定代表人</td><td></td></tr>
<tr><td colspan="2">地　址</td><td colspan="2"></td><td colspan="2">联系电话</td><td></td></tr>
<tr><td colspan="7">公证机构体制及经费管理方式</td></tr>
<tr><td colspan="4">公证机构体制</td><td colspan="3">经费管理方式</td></tr>
<tr><td>行政</td><td>事业</td><td>合作制试点</td><td>其他</td><td>全额拨款</td><td>差额拨款</td><td>自收自支</td></tr>
<tr><td></td><td></td><td></td><td></td><td></td><td></td><td></td></tr>
<tr><td colspan="7">公证机构党组织建设</td></tr>
<tr><td colspan="3">建立党组织情况</td><td colspan="4">1. 党支部 □　2. 党总支 □　3. 党委 □</td></tr>
<tr><td colspan="3">党员人数</td><td colspan="2"></td><td>党组织负责人</td><td></td></tr>
<tr><td colspan="7">编制及人员聘用情况</td></tr>
<tr><td colspan="7">核定编制数__________,实际在编人数__________;
执业公证员数(含退休返聘)__________,其中在编__________,非在编__________;
公证员助理数__________,其中在编__________,非在编__________;
其他行政人员数__________,其中在编__________,非在编__________;
劳务派遣人员情况:公证员助理__________人,其他人员__________人。</td></tr>
<tr><td colspan="7">公证机构受奖惩情况(区县委办局及以上)</td></tr>
<tr><td colspan="2">表彰情况</td><td colspan="5"></td></tr>
<tr><td colspan="2">处罚情况</td><td colspan="5"></td></tr>
<tr><td colspan="7">年度工作报告(不少于2500字,另附页)</td></tr>
<tr><td colspan="2">主管司法局
审核意见</td><td colspan="5">盖章:　年　月　日</td></tr>
<tr><td colspan="2">市司法局
考核意见</td><td colspan="5">盖章:　年　月　日</td></tr>
</table>

附录3

上海市公证员年度考核备案表

（ ）年度

<table>
<tr><td>姓　名</td><td></td><td>性　别</td><td></td><td>出生年月</td><td></td></tr>
<tr><td>政治面貌</td><td></td><td colspan="2">职　务</td><td colspan="2"></td></tr>
<tr><td>学历、学位</td><td></td><td colspan="2">执业证号</td><td colspan="2"></td></tr>
<tr><td>专业职称</td><td colspan="2">一级□ 二级□ 三级□ 四级□ 未评□</td><td>评定年月</td><td colspan="2"></td></tr>
<tr><td>进公证处工作年月</td><td colspan="5"></td></tr>
<tr><td>获公证员资格年月</td><td colspan="5"></td></tr>
<tr><td>获涉外资格年月</td><td colspan="5"></td></tr>
<tr><td colspan="6">编制及聘用情况</td></tr>
<tr><td>行政编制</td><td>事业编制</td><td>合同聘用</td><td>退休返聘</td><td colspan="2">其他</td></tr>
<tr><td></td><td></td><td></td><td></td><td colspan="2"></td></tr>
<tr><td colspan="6">奖惩情况（区县委办局及以上）</td></tr>
<tr><td>表彰情况</td><td colspan="5"></td></tr>
<tr><td>处罚情况</td><td colspan="5"></td></tr>
<tr><td>公证机构考核意见及考核等次</td><td colspan="5">盖章：　年　月　日</td></tr>
<tr><td>主管司法局审核意见及考核结果</td><td colspan="5">盖章：　年　月　日</td></tr>
<tr><td>备　注</td><td colspan="5">各公证机构应在1月25日前完成对公证员的年度考核，并将考核材料报送主管司法局审核，在2月12日前将本表报送市局公证管理处。</td></tr>
</table>

市司法局关于开展2015年度公证机构考核工作的通知

沪司发〔2016〕3号

各区县司法局、市公证协会：

根据司法部《公证机构年度考核办法(试行)》(司发通〔2007〕67号)的规定和《市司法局关于公证机构年度考核的实施办法》(沪司制〔2014〕13号)的要求,为了做好本市公证机构2015年度考核工作,请各单位结合2015年工作,认真开展公证机构年度考核工作。各公证机构应于2016年2月1日前,完成填写《上海市公证机构年度考核表》和《上海市公证员年度考核备案表》,并向区县司法局提交年度工作报告。年度工作报告应当客观、真实、全面地反映本机构年度考核的各方面工作情况。区县司法局对公证机构的年度工作报告提出审核意见。所有考核材料(电子版、纸质版)请于2月15日前送交市司法局公证工作管理处。

特此通知。

附件:1. 市司法局关于公证机构年度考核的实施办法
2. 上海市公证机构年度考核评分标准
3. 上海市公证机构年度考核评分表
4. 上海市公证机构年度考核表
5. 上海市公证员年度考核备案表

上海市司法局
2016年1月14日

(附件略)

市司法局关于2015年度公证机构考核结果的通报

沪司发〔2016〕52号

各公证处：

根据《公证机构年度考核办法（试行）》（司发通〔2007〕67号）和《市司法局关于公证机构年度考核实施办法》（沪司制〔2014〕13号）的规定，我局于今年一季度对全市21家公证机构2015年度工作情况进行了年度考核。现将2015年度全市公证机构考核结果通报如下：

一、优秀（10个）：浦东公证处、徐汇公证处、新黄浦公证处、卢湾公证处、长宁公证处、静安公证处、杨浦公证处、闵行公证处、松江公证处、青浦公证处。

二、合格（7个）：东方公证处、黄浦公证处、闸北公证处、虹口公证处、普陀公证处、宝山公证处、崇明公证处。

三、基本合格（4个）：嘉定公证处、奉贤公证处、金山公证处、国信公证处。

特此通报。

上海市司法局

2016年4月25日

市司法局关于部分公证机构违法违规设点办证等情况的通报

沪司发〔2015〕59号

各区县司法局，市公证协会：

近年来，随着公证业务快速发展，业务量不断增加，部分公证机构和公证员逐渐产生逐利倾向，为了多办证、快出证、多创收，故意违反《行政许可法》、《司法部办公厅关于严格规范公证处设立办证点有关问题的通知》（司办通〔2005〕25号）、《市司法局关于进一步规范公证机构办公场所管理的通知》（沪司发公管〔2009〕13号）等法律法规规章和司法行政机关规范性文件的规定，未经行政审批机关核准，擅自在依法核准的办公场所之外设立办证点或以“上门办证”为名，指派公证人员在中介机构内长期驻点办公，大量办理民间借贷等类公证业务。近年来有关公证机构违法违规设点的详细情况见附件。

经市司法局公证管理部门多次督导，相关公证机构违法违规设立的办证点现已撤销。但从掌握的情况看，公证机构在办证点内办理了大量的民间借贷类公证书，由于内部管理失控、外部监督乏力，少数公证员执业指导思想发生严重偏差，执业行为涉嫌严重违法违规。有的公证员不到现场，指派公证员助理或其他无关人员直接办证；有的降低办证标准，迁就一方当事人的无理要求；有的公证人员涉嫌帮助提供虚假证据，被当事人指责“涉黑，与中介公司之间有利益输送关系”。上述行为直接导致了公证投诉量急剧增长，群众反映强烈，投诉处理难度加大，公证质量明显下降，社会形象受到损害，公信力引发社会置疑。

针对此类现象，市司法局多次明确要求各公证机构和公证员端正执业指导思想，摒弃逐利倾向，树立为民服务的宗旨意识，发挥好公证预防纠纷、保证法律正确实施的职能作用，共同维护良好的执业环境和公证工作的社会形象。近年来，市司法局连续出台规范性文件，开展多轮专项检查工作，对公证执业秩序进行了专项整治，有效遏制了公证机构擅自设立办证点的违法违规现象。

市司法局认为，相关公证机构未经核准擅自设立办证点的行为是部分公证人员片面追逐经济利益、争揽公证业务的典型表现，违法违规执业直接导致当事人提出异议，且引发多起投诉，形成社会不安定因素，社会影响极其恶劣，严重损害了公证工作的社会公信力。对此，所属区县司法局、公证行业协会和市司法局公证管理部门均存在监管不力、失之于宽等不可推卸的责任。为了严肃公证执业纪律，杜绝违法违规设点现象，市司法局重申对查实存在相关违法违规行为的公证机构和公证人员，市司法局公证管理部门应当分别依法提起行政处罚、建议公证行业协会实施行业惩戒、责成相关区县司法局等提起和实施事业单位人事处分。今后，对相关区县司法局因公证机构、公证人员违法违规执业监管不力、拒绝或者拖延执行上级有关督导指令、造成重大严重社会后果的，市司法局将向所在区县党委、政府和党委政法委发出书面通报，同时在实施区县司法行政工作年度考核中，对公证管理项目得分实行一票否决。

特此通报。

附件：近年来有关公证机构违法违规设点情况

上海市司法局

2015 年 10 月 23 日

（附件略）

市司法局关于公证机构违法违规违纪办证情况的通报

沪司发〔2016〕1号

各区县司法局、市公证协会：

公证质量是公证工作的生命线，是公证公信力的重要标志。随着依法治国的全面推进，公证当事人及相关利害关系人的法治观念和法律意识不断增强，对公证质量和日常监管工作的要求日益提高。近期，市司法局信访、公证管理等部门在信访接待、投诉处理和行政检查工作中，发现少数公证机构和公证员存在违规办证情况和严重的质量问题。有的公证员虚构事实、添加内容，致使公证书严重失实；有的公证员放弃审查职责，承办批量性公证严重不负责任；有的公证机构擅自提高收费标准，巧立名目多收公证费；有的公证书案由与出证格式不符、收费不统一，引发当事人投诉；有的拒不执行现行有效的部颁规章，办证程序严重违法、违规或者违纪，等等。前述问题严重影响了公证工作服务为民职能作用的发挥，损害了公证工作的社会公信力，也玷污了本市公证行业作为文明行业应有形象，应当引起我们的高度重视。当前，诸如涉及民间借贷、众筹理财、有限合伙、委托书、声明书等批量性公证事项的公证执业违法、违规、违纪问题，尤其值得关注。其中，未经批准乱设办证点或以签订常年服务协议变相设置办证点、收费标准不公开或不以纸质形式公示、凡遇熟人申请随即降低出证标准、公证书交由无关人员领取、处理夫妻共同财产不审查配偶意见等现象反复发生、屡禁不止，群众反映强烈。少数公证机构负责人规矩意识缺乏、自律意识较差、群众观念淡薄，过多考虑机构利益，对公证员违法、违规、违纪办证现象熟视无睹、不管不顾，对待上级机关的监督检查采取应付、辩解、敷衍的态度。

司法部和市司法局已于近期就加强公证管理、提高公证质量、严惩违法违规违纪公证执业行为提出明确要求，市司法局主要领导也批示，“高度关注批量性公证等敏感公证事项的风险点，完善落实管理措施，及时建立风险预警机制，加强分类指导和专项监管工作”。为了严格执行上级各项要求，遏制公证违法违规违纪势头，进一步教育全体公证员牢固树立质量红线意识，推进公证工作持续健康发展，市司法局公证管理等部门在近年来收到的信访和投诉材料中，选取了6

个典型案例，分别反映公证质量和执业违法等问题，表明了市司法局的处理意见。请相关单位抓紧向所属公证机构和公证员等从业人员传达，要求引以为戒，吸取教训，并结合自身存在的问题，及时提出有针对性的改进措施。在通报6个典型案例的同时，市司法局再次提出以下要求：

一、本市各级司法行政机关、公证行业协会、公证机构和全体公证员应当尽快统一思想，坚持以“零容忍”的态度，着力加强监督管理和质量控制，从严惩处公证执业中发生的各种违法、违规和违纪行为。

二、市司法局公证管理等部门、各区县司法局应当增强大局意识，充分认识到公证质量的重要性，把提高公证质量放到当前工作的突出位置，采取有效措施，充分履行事业单位主管机关和公证执业活动监管机关的双重责任，积极配合好市司法局开展投诉处理工作，坚决执行好市司法局的各项管理制度和处理决定。

三、公证行业协会应当提高行业自身的运行能力和管理水平，要充分运用好信息化、标准化、考核评优、行业惩戒等综合管理方法，加强自律机制的建设，破除情面观念，强化自我约束、自我管理。要在市司法局的监督、指导下，进一步加强行业规范、业务规则的制定工作，健全公证员不良执业记录披露制度，强化公证争议复查和行业惩戒工作力度。当前，要尽快实现全市公证机构联网运作，并在此基础上，建立全行业的信息汇总和风险预警机制。

四、公证机构负责人作为事业单位的法人代表和公证执业机构的负责人，应当讲政治、守规矩，切实履行好第一责任人的工作职责，模范遵守上级机关的各项管理制度。应当敢于管理、善于管理，有针对性地加强制度建设，用制度管人、管事，不得因为追逐机构利益和个人私利而掩饰、迁就、纵容各种违法、违规、违纪公证执业行为。

五、全体公证员应当珍惜自己职业荣誉和使命，强化执业意识、坚守底线思维。不准为不真实、不合法的事项出具公证书，不准违规收费，不准与当事人恶意串通利用办证谋取私利。应当充分履行法律服务工作者的社会责任，确保公证的真实性、合法性原则和法律的正确实施，努力为群众提供优质高效的公证法律服务，自觉做一名依法治国的践行者和社会公平正义的守护者。

特此通报。

附件：违法违规违纪公证案例

上海市司法局

2016年1月7日

附件

违法违规违纪公证案例

案例一：公证员虚构事实、添加内容，公证书严重失实

自2013年2月以来，公证当事人朱某先后致电或者来访市司法局，投诉公证员张某（事业单位在编工作人员）违法违规违纪办理委托公证书。经查，公证员张某于2011年1月，为朱某办理了《房地产买卖合同》公证，因当事人朱某即将离境，一时无法回国，为迎合当事人的想法，事先代朱某拟写了委托他人出售房产的委托书，并由朱某在委托书上签名，后朱某离境。2011年3月1日朱某取得《上海市房地产权证》时，公证员不顾《公证法》、《公证程序规则》等法律、法规、规章和工作纪律的明确规定，不顾朱某尚在境外，自行在委托书文本、公证申请表、谈话笔录上添加落款时间"2011年3月1日"，出具了委托公证书，并在公证书上虚构事实作虚假表述，即"当事人朱某，于2011年3月1日在上海市，在本公证员的面前，在前面的《委托书》上签名"。

公证员张某出具"不真实、不合法的公证书"的行为，不仅违反公证法规和行业规则，并且严重违反事业单位工作纪律，市司法局已明确要求公证机构按照《事业单位人事管理条例》、《事业单位工作人员处分暂行规定》的规定，先行作出人事管理处分。

案例二：公证员放弃审查职责，承办批量性公证，严重不负责任，涉嫌渎职

市司法局在行政检查中发现某远郊区公证机构公证员董某在办理动迁安置公证事项中，存在多起违规办证的现象。为此，市司法局调阅了该公证员2014年1月至2015年6月办理的全部公证卷宗共计498卷。经检查发现，公证员董某此期间在某区某大道1525号302室先后办理涉及动迁安置的声明、委托、合同等公证事项共62件。

公证员办理上述公证事项的共同特点：(1)本市动迁居民与外地户籍人员在动迁合同签订前结婚，并将外地户籍人员列为动迁安置范围。动迁合同签订后即离婚。(2)离婚后，由外地户籍一方申请办理声明公证或合同、析产公证。声明公证的内容为外地户籍人员自愿放弃动迁所取得的安置房屋的一切权利，权利归浦东动迁居民；合同、析产公证是由外地户籍人员与动迁居民双方协议，将动迁所取得的安置房屋的一切权利归动迁居民所有。(3)公证书出具后，公

证员均专门邮寄给案外人，但公证卷宗中，均无公证申请人委托他人领取公证书的记载。

市司法局认为，公证员董某通过承办大量的此类公证，应当可以发现动迁公司与相关机构或社会人员存在恶意串通，侵吞诈取动迁款项损害国家、集体利益的可能性，但却放弃审查职责，采取了不闻不问的态度。属于明知此类公证存在可能被不法分子利用的重大疑点，仍然不顾公证员应当履行的社会责任和确保法律正确实施的义务，持续办理大量的此类公证，可能导致较大的纠纷，影响社会安定。市司法局将全面调查此案，如果涉及违法违规执业，将坚决给予处罚和惩戒，以儆效尤。如果涉嫌违法犯罪，将移送公安机关予以严厉打击，以严肃执业纪律，维护行业形象。

案例三：擅自提高收费标准，巧立名目多收公证费

公证当事人李某以钱某侵犯名誉权为由向法院提起诉讼，并要求法院判令钱某承担其为维权向某公证机构申办的 5 件证据保全公证费，共计 23,000 元。李某向市司法局提出异议，认为公证机构超标准收费，要求市司法局查处。公证机构提出的申辩意见认为：公证机构与当事人李某签订有常年《公证法律服务合同》，公证收费包含了常年公证服务费、证据保全公证费、在办理公证前后提供的法律咨询费 3 个部分，并不存在乱收费的问题。

市司法局认为，公证机构应当严格按照规定的收费标准收取公证费，在办理此类民事公证事项时按照经济法律咨询的标准收取咨询费显属不当。

案例四：公证书案由与出证格式不符、收费不统一，引发当事人投诉

公证当事人孙某 2015 年 1 月至本市某公证机构申办涉外用"纳税状况"证明，该公证机构受理立案后即出具了公证书，证明"税务局出具的《税收完税证明》的原件与复印件相符，原件属实"，并按照"纳税状况"公证的收费标准，实收 200 元公证费。后孙某对收费提出异议，向公证机构交涉无果，又去本市另一家公证机构以相同事由再次申办公证，该公证机构出具的公证书内容与前一家公证机构出具的公证书完全一致，但按照"复印件与原件相符"公证的收费标准，实收 100 元公证费。孙某当即向市司法局投诉，明确要求给予书面解释。

市司法局受理后及时进行了相应的审查，市司法局认为，前后两家公证机构在案由编列和出证格式上，均存在违反规定的情形。当事人申办"纳税状况"公证，应当按照司法部规定的《公证书格式》第 27 式予以直接证明，但两家公证机构却以格式第 33 式以间接证明的方式出证，且第一家公证机构又错误地按照直接证明收费，多收取 100 元公证费，遂引发当事人质疑和投诉，该公证机构接投诉后未予重视、处理不力，导致矛盾激化。

市司法局调查核实情况后，已向两家公证机构及其上级司法行政机关反馈，并明确要求第一家公证机构退还全部公证费，向当事人明确解释、赔礼道歉，争取谅解。

案例五：财产清点证据保全公证，未严格执行司法部《房屋拆迁证据保全公证细则》

2013 年 8 月，某公证机构受理了当事人申请的对张某房屋强制拆迁证据保全公证申请，并出具了公证书。后张某向市司法局投诉称，承办公证员未按照司法部制定的《房屋拆迁证据保全公证细则》第 14 条的规定对所有物品逐一核对、清点、登记、分类造册，导致物品散失，要求市司法局查处。

市司法局认为，公证机构办理的强制拆迁证据保全公证严重违规。房屋征收补偿工作事关社会稳定和人民群众的切身利益，司法部《房屋拆迁证据保全公证细则》第 14 条明确规定公证机构办理此类公证事项时必须做到“财产登记造册、逐一清点”。但近期以来，我们在信访投诉中多次发现部分公证机构以《房屋拆迁证据保全公证细则》颁布时间过久，已不适应工作需要为由，没有认真执行《房屋拆迁证据保全公证细则》第 14 条的规定，以“打包装箱清点统计”的做法替代原有规定。这种做法极易引发当事人投诉和社会质疑。为此，市司法局专题向司法部请示，司法部明确告知，《房屋拆迁证据保全公证细则》系现行有效的行政规章，2015 年 4 月司法部交由法律出版社正式出版的《司法行政法律法规规章汇编》已经再次确认其效力。公证机构及其承办公证员不得迁就和满足房屋拆迁部门于法有悖的工作要求，不得为违法拆迁行为提供公证法律服务。

案例六：公证员签名字迹不清、无法辨识

公证当事人胡某向市司法局投诉，其于 2014 年 1 月向某公证机构申办房产抵押委托公证，期间与公证人员发生争议，最后出具的公证书不是其真实意思表示，现要求撤销，并追究相关人员责任。撤销理由之一是公证全过程均只有公证员助理曹某办理。

市司法局接投诉后即调阅了全部卷宗，遍查卷宗均无法查到公证员张某的签名，无法查实公证员本人是否亲自办理。经询问公证员后，查明其仅在公证申请表接待人签字栏内用一个无法辨认的符号替代了签名。市司法局认为，卷宗材料是公证活动全过程的完整记载，反映了公证员收集证据和审查核实的具体工作，形成卷宗后具较强的专业档案价值，应当经受司法机关和历史的检验。公证人员在书面材料上的签字是职务行为，不可任性、不许胡来。公证员的亲笔签

名必须与备案的公证员签名章字迹相同或相近，书写工整、易于辨认，不得以符号、数字、字母、笔画、偏旁部首、私人印章等替代。否则，市司法局在质量检查和投诉处理中将一律不予认可，并将追究承办公证员的责任，公证员必须承担由此引起的法律后果。

市司法局关于
××公证处违规办证情况的通报

沪司发公管〔2012〕3号

各区县司法局、各公证处：

近期，我局在处理信访投诉过程中发现，上海市××公证处在办理委托公证业务中存在严重违反有关办证规定的情况，为了维护公证工作的正常秩序，保证公证质量，防止此类问题的再次发生，现通报如下：

2011年10月12日，两名持假身份证的当事人分别冒用吕某某和崔某某的名义，在本市普陀区长寿路上的某资产管理公司，向××公证处申办委托公证。××公证处的工作人员（非公证员）在现场受理了公证申请。在未对申请人的身份等事项进行认真审查、核实的情况下，该工作人员进行了对上述公证的拟稿、打印等工作。由于承办公证员没有参与整个办证过程，无法证明当事人在委托书上的签字行为，所以，在公证书中擅自删除了“在本公证员的面前”的规定内容，并于10月13日，在未经审批的情况下，向当事人出具了公证书。事后，补办了审批手续。公证书出具后，未按规定送达当事人，将公证书直接发给了上述某资产管理公司的工作人员。

2011年11月29日，吕某某和崔某某向××公证处书面提出复查申请，因未能得到书面答复，于2011年12月13日向市司法局领导书面投诉要求查处。经复查，××公证处确认了此证为错证，已于12月22日作出撤销公证书的决定。

上述办证过程，主要存在以下问题：

1. 变相违规设立办证点。××公证处未能认真执行市司法局关于规范公证机构办公场所管理的文件精神，以上门服务为由，在资产管理公司内设点服务。

2. 助理人员独立办证。此案中的受理、审查、拟稿、出证、送达等环节，均由助理人员独立办理。由于承办公证员实际之没有参与办证过程，公证员无法证明当事人在办理公证时的签字等行为，所以擅自变更公证书格式，删除了公证书证词的规定内容。

3. 审查程序流于形式。在办理公证中未按照《公证程序规则》的规定认真履行审查职责，先出证，后审批。

4. 违规发送公证书。未按照《公证程序规则》的规定,将公证书发送给申请人或其代理人,而是送达给了某公司人员。

质量是公证工作的生命,它关系到公证事业的未来。××公证处发生的问题,在其他个别公证处也程度不同的存在,对此,必须予以高度重视。为了进一步规范办证管理,现提出以下要求:

1. 要认真执行市司法局《关于进一步规范公证机均办公场所管理的通知》(沪司发公管〔2009〕13 号)的要求,经批准的对外接待窗口,要按规定公示服务承诺、收费标准、公证员姓名、业务咨询和投诉电话等内容。要正确把握上门服务与设点服务的区别,不得在市局批准的场所之外、反复接待不同的当事人办理公证事项。

2. 要严格执行司法部《公证程序规则》。公证员应当亲自办理公证业务,认真履行审查、审核职责;规范办证流程,不得擅自缩减公证程序;规范公证书送达工作、公证书应当自当事人或其代理人领取,当事人或其代理人收到公证书应当在回执上签收;加强公证质量监督、严格审批程序,保证公证质量。

3. 要严格执行司法部《关于推行新的定式公证书格式的通知》要求,凡格式要求必须按照固定内容加以表达的,在制作公证书时要全面、完整地予以体现,不得擅自变更。

各公证处要认真组织全体工作人员学习、领会通报的内容,对照检查自身办证中存在的问题,并于 2 月底前将学习讨论、对照检查以及整改落实情况报市局公证工作管理处。区县司法局要加强对办证工作的监督指导。发现问题要及时予以纠正,共同维护好本市公证工作秩序。

上海市司法局

二〇一二年一月三十一日

市司法局关于开展
2016年度公证质量检查工作的通知

沪司发〔2016〕15号

各区县司法局、市公证协会：

2015年，市司法局积极探索“分级分类、动态监管”工作机制，充实公证质量检查的队伍，采取日常检查和专项检查相结合、行政检查和机构自查相结合、重点检查和一般检查相结合等工作措施，使全市公证质量得到有效监管。为了不断巩固工作成果，持续提升公证质量，现就开展2016年度公证质量检查等事项通知如下：

一、继续推行质量免检机制

东方、虹口2家公证处在2015年度免检年度内发生有责投诉、违规办证等情况。静安、卢湾2家公证处则在2015年度公证质量检查中获得优异成绩。因此，确定2016年度本市公证机构卷宗质量免检单位为浦东、新黄浦、长宁、杨浦、闵行、静安、卢湾7家公证处。2016年度公证员卷宗质量免检人员名单，由市公证协会依据《质量检查通知》的规定进行调整和确定，并送市司法局公证工作管理处备案。

免检公证机构和免检公证员所在公证机构，应当高度重视公证质量监管工作，认真加强内部质量检查，2016年对所有公证员或免检公证员的质量自查不得少于2次，自查情况分别于2016年7月和2017年1月报送市司法局公证工作管理处和市公证协会。自查情况将作为2016年度公证机构、公证员考核的内容。

2017年度公证卷宗质量检查免检安排，届时另行决定。

二、及时制定检查工作方案

对免检公证机构和免检公证员名单以外的机构和人员办证形成的公证卷宗，继续由市司法局公证工作管理处、市公证协会会商后及时制定周密的检查工作方案，明确检查范围、时间跨度、重点事项和调卷方式等内容。各区县司法局应当监督、指导所属公证机构，主动协助和积极配合检查工作方案的实施。

三、注重运用检查工作结果

各区县司法局应当高度重视公证质量工作，将公证卷宗质量检查作为提高公证办证水平的重要内容，认真监督所属公证机构完善、落实公证质量管理制度，配合做好公证质量检查工作。各区县司法局、市公证协会和市司法局公证工作管理处等应当注重检查结果的运用，将检查中发现的问题作为工作整改的抓手和业务培训的重点，并且列为年度考核的要素。

四、调整充实检查督察力量

市公证协会应当进一步调整和充实公证质量检查督察组力量，组织政治素质高、业务能力好、工作责任心强的资深公证员或者公证管理专家参加公证质量检查工作，切实提高质量检查工作的针对性和实效性。

特此通知。

上海市司法局

2016年2月2日

市司法局关于建议市公证协会对违法违规会员予以行业惩戒的通知

沪司〔2015〕196 号

市公证协会：

2014 年 5 月以来，公证相关人×××多次来访我局，投诉上海市××公证处（以下简称××公证处）及相关公证员存在违法违规行为，且因此不断缠访、闹访甚至采取其他过激行为，该项投诉已经引发社会广泛关注，严重损害本市公证行业的形象和声誉。

我局在调查、核实后，于 2014 年 5 月 27 日作出了《上海市司法局来信事项告知书》。该告知书确认××公证处未经市司法行政机关批准，擅自在住所以外的地方设立办公室。

我局认为，××公证处的上述行为，明显违反《司法部办公厅关于严格规范公证处办证点有关问题的通知》（司办通〔2005〕25 号）、《市司法局关于进一步规范公证机构办公场所管理的通知》（沪司发公管〔2009〕13 号）和公证行业规范，建议你会按照加强行业自律管理的总体要求，依据《上海市公证协会会员惩戒规则（试行）》，在收到本通知后 60 日内对团体会员××公证处予以相应的行业惩戒，并将执行通知情况书面报告市司法局，同时抄送局政治部、公证工作管理处、信访办公室。

特此通知。

上海市司法局

2016 年 1 月 27 日

市司法局关于建议市公证协会对违法违规会员予以行业惩戒的通知

沪司发〔2016〕7号

市公证协会：

2014年5月以来，公证相关人×××多次来访我局，投诉上海市××公证处（以下简称××公证处）及其相关公证员存在违法违规行为，且因此不断缠访、闹访甚至采取其他过激行为，该项投诉已经引发社会广泛关注，严重损害本市公证行业的形象和声誉。

我局就此案进行调查、核实后发现，××公证处存在擅自在其住所以外的地方设立办公室，公证员×××审核不严、工作严重疏漏，出具了错误的（2010）沪×证字第××号公证书等情形。

因此，建议你会按照加强行业自律管理的总体要求，依据《上海市公证协会会员惩戒规则（试行）》，在收到本通知后60日内对涉案会员予以相应的行业惩戒，并将执行通知情况书面报告市司法局。

特此通知。

上海市司法局

2016年1月22日

市司法局关于建议市公证协会对违法违规会员予以行业惩戒的通知

沪司发〔2016〕10号

市公证协会：

自2014年上半年以来，公证当事人×××多次来访我局，投诉上海市××公证处（以下简称××公证处）及其相关公证员存在违法违规行为，且因此不断缠访、闹访甚至采取其他过激行为，该项投诉已经引发社会广泛关注，严重损害本市公证行业的形象和声誉。

我局在调查、核实后，于2014年7月27日作出了《上海市司法局公证执业投诉处理答复书》（沪司公管复〔2014〕8号）。该答复书确认××公证处未经市司法行政机关批准，擅自在住所以外的地方设立办公室，该处×××公证员工作严重疏漏，出具错误公证书。

我局认为，××公证处和×××公证员的上述行为，明显违反《司法部办公厅关于严格规范公证处办证点有关问题的通知》（司办通〔2005〕25号）、《市司法局关于进一步规范公证机构办公场所管理的通知》（沪司发公管〔2009〕13号）和公证行业规范，建议你会按照加强行业自律管理的总体要求，依据《上海市公证协会会员惩戒规则（试行）》，对团体会员××公证处和个人会员×××公证员予以相应的行业惩戒。

特此通知。

上海市司法局

2015年9月28日

市司法局关于责成××区司法局对××公证处相关人员予以行政处分的通知

沪司发〔2016〕9号

××区司法局：

2012年以来，公证相关人×××多次来访我局，投诉上海市××公证处（以下简称××公证处）存在私设办证点、出具错误公证书、指派辅助人员办证等违法违规行为，且因此不断缠访、闹访甚至采取其他过激行为，该项投诉已经引发社会广泛关注，严重损害本市公证行业的形象和声誉。

我局已查实，××公证处相关公证员审核不严、工作严重疏漏，出具了错误的（2010）沪×证字第××号公证书。我局还发现，××公证处于近年内未经市司法局批准，擅自在住所以外的地方违规设立多处办证点。另查明，××公证处违反公证员必须亲自办理公证事务的规定，随意指派或容许公证员助理等辅助人员独立办理公证事务。

我局认为，××公证处的上述行为，违反《公证程序规则》、《司法部办公厅关于严格规范公证处办证点有关问题的通知》（司办通〔2005〕25号）和《司法部办公厅严格规范公证员助理管理有关问题的通知》（司办通〔2005〕48号）等公证管理规范，严重违反公证工作纪律，应当追究相关人员的纪律责任。你局作为所属事业单位××公证处的行政主管机关，理应加强对该单位的行政管理。现责成你局依据《事业单位人事管理条例》和《事业单位工作人员处分暂行规定》等法规规章的规定，在收到本通知后30日内对该事业单位（××公证处）负责人和涉案的工作人员予以相应的处分，并将执行通知情况书面报告市司法局。我局也将结合本通知执行情况，视情向××区委、区政府通报。

特此通知。

上海市司法局

2016年1月25日

市司法局关于责成××区司法局对××公证处相关人员予以行政处分的通知

沪司发〔2016〕8号

××区司法局：

2014年5月以来，公证相关人×××多次来访我局，投诉上海市××公证处（以下简称××公证处）及相关公证员，在办理（2010）沪×证字第××号公证书期间，存在违法违规行为，且因此不断缠访、闹访甚至采取其他过激行为，该项投诉已经引发社会广泛关注，严重损害本市公证行业的形象和声誉。

我局在调查、核实后，于2014年5月27日作出了《上海市司法局来信事项告知书》。该告知书确认××公证处未经市司法行政机关批准，擅自在住所以外的地方违规设立办证点。另经查明，××公证处违反公证员必须亲自办理公证事务的规定，随意指派或容许公证员助理等辅助人员独立办理公证事务。

我局认为，××公证处的上述行为，明显违反《司法部办公厅关于严格规范公证处办证点有关问题的通知》（司办通〔2005〕25号）、《市司法局关于进一步规范公证机构办公场所管理的通知》（沪司发公管〔2009〕13号）和《司法部办公厅严格规范公证员助理管理有关问题的通知》（司办通〔2005〕48号）等公证管理规范，严重违反公证工作纪律，应当追究相关人员的纪律责任。你局作为所属事业单位××公证处的行政主管机关，理应加强对该单位的行政管理。现责成你局依据《事业单位人事管理条例》和《事业单位工作人员处分暂行规定》等法规规章的规定，在收到本通知后30日内对该事业单位（××公证处）负责人和涉案的工作人员予以相应的处分，并将执行通知情况书面报告市司法局，同时抄送市司法局政治部、公证工作管理处、信访办公室和市公证协会。我局也将结合本通知执行情况，视情向××区委、区政府通报。

特此通知。

上海市司法局

2016年1月25日

市司法局关于责成××公证处对相关工作人员予以处分的通知

沪司〔2015〕238号

市××公证处：

自2015年8月以来，公证当事人×××连续来访市司法局，投诉××公证处公证员张××（局属事业单位在编工作人员）违法违规办理〔2011〕沪×证字第××号委托公证书。经查，张××于2011年1月，因当事人×××即将离境，一时无法回国，为迎合当事人的想法，不顾《公证法》、《公证程序规则》等法律、法规、规章和工作纪律的明确规定，办理〔2011〕沪×证字第××号委托公证书，在2011年3月1日取得公证所涉房产《上海市房地产权证》时，张××自行在委托书、公证申请表、谈话笔录上添加落款时间"2011年3月1日"，并在公证书上作虚假表述，即"×××于2011年3月1日在上海市，在本公证员的面前，在前面的《委托书》上签名"。张××出具"不真实、不合法的公证书"的行为，不仅违反公证法规和行业规则，并且严重违反事业单位工作纪律，显属《事业单位人事管理条例》、《事业单位工作人员处分暂行规定》所列应当予以处分的行为。

根据《市司法局关于公证工作管理的若干规定》（沪司制〔2015〕26号）第二十条的规定，现责成你处在收到本通知后30日内对张××予以处分，并将执行本通知情况书面报告市司法局，同时抄送局政治部、公证工作管理处、信访办公室和市公证协会。

特此通知，请遵照执行。

上海市司法局

2015年11月12日

市司法局关于责成××区司法局对××公证处相关人员予以行政处分的通知

沪司〔2015〕195 号

××区司法局：

自 2014 年上半年以来，公证当事人×××多次来访我局，投诉上海市××公证处（以下简称××公证处）及其相关公证员存在违法违规行为，且因此不断缠访、闹访甚至采取其他过激行为，该项投诉已经引发社会广泛关注，严重损害本市公证行业的形象和声誉。

我局在调查、核实后，于 2014 年 7 月 27 日作出了《上海市司法局公证执业投诉处理答复书》（沪司公管复〔2014〕8 号）。该答复书确认××公证处未经市司法行政机关批准，擅自在住所以外的地方设立办公室，该处×××公证员工作严重疏漏，出具错误公证书。我局进一步查实，××公证处自 2011 年 5 月起至 2012 年 10 月止，在大连路 1288 弄 6 号 2002 室和昆明路 1199 号 605 室共办理了数千件《借款协议书》或《抵押借款协议书》、《委托书》等民间借贷类公证。

我局认为，××公证处的上述行为，明显违反《司法部办公厅关于严格规范公证处办证点有关问题的通知》（司办通〔2005〕25 号）、《市司法局关于进一步规范公证机构办公场所管理的通知》（沪司发公管〔2009〕13 号）和公证行业规范，严重违反公证工作纪律，应当追究该处负责人的纪律责任；×××公证员工作严重疏漏，出具错误公证书，也应当承担相应的纪律责任。你局作为所属事业单位××公证处的行政主管机关，理应加强对该单位的行政管理。现责成你局依据《事业单位人事管理条例》第二十八条第二项和第六项、《事业单位工作人员处分暂行规定》第十七条第一款第九项等规定，对该事业单位（××公证处）负责人和工作人员（×××公证员）予以相应的处分。

特此通知。

上海市司法局

2015 年 9 月 28 日

市司法局关于
对有关公证执业活动责令整改的通知

沪司〔2016〕8 号

市××公证处：

公证当事人胡某于近期内多次向市司法局投诉称，其于 2014 年 1 月向××公证处申办房产抵押委托公证，期间就委托书载明的委托行为起始时间发生多次修改，并经向公证员助理×××进行了阐明后定稿，但最后出具的〔2014〕沪×证字第××号委托公证书上载明的委托行为起始日期未做修改，不是其真实意思表示，导致其蒙受经济损失，现提出多种理由要求撤销公证书，并追究相关人员责任。撤销理由之一是公证全过程均只有公证员助理×××办理，没有见过公证员张云伟。

市司法局公证管理部门接投诉后即调阅了全部卷宗，但无法查到公证员××的签名，且无法查实公证员本人是否亲自办理。经询问公证员后，查明公证员仅在公证申请表接待人签字栏内，用一个无法辨认的符号替代了签名。市司法局认为，公证卷宗材料是公证活动全过程的完整记载，反映了公证员收集证据和审查核实的具体工作，形成卷宗后具备较强的专业档案价值，应当能够经受司法机关和历史的检验。公证员是公证执业活动的主体，享有相应法定权利的同时，应当承担相应的法定义务。公证员在书面材料上的签字是职务行为，应由本人亲自书写，不可任性。公证员的亲笔签名应与备案的公证员签名章字迹相同或相近，做到书写工整、易于辨认，不得以符号、数字、字母、笔画、偏旁部首、私人印章等替代。否则，市司法局在质量检查和投诉处理中将不予认可，并将追究承办公证员的责任，公证员应当承担由此引起的法律后果。

鉴于近年来针对××公证处的投诉量有所上升，公证员在执业过程中忽视工作细节，执业行为随意性较大，质量意识和规范意识较差，反映出××公证处业务基础管理工作比较薄弱，公证质量监管机制尚存较大漏洞，少数公证人员执业指导思想不正确，片面追求办证量，可能存在公证员助理独立办证，违反公证员"亲自办证"工作原则的情况，以致引发群众诟病和激烈投诉，给公证的社会公信力造成损害。

为此，根据市司法局公证投诉处理的相关规定，现责令你处立即开展整改工作，有针对性地提出具体整改措施。应从规范公证员亲笔签名等细节着手，强化公证员的质量意识，加强对公证员执业行为的监督管理，逐步完善公证机构内部的质量监管体系。相关整改措施和整改情况应在60日内书面报告本机关。

特此通知。

上海市司法局

2016年1月8日

市司法局关于严格执行房屋拆迁证据保全公证细则的通知

沪司发〔2016〕98号

各区县司法局、市公证协会：

房屋征收补偿工作事关社会稳定和人民群众的切身利益，为认真做好房屋拆迁证据保全公证，司法部制定了《房屋拆迁证据保全公证细则》（司法部令第29号，以下简称《细则》），系司法部现行有效的行政规章。《细则》第十四条明确规定公证机构办理此类公证事项时应当“通知被拆迁人到场”，对“财产登记造册、逐一清点”。近期以来，我局在信访和投诉处理中多次发现部分公证机构以《细则》颁布时间过久，已不适应工作需要为由，没有认真执行《细则》第十四条的规定，以“应由拆迁部门、政府机关和人民法院通知被拆迁人到场”、“可按包装箱清点统计”等做法替代原有规定。这种做法极易引发当事人投诉和社会质疑，且已损害公证机构的公信力和公证行业应有的社会形象。为确保《细则》正确实施，规范城市房屋拆迁证据保全公证活动，进一步加强公证质量管理，提高公证公信力，服务人民群众，推动经济社会发展，现就有关事项通知如下：

一、在办理强制拆迁房屋证据保全时，公证机构应通知被拆迁人到场。如其拒不到场，公证员应在笔录中记明。

二、实施强制拆迁房屋中有物品的，公证员应当组织对所有物品逐一核对、清点、登记、分类造册。并记录上述活动的时间、地点，交两名有完全行为能力的在场人员核对后，由公证员和在场人在记录上签名。被拆迁人拒绝签名的，公证员应在记录中记明。

三、市公证协会及其专业委员会应当加强对此类公证业务的指导，可以在《细则》的框架内制定办证业务规则，但不应与法律法规规章和司法行政机关的管理规定相抵触。同时，应按《市司法局关于内部工作制度制定和备案工作的具体规定》（沪司制〔2016〕2号）的规定，及时疏理和废止相关文件，并将制定的行业规则及时书面报送市司法局备案，接受审查。

四、各区司法局和市司法局公证管理部门应当依法履行行政监管职责，市公证协会也应加强行业自律,坚决惩处公证违法违规行为。公证机构及其承办公证员不应迁就和满足任何部门于法有悖的工作要求,不应为违法拆迁行为提供公证法律服务。

特此通知。

上海市司法局
2016 年 11 月 15 日

市司法局关于转发市公证协会民间借贷类公证办证规范的通知

沪司发〔2015〕28号

各区县司法局，市公证协会：

为严格规范民间借贷类公证办证行为，细化公证质量检查依据，市公证协会相继制定了《关于办理民间借贷类公证的若干规定》、《关于进一步规范民间借贷类公证若干意见》，现将上述行业规范转发给你们，请监督和指导所属公证机构认真贯彻执行。

办理民间借贷类公证，如果审核把关不严，必然导致公证质量下降，严重影响公证公信力。本市各级司法行政机关和公证行业协会应当监督和指导公证机构及其公证员，严格遵守《公证法》、《公证程序规则》等法律、法规、规章的规定，全面加强审查核实工作。一是应当注重对当事人真实意思和行为能力的审查。二是应当规范询问笔录的制作，结合个案情况有针对性地进行询问。笔录制作可以手写，也可以打印，但不得采用填空式笔录。应当明确告知公证费数额，并经当事人确认。三是遇残、障人员、老年人申办此类公证的，应当谨慎办理，结合具体案情，采取相应的措施强化审查，应当注重对公证当事人理解力、辨别力的审查，查明其真实意思表示。

各区县司法局应当督促所属公证机构及其公证员坚持依法执业，凡发现违法违规办理民间借贷类公证的，一律取消涉案公证机构及其主要负责人、承办公证员的年度评优资格。市公证协会应当及时制定有针对性的指导意见。定期开展民间借贷类公证专项检查，严肃查究违规行为，视情予以行业惩戒。市司法局公证管理部门应当强化各项管理措施，切实加强对此类公证的监管，发现违反办证规范行为的，一律予以实名通报，并且视情实施行政处罚，或者责成相关司法局和行业协会，分别予以行政处分或者行业惩戒。

特此通知。

附件：1. 关于印发《关于办理民间借贷类公证的若干规定》的通知

2. 关于印发《关于进一步规范民间借贷类公证的若干意见》的通知（略）

上海市司法局

2015年4月7日

附件

关于印发《关于办理民间借贷类公证的若干规定》的通知

沪公协办(2013)第20号

各公证处：

为进一步规范民间借贷类公证的办证行为，业务指导委员会制定了《关于办理民间借贷类公证的若干规定》，现印发给你们。请各公证处认真组织公证人员学习，并结合实际，贯彻落实。

特此通知。

上海市公证协会

2015年3月9日

关于办理民间借贷类公证的若干规定

为了进一步规范民间借贷类公证（指民间借贷合同类公证以及相应的委托公证，下同）的办证行为，现就有关事项规定如下：

一、办理民间借贷类公证事项应当在公证机构的办公场所内进行。如有特殊情况需要提供上门服务的，办证地点仅限于借款人、抵押人的办公场所，且承办公证员应当亲自上门办理。

二、公证员在办理民间借贷类公证事项时，应当向当事人告知该公证事项的具体收费金额，并在询问笔录中进行记载。

三、民间借贷类公证书出具后，应当由公证当事人亲自领取。如借款人不能亲自领取的，可以委托其亲友或者受托人领取，不得由出借人或者其他人员代为领取。

四、借款人以其唯一一套住房做抵押进行民间借贷的，承办公证员应当向当事人告知最高法院关于唯一一套住房不能执行的规定。如借款人无固定收入来源，且无还贷能力的，一般不宜办理民间借贷公证。

五、老年人申办民间借贷公证的，承办公证员应当认真审查老年人借款的真实意思表示，如有必要，可采取适当方式了解核实并告知民间借贷可能产生的法律后果。

六、当事人在办理民间借贷公证的同时，抵押人又与出借人办理处分抵押物的委托合同或者委托书公证的，承办公证员应当向当事人告知撤销委托合同或者委托书的法律规定以及可能产生的法律后果，并在询问笔录中进行记载。

七、当事人申办民间借贷合同公证，并要求赋予强制执行效力的，该合同文本中应当有规范的强制执行条款。如该合同文本中没有强制执行条款的，承办公证员应当要求当事人修改该合同文本，增加强制执行条款，不宜采用手写或者盖章方式在合同文本上增加强制执行条款。

上海市公证协会业务指导委员会
二〇一三年九月三十日

市司法局关于进一步规范民间借贷类公证办证秩序的通知

沪司发〔2014〕54号

各区县司法局、市公证协会：

近年来，公证工作服务于经济社会发展大局，在维护社会稳定、促进经济发展、保障群众合法权益方面发挥了重大作用。但由于受市场经济负面因素影响，公证法律服务秩序出现了一些不容忽视的问题，部分公证处、公证员执业指导思想发生偏差，片面追求经济利益的思想有所抬头。特别是在民间借贷公证领域，少数公证人员以“便民服务，上门办证”为名，在未经核准的场所内应邀上门或驻点办公，为当事人办理民间借贷公证，在一定程度上，加剧了公证行业内的不正当竞争，导致办证质量下降，引发信访投诉，影响公证公信力。针对此类现象，市局多次提出整改意见，要求有关公证处进行认真清理，对未经核准设立的办证点予以撤销，但收效不显。为进一步规范公证法律服务秩序，坚决制止不正当竞争现象继续蔓延，特通知如下：

一、各区县司法行政机关要树立全局观念，从维护公证行业根本利益，提高公证公信力的大局出发，进一步统一思想，要充分认识到以逐利为目的不正当竞争的危害性，要督促所属公证机构严格执行《司法部办公厅关于严格规范公证处设立办证点有关问题的通知》（司办通〔2005〕第25号）及《市司法局关于进一步规范公证机构办公场所管理的通知》（沪司发公管〔2009〕13号）的要求，努力规范公证法律服务秩序，坚决遏制不正当竞争的风气继续蔓延。

二、市公证协会要加强行业自律建设，对民间借贷公证业务，要根据新形势、新情况加强研究和办证指导。公证员在办理此类公证事项时，要严格按照《中华人民共和国公证法》及《公证程序规则》的规定，认真做好风险提示和责任告知工作，依法履行好审查、核实义务。

三、各公证机构要加强自律，加强对公证人员的教育、管理。民间借贷类公证事项，应当在经市局核准的办公场所内办理。如有行动不便等特殊情况，确需提供上门服务的，要按照市公证协会《关于印发〈关于办理民间借贷类公证的若干规定〉的通知》[沪公协办（2013）第20号]办理。

四、本通知下发后，各区县司法局要组织公证人员认真学习相关文件规定，要对近几年来办理的民间借贷公证，从办证质量和服务秩序两个方面进行一次认真的检查，发现问题要及时整改。要主动撤销未经核准设立的办证点，坚决制止公证员以“上门办证”为名，在未经核准的场所内办理民间借贷公证事项。公证机构检查整改情况请于8月10日前书面报市局公证工作管理处。

特此通知。

上海市司法局

2014年7月16日

市司法局关于进一步规范办理提存公证事务的通知

沪司发〔2014〕22号

各区县司法局、市公证协会：

近3年来，在司法行政机关和行业协会的监督、指导下，本市公证机构积极发挥公证职能，共办理提存公证事务418件，其中提存标的物为货币的已达1.18亿元。这对及时调整债权债务关系，预防经济纠纷，稳定社会民事、经济秩序起到了良好的作用。

近期，市审计局在专项审计工作中，发现本市个别公证机构在办理提存公证事务中存在“提存资金利息未按规定支付给当事人；超过年限的提存款未上缴国库”等问题。为了进一步规范本市公证机构办理提存公证事务，现就有关事项通知如下：

一、提存公证事务具有债的消灭和担保的效力，司法行政机关应当监督、指导公证机构按照司法部《提存公证规则》规定的程序和条件办理提存公证事务，确保提存标的物安全保管。对于提存标的物，应按照给付程序的规定严格履行审批职责，按法定或当事人约定的条件给付受领人。

二、根据《提存公证规则》第八条“公证处应当在指定银行设立提存账户，并置备保管有价证券、贵重物品的专用设备或租用银行的保险箱”的规定，各公证机构办理货币提存公证事务，应在指定的银行设立提存专用账户。但是，本市仍有7家公证机构尚未设立提存专用账户。相关司法行政机关应当尽快指导其与所在地的财政部门联系，在征得财政部门同意后，向指定的银行设立提存专用账户。

三、根据《中华人民共和国合同法》第一百零三条“提存期间，标的物的孳息归债权人所有”和《提存公证规则》第二十二条“提存物在提存期间所产生的孳息归提存受领人所有”的规定，提存货币的，货币受领人在按法定或当事人约定的条件领取货币时，司法行政机关应当监督、指导公证机构将提存期间产生的利息一并给付受领人，不得故意扣压或将利息转入其他账户。

四、根据《中华人民共和国合同法》第一百零四条“债权人领取提存物的权利,自提存之日起五年内不行使而消失,提存物扣除提存费用后归国家所有”的规定,司法行政机关应当监督、指导公证机构建立定期复核提存物的制度,发现有无主财产的,应及时联系所在地的财政管理部门,并经审核批准后,及时上缴指定的国库账户。

市司法局公证管理职能部门和各区县司法局要从维护行业公信力和加强廉政建设的高度,进一步强化对公证机构以及公证员执业指导思想教育;要严肃执业纪律,规范办证程序,自觉遵守财经纪律,维护好当事人的合法权益;要切实加强对公证机构的监督、指导管理,明确管理要求,认真指导建立和完善相关管理制度;要主动与区县有关部门协调沟通,帮助解决公证机构办理提存公证事务中存在的“开设提存账户、上缴国库”等实际困难;要监督、指导公证机构开展自查自纠,坚决杜绝以任何名义,搞变通、打折扣。市公证协会要加强对办理提存公证事务的业务指导,规范办理程序,提高行业自律水平。公证机构开展自查自纠工作情况的书面报告,由所属司法行政机关审定后于 4 月 15 日前报市局公管处。

特此通知。

上海市司法局
2014 年 3 月 3 日

市司法局、市人力资源和社会保障局关于印发《上海市公证机构岗位设置实施办法》的通知

沪司发政〔2011〕4 号

各区县司法局、区县人力资源和社会保障局：

根据《中华人民共和国公证法》、《上海市事业单位岗位设置管理实施办法》（沪委办发〔2009〕40 号），结合上海市的实际情况，我们制定了《上海市公证机构岗位设置管理实施办法》，现印发给你们，请遵照执行。

特此通知。

附件：1. 上海市公证机构岗位设置管理实施办法

2. 上海市公证机构公证员岗位设置基本结构比例

上海市司法局　上海市人力资源和社会保障局

二〇一一年一月二十七日

附件 1

上海市公证机构岗位设置管理实施办法

为深化事业单位人事制度改革,建立健全本市公证机构岗位设置管理制度,切实有序地实施岗位设置管理工作,根据《中华人民共和国公证法》、《上海市事业单位岗位设置管理实施办法》(沪委办发〔2009〕40 号),以及《上海市事业单位岗位设置管理若干问题的处理意见》(沪人社专发〔2010〕34 号)的规定,结合本市公证行业的特点和实际,制定本实施办法。

一、适用范围

本市行政区域内,经机构编制管理部门批准,依法设立,不以营利为目的,依法独立行使公证职能、承担民事责任的证明机构,列入事业单位岗位设置管理范围。此类机构中在编的工作人员适用本办法,纳入事业单位岗位设置管理范围。

涉及公证机构领导人员的,按照《中华人民共和国公证法》和干部人事管理权限的有关规定执行。

二、岗位类别设置

(一)公证机构岗位分为专业技术岗位、管理岗位和工勤技能岗位三种类别。

1. 专业技术岗位是指从事专业技术工作,具有相应专业技术水平和能力要求的工作岗位。分为公证员岗位和其他专业技术岗位,其中公证员岗位为主体岗位。

公证员岗位是指符合《中华人民共和国公证法》规定的条件,经法定任职程序,取得公证员执业证书,在公证机构从事公证业务的执业人员所在的专业技术岗位。

2. 管理岗位是指担负领导职责或管理任务的工作岗位。

3. 工勤技能岗位是指承担技能操作和维护、后勤保障、服务等职责的工作岗位,分为技术工岗位和普通工岗位。

鼓励公证机构后勤服务社会化,已经实现后勤社会化服务的一般性劳务工作,不再设置相应的工勤技能岗位。

(二)特设岗位的设置和聘用办法按照国家和本市有关规定执行。

三、岗位等级设置

（一）专业技术岗位等级设置。

1. 专业技术岗位共分13个等级，其中，高级岗位分7个等级，正高级的岗位对应一至四级，副高级的岗位对应五至七级。中级岗位分3个等级，对应八至十级。初级岗位分3个等级，对应十一级至十三级。

2. 不区分正副高的高级专业技术职务系列，暂按现行专业技术职务有关规定执行，一般最高岗位等级为五级。

（二）管理岗位等级设置。

1. 管理岗位的最高等级和结构比例根据公证机构的规格、规模、隶属关系，按照干部人事管理有关规定和权限确定。

2. 本市公证机构中现行的处级正职、处级副职、科级正职、科级副职、科员、办事员依次分别对应五至十级管理岗位。

（三）工勤技能岗位等级设置。

1. 工勤技能岗位包括技术工岗位和普通工岗位，其中技术工岗位分为5个等级，普通工岗位不分等级。

2. 现行的高级技师、技师、高级工、中级工、初级工，依次分别对应一至五级工勤技能岗位。

（四）特设岗位设置。

1. 根据公证业务的发展聘用急需的高层次人才等特殊需要，经批准可以设置特设岗位。

公证机构设置特设岗位，需经上级主管部门审核后，报同级人力资源和社会保障局核准。

2. 特设岗位是非常设岗位，不受岗位总量、最高等级和结构比例限制，在完成任务后，按照管理权限予以核销。

四、岗位设置的结构比例

（一）管理岗位、专业技术岗位、工勤技能岗位三类岗位之间的结构比例，根据公证机构的隶属关系、机构级别、职责任务、工作性质、业务需要、人员结构特点等因素综合确定。

1. 公证机构专业技术岗位一般不低于单位岗位总量的70%，公证员岗位一般不低于单位岗位总量的60%。

2. 公证机构管理岗位一般不超过单位岗位总量的20%。

3. 公证机构工勤技能岗位一般不超过单位岗位总量的10%。

（二）公证机构专业技术高级、中级、初级岗位的结构比例，按照国家的总体控制目标以及本市相关规定，根据公证机构的规模、隶属关系、专业水平、业务需要，实行不同的结构比例控制。公证机构专业技术高级、中级、初级岗位内部不同等级之间的结构比例控制目标是：二级、三级、四级岗位间的比例为1∶3∶6；五级、六级、七级岗位间的比例为2∶4∶4；八级、九级、十级岗位间的比例为3∶4∶3；十一级、十二级岗位间的比例为5∶5。

（三）工勤技能岗位的结构比例。

1. 公证机构原则上不设置工勤技能一级、二级岗位。

2. 公证机构工勤技能岗位中，三级岗位的总量不超过工勤技能岗位总量的25%。

五、专业技术岗位名称及岗位等级

（一）公证机构正高级公证员岗位名称为一级公证员一级岗位、一级公证员二级岗位、一级公证员三级岗位、一级公证员四级岗位，分别对应一至四级专业技术岗位；副高级公证员岗位名称为二级公证员一级岗位、二级公证员二级岗位、二级公证员三级岗位，分别对应五至七级专业技术岗位；中级公证员岗位名称为三级公证员一级岗位、三级公证员二级岗位、三级公证员三级岗位，分别对应八至十级专业技术岗位；初级公证员岗位名称为四级公证员一级岗位、四级公证员二级岗位、公证员助理岗位，分别对应十一级、十二级、十三级专业技术岗位。

（二）公证机构其他专业技术岗位名称参照相关行业的规定执行，岗位等级设置和管理参照本办法执行，其他专业技术岗位的最高等级，一般应低于公证员岗位。

六、岗位基本任职条件

（一）三类岗位的基本任职条件。

1. 遵守宪法和法律。

2. 具有良好的品行和职业道德。

3. 岗位所需的专业、能力或技能条件，包括执业资格准入控制条件（其中担任公证员、公证员助理应当具备的条件以《中华人民共和国公证法》的有关规定为准）。

4. 适应岗位要求的身体和心理条件。

5. 岗位所需的其他条件。

（二）专业技术岗位的基本任职条件。

1. 专业技术高级、中级、初级岗位的任职条件按照现行专业技术职务评聘的有关规定执行。

2. 专业技术高级、中级、初级内部各等级岗位的基本任职条件:

(1)二级、三级专业技术岗位,一般应分别在下一等级岗位上工作四年以上;

(2)五级、六级专业技术岗位,一般应分别在下一等级岗位上工作三年以上;

(3)八级、九级专业技术岗位,一般应分别在下一等级岗位上工作三年以上;

(4)十一级专业技术岗位,一般应在十二级岗位上工作三年以上;

(5)十二级专业技术岗位,一般应在十三级岗位上工作二年以上。

3. 公证机构应在上述任职条件的基础上,根据本办法,结合各类专业技术岗位实际情况,制定本单位专业技术岗位的具体条件,作为岗位聘任的重要依据。

(三)管理岗位基本任取条件。

1. 管理岗位一般应具有大学专科以上文化程度(六级以上管理岗位一般应具有大学本科以上文化程度),其中公证机构的负责人应当在有三年以上执业经历的公证员中推选产生,并按《中华人民共和国公证法》的有关规定上报核准、备案。

(1)五级管理岗位,应在六级管理岗位上工作两年以上;(2)六级管理岗位,应在七级管理岗位上工作三年以上;(3)七级管理岗位,应在八级管理岗位上工作三年以上;(4)八级管理岗位,应在九级管理岗位上工作三年以上;(5)九级管理岗位,应在十级管理岗位上工作三年以上。

2. 公证机构应在上述基本任职条件的基础上,根据本办法,结合各类管理岗位实际情况,制定本单位管理岗位的具体条件,作为岗位聘任的重要依据。

(四)工勤技能岗位基本任职条件:

1. 一级、二级工勤技能岗位,须在本工种下一级岗位工作五年以上,并分别通过高级技师、技师技术等级考评;

2. 三级、四级工勤技能岗位,须在本工种下一级岗位工作五年以上,并分别通过高级工、中级工等级考评;

3. 学徒(培训生)学习期满和工人见习、试用期满,通过初级工技术等级考核后,可确定为五级工勤技能岗位。

七、岗位设置审核

(一)公证机构岗位设置实行核准制度,严格按照规定的程序和管理权限进行审核。

（二）公证机构的岗位设置方案包括岗位总量、结构比例以及最高等级限额等事项。

（三）经核准的岗位设置方案作为聘用人员、确定岗位等级、调整岗位以及核定工资的依据。

（四）岗位设置方案经核准后，应当保持相对稳定。公证机构在核准的岗位总量以及岗位结构比例和最高岗位等级控制范围内，可以根据实际情况自主调整岗位设置。

（五）公证机构需重新制定岗位设置方案的，应按规定程序申请核准。

八、岗位聘用

（一）公证机构在核定的岗位总量和结构比例内，根据国家和本市岗位设置管理和岗位聘任的相关规定，以及经核准的岗位设置方案，开展岗位聘用工作。

公证机构聘用人员，应在岗位有空缺的前提下，按照公开招聘、竞聘上岗的有关规定择优聘用。

（二）公证机构应分别按照专业技术岗位、管理岗位、工勤技能岗位的职责任务和任职条件，在核定的结构比例内聘用人员，聘用条件不得低于国家和本市规定的基本任职条件。

（三）公证机构工作人员原则上不得同时在两类岗位上任职，符合下列条件并在管理岗位担负领导职责的工作人员，按干部人事管理权限批准，可以兼任专业技术岗位，并占用专业技术岗位结构比例：

1. 岗位任职条件有专业技术背景要求；

2. 需要完成一定的专业技术工作职责和工作任务；

3. 符合国家和本市规定的专业技术职务评聘条件。因工作需要，公证机构内设的业务部门的负责人由专业技术人员担任的，可直接聘至专业技术岗位，占用专业技术岗位结构比例。

（四）公证机构应根据国家和本市的有关规定，使现有在编在册的正式工作人员，按照现聘职务或岗位进入相应等级的岗位。

（五）首次进行岗位等级确定和聘任时，专业技术高级、中级、初级内部各等级岗位的任职年限按照在高级、中级、初级职务岗位的相应任职年限计算。

（六）首次岗位等级确定和聘任的具体政策衔接，按照本市事业单位岗位设置管理的有关办法执行。

（七）公证机构新参加工作人员见习、实习期满后，按照国家和本市的规定确定相应的岗位等级。

其中，已通过国家司法考试的新参加工作人员一年见习期满后，明确为专业技术岗位的，执行专业技术岗位十三级工资。依法取得公证员执业证书后，由公证机构聘至四级公证员岗位的，执行专业技术岗位十二级工资。

（八）根据本市公证行业人才的特点，对公证机构中确有真才实学、成绩显著、贡献突出的专业技术人员，岗位急需且符合破格条件的，经上一级主管部门批准，可以根据有关规定破格聘用。

（九）公证机构应当加强聘用合同的管理工作。根据核准的岗位设置方案，对本单位现有人员确定不同等级的岗位，并依法订立或变更聘用合同，按规定办理有关手续。

（十）公证机构的年度岗位聘用的实际情况按照隶属关系，报同级司法行政部门和同级人力资源社会保障部门备案。

九、专业技术一、二级岗位的聘用

（一）专业技术一级岗位由国家实行总量控制和管理，任职条件和确定程序按照国家有关规定执行。

（二）专业技术二级岗位按照以下程序聘用：

1. 公证系列专业技术二级岗位。

公证机构聘用专业技术二级岗位的人员，应在岗位设置结构比例内，按隶属关系将推荐人选报同级司法行政部门和人力资源社会保障部门同意，报经上海市司法局审核后，报上海市人力资源和社会保障局核准。

2. 公证机构原则上不设立其他系列专业技术二级岗位，确因工作需要报请设立的，按照国家和本市的有关规定执行。

（三）聘用到公证系列专业技术二级岗位的人员除满足岗位基本任职条件外，还必须具备下列条件之一：

1. 国家级人才或上海市地方拔尖人才；

2. 具有全面的公证专业知识及一流的公证专业理论水平，在公证专业领域有很高的造诣及研究成果的专家；

3. 为国家和上海公证事业发展做出重要贡献，享有盛誉的专业人才。

十、组织实施

（一）公证机构原则上要按照积极稳妥的原则，结合本单位实际，研究制定本单位的实施办法，对各类岗位的任职条件、工作标准、职责任务等做出具体的规定。要统筹规划，分类指导，周密部署，及时研究解决改革中出现的新情况、新问题，确保公证机构的稳定和持续发展。

（二）公证机构原则上要严格执行有关政策规定。对违反政策规定进行岗位设置和聘用的公证机构，政府人事行政部门、司法行政部门及有关部门不予确认岗位等级、不予兑现工资待遇、不予核拨事业经费。情节严重者，按照人事管理权限给予相应的纪律处分。

（三）本实施办法由上海市司法局、上海市人力资源和社会保障局负责解释。

附件 2

上海市公证机构公证员岗位设置基本结构比例

单位:%

单位类别	高级		中级	初级
	正高	副高		
人员编制数 100 名以上的公证机构	6 ~ 8	22 ~ 30	50 ~ 55	按需设岗
人员编制数 50 ~ 99 名的公证机构	4 ~ 5	12 ~ 20	45 ~ 50	按需设岗
人员编制数 49 名及以下的公证机构	3 ~ 4	12 ~ 20	45 ~ 50	按需设岗

市司法局关于进一步规范公证机构名称标识有关问题的通知

沪司发公管〔2010〕6号

各公证处：

近期，有市人大代表反映，浦东公证处的名称标牌、标识以及宣传告示资料落款所用的公证机构名称不统一、不规范。经了解，人大代表所反映的问题属实，在其他公证机构也有类似情况存在。为了确保公证机构名称标识的严肃性，体现服务窗口的规范性，请各单位接此通知后，对公证处的标牌、标识以及各类宣传告示资料所涉及公证处名称的内容进行一次认真检查，对存在的问题，应当立即进行整改。

请各单位于5月底前将检查结果和整改情况，书面报市局公管处。

上海市司法局

二〇一〇年四月二十八日

市司法局关于进一步规范遗嘱公证办证程序的通知

沪司发公管〔2009〕16号

各公证处：

近期，我局收到上海市徐汇区人民法院司法建议书，称该院在审理一起遗嘱纠纷案件时发现，公证处为被继承人办理遗嘱公证时未按规定进行录音或录像，被告因此对此份公证书的效力表示了异议。法院经审查，认为公证过程有瑕疵，建议公证处在办理遗嘱公证时，公证员应严格按照《遗嘱公证细则》第十六条的规定办理，以提高公证行为的权威性和公信力。

司法部颁发的《遗嘱公证细则》第十六条规定，在与符合四种情形的遗嘱人谈话时应当录音或者录像。据了解，目前我市22家公证处办理遗嘱公证业务时，大部分采用了录音或者录像，有的全部采用，有的部分采用，也有少数没有按要求采用。

为了进一步规范遗嘱公证的办证行为，确保公证书的证明效力，请各单位对目前遗嘱公证的办理情况进行认真分析，采取有效措施，保证《遗嘱公证细则》第十六条有关规定的贯彻落实。

请将贯彻落实情况及时报市司法局公管处。

特此通知。

上海市司法司

二〇〇九年九月二十九日

市司法局关于进一步规范
公证机构办公场所管理的通知

沪司发公管〔2009〕13 号

各区县司法局，各公证处：

根据《中华人民共和国公证法》、《公证机构执业管理办法》、《公证机构年度考核办法（试行）》、《司法部办公厅关于严格规范公证处设立办证点有关问题的通知》等文件精神，现就进一步规范本市公证机构办公场所管理的有关要求通知如下：

一、公证机构办公地应当与市司法局颁发的《公证机构执业证》“办公场所”栏记载的办公场所相一致。公证机构变更办公场所的，应当持申请书、办公场所证明、组建该公证机构的司法局出具的批准意见、《公证机构执业证》正本和副本，到市司法局办理核准手续。市司法局核准的，应当更换《公证机构执业证》正本和副本，同时报司法部备案。

二、公证机构因业务发展，导致办公用房拥挤，短期内难以解决，需临时增设接待室的，应当持申请书、用于增设接待室的办公场所证明、组建该公证机构的司法局出具的批准意见、《公证机构执业证》正本和副本，到市司法局办理核准手续。市司法局核准的，应当在《公证机构执业证》正本和副本的“办公场所”栏补充记载。公证机构办公用房困难得到解决的，应当撤销接待室，并向市司法局办理注销接待室备案手续。

公证机构的接待室不得超过 1 个，发生变更的，应当按前述程序办理核准手续。

三、公证机构因办公用房困难，需要增加内部办公场所的，经组建该公证机构的司法局同意后，应当报市司法局备案。内部办公场所不得进行接待、受理和发证等对外业务活动，不得以各种形式对外悬挂公证处的牌匾、指示牌以及介绍、招揽性的宣传告示。

四、根据公证业务需求量及便民服务等实际情况，公证机构应房屋交易中心、产权交易市场、社区服务中心等特定场所主办单位的邀请，可以在相关场所内设立公证服务窗口。设立公证服务窗口的，应当持申请书、相关主办单位的邀请函、组建该公证机构的司法局出具的批准意见，到市司法局办理核准手续。

公证机构在每一特定场所设立的公证服务窗口不得超过1个。特定场所的公证服务窗口发生变更的，原设立和新设立公证服务窗口的公证机构，应当分别办理注销、核准手续。

五、公证机构设立的接待室和服务窗口均不得对外悬挂公证机构牌匾。接待室可以对外悬挂“上海市+字号+公证处+接待室”的牌匾，服务窗口可以在内部放置台卡。公证接待室应当公示收费标准、服务承诺、投诉电话以及公证人员信息等内容。接待室和服务窗口都应对外明示服务时间，在规定的时间内，应当有公证员在现场办公，且应佩戴胸卡上岗，由公证员亲自承办该场所相关的公证业务。

六、司法行政机关应当加强对公证机构办公场所的管理，切实履行日常监管和年度考核职责，通过审查公证机构年度工作报告、实地检查等形式，及时发现问题，坚决责令改正。并将本通知的执行情况、相关问题的整改措施以及整改效果，列入对该公证机构的考核内容。

公证机构应当按照本通知要求，及时清理和调整现有的办公场所，并于2009年12月底以前向市司法局提交情况报告，并及时办理核准手续。

特此通知。

上海市司法局

二〇〇九年七月三十日

市高级人民法院、市人民检察院、市公安局、市司法局关于依法查处扰乱公证执业秩序违法犯罪行为的意见

沪司规〔2013〕3号

各中级人民法院、各区县人民法院、市高级人民法院有关单位，各检察分院、各区县人民检察院、市人民检察院有关单位，各公安分局、县公安局、市公安局有关单位、各公安处（局），市监狱管理局、市社区矫正办、各区县司法局、市司法局有关单位：

为维护公证行业的社会公信力和正常公证秩序，依法查处扰乱公证执业秩序的违法犯罪行为，根据《中华人民共和国刑法》（以下简称《刑法》）、《中华人民共和国公证法》、《中华人民共和国治安管理处罚法》、《中华人民共和国居民身份证法》等法律法规的规定，结合本市实际，现就办理扰乱公证执业秩序违法犯罪案件工作提出如下意见：

一、依法查处和打击扰乱公证执业秩序违法犯罪行为，维护正常社会秩序

公证制度是我国一项重要的预防性法律制度，是我国社会主义司法制度的重要组成部分。公证法律服务为促进本市经济社会发展、保障市场秩序、维护社会稳定、化解社会矛盾、健全社会信用、预防纠纷和减少诉讼等发挥了重要作用。但是，近年来涉及扰乱公证执业秩序的违法犯罪活动呈现了高发、多样态势，损害了公证行业的社会公信力，侵犯了公民个人的合法财产权益，破坏了正常的社会经济秩序。为有效遏制此类违法犯罪活动，维护社会和谐稳定，公安机关和司法行政部门应当高度重视并加强协作配合，依法打击此类违法犯罪活动的多发势头。

二、准确认定案件性质，正确适用法律，依法处理扰乱公证执业秩序违法犯罪活动

（一）违法行为人冒用他人居民身份证申请办理公证，或者购买、出售、使用伪造、变造的居民身份证的，依照《中华人民共和国居民身份证法》第十七条的规定，处二百元以上一千元以下罚款，或者处十日以下拘留，有违法所得的没收

违法所得，伪造、变造的居民身份证，由公安机关予以收缴；触犯《刑法》第二百八十条第三款的规定的，以伪造、变造居民身份证罪追究刑事责任。

（二）违法行为人在申请办理公证过程中，向公证机构提供伪造、变造、买卖的国家机关、人民团体、企业、事业单位或者其他组织的公文、证件、证明文件、印章，买卖或者使用伪造、变造的国家机关、人民团体、企业、事业单位或者其他组织的公文、证件、证明文件的，依法予以治安处罚；触犯《刑法》第二百八十条第一款、第二款的规定的，以伪造、变造、买卖国家机关公文、证件、印章罪，伪造公司、企业、事业单位、人民团体印章罪追究刑事责任。

（三）违法行为人利用公证书或使用伪造、变造的公证书实施诈骗的，依法予以治安处罚；触犯《刑法》第二百六十六条规定的，以诈骗罪追究刑事责任。

（四）违法行为人在公证机构办公场所寻衅滋事，辱骂、殴打工作人员，毁损公私财物，扰乱公证机构办公场所秩序的，依法予以治安处罚；触犯《刑法》第二百七十五条、二百九十三条规定的，分别以寻衅滋事罪、故意毁坏财物罪追究刑事责任。

（五）中介组织等机构的人员，教唆、引诱他人进行以上违法犯罪的，按照共同违法犯罪论处。

三、加强协作配合，健全查处机制，共同打击扰乱公证执业秩序违法犯罪活动

公安机关和司法行政机关应当切实加强协调配合，积极开展宣传和防范工作，共同依法严厉打击扰乱公证执业秩序违法犯罪活动：

（一）建立协作机制。通过建立联席会议制度、案件线索移送、证据移交机制等方式，加强协调配合，共享信息。公安机关对公证机构派员前来核查当事人户籍、身份档案信息的，应当在职责范围内予以配合和提供便利。公证机构应建立相应造假行为的档案，长期保存、及时更新，及时向上级司法行政机关报告备案，并将档案信息送交公安机关共享。

（二）加强重点监管。公安机关对刻章、印刷等特种行业和房地产交易市场等重点领域要加强监管，及时查处伪造、买卖印章、证件等违法犯罪活动。司法行政机关要依法加强对公证机构、公证员的监督指导和培训，提高防范能力。各公证机构要加强对当事人提供的材料真实性的审查，重视利用高科技手段防范公证中的造假行为。

（三）重视源头管理。公安机关在查处扰乱公证执业秩序违法犯罪行为的过程中，应依法追究制假、售假人员的责任。

（四）明确工作分工。公证机构发现扰乱公证执业秩序行为的，应及时向违法犯罪地公安机关报案并报告司法行政机关，同时应保留违法犯罪证据，向公安机关提供违法犯罪活动线索。公安机关接到公证机构报案或群众举报后，应及时出警并调查取证，根据具体情况，对违法犯罪行为人进行相应处置，并将处理结果向司法行政机关反馈。

（五）加大宣传力度。公安机关和司法行政机关要加强舆论宣传，以各种形式宣传打击此类扰乱公证执业秩序行为案件的处理，以震慑有违法犯罪行为嫌疑的人员，弘扬社会正气。

上海市高级人民法院　上海市人民检察院
上海市公安局　上海市司法局
2013 年 8 月 2 日

第二部分

公证法和司法部规章汇总

中华人民共和国公证法

（2005 年 8 月 28 日第十届全国人民代表大会常务委员会第十七次会议通过。根据 2015 年 4 月 24 日第十二届全国人民代表大会常务委员会第十四次会议《关于修改〈中华人民共和国义务教育法〉等五部法律的决定》修正。）

第一章 总 则

第一条 为规范公证活动，保障公证机构和公证员依法履行职责，预防纠纷，保障自然人、法人或者其他组织的合法权益，制定本法。

第二条 公证是公证机构根据自然人、法人或者其他组织的申请，依照法定程序对民事法律行为、有法律意义的事实和文书的真实性、合法性予以证明的活动。

第三条 公证机构办理公证，应当遵守法律，坚持客观、公正的原则。

第四条 全国设立中国公证协会，省、自治区、直辖市设立地方公证协会。中国公证协会和地方公证协会是社会团体法人。中国公证协会章程由会员代表大会制定，报国务院司法行政部门备案。

公证协会是公证业的自律性组织，依据章程开展活动，对公证机构、公证员的执业活动进行监督。

第五条 司法行政部门依照本法规定对公证机构、公证员和公证协会进行监督、指导。

第二章 公 证 机 构

第六条 公证机构是依法设立，不以营利为目的，依法独立行使公证职能、承担民事责任的证明机构。

第七条 公证机构按照统筹规划、合理布局的原则，可以在县、不设区的市、设区的市、直辖市或者市辖区设立；在设区的市、直辖市可以设立一个或者若干个公证机构。公证机构不按行政区划层层设立。

第八条 设立公证机构，应当具备下列条件：

（一）有自己的名称；

（二）有固定的场所；

（三）有二名以上公证员；

（四）有开展公证业务所必需的资金。

第九条 设立公证机构，由所在地的司法行政部门报省、自治区、直辖市人民政府司法行政部门按照规定程序批准后，颁发公证机构执业证书。

第十条 公证机构的负责人应当在有三年以上执业经历的公证员中推选产生，由所在地的司法行政部门核准，报省、自治区、直辖市人民政府司法行政部门备案。

第十一条 根据自然人、法人或者其他组织的申请，公证机构办理下列公证事项：

（一）合同；

（二）继承；

（三）委托、声明、赠与、遗嘱；

（四）财产分割；

（五）招标投标、拍卖；

（六）婚姻状况、亲属关系、收养关系；

（七）出生、生存、死亡、身份、经历、学历、学位、职务、职称、有无违法犯罪记录；

（八）公司章程；

（九）保全证据；

（十）文书上的签名、印鉴、日期，文书的副本、影印本与原本相符；

（十一）自然人、法人或者其他组织自愿申请办理的其他公证事项。

法律、行政法规规定应当公证的事项，有关自然人、法人或者其他组织应当向公证机构申请办理公证。

第十二条 根据自然人、法人或者其他组织的申请，公证机构可以办理下列事务：

（一）法律、行政法规规定由公证机构登记的事务；

（二）提存；

（三）保管遗嘱、遗产或者其他与公证事项有关的财产、物品、文书；

（四）代写与公证事项有关的法律事务文书；

（五）提供公证法律咨询。

第十三条 公证机构不得有下列行为：

（一）为不真实、不合法的事项出具公证书；

（二）毁损、篡改公证文书或者公证档案；

（三）以诋毁其他公证机构、公证员或者支付回扣、佣金等不正当手段争揽公证业务；

（四）泄露在执业活动中知悉的国家秘密、商业秘密或者个人隐私；

（五）违反规定的收费标准收取公证费；

（六）法律、法规、国务院司法行政部门规定禁止的其他行为。

第十四条 公证机构应当建立业务、财务、资产等管理制度，对公证员的执业行为进行监督，建立执业过错责任追究制度。

第十五条 公证机构应当参加公证执业责任保险。

第三章 公 证 员

第十六条 公证员是符合本法规定的条件，在公证机构从事公证业务的执业人员。

第十七条 公证员的数量根据公证业务需要确定。省、自治区、直辖市人民政府司法行政部门应当根据公证机构的设置情况和公证业务的需要核定公证员配备方案，报国务院司法行政部门备案。

第十八条 担任公证员，应当具备下列条件：

（一）具有中华人民共和国国籍；

（二）年龄二十五周岁以上六十五周岁以下；

（三）公道正派，遵纪守法，品行良好；

（四）通过国家司法考试；

（五）在公证机构实习二年以上或者具有三年以上其他法律职业经历并在公证机构实习一年以上，经考核合格。

第十九条 从事法学教学、研究工作，具有高级职称的人员，或者具有本科以上学历，从事审判、检察、法制工作、法律服务满十年的公务员、律师，已经离开原工作岗位，经考核合格的，可以担任公证员。

第二十条 有下列情形之一的，不得担任公证员：

（一）无民事行为能力或者限制民事行为能力的；

（二）因故意犯罪或者职务过失犯罪受过刑事处罚的；

（三）被开除公职的；

（四）被吊销执业证书的。

第二十一条 担任公证员，应当由符合公证员条件的人员提出申请，经公证机构推荐，由所在地的司法行政部门报省、自治区、直辖市人民政府司法行政部门审核同意后，报请国务院司法行政部门任命，并由省、自治区、直辖市人民政府司法行政部门颁发公证员执业证书。

第二十二条 公证员应当遵纪守法,恪守职业道德,依法履行公证职责,保守执业秘密。

公证员有权获得劳动报酬,享受保险和福利待遇;有权提出辞职、申诉或者控告;非因法定事由和非经法定程序,不被免职或者处罚。

第二十三条 公证员不得有下列行为:

(一)同时在二个以上公证机构执业;

(二)从事有报酬的其他职业;

(三)为本人及近亲属办理公证或者办理与本人及近亲属有利害关系的公证;

(四)私自出具公证书;

(五)为不真实、不合法的事项出具公证书;

(六)侵占、挪用公证费或者侵占、盗窃公证专用物品;

(七)毁损、篡改公证文书或者公证档案;

(八)泄露在执业活动中知悉的国家秘密、商业秘密或者个人隐私;

(九)法律、法规、国务院司法行政部门规定禁止的其他行为。

第二十四条 公证员有下列情形之一的,由所在地的司法行政部门报省、自治区、直辖市人民政府司法行政部门提请国务院司法行政部门予以免职:

(一)丧失中华人民共和国国籍的;

(二)年满六十五周岁或者因健康原因不能继续履行职务的;

(三)自愿辞去公证员职务的;

(四)被吊销公证员执业证书的。

第四章 公证程序

第二十五条 自然人、法人或者其他组织申请办理公证,可以向住所地、经常居住地、行为地或者事实发生地的公证机构提出。

申请办理涉及不动产的公证,应当向不动产所在地的公证机构提出;申请办理涉及不动产的委托、声明、赠与、遗嘱的公证,可以适用前款规定。

第二十六条 自然人、法人或者其他组织可以委托他人办理公证,但遗嘱、生存、收养关系等应当由本人办理公证的除外。

第二十七条 申请办理公证的当事人应当向公证机构如实说明申请公证的事项的有关情况,提供真实、合法、充分的证明材料;提供的证明材料不充分的,公证机构可以要求补充。

公证机构受理公证申请后,应当告知当事人申请公证事项的法律意义和可能产生的法律后果,并将告知内容记录存档。

第二十八条 公证机构办理公证，应当根据不同公证事项的办证规则，分别审查下列事项：

（一）当事人的身份、申请办理该项公证的资格以及相应的权利；

（二）提供的文书内容是否完备，含义是否清晰，签名、印鉴是否齐全；

（三）提供的证明材料是否真实、合法、充分；

（四）申请公证的事项是否真实、合法。

第二十九条 公证机构对申请公证的事项以及当事人提供的证明材料，按照有关办证规则需要核实或者对其有疑义的，应当进行核实，或者委托异地公证机构代为核实，有关单位或者个人应当依法予以协助。

第三十条 公证机构经审查，认为申请提供的证明材料真实、合法、充分，申请公证的事项真实、合法的，应当自受理公证申请之日起十五个工作日内向当事人出具公证书。但是，因不可抗力、补充证明材料或者需要核实有关情况的，所需时间不计算在期限内。

第三十一条 有下列情形之一的，公证机构不予办理公证：

（一）无民事行为能力人或者限制民事行为能力人没有监护人代理申请办理公证的；

（二）当事人与申请公证的事项没有利害关系的；

（三）申请公证的事项属专业技术鉴定、评估事项的；

（四）当事人之间对申请公证的事项有争议的；

（五）当事人虚构、隐瞒事实，或者提供虚假证明材料的；

（六）当事人提供的证明材料不充分或者拒绝补充证明材料的；

（七）申请公证的事项不真实、不合法的；

（八）申请公证的事项违背社会公德的；

（九）当事人拒绝按照规定支付公证费的。

第三十二条 公证书应当按照国务院司法行政部门规定的格式制作，由公证员签名或者加盖签名章并加盖公证机构印章。公证书自出具之日起生效。

公证书应当使用全国通用的文字；在民族自治地方，根据当事人的要求，可以制作当地通用的民族文字文本。

第三十三条 公证书需要在国外使用，使用国要求先认证的，应当经中华人民共和国外交部或者外交部授权的机构和有关国家驻中华人民共和国使（领）馆认证。

第三十四条 当事人应当按照规定支付公证费。

对符合法律援助条件的当事人，公证机构应当按照规定减免公证费。

第三十五条 公证机构应当将公证文书分类立卷，归档保存。法律、行政法规规定应当公证的事项等重要的公证档案在公证机构保存期满,应当按照规定移交地方档案馆保管。

第五章 公证效力

第三十六条 经公证的民事法律行为、有法律意义的事实和文书,应当作为认定事实的根据,但有相反证据足以推翻该项公证的除外。

第三十七条 对经公证的以给付为内容并载明债务人愿意接受强制执行承诺的债权文书,债务人不履行或者履行不适当的,债权人可以依法向有管辖权的人民法院申请执行。

前款规定的债权文书确有错误的,人民法院裁定不予执行,并将裁定书送达双方当事人和公证机构。

第三十八条 法律、行政法规规定未经公证的事项不具有法律效力的,依照其规定。

第三十九条 当事人、公证事项的利害关系人认为公证书有错误的,可以向出具该公证书的公证机构提出复查。公证书的内容违法或者与事实不符的,公证机构应当撤销该公证书并予以公告,该公证书自始无效;公证书有其他错误的,公证机构应当予以更正。

第四十条 当事人、公证事项的利害关系人对公证书的内容有争议的,可以就该争议向人民法院提起民事诉讼。

第六章 法律责任

第四十一条 公证机构及其公证员有下列行为之一的,由省、自治区、直辖市或者设区的市人民政府司法行政部门给予警告;情节严重的,对公证机构处一万元以上五万元以下罚款,对公证员处一千元以上五千元以下罚款,并可以给予三个月以上六个月以下停止执业的处罚;有违法所得的,没收违法所得:

(一)以诋毁其他公证机构、公证员或者支付回扣、佣金等不正当手段争揽公证业务的;

(二)违反规定的收费标准收取公证费的;

(三)同时在二个以上公证机构执业的;

(四)从事有报酬的其他职业的;

(五)为本人及近亲属办理公证或者办理与本人及近亲属有利害关系的公证的;

(六)依照法律、行政法规的规定,应当给予处罚的其他行为。

第四十二条 公证机构及其公证员有下列行为之一的,由省、自治区、直辖市或者设区的市人民政府司法行政部门对公证机构给予警告，并处二万元以上十万元以下罚款，并可以给予一个月以上三个月以下停业整顿的处罚；对公证员给予警告，并处二千元以上一万元以下罚款，并可以给予三个月以上十二个月以下停止执业的处罚；有违法所得的，没收违法所得；情节严重的，由省、自治区、直辖市人民政府司法行政部门吊销公证员执业证书；构成犯罪的，依法追究刑事责任：

（一）私自出具公证书的；

（二）为不真实、不合法的事项出具公证书的；

（三）侵占、挪用公证费或者侵占、盗窃公证专用物品的；

（四）毁损、篡改公证文书或者公证档案的；

（五）泄露在执业活动中知悉的国家秘密、商业秘密或者个人隐私的；

（六）依照法律、行政法规的规定，应当给予处罚的其他行为。

因故意犯罪或者职务过失犯罪受刑事处罚的，应当吊销公证员执业证书。

第四十三条 公证机构及其公证员因过错给当事人、公证事项的利害关系人造成损失的，由公证机构承担相应的赔偿责任；公证机构赔偿后，可以向有故意或者重大过失的公证员追偿。

当事人、公证事项的利害关系人与公证机构因赔偿发生争议的，可以向人民法院提起民事诉讼。

第四十四条 当事人以及其他个人或者组织有下列行为之一，给他人造成损失的，依法承担民事责任；违反治安管理的，依法给予治安管理处罚；构成犯罪的，依法追究刑事责任：

（一）提供虚假证明材料，骗取公证书的；

（二）利用虚假公证书从事欺诈活动的；

（三）伪造、变造或者买卖伪造、变造的公证书、公证机构印章的。

第七章 附　　则

第四十五条 中华人民共和国驻外使（领）馆可以依照本法的规定或者中华人民共和国缔结或者参加的国际条约的规定，办理公证。

第四十六条 公证费的收费标准由省、自治区、直辖市人民政府价格主管部门会同同级司法行政部门制定。

第四十七条 本法自 2006 年 3 月 1 日起施行。

公证机构执业管理办法

(2006年2月23日印发 2006年3月1日施行 司法部令第101号)

第一章 总 则

第一条 为了加强对公证机构的审批管理和执业监督,规范公证机构的执业行为,根据《中华人民共和国公证法》(以下简称《公证法》)和有关法律、法规的规定,制定本办法。

第二条 公证机构依照《公证法》和本办法设立。

设立公证机构,应当按照统筹规划、合理布局的原则,实行总量控制。

第三条 公证机构办理公证,应当遵守法律,坚持客观、公正的原则,遵守公证执业规范和执业纪律。

公证机构应当加入地方和全国的公证协会。

第四条 公证机构办理公证,不以营利为目的,独立行使公证职能,独立承担民事责任,任何单位和个人不得非法干预,其合法权益不受侵犯。

第五条 司法行政机关依照《公证法》和有关法律、法规、规章,对公证机构进行监督、指导。

第六条 公证协会是公证业的自律性组织。公证协会依照《公证法》和章程,对公证机构的执业活动进行监督。

第二章 公证机构设立审批

第七条 设立公证机构,由省、自治区、直辖市司法行政机关审核批准。

第八条 公证机构可以在县、不设区的市、设区的市、直辖市或者市辖区设立;在设区的市、直辖市可以设立一个或者若干个公证机构。公证机构不按行政区划层层设立。

第九条 省、自治区、直辖市司法行政机关应当按照公证机构设立原则,综合考虑当地经济社会发展程度、人口数量、交通状况和对公证业务的实际需求等情况,拟定本行政区域公证机构设置方案,并可以根据当地情况和公证需求的变化对设置方案进行调整。

公证机构设置方案包括:设置方案拟定的依据,公证机构设置和布局的安排,公证执业区域划分的安排,公证机构设置总量及地区分布的安排。

公证机构设置方案及其调整方案,应当报司法部核定。

第十条 公证执业区域可以下列区域为单位划分:

(一)县、不设区的市、市辖区的辖区;

(二)设区的市、直辖市的辖区或者所辖城区的全部市辖区。

公证机构的执业区域,由省、自治区、直辖市司法行政机关在办理该公证机构设立或者变更审批时予以核定。

第十一条 设立公证机构,应当具备下列条件:

(一)有自己的名称;

(二)有固定的场所;

(三)有二名以上公证员;

(四)有开展公证业务所必需的资金。

设立公证机构,应当符合经司法部核定的公证机构设置方案的要求。

第十二条 公证机构的负责人应当在有三年以上执业经历的公证员中推选产生,由所在地司法行政机关核准,并逐级报省、自治区、直辖市司法行政机关备案。

第十三条 公证机构的开办资金数额,由省、自治区、直辖市司法行政机关确定。

第十四条 设立公证机构,由所在地司法行政机关组建,逐级报省、自治区、直辖市司法行政机关审批。

申请设立公证机构,应当提交下列材料:

(一)设立公证机构的申请和组建报告;

(二)拟采用的公证机构名称;

(三)拟任公证员名单、简历、居民身份证复印件和符合担任公证员条件的证明材料;

(四)拟推选的公证机构负责人的情况说明;

(五)开办资金证明;

(六)办公场所证明;

(七)其他需要提交的材料。

设立公证机构需要配备新的公证员的,应当依照《公证法》和司法部规定的条件和程序,报请审核、任命。

第十五条 省、自治区、直辖市司法行政机关应当自收到申请材料之日起三十日内,完成审核,作出批准设立或者不予批准设立的决定。对准予设立的,颁发公证机构执业证书;对不准予设立的,应当在决定中告知不予批准的理由。

批准设立公证机构的决定,应当报司法部备案。

第十六条 公证机构变更名称、办公场所,根据当地公证机构设置调整方案予以分立、合并或者变更执业区域的,应当由所在地司法行政机关审核后,逐级报省、自治区、直辖市司法行政机关办理变更核准手续。核准变更的,应当报司法部备案。

公证机构变更负责人的,经所在地司法行政机关核准后,逐级报省、自治区、直辖市司法行政机关备案。

第十七条 省、自治区、直辖市司法行政机关对经批准设立的公证机构以及公证机构重要的变更事项,应当在作出批准决定后二十日内,在省级报刊上予以公告。

司法部定期编制全国公证机构名录。

第三章 公证机构名称和执业证书管理

第十八条 公证机构统称公证处。根据公证机构设置的不同情况,分别采用下列方式冠名:

(一)在县、不设区的市设立公证机构的,冠名方式为:省(自治区、直辖市)名称+本县、市名称+公证处;

(二)在设区的市或其市辖区设立公证机构的,冠名方式为:省(自治区)名称+本市名称+字号+公证处;

(三)在直辖市或其市辖区设立公证机构的,冠名方式为:直辖市名称+字号+公证处。

第十九条 公证机构的名称,应当使用全国通用的文字。民族自治地方的公证机构的名称,可以同时使用当地通用的民族文字。

公证机构名称中的字号,应当由两个以上文字组成,并不得与所在省、自治区、直辖市内设立的其他公证机构的名称中的字号相同或者近似。

公证机构名称的内容和文字,应当符合国家有关规定。

第二十条 公证机构的名称,由省、自治区、直辖市司法行政机关在办理该公证机构设立或者变更审批时予以核定。

公证机构对经核定的名称享有专用权。

第二十一条 公证机构执业证书是公证机构获准设立和执业的凭证。

公证机构执业证书应当载明下列内容:公证机构名称、负责人、办公场所、执业区域、证书编号、颁证日期、审批机关等。公证机构执业证书分为正本和副本。正本用于在办公场所悬挂,副本用于接受查验。正本和副本具有同等法律效力。

公证机构执业证书由司法部统一制作。证书编号办法由司法部制定。

第二十二条 公证机构执业证书不得涂改、出借、抵押或者转让。公证机构执业证书损毁或者遗失的，由该公证机构报经所在地司法行政机关，逐级向省、自治区、直辖市司法行政机关申请换发或者补发。

第二十三条 公证机构变更名称、办公场所、负责人、执业区域或者分立、合并的，应当在报请核准的同时，申请换发公证机构执业证书。

公证机构受到停业整顿处罚的，停业整顿期间，应当将该公证机构执业证书缴存所在地司法行政机关。

第四章 公证机构执业监督检查

第二十四条 司法行政机关依法对公证机构的组织建设、队伍建设、执业活动、质量控制、内部管理等情况进行监督。

第二十五条 省、自治区、直辖市司法行政机关对公证机构的下列事项实施监督：

（一）公证机构保持法定设立条件的情况；

（二）公证机构执行应当报批或者备案事项的情况；

（三）公证机构和公证员的执业情况；

（四）公证质量的监控情况；

（五）法律、法规和司法部规定的其他监督检查事项。

第二十六条 设区的市和公证机构所在地司法行政机关对本地公证机构的下列事项实施监督：

（一）组织建设情况；

（二）执业活动情况；

（三）公证质量情况；

（四）公证员执业年度考核情况；

（五）档案管理情况；

（六）财务制度执行情况；

（七）内部管理制度建设情况；

（八）司法部和省、自治区、直辖市司法行政机关要求进行监督检查的其他事项。

第二十七条 公证机构应当建立健全业务、公证档案、财务、资产等管理制度，对公证员的执业行为进行监督，建立执业过错责任追究制度。

公证机构应当严格执行国家制定的公证收费标准。

公证机构应当按照规定参加公证执业责任保险。

第二十八条 公证机构应当依法开展公证执业活动，不得有下列行为：

（一）为不真实、不合法的事项出具公证书；

（二）毁损、篡改公证文书或者公证档案；

（三）以诋毁其他公证机构、公证员或者支付回扣、佣金等不正当手段争揽公证业务；

（四）泄露在执业活动中知悉的国家秘密、商业秘密或者个人隐私；

（五）违反规定的收费标准收取公证费；

（六）法律、法规和司法部规定禁止的其他行为。

第二十九条 公证机构应当依照《公证法》第二十五条的规定，在省、自治区、直辖市司法行政机关核定的执业区域内受理公证业务。

第三十条 公证机构应当按照省、自治区、直辖市司法行政机关的规定，定期填报公证业务情况统计表，每年2月1日前向所在地司法行政机关提交本公证机构的年度工作报告。

年度工作报告应当真实、全面地反映本公证机构上一年度开展公证业务、公证质量监控、公证员遵守职业道德和执业纪律、公证收费、财务管理、内部制度建设等方面的情况。

公证业务情况统计表的统计项目及样式，由司法部制定。

第三十一条 公证机构由所在地司法行政机关在每年的第一季度进行年度考核。年度考核，应当依照《公证法》的要求和本办法第二十六条规定的监督事项，审查公证机构的年度工作报告，结合日常监督检查掌握的情况，由所在地司法行政机关对公证机构的年度执业和管理情况作出综合评估。考核等次及其标准，由司法部制定。

年度考核结果，应当书面告知公证机构，并报上一级司法行政机关备案。

第三十二条 公证机构应当对所属公证员的执业情况进行年度考核。

公证机构的负责人由所在地司法行政机关进行年度考核。

第三十三条 公证机构存在下列情形之一的，所在地司法行政机关应当进行重点监督检查：

（一）被投诉或者举报的；

（二）执业中有不良记录的；

（三）未保持法定设立条件的；

（四）年度考核发现内部管理存在严重问题的。

第三十四条 司法行政机关实施监督检查，可以对公证机构进行实地检查，要求公证机构和公证员说明有关情况，调阅公证机构相关材料和公证档案，向相关单位和人员调查、核实有关情况。

公证机构和公证员应当接受司法行政机关依法实施的监督检查，如实说明有关情况、提供相关资料,不得谎报、隐匿、伪造、销毁相关证据材料。

第三十五条 司法行政机关应当建立有关公证机构设立、变更、备案事项、年度考核、违法违纪行为处罚、奖励等方面情况的执业档案。

第五章 法律责任

第三十六条 公证机构有《公证法》第四十一条、第四十二条规定所列行为之一的,由省、自治区、直辖市司法行政机关或者设区的市司法行政机关依据《公证法》的规定,予以处罚。

公证机构违反《公证法》第二十五条规定,跨执业区域受理公证业务的,由所在地或者设区的市司法行政机关予以制止,并责令改正。

第三十七条 司法行政机关对公证机构违法行为实施行政处罚,应当根据有关法律、法规和司法部有关行政处罚程序的规定进行。

第三十八条 司法行政机关在对公证机构作出行政处罚决定之前,应当告知其查明的违法行为事实、处罚的理由及依据,并告知其依法享有的权利。口头告知的,应当制作笔录。公证机构有权进行陈述和申辩,有权依法申请听证。

公证机构对行政处罚不服的,可以依法申请行政复议或者提起行政诉讼。

第三十九条 司法行政机关在实施监督检查和年度考核过程中,发现公证机构存在违法行为或者收到相关投诉、举报的,应当及时立案调查,全面、客观、公正地查明事实,收集证据。被调查的公证机构应当向调查机关如实陈述事实,提供有关材料。

第四十条 司法行政机关查处公证机构的违法行为,可以委托公证协会对公证机构的违法行为进行调查、核实。

接受委托的公证协会应当查明事实、核实证据,并向司法行政机关提出实施行政处罚的建议。

第四十一条 公证协会依据章程和有关行业规范,对公证机构违反执业规范和执业纪律的行为,视其情节轻重,给予相应的行业处分。

公证协会在查处公证机构违反执业规范和执业纪律行为的过程中,发现有依据《公证法》的规定应当给予行政处罚情形的,应当提交有管辖权的司法行政机关处理。

第四十二条 公证机构及其公证员因过错给当事人、公证事项的利害关系人造成损失的,由公证机构承担相应的赔偿责任;公证机构赔偿后,可以向有故意或者重大过失的公证员追偿。

第四十三条 司法行政机关及其工作人员在公证机构设立审批、公证机构执业证书管理、对公证机构实施监督检查、年度考核的过程中,有滥用职权、玩忽职守、徇私舞弊、干预公证机构依法独立行使公证职能行为的，应当依法追究责任人员的行政责任；构成犯罪的，依法追究刑事责任。

第六章 附 则

第四十四条 本办法所称公证机构所在地司法行政机关，是指根据当地公证机构设置方案的规定，负责组建该公证机构，并承担对其实施日常监督、指导职能的司法行政机关。

第四十五条 《公证法》和本办法施行前设立的公证机构，其设置、布局、名称、执业区域及管理体制不符合《公证法》和本办法规定的，由省、自治区、直辖市司法行政机关拟定调整方案，报司法部核定后组织实施。

第四十六条 本办法由司法部解释。

第四十七条 本办法自 2006 年 3 月 1 日起施行。

公证员执业管理办法

（2006年3月14日印发　2006年3月14日施行　司法部令第102号）

第一章　总　　则

第一条　为了加强对公证员的任职管理和执业监督，规范公证员的执业行为，根据《中华人民共和国公证法》（以下简称《公证法》）和有关法律、法规的规定，制定本办法。

第二条　公证员是符合《公证法》规定的条件，经法定任职程序，取得公证员执业证书，在公证机构从事公证业务的执业人员。

公证员的配备数量，根据公证机构的设置情况和公证业务的需要确定。公证员配备方案，由省、自治区、直辖市司法行政机关编制和核定，报司法部备案。

第三条　公证员依法执业，受法律保护，任何单位和个人不得非法干预。

公证员有权获得劳动报酬，享受保险和福利待遇；有权提出辞职、申诉或者控告；非因法定事由和非经法定程序，不被免职或者处罚。

第四条　公证员应当遵纪守法，恪守职业道德和执业纪律，依法履行公证职责，保守执业秘密。

公证员应当加入地方和全国的公证协会。

第五条　司法行政机关依照《公证法》和有关法律、法规、规章，对公证员进行监督、指导。

第六条　公证协会是公证业的自律性组织。公证协会依照《公证法》和章程，对公证员的执业活动进行监督。

第二章　公证员任职条件

第七条　担任公证员，应当具备下列条件：

（一）具有中华人民共和国国籍；

（二）年龄二十五周岁以上六十五周岁以下；

（三）公道正派，遵纪守法，品行良好；

（四）通过国家司法考试；

（五）在公证机构实习二年以上或者具有三年以上其他法律职业经历并在

公证机构实习一年以上，经考核合格。

第八条 符合本办法第七条第（一）项、第（二）项、第（三）项规定，并具备下列条件之一，已经离开原工作岗位的，经考核合格，可以担任公证员：

（一）从事法学教学、研究工作，具有高级职称的人员；

（二）具有本科以上学历，从事审判、检察、法制工作、法律服务满十年的公务员、律师。

第九条 有下列情形之一的，不得担任公证员：

（一）无民事行为能力或者限制民事行为能力的；

（二）因故意犯罪或者职务过失犯罪受过刑事处罚的；

（三）被开除公职的；

（四）被吊销执业证书的。

第三章 公证员任职程序

第十条 符合本办法第七条规定条件的人员，由本人提出申请，经需要选配公证员的公证机构推荐，由所在地司法行政机关出具审查意见，逐级报请省、自治区、直辖市司法行政机关审核。

报请审核，应当提交下列材料：

（一）担任公证员申请书；

（二）公证机构推荐书；

（三）申请人的居民身份证复印件和个人简历，具有三年以上其他法律职业经历的，应当同时提交相应的经历证明；

（四）申请人的法律职业资格证书复印件；

（五）公证机构出具的申请人实习鉴定和所在地司法行政机关出具的实习考核合格意见；

（六）所在地司法行政机关对申请人的审查意见；

（七）其他需要提交的材料。

第十一条 符合本办法第八条规定条件的人员，由本人提出申请，经需要选配公证员的公证机构推荐，由所在地司法行政机关出具考核意见，逐级报请省、自治区、直辖市司法行政机关审核。

报请审核，应当提交下列材料：

（一）担任公证员申请书；

（二）公证机构推荐书；

（三）申请人的居民身份证复印件和个人简历；

（四）从事法学教学、研究工作并具有高级职称的证明，或者具有本科以上学历的证明和从事审判、检察、法制工作、法律服务满十年的经历及职务证明；

（五）申请人已经离开原工作岗位的证明；

（六）所在地司法行政机关对申请人的考核意见；

（七）其他需要提交的材料。

第十二条 省、自治区、直辖市司法行政机关应当自收到报审材料之日起二十日内完成审核。对符合规定条件和公证员配备方案的，作出同意申请人担任公证员的审核意见，填制公证员任职报审表，报请司法部任命；对不符合规定条件或者公证员配备方案的，作出不同意申请人担任公证员的决定，并书面通知申请人和所在地司法行政机关。

第十三条 司法部应当自收到省、自治区、直辖市司法行政机关报请任命公证员的材料之日起二十日内，制作并下达公证员任命决定。

司法部认为报请任命材料有疑义或者收到相关投诉、举报的，可以要求报请任命机关重新审核。

第十四条 省、自治区、直辖市司法行政机关应当自收到司法部下达的公证员任命决定之日起十日内，向申请人颁发公证员执业证书，并书面通知其所在地司法行政机关。

第十五条 公证员变更执业机构，应当经所在公证机构同意和拟任用该公证员的公证机构推荐，报所在地司法行政机关同意后，报省、自治区、直辖市司法行政机关办理变更核准手续。

公证员跨省、自治区、直辖市变更执业机构的，经所在的省、自治区、直辖市司法行政机关核准后，由拟任用该公证员的公证机构所在的省、自治区、直辖市司法行政机关办理变更核准手续。

第十六条 公证员有下列情形之一的，由所在地司法行政机关自确定该情形发生之日起三十日内，报告省、自治区、直辖市司法行政机关，由其提请司法部予以免职：

（一）丧失中华人民共和国国籍的；

（二）年满六十五周岁或者因健康原因不能继续履行职务的；

（三）自愿辞去公证员职务的。

被吊销公证员执业证书的，由省、自治区、直辖市司法行政机关直接提请司法部予以免职。

提请免职，应当提交公证员免职报审表和符合法定免职事由的相关证明材料。司法部应当自收到提请免职材料之日起二十日内，制作并下达公证员免职决定。

第十七条 省、自治区、直辖市司法行政机关对报请司法部予以任命、免职或者经核准变更执业机构的公证员，应当在收到任免决定或者作出准予变更决定后二十日内，在省级报刊上予以公告。

司法部对决定予以任命或者免职的公证员，应当定期在全国性报刊上予以公告，并定期编制全国公证员名录。

第四章　公证员执业证书管理

第十八条　公证员执业证书是公证员履行法定任职程序后在公证机构从事公证执业活动的有效证件。

公证员执业证书由司法部统一制作。证书编号办法由司法部制定。

第十九条　公证员执业证书由公证员本人持有和使用，不得涂改、抵押、出借或者转让。

公证员执业证书损毁或者遗失的，由本人提出申请，所在公证机构予以证明，提请所在地司法行政机关报省、自治区、直辖市司法行政机关申请换发或者补发。执业证书遗失的，由所在公证机构在省级报刊上声明作废。

第二十条　公证员变更执业机构的，经省、自治区、直辖市司法行政机关核准，予以换发公证员执业证书。

公证员受到停止执业处罚的，停止执业期间，应当将其公证员执业证书缴存所在地司法行政机关。

公证员受到吊销公证员执业证书处罚或者因其他法定事由予以免职的，应当收缴其公证员执业证书，由省、自治区、直辖市司法行政机关予以注销。

第五章　公证员执业监督检查

第二十一条　司法行政机关应当依法建立健全行政监督管理制度，公证协会应当依据章程建立健全行业自律制度，加强对公证员执业活动的监督，依法维护公证员的执业权利。

第二十二条　公证机构应当按照规定建立、完善各项内部管理制度，对公证员的执业行为进行监督，建立公证员执业过错责任追究制度，建立公证员执业年度考核制度。

公证机构应当为公证员依法执业提供便利和条件，保障其在任职期间依法享有的合法权益。

第二十三条　公证员应当依法履行公证职责，不得有下列行为：

（一）同时在两个以上公证机构执业；

（二）从事有报酬的其他职业；

（三）为本人及近亲属办理公证或者办理与本人及近亲属有利害关系的

公证；

（四）私自出具公证书；

（五）为不真实、不合法的事项出具公证书；

（六）侵占、挪用公证费或者侵占、盗窃公证专用物品；

（七）毁损、篡改公证文书或者公证档案；

（八）泄露在执业活动中知悉的国家秘密、商业秘密或者个人隐私；

（九）法律、法规和司法部规定禁止的其他行为。

第二十四条 公证机构应当在每年的第一个月份对所属公证员上一年度办理公证业务的情况和遵守职业道德、执业纪律的情况进行年度考核。考核结果，应当书面告知公证员，并报所在地司法行政机关备案。

公证机构的负责人履行管理职责的情况，由所在地司法行政机关进行考核。考核结果，应当书面告知公证机构的负责人，并报上一级司法行政机关备案。

经年度考核，对公证员在执业中存在的突出问题，公证机构应当责令其改正；对公证机构的负责人在管理中存在的突出问题，所在地司法行政机关应当责令其改正。

第二十五条 公证员和公证机构的负责人被投诉和举报、执业中有不良记录或者经年度考核发现有突出问题的，所在地司法行政机关应当对其进行重点监督、指导。

对年度考核发现有突出问题的公证员和公证机构的负责人，由所在地或者设区的市司法行政机关组织专门的学习培训。

第二十六条 司法行政机关实施监督检查，可以对公证员办理公证业务的情况进行检查，要求公证员及其所在公证机构说明有关情况，调阅相关材料和公证档案，向相关单位和人员调查、核实有关情况。

公证员及其所在公证机构不得拒绝司法行政机关依法实施的监督检查，不得谎报、隐匿、伪造、销毁相关证据材料。

第二十七条 公证员应当接受司法行政机关和公证协会组织开展的职业培训。公证员每年参加职业培训的时间不得少于四十学时。

司法行政机关制定开展公证员职业培训的规划和方案，公证协会按年度制定具体实施计划，负责组织实施。

公证机构应当为公证员参加职业培训提供必要的条件和保障。

第二十八条 公证员执业所在地司法行政机关应当建立公证员执业档案，将公证员任职审核任命情况、年度考核结果、监督检查掌握的情况以及受奖惩的情况记入执业档案。

公证员跨地区或者跨省、自治区、直辖市变更执业机构的，原执业所在地司法行政机关应当向变更后的执业所在地司法行政机关移交该公证员的执业档案。

第六章 法律责任

第二十九条 公证员有《公证法》第四十一条、第四十二条所列行为之一的，由省、自治区、直辖市或者设区的市司法行政机关依据《公证法》的规定，予以处罚。

公证员有依法应予吊销公证员执业证书情形的，由所在地司法行政机关逐级报请省、自治区、直辖市司法行政机关决定。

第三十条 司法行政机关对公证员实施行政处罚，应当根据有关法律、法规和司法部有关行政处罚程序的规定进行。

司法行政机关查处公证员的违法行为，可以委托公证协会对公证员的违法行为进行调查、核实。

第三十一条 司法行政机关在对公证员作出行政处罚决定之前，应当告知查明的违法行为事实、处罚的理由及依据，并告知其依法享有的权利。口头告知的，应当制作笔录。公证员有权进行陈述和申辩，有权依法申请听证。

公证员对行政处罚决定不服的，可以依法申请行政复议或者提起行政诉讼。

第三十二条 公证协会依据章程和有关行业规范，对公证员违反职业道德和执业纪律的行为，视其情节轻重，给予相应的行业处分。

公证协会在查处公证员违反职业道德和执业纪律行为的过程中，发现有依据《公证法》的规定应当给予行政处罚情形的，应当提交有管辖权的司法行政机关处理。

第三十三条 公证员因过错给当事人、公证事项的利害关系人造成损失的，公证机构依法赔偿后，可以向有故意或者重大过失的公证员追偿。

第三十四条 以欺骗、贿赂等不正当手段取得公证员任命和公证员执业证书的，经查证属实，由省、自治区、直辖市司法行政机关提请司法部撤销原任命决定，并收缴、注销其公证员执业证书。

第三十五条 司法行政机关及其工作人员在公证员职务任免、公证员执业证书管理、对公证员执业活动实施监督检查的过程中，有滥用职权、玩忽职守、徇私舞弊、干预公证员依法执业行为的，应当依法追究责任人员的行政责任；构成犯罪的，依法追究刑事责任。

第七章 附则

第三十六条 公证员配备方案，应当遵照司法部有关公证业的总体发展规划和要求，根据当地公证机构设置、布局的安排、公证执业区域划分的安排、公证业务总体需求和地区分布情况，以及当地经济社会发展和人口状况，结合公证员年均办证数量和办证能力，予以编制和核定，并可以根据当地情况和公证需求的变化进行调整。

第三十七条 公证员执业年度考核的具体办法，由省、自治区、直辖市司法行政机关制定。考核办法应当包括考核工作的原则、考核的内容、考核的等次和标准、考核的程序和时间安排。

第三十八条 《公证法》和本办法施行前已担任公证员的，其公证员职务继续有效，适用《公证法》和本办法进行管理。

第三十九条 本办法所称公证员执业所在地司法行政机关，是指负责组建该公证员所属的公证机构，并承担对该公证机构及其公证员实施日常监督、指导职能的司法行政机关。

第四十条 本办法由司法部解释。

第四十一条 本办法自发布之日起施行。司法部 1995 年 6 月 2 日发布的《中华人民共和国公证员注册管理办法》(司法部令第 39 号)同时废止。

公证程序规则

（2006年5月18日印发 2006年7月1日施行 司法部令第103号）

第一章 总 则

第一条 为了规范公证程序，保证公证质量，根据《中华人民共和国公证法》（以下简称《公证法》）和有关法律、行政法规的规定，制定本规则。

第二条 公证机构办理公证，应当遵守法律，坚持客观、公正的原则，遵守公证执业规范和执业纪律。

第三条 公证机构依法独立行使公证职能，独立承担民事责任，任何单位、个人不得非法干预，其合法权益不受侵犯。

第四条 公证机构应当根据《公证法》的规定，受理公证申请，办理公证业务，以本公证机构的名义出具公证书。

第五条 公证员受公证机构指派，依照《公证法》和本规则规定的程序办理公证业务，并在出具的公证书上署名。

依照《公证法》和本规则的规定，在办理公证过程中须公证员亲自办理的事务，不得指派公证机构的其他工作人员办理。

第六条 公证机构和公证员办理公证，不得有《公证法》第十三条、第二十三条禁止的行为。

公证机构的其他工作人员以及依据本规则接触到公证业务的相关人员，不得泄露在参与公证业务活动中知悉的国家秘密、商业秘密或者个人隐私。

第七条 公证机构应当建立、健全公证业务管理制度和公证质量管理制度，对公证员的执业行为进行监督。

第八条 司法行政机关依照《公证法》和本规则规定，对公证机构和公证员的执业活动和遵守程序规则的情况进行监督、指导。

公证协会依据章程和行业规范，对公证机构和公证员的执业活动和遵守程序规则的情况进行监督。

第二章 公证当事人

第九条 公证当事人是指与公证事项有利害关系并以自己的名义向公证机

构提出公证申请，在公证活动中享有权利和承担义务的自然人、法人或者其他组织。

第十条 无民事行为能力人或者限制民事行为能力人申办公证，应当由其监护人代理。

法人申办公证，应当由其法定代表人代表。

其他组织申办公证，应当由其负责人代表。

第十一条 当事人可以委托他人代理申办公证，但申办遗嘱、遗赠扶养协议、赠与、认领亲子、收养关系、解除收养关系、生存状况、委托、声明、保证及其他与自然人人身有密切关系的公证事项，应当由其本人亲自申办。

公证员、公证机构的其他工作人员不得代理当事人在本公证机构申办公证。

第十二条 居住在香港、澳门、台湾地区的当事人，委托他人代理申办涉及继承、财产权益处分、人身关系变更等重要公证事项的，其授权委托书应当经其居住地的公证人（机构）公证，或者经司法部指定的机构、人员证明。

居住在国外的当事人，委托他人代理申办前款规定的重要公证事项的，其授权委托书应当经其居住地的公证人（机构）、我驻外使（领）馆公证。

第三章 公证执业区域

第十三条 公证执业区域是指由省、自治区、直辖市司法行政机关，根据《公证法》第二十五条和《公证机构执业管理办法》第十条的规定以及当地公证机构设置方案，划定的公证机构受理公证业务的地域范围。

公证机构的执业区域，由省、自治区、直辖市司法行政机关在办理该公证机构设立或者变更审批时予以核定。

公证机构应当在核定的执业区域内受理公证业务。

第十四条 公证事项由当事人住所地、经常居住地、行为地或者事实发生地的公证机构受理。

涉及不动产的公证事项，由不动产所在地的公证机构受理；涉及不动产的委托、声明、赠与、遗嘱的公证事项，可以适用前款规定。

第十五条 二个以上当事人共同申办同一公证事项的，可以共同到行为地、事实发生地或者其中一名当事人住所地、经常居住地的公证机构申办。

第十六条 当事人向二个以上可以受理该公证事项的公证机构提出申请的，由最先受理申请的公证机构办理。

第四章 申请与受理

第十七条 自然人、法人或者其他组织向公证机构申请办理公证，应当填写公证申请表。公证申请表应当载明下列内容：

（一）申请人及其代理人的基本情况；

（二）申请公证的事项及公证书的用途；

（三）申请公证的文书的名称；

（四）提交证明材料的名称、份数及有关证人的姓名、住址、联系方式；

（五）申请的日期；

（六）其他需要说明的情况。

申请人应当在申请表上签名或者盖章，不能签名、盖章的由本人捺指印。

第十八条 自然人、法人或者其他组织申请办理公证，应当提交下列材料：

（一）自然人的身份证明，法人的资格证明及其法定代表人的身份证明，其他组织的资格证明及其负责人的身份证明；

（二）委托他人代为申请的，代理人须提交当事人的授权委托书，法定代理人或者其他代理人须提交有代理权的证明；

（三）申请公证的文书；

（四）申请公证的事项的证明材料，涉及财产关系的须提交有关财产权利证明；

（五）与申请公证的事项有关的其他材料。

第十九条 符合下列条件的申请，公证机构可以受理：

（一）申请人与申请公证的事项有利害关系；

（二）申请人之间对申请公证的事项无争议；

（三）申请公证的事项符合《公证法》第十一条规定的范围；

（四）申请公证的事项符合《公证法》第二十五条的规定和该公证机构在其执业区域内可以受理公证业务的范围。

法律、行政法规规定应当公证的事项，符合前款第一项、第二项、第四项规定条件的，公证机构应当受理。

对不符合本条第一款、第二款规定条件的申请，公证机构不予受理，并通知申请人。对因不符合本条第一款第四项规定不予受理的，应当告知申请人向可以受理该公证事项的公证机构申请。

第二十条 公证机构受理公证申请后，应当向申请人发送受理通知单。申请人或其代理人应当在回执上签收。

第二十一条 公证机构受理公证申请后，应当告知当事人申请公证事项的法律意义和可能产生的法律后果，告知其在办理公证过程中享有的权利、承担的义务。告知内容、告知方式和时间，应当记录归档。

第二十二条 公证机构受理公证申请后，应当按照规定向当事人收取公证费。公证办结后,经核定的公证费与预收数额不一致的,应当办理退还或者补收手续。

对符合法律援助条件的当事人,公证机构应当按照规定减收或者免收公证费。

第二十三条 公证机构受理公证申请后,应当指派承办公证员,并通知当事人。当事人要求该公证员回避,经查属于《公证法》第二十三条第三项规定应当回避情形的,公证机构应当改派其他公证员承办。

第五章 审 查

第二十四条 公证机构受理公证申请后,应当根据不同公证事项的办证规则,分别审查下列事项:

(一)当事人的人数、身份、申请办理该项公证的资格及相应的权利;

(二)当事人的意思表示是否真实;

(三)申请公证的文书的内容是否完备,含义是否清晰,签名、印鉴是否齐全;

(四)提供的证明材料是否真实、合法、充分;

(五)申请公证的事项是否真实、合法。

第二十五条 当事人应当向公证机构如实说明申请公证的事项的有关情况,提交的证明材料应当真实、合法、充分。

公证机构在审查中,对申请公证的事项的真实性、合法性有疑义的,认为当事人的情况说明或者提供的证明材料不充分、不完备或者有疑义的,可以要求当事人作出说明或者补充证明材料。

当事人拒绝说明有关情况或者补充证明材料的,依照本规则第四十八条的规定处理。

第二十六条 公证机构在审查中,对申请公证的事项以及当事人提供的证明材料,按照有关办证规则需要核实或者对其有疑义的,应当进行核实,或者委托异地公证机构代为核实。有关单位或者个人应当依法予以协助。

第二十七条 公证机构可以采用下列方式,核实公证事项的有关情况以及证明材料:

(一)通过询问当事人、公证事项的利害关系人核实;

(二)通过询问证人核实;

(三)向有关单位或者个人了解相关情况或者核实、收集相关书证、物证、视听资料等证明材料;

(四)通过现场勘验核实;

（五）委托专业机构或者专业人员鉴定、检验检测、翻译。

第二十八条 公证机构进行核实，应当遵守有关法律、法规和有关办证规则的规定。

公证机构派员外出核实的，应当由二人进行，但核实、收集书证的除外。特殊情况下只有一人外出核实的，应当有一名见证人在场。

第二十九条 采用询问方式向当事人、公证事项的利害关系人或者有关证人了解、核实公证事项的有关情况以及证明材料的，应当告知被询问人享有的权利、承担的义务及其法律责任。询问的内容应当制作笔录。

询问笔录应当载明：询问日期、地点、询问人、记录人，询问事由，被询问人的基本情况，告知内容、询问谈话内容等。

询问笔录应当交由被询问人核对后签名或者盖章、捺指印。笔录中修改处应当由被询问人盖章或者捺指印认可。

第三十条 在向当事人、公证事项的利害关系人、证人或者有关单位、个人核实或者收集有关公证事项的证明材料时，需要摘抄、复印（复制）有关资料、证明原件、档案材料或者对实物证据照相并作文字描述记载的，摘抄、复印（复制）的材料或者物证照片及文字描述记载应当与原件或者物证相符，并由资料、原件、物证所有人或者档案保管人对摘抄、复印（复制）的材料或者物证照片及文字描述记载核对后签名或者盖章。

第三十一条 采用现场勘验方式核实公证事项及其有关证明材料的，应当制作勘验笔录，由核实人员及见证人签名或者盖章。根据需要，可以采用绘图、照相、录像或者录音等方式对勘验情况或者实物证据予以记载。

第三十二条 需要委托专业机构或者专业人员对申请公证的文书或者公证事项的证明材料进行鉴定、检验检测、翻译的，应当告知当事人由其委托办理，或者征得当事人的同意代为办理。鉴定意见、检验检测结论、翻译材料，应当由相关专业机构及承办鉴定、检验检测、翻译的人员盖章和签名。

委托鉴定、检验检测、翻译所需的费用，由当事人支付。

第三十三条 公证机构委托异地公证机构核实公证事项及其有关证明材料的，应当出具委托核实函，对需要核实的事项及内容提出明确的要求。受委托的公证机构收到委托函后，应当在一个月内完成核实。因故不能完成或者无法核实的，应当在上述期限内函告委托核实的公证机构。

第三十四条 公证机构在审查中，认为申请公证的文书内容不完备、表达不准确的，应当指导当事人补正或者修改。当事人拒绝补正、修改的，应当在工作记录中注明。

应当事人的请求，公证机构可以代为起草、修改申请公证的文书。

第六章 出具公证书

第三十五条 公证机构经审查,认为申请公证的事项符合《公证法》、本规则及有关办证规则规定的,应当自受理之日起十五个工作日内向当事人出具公证书。

因不可抗力、补充证明材料或者需要核实有关情况的,所需时间不计算在前款规定的期限内,并应当及时告知当事人。

第三十六条 民事法律行为的公证,应当符合下列条件:

(一)当事人具有从事该行为的资格和相应的民事行为能力;

(二)当事人的意思表示真实;

(三)该行为的内容和形式合法,不违背社会公德;

(四)《公证法》规定的其他条件。

不同的民事法律行为公证的办证规则有特殊要求的,从其规定。

第三十七条 有法律意义的事实或者文书的公证,应当符合下列条件:

(一)该事实或者文书与当事人有利害关系;

(二)事实或者文书真实无误;

(三)事实或者文书的内容和形式合法,不违背社会公德;

(四)《公证法》规定的其他条件。

不同的有法律意义的事实或者文书公证的办证规则有特殊要求的,从其规定。

第三十八条 文书上的签名、印鉴、日期的公证,其签名、印鉴、日期应当准确、属实;文书的副本、影印本等文本的公证,其文本内容应当与原本相符。

第三十九条 具有强制执行效力的债权文书的公证,应当符合下列条件:

(一)债权文书以给付货币、物品或者有价证券为内容;

(二)债权债务关系明确,债权人和债务人对债权文书有关给付内容无疑义;

(三)债权文书中载明当债务人不履行或者不适当履行义务时,债务人愿意接受强制执行的承诺;

(四)《公证法》规定的其他条件。

第四十条 符合《公证法》、本规则及有关办证规则规定条件的公证事项,由承办公证员拟制公证书,连同被证明的文书、当事人提供的证明材料及核实情况的材料、公证审查意见,报公证机构的负责人或其指定的公证员审批。但按规定不需要审批的公证事项除外。

公证机构的负责人或者被指定负责审批的公证员不得审批自己承办的公证

事项。

第四十一条 审批公证事项及拟出具的公证书,应当审核以下内容:

(一)申请公证的事项及其文书是否真实、合法;

(二)公证事项的证明材料是否真实、合法、充分;

(三)办证程序是否符合《公证法》、本规则及有关办证规则的规定;

(四)拟出具的公证书的内容、表述和格式是否符合相关规定。

审批重大、复杂的公证事项,应当在审批前提交公证机构集体讨论。讨论的情况和形成的意见,应当记录归档。

第四十二条 公证书应当按照司法部规定的格式制作。公证书包括以下主要内容:

(一)公证书编号;

(二)当事人及其代理人的基本情况;

(三)公证证词;

(四)承办公证员的签名(签名章)、公证机构印章;

(五)出具日期。

公证证词证明的文书是公证书的组成部分。

有关办证规则对公证书的格式有特殊要求的,从其规定。

第四十三条 制作公证书应当使用全国通用的文字。在民族自治地方,根据当事人的要求,可以同时制作当地通用的民族文字文本。两种文字的文本,具有同等效力。

发往香港、澳门、台湾地区使用的公证书应当使用全国通用的文字。

发往国外使用的公证书应当使用全国通用的文字。根据需要和当事人的要求,公证书可以附外文译文。

第四十四条 公证书自出具之日起生效。

需要审批的公证事项,审批人的批准日期为公证书的出具日期;不需要审批的公证事项,承办公证员的签发日期为公证书的出具日期;现场监督类公证需要现场宣读公证证词的,宣读日期为公证书的出具日期。

第四十五条 公证机构制作的公证书正本,由当事人各方各收执一份,并可以根据当事人的需要制作若干份副本。公证机构留存公证书原本(审批稿、签发稿)和一份正本归档。

第四十六条 公证书出具后,可以由当事人或其代理人到公证机构领取,也可以应当事人的要求由公证机构发送。当事人或其代理人收到公证书应当在回执上签收。

第四十七条 公证书需要办理领事认证的,根据有关规定或者当事人的委托,公证机构可以代为办理公证书认证,所需费用由当事人支付。

第七章　不予办理公证和终止公证

第四十八条　公证事项有下列情形之一的,公证机构应当不予办理公证:

(一)无民事行为能力人或者限制民事行为能力人没有监护人代理申请办理公证的;

(二)当事人与申请公证的事项没有利害关系的;

(三)申请公证的事项属专业技术鉴定、评估事项的;

(四)当事人之间对申请公证的事项有争议的;

(五)当事人虚构、隐瞒事实,或者提供虚假证明材料的;

(六)当事人提供的证明材料不充分又无法补充,或者拒绝补充证明材料的;

(七)申请公证的事项不真实、不合法的;

(八)申请公证的事项违背社会公德的;

(九)当事人拒绝按照规定支付公证费的。

第四十九条　不予办理公证的,由承办公证员写出书面报告,报公证机构负责人审批。不予办理公证的决定应当书面通知当事人或其代理人。

不予办理公证的,公证机构应当根据不予办理的原因及责任,酌情退还部分或者全部收取的公证费。

第五十条　公证事项有下列情形之一的,公证机构应当终止公证:

(一)因当事人的原因致使该公证事项在六个月内不能办结的;

(二)公证书出具前当事人撤回公证申请的;

(三)因申请公证的自然人死亡、法人或者其他组织终止,不能继续办理公证或者继续办理公证已无意义的;

(四)当事人阻挠、妨碍公证机构及承办公证员按规定的程序、期限办理公证的;

(五)其他应当终止的情形。

第五十一条　终止公证的,由承办公证员写出书面报告,报公证机构负责人审批。终止公证的决定应当书面通知当事人或其代理人。

终止公证的,公证机构应当根据终止的原因及责任,酌情退还部分收取的公证费。

第八章　特 别 规 定

第五十二条　公证机构办理招标投标、拍卖、开奖等现场监督类公证,应当由二人共同办理。承办公证员应当依照有关规定,通过事前审查、现场监督,对其真实性、合法性予以证明,现场宣读公证证词,并在宣读后七日内将公证书发送当事人。该公证书自宣读公证证词之日起生效。

办理现场监督类公证,承办公证员发现当事人有弄虚作假、徇私舞弊、违反活动规则、违反国家法律和有关规定行为的,应当即时要求当事人改正;当事人拒不改正的,应当不予办理公证。

第五十三条 公证机构办理遗嘱公证,应当由二人共同办理。承办公证员应当全程亲自办理。

特殊情况下只能由一名公证员办理时,应当请一名见证人在场,见证人应当在询问笔录上签名或者盖章。

第五十四条 公证机构派员外出办理保全证据公证的,由二人共同办理,承办公证员应当亲自外出办理。

办理保全证据公证,承办公证员发现当事人是采用法律、法规禁止的方式取得证据的,应当不予办理公证。

第五十五条 债务人不履行或者不适当履行经公证的具有强制执行效力的债权文书的,公证机构可以根据债权人的申请,依照有关规定出具执行证书。执行证书应当在法律规定的执行期限内出具。

执行证书应当载明申请人、被申请执行人、申请执行标的和申请执行的期限。债务人已经履行的部分,应当在申请执行标的中予以扣除。因债务人不履行或者不适当履行而发生的违约金、滞纳金、利息等,可以应债权人的要求列入申请执行标的。

第五十六条 经公证的事项在履行过程中发生争议的,出具公证书的公证机构可以应当事人的请求进行调解。经调解后当事人达成新的协议并申请公证的,公证机构可以办理公证;调解不成的,公证机构应当告知当事人就该争议依法向人民法院提起民事诉讼或者向仲裁机构申请仲裁。

第九章 公证登记和立卷归档

第五十七条 公证机构办理公证,应当填写公证登记簿,建立分类登记制度。

登记事项包括:公证事项类别、当事人姓名(名称)、代理人(代表人)姓名、受理日期、承办人、审批人(签发人)、结案方式、办结日期、公证书编号等。

公证登记簿按年度建档,应当永久保存。

第五十八条 公证机构在出具公证书后或者作出不予办理公证、终止公证的决定后,应当依照司法部、国家档案局制定的有关公证文书立卷归档和公证档案管理的规定,由承办公证员将公证文书和相关材料,在三个月内完成汇总整理、分类立卷、移交归档。

第五十九条 公证机构受理公证申请后,承办公证员即应当着手立卷的准备工作,开始收集有关的证明材料,整理询问笔录和核实情况的有关材料等。

对不能附卷的证明原件或者实物证据,应当按照规定将其原件复印件(复制件)、物证照片及文字描述记载留存附卷。

第六十条 公证案卷应当根据公证事项的类别、内容,划分为普通卷、密卷,分类归档保存。

公证案卷应当根据公证事项的类别、用途及其证据价值确定保管期限。保管期限分短期、长期、永久三种。

涉及国家秘密、遗嘱的公证事项,列为密卷。立遗嘱人死亡后,遗嘱公证案卷转为普通卷保存。

公证机构内部对公证事项的讨论意见和有关请示、批复等材料,应当装订成副卷,与正卷一起保存。

第十章 公证争议处理

第六十一条 当事人认为公证书有错误的,可以在收到公证书之日起一年内,向出具该公证书的公证机构提出复查。

公证事项的利害关系人认为公证书有错误的,可以自知道或者应当知道该项公证之日起一年内向出具该公证书的公证机构提出复查,但能证明自己不知道的除外。提出复查的期限自公证书出具之日起最长不得超过二十年。

复查申请应当以书面形式提出,载明申请人认为公证书存在的错误及其理由,提出撤销或者更正公证书的具体要求,并提供相关证明材料。

第六十二条 公证机构收到复查申请后,应当指派原承办公证员之外的公证员进行复查。复查结论及处理意见,应当报公证机构的负责人审批。

第六十三条 公证机构进行复查,应当对申请人提出的公证书的错误及其理由进行审查、核实,区别不同情况,按照以下规定予以处理:

(一)公证书的内容合法、正确、办理程序无误的,作出维持公证书的处理决定;

(二)公证书的内容合法、正确,仅证词表述或者格式不当的,应当收回公证书,更正后重新发给当事人;不能收回的,另行出具补正公证书;

(三)公证书的基本内容违法或者与事实不符的,应当作出撤销公证书的处理决定;

(四)公证书的部分内容违法或者与事实不符的,可以出具补正公证书,撤销对违法或者与事实不符部分的证明内容；也可以收回公证书，对违法或者与事实不符的部分进行删除、更正后，重新发给当事人；

（五）公证书的内容合法、正确，但在办理过程中有违反程序规定、缺乏必要手续的情形，应当补办缺漏的程序和手续；无法补办或者严重违反公证程序的，应当撤销公证书。

被撤销的公证书应当收回，并予以公告，该公证书自始无效。

公证机构撤销公证书的，应当报地方公证协会备案。

第六十四条　公证机构应当自收到复查申请之日起三十日内完成复查，作出复查处理决定，发给申请人。需要对公证书作撤销或者更正、补正处理的，应当在作出复查处理决定后十日内完成。复查处理决定及处理后的公证书，应当存入原公证案卷。

公证机构办理复查，因不可抗力、补充证明材料或者需要核实有关情况的，所需时间不计算在前款规定的期限内，但补充证明材料或者需要核实有关情况的，最长不得超过六个月。

第六十五条　公证机构发现出具的公证书的内容及办理程序有本规则第六十三条第二项至第五项规定情形的，应当通知当事人，按照本规则第六十三条的规定予以处理。

第六十六条　公证书被撤销的，所收的公证费按以下规定处理：

（一）因公证机构的过错撤销公证书的，收取的公证费应当全部退还当事人；

（二）因当事人的过错撤销公证书的，收取的公证费不予退还；

（三）因公证机构和当事人双方的过错撤销公证书的，收取的公证费酌情退还。

第六十七条　当事人、公证事项的利害关系人对公证机构作出的撤销或者不予撤销公证书的决定有异议的，可以向地方公证协会投诉。

投诉的处理办法，由中国公证协会制定。

第六十八条　当事人、公证事项的利害关系人对公证书涉及当事人之间或者当事人与公证事项的利害关系人之间实体权利义务的内容有争议的，公证机构应当告知其可以就该争议向人民法院提起民事诉讼。

第六十九条　公证机构及其公证员因过错给当事人、公证事项的利害关系人造成损失的，由公证机构承担相应的赔偿责任；公证机构赔偿后，可以向有故意或者重大过失的公证员追偿。

当事人、公证事项的利害关系人与公证机构因过错责任和赔偿数额发生争议，协商不成的，可以向人民法院提起民事诉讼，也可以申请地方公证协会调解。

第十一章　附　　则

第七十条　有关办证规则对不同的公证事项的办证程序有特殊规定的，从其规定。

第七十一条　公证机构根据《公证法》第十二条规定受理的提存、登记、保管等事务，依照有关专门规定办理；没有专门规定的，参照本规则办理。

第七十二条　公证机构及其公证员在办理公证过程中，有违反《公证法》第四十一条、第四十二条以及本规则规定行为的，由司法行政机关依据《公证法》、《公证机构执业管理办法》、《公证员执业管理办法》给予相应的处罚；有违反公证行业规范行为的，由公证协会给予相应的行业处分。

第七十三条　本规则由司法部解释。

第七十四条　本规则自2006年7月1日起施行。司法部2002年6月18日发布的《公证程序规则》(司法部令第72号)同时废止。

司法部关于深化公证工作改革的方案

（国务院2000年7月31日批准
司法部2000年8月10日印发）

1979年公证制度恢复以来，我国的公证事业取得了较大的发展，在经济建设、社会生活和对外交往等方面发挥了一定的作用。按照党的十四届三中全会和十五届四中全会明确的公证工作改革方向，要加快公证工作改革和发展的步伐，尽快建立健全适应社会主义市场经济要求的公证制度，充分发挥公证机构的服务、沟通、公证、监督作用，把我国的公证事业推向一个新的发展阶段。

一、公证工作改革的指导思想、目标

（一）公证工作改革的指导思想是：认真贯彻党的十四届三中全会及十五届四中全会精神，按照依法治国基本方略的要求，解放思想，积极、稳妥地整体推进公证工作改革，争取在2010年初步建成与社会主义市场经济体制相适应的具有中国特色的公证制度。

（二）发证工作发展的目标是：

1. 力争在2002年以前颁布《中华人民共和国公证法》，到2010年基本解决公证工作的法律保障问题，明确公证的法律效力和公证工作的法律地位，健全公证法律体系。

2. 按总量控制、合理布局的原则，尽快完成适应社会主义市场经济要求的公证体制建设。

3. 进一步拓展公证业务领域，改进、优化工作作风和工作方式，充分发挥公证的职能作用，更好地为社会提供公证服务。

4. 积极、稳妥地发展公证队伍，不断提高队伍素质，努力建设一支政治强、作风正、业务精、素质好、效率高、服务优的公证队伍。到2010年，要使懂政治、懂法律、懂经济、懂科学、懂外语的公证员比现在翻两番。

5. 完善司法行政机关宏观管理和公证员协会行业管理相结合的公证管理体制，不断提高管理水平，努力实现公证管理的科学化、规范化。

二、建立与市场经济体制相适应的公证机构

（三）加快公证体制改革步伐。

1. 现有行政体制的公证处要尽快改为事业体制。改制的公证处应成为执行国家公证职能、自主开展业务、独立承担责任、按市场规律和自律机制运行的公益性、非营利的事业法人。今后，不再审批设立行政体制的公证机构。

2. 在改革过渡期内，边远、贫困地区及近3年人均业务收入不足3万元的公证机构，可以暂时保持原行政体制不变，但应按事业单位的模式管理和运行。

（四）实行总量控制，合理布局的原则。公证机构的设置和分布，由司法部根据市场经济发展状况和对公证服务的需要，商有关部门下达控制指标，每两年核定一次。

公证业务辖区为公证机构的地域管辖区域，由省级以上司法行政机关根据地区经济发展程度、人口数量、交通状况和对公证业务的实际需要确定。每个公证业务辖区内至少应当设立一个公证机构。

（五）人事、编制、财政、税务等部门要积极支持公证工作改革，根据公证队伍发展规划和公证工作的实际需要，及时核拨公证机构的编制和经费，给予适当的财税优惠政策，保证改制及新建的公证处能够正常运转。改为事业体制的公证处，原行政编制一律改为事业编制；原列入行政编制的人员，不愿意留在公证处的，由同级司法行政机关按行政机构改革的有关政策另行安排工作，符合离退休条件的，可以申请离退休；离退休人员的关系一律转到同级司法行政机关。改制的公证处正在使用的资产继续划归该公证处使用。对改制及新建的公证处的财税办法由有关部门另行制定。

三、建立高素质的公证专业队伍

（六）改革公证员考试制度。公证员作为执行国家公证职能的专业法律工作者，必须具备坚定的政治信念、优良的道德品质、丰富的法律知识和社会经验等基本素质。要建立公证员考试考核选拔制度。公证员考试面向社会，由司法部统一组织实施。

（七）鼓励高素质人才进入公证队伍。具备规定条件的高素质人才进入公证机构，经考核合格，可以批准担任公证员。具体办法由司法部另行制定。

（八）实行公证员执业证书和在职培训制度。公证员考试考核合格者，在公证处经过一年的岗前培训和实习合格，由司法部统一授予公证员执业证书。无执业证书者不得执业。执业公证员每年均需接受40小时的在职培训。对培训不合格或一年内出具两件以上错证的公证员，要下岗培训。

（九）公证员实行专业技术职务聘任制度，按照国家专业技术人员管理办法进行管理，并享受相应待遇。

四、规范和完善公证处内部运行机制

（十）建立岗位目标责任制。公证处实行主任负责制和岗位目标责任制，要建立严格的质量管理制度，不断完善自律机制。建立合理的分配机制，实行经费全部自理的公证处可以实行效益工资。

（十一）建立法人财产制度和社会保障机制。公证处要按照国家规定，建立法人财产制度，建立健全内部财务管理和核算制度，加强经费管理、实行独立核算；建立发展基金、福利、修购、奖励、风险赔偿等基金；参加养老、医疗等社会保险。

（十二）完善公证预算管理制度。按事业体制运转的公证处实行事业单位预算管理制度。其定额或者定项补助标准根据各公证处收支状况及国家财政政策和财力确定。非财政补助收入大于支出的公证处，可以实行收入上缴办法或者企业化财务管理制度。具体办法由各级财政部门与同级司法行政部门制定。

（十三）建立完善公证赔偿制度。公证赔偿实行有限责任，以公证处的资产为限，赔偿范围为公证机构及其工作人员在履行公证职务中，因过错给当事人造成的直接经济损失。公证机构赔偿后，可责令有故意或重大过失的公证人员承担部分或全部赔偿费用。自本《方案》实施之日起，公证机构应从每年业务收入中提取3%的份额作为赔偿基金，用于理赔。公证赔偿的具体办法由司法部另行制定。

本《方案》实施以前所发生的因公证行为引起的公证赔偿，依据《中华人民共和国国家赔偿法》有关规定办理。

五、建立有中国特色的公证管理体制

（十四）实行司法行政机关行政管理与公证员协会行业管理相结合的公证管理体制。司法行政机关的行政管理主要侧重于组织建设、队伍建设、政策指导、执业监督处罚等宏观管理。公证员协会主要负责具体事务管理。

（十五）加强公证管理工作的法制化建设。争取《中华人民共和国公证法》尽快提交全国人大审议，并及时研究、制定与之配套的法规规章，力争在2010年基本完成公证法律体系的建设工作，进一步明确公证的法律地位、效力和法定公证的事项，使公证工作纳入法制的轨道。

（十六）加强公证队伍的精神文明建设，健全执业监督检查制度。各级司法行政机关和公证员协会要加强对公证活动的检查监督，深入开展职业道德教育，加大反腐倡廉工作的力度，严禁利用不正当手段招揽业务。要推出一批文明服务示范窗口公证处和优秀公证员，树立公证行业的良好形象。司法行政机关要继续做好公证机构及执业公证员的登记和年检注册工作，未进行登记或未通过年检注册的，一律不得执业。

（十七）建立完善公证惩戒制度。对违法违纪违规的公证机构和公证人员要严肃处理。对公证机构的惩戒措施包括：撤销机构、停业整顿、停止部分业务、警告、罚款等。对公证人员的惩戒措施包括：开除、吊销执业证书、暂停执业、记过、警告、罚款等。

六、强化公证效力，充分发挥公证的职能作用

（十八）公证对维护经济秩序、促进社会稳定、提高行政工作效率具有重要意义。各级政府部门要充分运用公证的证明效力和职能作用，将公证文书作为认定事实的根据。

（十九）充分利用公证的强制执行效力，稳定经济秩序、防范金融风险。要充分发挥公证的证明、沟通、服务、监督职能、规范民事、经济行为，预防纠纷、减少诉讼，维护社会公正和市场经济秩序。

（二十）保证公证机构统一行使国家公证职能。公民、法人或非法人组织所需的各种公证证明，统一由公证机构负责办理。除法律、行政法规规定的外，各级行政机关一般不再办理有偿性的对具体经济、民事行为的证明事务。

七、改革和优化公证工作方式、方法

（二十一）公证机构要改变单一证明的工作方式，努力拓展公证业务领域，积极提供综合性、全方位的非诉讼性法律服务。

（二十二）积极推行主任领导下的主办公证员负责制，明确责任，提高工作效率和质量。要建立公证业务委员会，对重大疑难案件实行集体讨论制度。

（二十三）积极推行要案式公证书。使公证书真正达到《中华人民共和国民事诉讼法》要求的“作为认定案件事实的根据”的标准。

公证工作改革是我国机构改革和法律制度改革的重要组成部分，是一项大的系统工程。地方各级司法行政机关要充分发挥职能作用，在当地党委和政府的领导下，精心组织，周密部署，积极探索公证组织的新形式并做好试点工作，确保公证工作改革积极、稳妥、顺利进行，实现公证改革工作的整体推进，为公证工作跨世纪的发展奠定坚实的基础。

房屋拆迁证据保全公证细则

（1993年12月1日　司法部令第29号）

第一条　为规范城市房屋拆迁证据保全公证活动，根据《中华人民共和国公证暂行条例》、《城市房屋拆迁管理条例》、《公证程序规则（试行）》，制订本细则。

第二条　房屋拆迁证据保全公证是指在房屋拆迁之前，公证机关对房屋及附属物的现状依法采取勘测、拍照或摄像等保全措施，以确保其真实性和证明力的活动。

第三条　本细则适用于《城市房屋拆迁管理条例》规定的拆除依法代管的房屋，代管人是房屋主管部门的；拆除有产权纠纷的房屋，在房屋拆迁主管部门公布的规定期限内纠纷未解决的；拆除设有抵押权的房屋实行产权调换，抵押权人和抵押人在房屋拆迁主管部门公布的规定期限内达不成抵押协议的以及其他房屋拆迁证据保全的公证事项。

第四条　房屋拆迁证据保全公证，由被拆迁房屋所在地公证处管辖。

第五条　房屋拆迁证据保全公证申请人是拆迁人或被拆迁人，房屋拆迁主管部门也可以作为申请人。上述申请人可以委托他人代为提出公证申请。

第六条　申请人应填写公证申请表，并提交下列材料：

（一）身份证明；申请人为法人的，应提交法人资格和法定代表人的身份证明；被拆迁人为公民个人的，应提交身份证明；

（二）资格证明；拆迁人应提交房屋拆迁主管部门核发的拆迁许可证明；接受拆迁委托的被委托人应提交房屋拆迁资格证书；被拆迁人应提交作为被拆除房屋及其附属物的所有人（包括代管人、国家授权的国有房屋及其附属物的管理人）和被拆除房屋及其附属物的使用人的证明；

（三）拆除有产权纠纷的房屋，提交由县级以上人民政府房屋拆迁主管部门批准的补偿安置方案的证明；

（四）实施强制拆迁的房屋，提交县级以上人民政府作出的限期拆迁的决定或人民法院院长签发的限期拆迁的公告；

（五）公证人员认为应当提交的其他有关材料。

第七条 符合下列条例的申请,公证处应予受理,并书面通知申请人:

(一)申请人符合本细则第五条的规定;

(二)申请公证事项属于本公证处管辖;

(三)提供本细则第六条所需材料。

不符合前款规定条件的申请,公证处应作出不予受理的决定,通知申请人,并告知对拒绝受理不服的复议程序。

受理或拒绝受理的决定,应在申请人依据本细则规定正式提出申请后的七日内作出。

第八条 公证人员应认真接待申请人,应按《公证程序规则(试行)》第二十四条的规定制作谈话笔录,并着重记录下列内容:

(一)申请证据保全的目的和理由;

(二)申请证据保全的种类、名称、地点和现存状况;

(三)证据保全的方式;

(四)公证人员认为应当记录的其他内容。

申请人也可以提交包含上述内容的书面材料。

第九条 符合证据保全公证条件的,公证处应派两名以上公证人员(其中至少有一名公证员)参与整个证据保全活动。

第十条 办理房屋拆迁证据保全公证、公证员应当客观、全面地记录被拆迁房屋的现场状况,收集、提取有关证据。应该根据被保全对象的不同特点,采取勘测、拍照、摄像等进方式进行证据保全。

第十一条 对房屋进行勘测的,应当制作勘测记录,记明勘测时间、地点、测验人、记录人、被保全房屋的产权人、座落、四至、房屋性质、结构、层次、面积、新旧程度、屋面及地面质地、附属设施以及其他应当记明的事项;能够用图示标明的房屋长度、宽度应当图示;记录应当由勘测人、公证员签名或者盖章;拆迁活动当事人在场的,应请当事人签名或盖章;该当事人拒绝签名或盖章的,公证员应在记录中记明。

第十二条 对房屋进行拍照和摄像的,应当全面反映、记录房屋的全貌。房屋结构、门窗、厨房以及附属设施等,要有单独的图片显示。

第十三条 公证机关对保全事项认为需要勘测的,应当聘请专业技术部门或其他部门中有该项能力的人员进行勘测。

专业技术部门及其勘测人应当提出书面勘测结论,在勘测书上签名或者盖章。其他部门勘测人勘测的,应由勘测人所在单位加盖印章,证明勘测人身份。

第十四条 实施强制拆迁房屋证据保全时,公证机关应通知被拆迁人到场。如其拒不到场,公证员应在笔录中记明。

实施强制拆迁房屋中有物品的，公证员应当组织对所有物品逐一核对、清点、登记，分类造册。并记录上述活动的时间、地点，交两名有完全行为能力的在场人员核对后，由公证员和在场人在记录上签名。被拆迁人拒绝签名的，公证员应在记录中记明。

物品清点登记后，凡不能立即交与被拆迁人接收的，公证员要监督拆迁人将物品存放在其提供的仓库中，并对物品挂签标码，丢失损坏的，仓库保管人应承担赔偿责任。

拆迁人应制作通知书，通知当事人在一定期限内领取物品。逾期不领的，公证处可以接受拆迁人的提存申请，办理提存。

第十五条 公证员对房屋证据保全的活动结束后应出具公证书。公证书应当按照《公证程序规则（试行）》第三十八条的规定及《公证书格式（试行）》第四十八式保全证据公证书格式（之二）制作。公证词应当记明申请保全的理由及时间，公证员审查申请人主体资格及证据情况的内容，采取保全的时间、地点、方法，保全证据所制作的笔录、拍摄的照片、录像带的名称、数量及保存地点。

第十六条 本细则自1994年2月1日起施行。

提存公证规则

（1995 年 6 月 2 日　司法部令第 38 号）

第一条　为维护经济流转秩序，预防和减少债务纠纷，保证提存公证质量，根据《中华人民共和国民法通则》、《中华人民共和国公证暂行条例》及有关规定，制订本规则。

第二条　提存公证是公证处依照法定条件和程序，对债务人或担保人为债权人的利益而交付的债之标的物或担保物（含担保物的替代物）进行寄托、保管，并在条件成就时交付债权人的活动。为履行清偿义务或担保义务而向公证处申请提存的人为提存人。提存之债的债权人为提存受领人。

第三条　以清偿为目的的提存公证具有债的消灭和债之标的物风险责任转移的法律效力。

以担保为目的的提存公证具有保证债务履行和替代其他担保形式的法律效力。

不符合法定条件的提存或提存人取回提存标的的，不具有提存公证的法律效力。

第四条　提存公证由债务履行地的公证处管辖。

以担保为目的的提存公证或在债务履行地申办提存公证有困难的，可由担保人住所地或债务人住所地的公证处管辖。

第五条　债务清偿期限届至，有下列情况之一使债务人无法按时给付的，公证处可以根据债务人申请依法办理提存：

（一）债权人无正当理由拒绝或延迟受领债之标的的；

（二）债权人不在债务履行地又不能到履行地受领的；

（三）债权人不清、地址不详，或失踪、死亡（消灭）其继承人不清，或无行为能力其法定代理人不清的。

第六条　有下列情况之一的，公证处可以根据当事人申请办理提存公证：

（一）债的双方在合同（协议）中约定以提存方式给付的；

（二）为了保护债权人利益，保证人、抵押人或质权人请求将担保物（金）或其替代物提存的；

当事人申办前款所列提存公证,必须列明提存物给付条件,公证处应按提存人所附条件给付提存标的物。

第七条 下列标的物可以提存:

(一)货币;

(二)有价证券、票据、提单、权利证书;

(三)贵重物品;

(四)担保物(金)或其替代物;

(五)其他适宜提存的标的物。

第八条 公证处应当在指定银行设立提存帐户,并置备保管有价证券、贵重物品的专用设备或租用银行的保险箱。

第九条 提存申请人应当填写公证申请表,并提交下列材料:

(一)申请人的身份证明;法人应提交法人资格证明和法定代表人身份证明,法定代理人应提交与被代理人关系的证明,委托代理人应提交授权委托书;

(二)合同(协议)、担保书、赠与书、司法文书、行政决定等据以履行义务的依据;

(三)存在本规则第五条或第六条规定情况的有关证明材料;

(四)提存受领人姓名(名称)、地址、邮编、联系电话等;

(五)提存标的物种类、质量、数量、价值的明细表;

(六)公证员认为应当提交的其他材料。

第十条 符合下列条件的申请,公证处应当受理:

(一)申请人对提存受领人负有清偿或担保义务;

(二)具有本规则第五条或第六条规定的情况;

(三)申请事项属于本公证处管辖;

(四)本规则第九条规定的材料基本齐全。

公证处应在收到申请之日起三日内作为受理或不予受理的决定。不予受理的,公证处应当告知申请人对不予受理不服的复议程序。

第十一条 公证人员应按《公证程序规则(试行)》第二十四条规定制作谈话笔录,记录下列内容:

(一)提存理由和相关事实(如无法给付债的标的物的事由和经过);

(二)有关提存受领人的详细情况;

(三)提存标的物的详细情况;

(四)提存人所作的特别说明等。

第十二条 公证员应当按《公证程序规则(试行)》第二十三条规定,审查下列内容:

（一）本规则第九条所列材料是否齐全，内容是否属实；

（二）提存人的行为能力和清偿依据；

（三）申请提存之债的真实性、合法性；

（四）请求提存的原因和事实是否属实；

（五）提存标的物与债的标的是否相符，是否适宜提存；

（六）提存标的物是否需要采取特殊的处理或保管措施。

第十三条 符合下列条件的，公证处应当予以提存：

（一）提存人具有行为能力，意思表示真实；

（二）提存之债真实、合法；

（三）符合本规则第五条或第六条以及第七条规定条件；

（四）提存标的与债的标的相符。

提存标的与债的标的不符或在提存时难以判明两者是否相符的，公证处应告知提存人如提存受领人因此原因拒绝受领提存物则不能产生提存的效力。提存人仍要求提存的，公证处可以办理提存公证，并记载上述条件。

不符合前两款规定的，公证处应当拒绝办理提存公证，并告知申请人对拒绝公证不服的复议程序。

第十四条 公证处应当验收提存标的物并登记存档。对不能提交公证处的提存物，公证处应当派公证员到现场实地验收。验收时，提存申请人（或其代理人）应当在场，公证员应制作验收笔录。

验收笔录应当记录验收的时间、地点、方式、参加人员、物品的数量、种类、规格、价值以及存放地点、保管环境等内容。验收笔录应交提存人核对。公证员、提存人及其他参与人员应当在验收笔录上签名。

对难以验收的提存标的物，公证处可予以证据保全，并在公证笔录和公证书中注明。

经验收的提存标的物，公证处应当采用封存、委托代管等必要的保管措施。

对易腐易烂易燃易爆等物品，公证处应当在保全证据后，由债务人拍卖或变卖，提存其价款。

第十五条 对提存的贵重物品、有价证券、不动产或其他物品的价值难以确定的，公证处可以聘请专业机构或人员进行估价。

第十六条 提存货币的，以现金、支票交付公证处的日期或提存款划入公证处提存帐户的日期为提存日期。

提存的物品需要验收的，以公证处验收合格的日期为提存日期。

提存的有价证券、提单、权利证书或无需验收的物品，以实际交付公证处的日期为提存日期。

第十七条 公证处应当从提存之日起三日内出具提存公证书。提存之债从提存之日即告清偿。

第十八条 提存人应将提存事实及时通知提存受领人。

以清偿为目的的提存或提存人通知有困难的,公证处应自提存之日起七日内,以书面形式通知提存受领人,告知其领取提存物的时间、期限、地点、方法。

提存受领人不清或下落不明、地址不详无法送达通知的,公证处应自提存之日起六十日内,以公告方式通知。公告应刊登在国家或债权人在国内住所地的法制报刊上,公告应在一个月内在同一报刊刊登三次。

第十九条 公证处有保管提存标的物的权利和义务。公证处应当采取适当的方法妥善保管提存标的,以防毁损、变质或灭失。

对不宜保存的、提存受领人到期不领取或超过保管期限的提存物品,公证处可以拍卖,保存其价款。

第二十条 下列物品的保管期限为六个月:

(一)不适于长期保管或长期保管将损害其价值的;

(二)六个月的保管费用超过物品价值5%的。

第二十一条 从提存之日起,超过二十年无人领取的提存标的物,视为无主财产;公证处应在扣除提存费用后将其余额上缴国库。

第二十二条 提存物在提存期间所产生的孳息归提存受领人所有。提存人取回提存物的,孳息归提存人所有。

提存的存款单、有价证券、奖券需要领息、承兑、领奖的,公证处应当代为承兑或领取,所获得的本金和孳息在不改变用途的前提下,按不损害提存受领人利益的原则处理。无法按原用途使用的,应以货币形式存入提存帐户。

定期存款到期的,原则上按原来期限将本金和利息一并转存。股息红利除用于支付有关的费用外,剩余部分应当存入提存专用帐户。

提存的不动产或其他物品的收益,除用于维护费用外剩余部分应当存入提存帐户。

第二十三条 公证处应当按照当事人约定或法定的条件给付提存标的。本规则第六条第一项规定的以对待给付为条件的提存,在提存受领人未为对待给付之前,公证处不得给付提存标的物。

提存受领人领取提存标的物时,应提供身份证明、提存通知书或公告,以及有关债权的证明,并承担因提存所支出的费用。提存受领人负有对待给付义务的,应提供履行对待给付义务的证明。委托他人代领的,还应提供有效的授权委托书。由其继承人领取的,应当提交继承公证书或其他有效的法律文书。

第二十四条 因债权的转让、抵销等原因需要由第三人领取提存标的物的,该第三人应当提供已取得提存之债债权的有效法律文书。

第二十五条 除当事人另有约定外,提存费用由提存受领人承担。

提存费用包括:提存公证费、公告费、邮电费、保管费、评估鉴定费、代管费、拍卖变卖费、保险费,以及为保管、处理、运输提存标的物所支出的其他费用。

提存受领人未支付提存费用前,公证处有权留置价值相当的提存标的物。

第二十六条 提存人可以凭人民法院生效的判决、裁定或提存之债已经清偿的公证证明取回提存物。

提存受领人以书面形式向公证处表示抛弃提存受领权的,提存人得取回提存物。

提存人取回提存物的,视为未提存。因此产生的费用由提存人承担。提存人未支付提存费用前,公证处有权留置价值相当的提存标的。

第二十七条 公证处不得挪用提存标的。公证处或公证人员挪用提存标的的,除应负相应的赔偿责任外,对直接责任人员要追究行政或刑事责任。

提存期间,提存物毁损灭失的风险责任由提存受领人负担;但因公证处过错造成毁损、灭失的,公证处负有赔偿责任。

公民、法人以不正当手段骗取提存标的的,负有赔偿责任;构成犯罪的,依法追究刑事责任。

公证处未按法定或当事人约定条件给付提存标的给当事人造成损失的,公证处负有连带赔偿责任。

第二十八条 符合法定或当事人约定的给付条件,公证处拒绝给付的,由其主管的司法行政机关责令限期给付;给当事人造成损失的,公证处负有赔偿责任。

根据人民法院、仲裁机构的裁决或司法行政机关决定给付的,由此产生的法律后果由作出决定的机构承担。

第二十九条 司法机关或行政机关因执行公务而申办提存公证的,参照本规则办理。

监护人、遗产管理人为保护被监护人、继承人利益,请求将所监护或管理的财产提存的,参照本规则办理。

遗嘱人或赠与人为保护遗嘱受益人或未成年的受赠人利益,请求将遗嘱所处分的财产或赠与财产提存的,参照本规则办理。

第三十条 外国人、无国籍人在中国境内申办提存公证,适用本规则。

第三十一条 本规则自发布之日起施行。由司法部负责解释。

遗嘱公证细则

（2000年3月24日　司法部令第57号）

第一条　为规范遗嘱公证程序，根据《中华人民共和国继承法》、《中华人民共和国公证暂行条例》等有关规定，制定本细则。

第二条　遗嘱是遗嘱人生前在法律允许的范围内，按照法律规定的方式处分其个人财产或者处理其他事务，并在其死亡时发生效力的单方法律行为。

第三条　遗嘱公证是公证处按法定程序证明遗嘱人设立遗嘱行为真实、合法的活动。经公证证明的遗嘱为公证遗嘱。

第四条　遗嘱公证由遗嘱人住所地或者遗嘱行为发生地公证处管辖。

第五条　遗嘱人申办遗嘱公证应当亲自到公证处提出申请。

遗嘱人亲自到公证处有困难的，可以书面或者口头形式请求有管辖权的公证处指派公证人员到其住所或者临时处所办理。

第六条　遗嘱公证应当由两名公证人员共同办理，由其中一名公证员在公证书上署名。因特殊情况由一名公证员办理时，应当有一名见证人在场，见证人应当在遗嘱和笔录上签名。

见证人、遗嘱代书人适用《中华人民共和国继承法》第十八条的规定。

第七条　申办遗嘱公证，遗嘱人应当填写公证申请表，并提交下列证件和材料：

（一）居民身份证或者其他身份证件；

（二）遗嘱涉及的不动产、交通工具或者其他有产权凭证的财产的产权证明；

（三）公证人员认为应当提交的其他材料。

遗嘱人填写申请表确有困难的，可由公证人员代为填写，遗嘱人应当在申请表上签名。

第八条　对于属于本公证处管辖，并符合前条规定的申请，公证处应当受理。

对于不符合前款规定的申请，公证处应当在三日内作出不予受理的决定，并通知申请人。

第九条 公证人员具有《公证程序规则(试行)》第十条规定情形的,应当自行回避,遗嘱人有权申请公证人员回避。

第十条 公证人员应当向遗嘱人讲解我国《民法通则》、《继承法》中有关遗嘱和公民财产处分权利的规定,以及公证遗嘱的意义和法律后果。

第十一条 公证处应当按照《公证程序规则(试行)》第二十三条的规定进行审查,并着重审查遗嘱人的身份及意思表示是否真实、有无受胁迫或者受欺骗等情况。

第十二条 公证人员询问遗嘱人,除见证人、翻译人员外,其他人员一般不得在场。公证人员应当按照《公证程序规则(试行)》第二十四条的规定制作谈话笔录。谈话笔录应当着重记录下列内容:

(一)遗嘱人的身体状况、精神状况;遗嘱人系老年人、间歇性精神病人、危重伤病人的,还应当记录其对事物的识别、反应能力;

(二)遗嘱人家庭成员情况,包括其配偶、子女、父母及与其共同生活人员的基本情况;

(三)遗嘱所处分财产的情况,是否属于遗嘱人个人所有,以前是否曾以遗嘱或者遗赠扶养协议等方式进行过处分,有无已设立担保、已被查封、扣押等限制所有权的情况;

(四)遗嘱人所提供的遗嘱或者遗嘱草稿的形成时间、地点和过程,是自书还是代书,是否本人的真实意愿,有无修改、补充,对遗产的处分是否附有条件;代书人的情况,遗嘱或者遗嘱草稿上的签名、盖章或者手印是否其本人所为;

(五)遗嘱人未提供遗嘱或者遗嘱草稿的,应当详细记录其处分遗产的意思表示;

(六)是否指定遗嘱执行人及遗嘱执行人的基本情况;

(七)公证人员认为应当询问的其他内容。

谈话笔录应当当场向遗嘱人宣读或者由遗嘱人阅读,遗嘱人无异议后,遗嘱人、公证人员、见证人应当在笔录上签名。

第十三条 遗嘱应当包括以下内容:

(一)遗嘱人的姓名、性别、出生日期、住址;

(二)遗嘱处分的财产状况(名称、数量、所在地点以及是否共有、抵押等);

(三)对财产和其他事务的具体处理意见;

(四)有遗嘱执行人的,应当写明执行人姓名、性别、年龄、住址等;

(五)遗嘱制作的日期以及遗嘱人的签名。

遗嘱中一般不得包括与处分财产及处理死亡后事宜无关的其他内容。

第十四条 遗嘱人提供的遗嘱,无修改、补充的,遗嘱人应当在公证人员面前确认遗嘱内容、签名及签署日期属实。

遗嘱人提供的遗嘱或者遗嘱草稿，有修改、补充的，经整理、誊清后，应当交遗嘱人核对，并由其签名。

遗嘱人未提供遗嘱或者遗嘱草稿的，公证人员可以根据遗嘱人的意思表示代为起草遗嘱。公证人员代拟的遗嘱，应当交遗嘱人核对，并由其签名。

以上情况应当记入谈话笔录。

第十五条 两个以上的遗嘱人申请办理共同遗嘱公证的，公证处应当引导他们分别设立遗嘱。

遗嘱人坚持申请办理共同遗嘱公证的，共同遗嘱中应当明确遗嘱变更、撤销及生效的条件。

第十六条 公证人员发现有下列情形之一的，公证人员在与遗嘱人谈话时应当录音或者录像：

（一）遗嘱人年老体弱；

（二）遗嘱人为危重伤病人；

（三）遗嘱人为聋、哑、盲人；

（四）遗嘱人为间歇性精神病患者、弱智者。

第十七条 对于符合下列条件的，公证处应当出具公证书：

（一）遗嘱人身份属实，具有完全民事行为能力；

（二）遗嘱人意思表示真实；

（三）遗嘱人证明或者保证所处分的财产是其个人财产；

（四）遗嘱内容不违反法律规定和社会公共利益，内容完备，文字表述准确，签名、制作日期齐全；

（五）办证程序符合规定。

不符合前款规定条件的，应当拒绝公证。

第十八条 公证遗嘱采用打印形式。遗嘱人根据遗嘱原稿核对后，应当在打印的公证遗嘱上签名。

遗嘱人不会签名或者签名有困难的，可以盖章方式代替在申请表、笔录和遗嘱上的签名；遗嘱人既不能签字又无印章的，应当以按手印方式代替签名或者盖章。

有前款规定情形的，公证人员应当在笔录中注明。以按手印代替签名或者盖章的，公证人员应当提取遗嘱人全部的指纹存档。

第十九条 公证处审批人批准遗嘱公证书之前，遗嘱人死亡或者丧失行为能力的，公证处应当终止办理遗嘱公证。

遗嘱人提供或者公证人员代书、录制的遗嘱，符合代书遗嘱条件或者经承办公证人员见证符合自书、录音、口头遗嘱条件的,公证处可以将该遗嘱发给遗嘱受益人,并将其复印件存入终止公证的档案。

公证处审批人批准之后,遗嘱人死亡或者丧失行为能力的,公证处应当完成公证遗嘱的制作。遗嘱人无法在打印的公证遗嘱上签名的,可依符合第十七条规定的遗嘱原稿的复印件制作公证遗嘱,遗嘱原稿留公证处存档。

第二十条 公证处可根据《中华人民共和国公证暂行条例》规定保管公证遗嘱或者自书遗嘱、代书遗嘱、录音遗嘱;也可根据国际惯例保管密封遗嘱。

第二十一条 遗嘱公证卷应当列为密卷保存。遗嘱人死亡后,转为普通卷保存。

公证遗嘱生效前,遗嘱卷宗不得对外借阅,公证人员亦不得对外透露遗嘱内容。

第二十二条 公证遗嘱生效前,非经遗嘱人申请并履行公证程序,不得撤销或者变更公证遗嘱。

遗嘱人申请撤销或者变更公证遗嘱的程序适用本规定。

第二十三条 公证遗嘱生效后,与继承权益相关的人员有确凿证据证明公证遗嘱部分违法的,公证处应当予以调查核实;经调查核实,公证遗嘱部分内容确属违法的,公证处应当撤销对公证遗嘱中违法部分的公证证明。

第二十四条 因公证人员过错造成错证的,公证处应当承担赔偿责任。有关公证赔偿的规定,另行制定。

第二十五条 本细则由司法部解释。

第二十六条 本细则自 2000 年 7 月 1 日起施行。

中国委托公证人(香港)管理办法

(2002年2月24日印发 2002年4月1日施行 司法部令第69号)

第一章 总 则

第一条 为进一步健全委托公证人制度,加强对委托公证人的管理,提高委托公证的质量,维护当事人的合法权益,促进内地与香港社会经济的稳定发展,根据国务院有关规定,制定本办法。

第二条 委托公证人由司法部考试、考核合格后委托。委托期为三年,特殊情况可适当变更委托期限。委托期满,本人提出申请,经司法部考核合格并接受业务培训后,可连续委托。

第三条 委托公证人的业务范围是证明发生在香港地区的法律行为、有法律意义的事实和文书。证明的使用范围在内地。

第四条 委托公证人必须按照司法部规定或批准的委托业务范围、出证程序和文书格式出具公证文书。

第五条 委托公证人出具的委托公证文书,须经中国法律服务(香港)有限公司(以下简称公司)审核,对符合出证程序以及文书格式要求的加章转递,对不符合上述要求的不予转递。公司应定期(7月15日前报上半年,1月15日前报上年度)将加章转递情况报司法部。

第六条 委托公证人接受当事人委托后,应亲自办理委托公证事项。特殊情况下,需要内地公证机构或其他机构协助办理的,应征得当事人的同意,委托费用由委托公证人支付,或由委托公证人与当事人协商支付。

第七条 委托公证人应定期接受业务培训。

第二章 委托条件及程序

第八条 具备下列条件的香港律师,可向司法部提出成为委托公证人的申请:

(一)拥护《中华人民共和国宪法》,拥护《中华人民共和国香港特别行政区基本法》;

(二)在香港具有永久居留权的中国公民;

(三)担任香港律师十年以上;

(四)职业道德良好,未有因不名誉或违反职业道德受惩处的记录;

(五)掌握内地有关法律、法规和办证规则;

(六)能用中文书写公证文书,能用普通话进行业务活动。

第九条 具备本办法第八条规定条件的香港律师申请担任委托公证人,由本人向司法部提出书面申请;向公司申领并据实填写申请委托公证人登记表。申请书、登记表原件,学历、经历等证件的影印件经委托公证人公证后交由公司一并报司法部。

第十条 司法部接到有关申请后,对申请人资格进行审查并征求有关部门的意见,对符合申请条件的,集中组织进行法律知识和公证业务的培训,经培训后方可参加司法部组织的考试。

第十一条 司法部每三年举行一次委托公证人考试。

考试分为笔试、面试。重点测试申请人对内地有关法律和规定及委托公证业务、普通话的掌握程度。

通过考试的人员由司法部进行考核。

考核合格者,由司法部颁发委托书并予以首次注册。

第三章 注册条件及程序

第十二条 委托公证人应于每年 12 月 15 日前向司法部申请年度注册。未经注册的,不得办理委托公证业务。

司法部于每年一月份对注册的委托公证人进行年度公告。

第十三条 委托公证人符合下列条件的准予注册:

(一)在上一年度无违纪和判工行为;

(二)职业道德良好,无违反本办法及协会章程的行为;

(三)能按要求办理委托事宜。

第十四条 委托公证人注册程序:

(一)委托公证人向协会提出注册申请;

(二)填写协会发给的注册申请表,连同本人上年度办证情况及司法部规定需报的材料递交协会;

(三)协会理事会对委托公证人的注册申请签注意见后,将上述材料转交公司,公司将委托公证人所办公证加章转递情况签注意见后报司法部;

(四)司法部根据委托公证人的注册申请及有关材料并参考有关部门的意见,做出准予或不准予注册的书面决定。准予注册的,通知公司和协会,由协会代办注册手续。

第十五条 委托公证人受到本办法第十六条第二项处分期间应暂缓注册。

第四章 法 律 责 任

第十六条 委托公证人有违反法律、法规、规章和执业纪律的行为分别给予以下处分:

(一)警告;

(二)中止委托;

(三)取消委托。

第十七条 委托公证人有下列行为之一的予以警告处分:

(一)发往内地使用的公证文书未按规定的时间送公司审核转递的;

(二)不按规定的程序、格式及要求出具公证书,经提示未及时改正的。

第十八条 委托公证人有下列行为之一的,根据不同情节,予以中止委托6至12个月的处分:

(一)发往内地使用的公证文书,不经加章转递的;

(二)因被投诉受到调查而不积极配合调查或经查实造成不良后果的;

(三)有判工行为但经提示及时改正的;

(四)不按规定的收费标准收费的;

(五)无正当理由不参加业务培训的;

(六)对协会理事会决议无正当理由不予执行的。

第十九条 委托公证人有下列行为之一的,取消委托:

(一)发往内地使用的公证文书不经加章转递,受警告或中止委托处分后仍不改正的;

(二)不按规定的程序要求出具公证书,经书面提示仍不改正的;

(三)被投诉业经查实,确已造成严重后果的;

(四)有判工行为经提示不及时改正的;

(五)受到两次中止委托处分的;

(六)在申请登记表及其他申请文书中做虚假陈述的;

(七)其他丧失第八条规定条件的。

第二十条 委托公证人接受委托一年内无正当理由不办理委托业务或不申请年度注册的,经协会书面提示仍不改变,视为自动中止委托。自动中止委托期限为6个月,到期经协会再次书面提示不申请恢复委托,视为自动放弃委托。申请恢复委托者,应说明理由。

因特殊原因,不能办理委托业务的应向司法部报告,经审查批准后,可予以注册。

第二十一条 司法部设立委托公证人纪律监督委员会(以下简称委员会),受理当事人对委托公证人的投诉,直接或委托有关单位进行调查。委员会应将调查结果及时向司法部报告并提出处理意见。

第五章 委托公证人协会

第二十二条 委托公证人协会由委托公证人依法组成,是委托公证人的自律性组织。委托公证人协会接受司法部的委托,承办与委托公证人有关的具体事项。

委托公证人在任期内必须参加协会成为协会会员。

第二十三条 委托公证人协会的职责由其章程作出规定。

第六章 附 则

第二十四条 本办法由司法部解释。

第二十五条 本办法自2002年4月1日起施行。原司法部第34号令《中国委托公证人(香港)管理办法》同时废止。

公证机构办理抵押登记办法

（2002年2月20日印发 2002年2月20日施行 司法部令第68号）

第一条 为规范公证机构的抵押登记活动，根据《中华人民共和国担保法》和《中华人民共和国公证暂行条例》等规定，制定本办法。

第二条 《中华人民共和国担保法》第四十三条第二款规定的公证部门为依法设立的公证机构。

第三条 《中华人民共和国担保法》第四十三条规定的“其他财产”包括下列内容：

（一）个人、事业单位、社会团体和其他非企业组织所有的机械设备、牲畜等生产资料；

（二）位于农村的个人私有房产；

（三）个人所有的家具、家用电器、金银珠宝及其制品等生活资料；

（四）其他除《中华人民共和国担保法》第三十七条和第四十二条规定之外的财产。

当事人以前款规定的财产抵押的，抵押人所在地的公证机构为登记部门，公证机构办理登记适用本办法规定。

第四条 以《中华人民共和国担保法》第四十二条第（二）项的规定的财产抵押，县级以上地方人民政府规定由公证机构登记的；以及法律、法规规定的抵押合同自公证机构办理登记之日起生效的，公证机构办理登记适用本办法规定。

第五条 以本办法第三条规定的财产抵押的，抵押权人自公证机构出具《抵押登记证书》之日起获得对抗第三人的权利。

以本办法第四条规定的财产抵押的，抵押合同自公证机构出具《抵押登记证书》之日起生效。

第六条 申办抵押登记，由抵押合同双方当事人共同提出申请，并填写《抵押登记申请表》。

《抵押登记申请表》应载明下列内容：

（一）申请人为个人的，应载明其姓名、性别、出生日期、身份证明号码、工作单位、住址、联系方式等；申请人为法人或其他组织的，应载明法人或其他组织的名称、地址、法定代表人或负责人和代理人的姓名、性别、职务、联系方式；

（二）主合同和抵押合同的名称；

（三）被担保的主债权的种类、数额；

（四）抵押物的名称、数量、质量、状况、所在地、所有权或者使用权权属；

（五）债务人履行债务的期限；

（六）抵押担保的范围；

（七）抵押物属再次抵押的，应载明再次抵押的情况；

（八）申请抵押登记的日期；

（九）其他需要说明的问题。

申请人应当在申请表上签名或盖章。

第七条 申请人应向公证机构提交下列材料：

（一）申请人和代理人的身份、资格证明；

（二）主合同、抵押合同及其他相关合同；

（三）以本办法第四条规定的财产抵押的，应提交抵押物所有权或者使用权证书；以本办法第三条规定的财产抵押的，应提交抵押物所有权或者使用权证书或其他证明材料；

（四）抵押物清单；

（五）与抵押登记事项有关的其他材料。

第八条 符合下列条件的申请，公证机构应予以受理：

（一）申请抵押登记的财产符合本办法第三条、第四条的规定；

（二）抵押登记事项属于本公证机构管辖；

（三）本办法第七条所列各项材料齐全。

公证机构不予受理的，应记录在案，并及时告知申请人。

第九条 公证机构应当在受理之日起5个工作日内审查完毕，并决定是否予以登记。

第十条 有下列情形之一的，公证机构不予办理抵押登记：

（一）申请人提交的材料无效；

（二）申请人对抵押物的名称、数量、质量、状况、所在地、所有权或者使用权权属存在争议；

（三）以法律、法规规定的不得抵押的财产设定抵押的。

对不予登记的，公证机构应记录在案，并书面告知申请人。

第十一条 公证机构决定予以登记的，应向当事人出具《抵押登记证书》。

《抵押登记证书》应载明下列内容：

（一）抵押人、抵押权人的姓名、身份证明号码或名称、单位代码、地址；

（二）抵押担保的主债权的种类、数额；

（三）抵押物的名称、数量、质量、状况、所在地、所有权或者使用权权属；

（四）债务人履行债务的期限；

（五）抵押担保的范围；

（六）再次抵押情况；

（七）抵押登记的日期；

（八）其他事项。

第十二条 公证机构办理房地产抵押登记的，应在出具《抵押登记证书》后告知房地产管理部门。

第十三条 办理抵押登记的公证机构应配备计算机，录入抵押登记信息，并设立书面登录簿，登录本公证机构办理抵押登记的资料。

办理抵押登记的公证机构应及时与其他公证机构交换抵押登记信息，信息的交换办法由各省、自治区、直辖市司法厅（局）制定。

第十四条 当事人变更抵押合同向公证机构申请变更登记，经审查符合抵押登记规定的，公证机构应予以办理变更抵押登记。

当事人变更抵押合同未办理变更抵押登记的，自行变更后的抵押不发生《中华人民共和国担保法》规定的抵押登记效力。

第十五条 当事人履行完毕主债务或提前终止、解除抵押合同向公证机构申请办理注销登记的，公证机构应予以办理注销抵押登记。

第十六条 公证机构办理抵押登记，按规定收取抵押登记费。抵押登记费由当事人双方共同承担或从约定。

第十七条 当事人及有关人员可以查阅、抄录或复印抵押登记的资料，但应按规定交纳费用。

第十八条 以承包经营权等合同权益、应收账款或未来可得权益进行物权担保的，公证机构办理登记可比照本办法执行。

第十九条 本办法由司法部解释。

第二十条 本办法自发布之日起施行。

司法部关于印发《公证机构年度考核办法(试行)》的通知

司发通〔2007〕67 号

各省、自治区、直辖市司法厅(局),新疆生产建设兵团司法局:

现将《公证机构年度考核办法(试行)》印发你们,请认真遵照执行。

2007 年 10 月 30 日

公证机构年度考核办法(试行)

第一章　总　　则

第一条　为了规范对公证机构的年度考核工作,加强对公证机构的监督、指导,根据《中华人民共和国公证法》(以下简称《公证法》)和《公证机构执业管理办法》以及其他有关规定,制定本办法。

第二条　对公证机构实施年度考核(以下简称年度考核),应当坚持客观公正、民主公开、年度考核与日常检查相结合、注重实绩的原则。

第三条　年度考核,由公证机构所在地司法行政机关(以下简称考核机关)组织实施。

省、自治区、直辖市司法行政机关对本行政区域内公证机构的年度考核工作进行监督、指导。

第二章　考 核 内 容

第四条　年度考核的内容为上一年度(以下称考核年度)公证机构在下列方面的情况,重点考核公证机构的执业情况、公证质量监控情况、遵守职业道德和执业纪律的情况:

（一）执业活动情况。包括公证机构及其公证员在执业活动中遵守法律、法规、规章、规范性文件和行业规范，遵守公证职业道德和执业纪律的情况；完成公证业务工作任务、拓展公证业务领域的情况；公证执业过错责任追究制度建立和执行的情况；接受司法行政机关和公证协会的监督以及当事人和社会的监督，及时查处和纠正执业中存在问题的情况等。

（二）公证质量情况。包括公证质量自我检查、评估的情况；公证质量自我监督、控制、审查和纠错等相关制度、机制的建立和执行情况；重大、复杂公证事项集体讨论制度的建立和执行情况；受理公证业务投诉、复查、过错赔偿的情况等。

（三）组织建设情况。包括公证机构党组织建设及活动情况；公证机构符合法定设立条件和机构性质、体制及其运行情况；公证机构负责人选任、履职及调整情况；公证员的配备数量及素质结构变化情况；开展公证员职业道德、执业纪律教育和公证业务知识、技能学习、培训的情况；其他工作人员配备及管理情况；办公设施和办公环境建设情况等。

（四）公证员执业年度考核情况。包括公证机构按照规定组织实施本机构公证员执业年度考核的情况及其考核结果。

（五）公证档案管理情况。包括公证机构执行有关公证档案管理各项规定的情况；本机构内部有关公证档案管理制度的建立和执行情况等。

（六）公证收费和财务管理情况。包括公证机构年度公证收费情况；执行国家有关公证收费管理规定的情况；年度财务收支、分配及执行有关财务管理制度的情况；本机构内部财务管理制度的建立和执行情况；依法纳税和按规定缴纳公证协会会费、公证赔偿基金及其他保险金、基金的情况；接受税务、物价、审计等部门检查、监督的情况等。

（七）内部管理制度建设情况。包括公证机构依照《公证法》和《公证机构执业管理办法》的有关规定，建立健全各项内部管理制度的总体情况、执行落实的情况和效果。

（八）司法部或者省、自治区、直辖市司法行政机关根据需要增加的其他考核事项。

第五条 公证机构在考核年度有下列情形之一、被司法行政机关责令改正的，考核机关应当将相关问题整改措施的实施、完成情况及其效果列入对该公证机构的考核内容：

（一）被投诉或者举报，经核查存在违法、违纪问题的；

（二）执业中有不良记录的；

（三）出现未能保持法定设立条件问题的；

(四)内部管理存在突出问题的。

第三章 考核程序及结果

第六条 公证机构应当于每年2月1日前向考核机关提交年度工作报告。年度工作报告应当真实、全面地反映本机构考核年度公证业务开展、公证质量监控、公证员遵守职业道德和执业纪律、公证收费、财务管理、档案管理、内部制度建设等方面的情况。

新设立的公证机构在考核年度执业不满三个月的,不参加年度考核。

第七条 考核机关应当依照有关法律、法规、规章和本办法的规定,对公证机构的年度工作报告进行审查,并结合考核年度日常监督、检查的情况,对该公证机构考核年度的工作情况做出综合评价。

对公证机构考核年度工作情况的综合评价,可以采取计分评估办法。各项考核内容所占分值及权重,由省、自治区、直辖市司法行政机关根据本办法,结合本行政区域内公证工作实际规定。

第八条 考核机关实施年度考核,可以对公证机构进行实地检查,要求公证机构、公证员及其他工作人员说明情况,可以调阅相关材料和公证案卷,向有关单位和人员调查、核实情况。

公证机构、公证员及其他工作人员应当如实说明有关情况、提供相关材料,不得谎报、隐匿、伪造、销毁有关材料。

第九条 考核结果包括以下内容:对公证机构年度工作情况的综合评价、主要成绩、存在的问题、整改要求或者建议,以及据此确定的考核等次。

公证机构年度考核等次分为优秀、合格、基本合格、不合格。具体评定方法和标准,由省、自治区、直辖市司法行政机关根据本办法制定。

第十条 公证机构在考核年度受到停业整顿处罚的或者未能保持法定设立条件经整改仍未达标的,该年度考核等次应当被评定为不合格。

公证机构所属公证员在考核年度受到吊销公证员执业证书处罚的,该公证机构的年度考核不得被评定为合格以上等次。

第十一条 考核机关在公布对公证机构的考核结果之前,应当将初步形成的考核结果向本行政区域内的公证机构公示并抄送地方公证协会。公示期不得少于7日。

公证机构对考核机关初步形成的考核结果有异议的,可以向考核机关申请复核,考核机关应当在10日内完成复核,并将复核结果书面答复申请人。

第十二条 考核机关应当于每年3月31日前,向公证机构书面公布考核结果,将考核等次填入公证机构执业证书副本,并将考核结果报上一级司法行政机关备案。

设区的市(自治州、地区、盟)司法行政机关应当将本行政区域内开展公证机构年度考核的情况以及针对存在的问题提出的改进公证工作的意见和建议形成书面报告,于每年4月15日前上报省、自治区司法行政机关。

第四章 考核结果的使用

第十三条 考核机关在年度考核中发现公证机构有违反《公证法》和《公证机构执业管理办法》的突出问题的,应当责令其立即纠改或者限期整改,并进行重点监督、检查。

第十四条 考核机关在年度考核中发现公证机构及其公证员有《公证法》第四十一条、第四十二条规定所列行为之一的,应当依法予以处罚或者提请上一级司法行政机关予以处罚。

第十五条 公证机构对司法行政机关的年度考核结果列明的问题以及责令整改的要求,应当查找、分析造成问题的原因,及时制定整改措施,并书面报告考核机关。

第十六条 上级司法行政机关可以对考核结果进行抽查,抽查结果与考核结果有明显差异的,可以要求考核机关就有关问题作出说明;必要时可以要求考核机关进行复核,并上报复核结果。

第十七条 年度考核结果应当存入设区的市(自治州、地区、盟)、直辖市司法行政机关建立的公证机构执业档案。

第十八条 公证机构年度考核被评定为优秀等次的,该公证机构及其负责人可以参加全国公证行业文明单位或者先进集体、先进个人的评选。

第十九条 公证机构年度考核被评定为不合格等次的,其所在地司法行政机关应当根据存在问题的不同情况,对该公证机构的负责人予以批评教育,提出整改要求,或者组织进行培训。

第二十条 公证机构在年度考核后被发现有隐瞒事实、弄虚作假行为的,考核机关应当追究公证机构负责人以及其他相关责任人员的责任,撤销原考核结果,重新进行考核。

第二十一条 省、自治区、直辖市司法行政机关应当于每年4月30日前,将公证机构年度考核结果在本行政区域内的司法行政机关和公证业内进行通报,并将通报和年度考核工作总结报告上报司法部,同时抄送中国公证协会。

第五章 附 则

第二十二条 本办法所称考核机关,是指根据当地公证机构设置方案的规定,负责组建该公证机构,并承担对其实施日常监督、指导职能的司法行政机关。

第二十三条 省、自治区、直辖市司法行政机关可以根据本办法制定实施细则,报司法部备案。

第二十四条 本办法自2007年12月1日起施行。

司法部关于进一步加强公证工作的意见

司发〔2014〕12 号

各省、自治区、直辖市司法厅(局),新疆生产建设兵团司法局:

为推动公证工作适应新形势新任务发展的要求,切实满足经济社会发展和人民群众对公证服务的需求,现就进一步加强公证工作提出如下意见。

一、充分认识加强公证工作的重要性

1. 公证制度是我国社会主义法律制度体系的重要组成部分,是一项预防性的司法证明制度,具有服务、沟通、证明、监督等功能,在维护人民群众合法权益、保障民商事交易安全、维护市场经济秩序、创新社会治理等方面具有独特的职能优势和重要作用。

2. 党中央、国务院历来高度重视公证工作,近年来,对深化公证工作改革、健全公证制度、发挥公证在经济社会发展中的作用作出部署,提出明确要求,为公证事业发展指明了方向。各级司法行政机关、各地公证协会认真贯彻落实中央对公证工作的要求,深入贯彻实施《公证法》,大力拓展和规范公证法律服务,健全完善公证工作体制机制,加强公证工作管理,实现公证事业持续健康发展。

3. 当前,我国正处于全面建成小康社会的关键时期。深化经济体制改革,健全社会主义市场经济体制,对公证工作提出新要求;创新社会治理,推进国家治理体系和治理能力现代化,赋予公证工作新使命;深化司法体制改革,促进社会公平正义,对公证工作提出新期待;保障和改善民生,满足人民群众日益增长的公证服务需求,对公证工作提出新挑战。公证工作要积极适应形势和任务发展变化的要求,根据公证服务需求新特点新趋势,全面加强自身建设,充分发挥职能作用,为服务经济社会发展作出新贡献。

二、加强公证工作的总体要求

4. 指导思想。高举中国特色社会主义伟大旗帜,以邓小平理论、“三个代表”重要思想、科学发展观为指导,全面贯彻落实党的十八大和十八届三中全会精神,认真贯彻落实习近平总书记系列重要讲话精神和对司法行政工作的重要指示精神，坚持围绕中心、服务大局，坚持以人为本、执业为民，依法履行公证工作职责，进一步规范公证执业行为，切实加强公证工作管理，大力加强公证队伍建设，坚持和完善中国特色社会主义公证制度，推进公证事业全面发展，为促进经济社会发展、维护人民群众合法权益提供优质高效的公证法律服务。

5. 基本原则。

——坚持党对公证工作的领导，切实把党的路线方针政策贯彻落实到公证工作中，努力推动公证工作服务于党和国家工作大局，维护人民群众合法权益。

——坚持公证工作正确方向，坚持公证制度作为预防性司法证明制度的基本定位，坚持公证活动不以营利为目的的价值取向，按照立足基本国情、遵循公证工作规律的要求，健全完善中国特色社会主义公证制度。

——坚持依法规范，树立正确的公证执业理念，推进公证执业规范化、标准化、信息化，完善公证执业准入、考核、监督机制，加强公证质量监管，确保公证活动依法、客观、公正。

——坚持改革创新，着眼于拓展服务领域、发挥职能作用，完善制度设计、大胆探索实践，积极推动公证工作创新，以创新思维和改革的办法解决工作中的困难和问题，不断推动公证工作实现新发展。

——坚持分类指导，立足我国经济社会发展及公证业发展不平衡的实际情况，根据公证机构不同管理模式特点，实施分类指导，增强工作指导的针对性、有效性。

三、依法履行公证工作职责

6. 认真办理涉及经济活动的公证事项，促进社会主义市场经济健康发展。紧紧围绕使市场在资源配置中起决定性作用提供公证服务，促进劳动、知识、技术、管理、资本等要素自由有序流动、科学合理配置，推进完善现代市场体系。紧紧围绕完善宏观调控体系、调整经济结构、实施区域发展战略、深化重点领域改革、推进城镇化建设和国家及地方重大工程、重点项目提供公证服务，促进转变经济发展方式。积极为各类市场主体提供公证服务，规范交易行为，预防经营风险、维护市场主体的合法权益。积极做好涉及经济活动的公证服务，认真办理合同协议、招标投标、拍卖、提存、抵押登记、电子商务、公司事务等公证业务，促进和保障市场经济活动依法有序进行。

7. 认真办理涉及公民权利义务的公证事项，维护人民群众合法权益。坚持以人为本、执业为民，把全心全意为人民服务落实到公证工作的每一个环节，为人民群众提供热情、周到、方便、快捷的服务。积极做好涉及公民人身关系、财产关系、家庭关系的公证服务，认真办理婚姻、收养、遗嘱、继承、抚养、赡养、监护、劳务、财产分割等公证业务,为公民个人处置财产、确认权利、维护权益等提供公证法律服务。完善便民、利民、惠民的工作措施,推动建立为老、残、病、弱等当事人服务的绿色通道,健全对社会困难群体的减免公证收费政策,推动公证服务向城乡社区延伸,加快构建覆盖城乡基层的公证法律服务体系。

8. 认真办理涉及社会和谐稳定的公证事项,促进实现社会公平正义。充分发挥公证工作预防在先的特点和方便群众、贴近基层的优势,围绕土地承包、企业改制、土地征用、房屋拆迁、劳动关系、环境保护等社会矛盾易发多发领域,贴近人民群众就业就学、医疗养老、社会保障等民生利益诉求,提供及时、有效的公证服务,从源头上预防矛盾纠纷的发生。认真办理拆迁补偿安置、入学派位、彩票发行、保障房分配、医疗纠纷赔偿、小汽车摇号等公证业务,维护和保障人民群众的合法权益,促进社会和谐稳定,维护社会公平正义。

9. 认真办理涉外涉港澳台公证事项,促进对外开放与交流合作。积极适应经济全球化新形势下,国际国内要素有序自由流动、资源高效配置、市场深度融合的发展态势,努力为我国参与国际经济合作提供公证服务。认真办理合同协议、公司章程、营业执照、知识产权、法人资格、股权证书、票据拒绝、不可抗力、海损事故等公证业务,为我国企业及个人对外投资、招标投标、对外贸易、诉讼仲裁、承揽工程、劳务合作等提供服务。认真办理自由贸易区建设、密切内地(大陆)与港澳台经贸关系、内陆沿边开放涉及的各类公证业务,为促进自由贸易区建设、构建全方位开放新格局提供优质高效的公证法律服务。积极为人员往来提供公证服务,认真办理学历学位、职务职称、亲属关系、有无违法犯罪记录等公证业务,为公民个人出国出境考察学习、就业谋职、旅游探亲、继承财产提供服务。

四、规范公证执业行为

10. 树立正确的公证执业理念。教育引导广大公证员和公证管理人员牢固树立依法执业的理念,严格履行法定的公证职责,严格依照法律法规办理公证事务,严格遵守执业规范和标准,自觉维护宪法和法律的权威。牢固树立执业为民的理念,把维护人民群众合法权益作为公证工作的出发点和落脚点,坚持把人民群众满意作为检验公证工作成效的根本标准,全心全意做好服务群众的各项工作。牢固树立质量至上的理念,全面、准确把握提高公证质量和信誉的内涵和要求,将公证质量意识真正融入公证执业理念中,体现到公证服务和公证管理工作中。牢固树立诚信执业的理念,自觉加强以公信为重点的职业道德建设,切实维护公证公信、促进社会诚信,营造守信光荣、失信可耻的社会氛围。

11. 推进公证执业规范化、标准化、信息化建设。规范服务行为,优化工作流程,强化执业技能,提高办证效率,改善服务设施,全面提升公证服务品质,真正把优质高效的要求落到实处。规范服务秩序,鼓励和倡导公证机构通过提高公证质量和服务水平进行公平竞争,严禁以贬损其他公证机构及公证员或者支付回扣、佣金等不正当竞争手段争揽公证业务,形成良性竞争的执业秩序。规范和细化办证标准,进一步健全公证受理、审查核实、出证审批、立卷归档、争议处理、责任追究等各环节的工作标准和要求,完善操作规程,提高公证执业标准化水平。建立完善公证综合管理信息系统,积极推广应用信息化手段,逐步实现办证信息录入、办证流程控制、办证质量监管等在公证信息平台上统一操作、规范运行,对办证全过程进行跟踪监督,不断提高公证质量和工作效率。

12. 完善公证执业准入、考核、监督机制。强化对公证执业活动全过程监督,建立涵盖执业准入、日常监管、考核评价、奖励处罚等方面公证执业监管体系。健全执业准入制度,严把公证员队伍"入口关"。完善公证机构和公证员年度执业考核制度,对于年度考核连续不合格的公证员,探索淘汰退出机制。建立科学的行业评价指标体系,完善公证执业水平评价机制,实现有效监督。建立健全公证不良执业记录披露制度,及时在公证行业内并面向社会公布公证违法违规执业信息,形成重质量、讲公信的公证执业导向,使公证工作进一步取信于民、取信于社会。完善执业奖惩机制,健全公证执业惩戒的法规规章和行业规范,细化处罚依据,完善惩戒程序,依法依规惩处各类公证违法违纪行为。

五、加强公证工作管理

13. 完善公证工作管理体制。完善司法行政机关行政管理、公证协会行业管理、公证机构自我管理相结合的公证管理体系。完善"两结合"管理体制,司法行政机关要依法加强对公证工作的监督、指导,强化制定政策法规、行业规划、标准规范、执业监管和改善执业环境等职责;公证协会要强化行业自律管理,依法、依章程履行指导业务、规范执业、维护权益、行业惩戒等职责。建立健全司法行政机关公证工作管理机构与公证协会之间的重要决策会商、重要情况沟通、重要信息共享工作机制,提高公证管理工作水平。

14. 科学合理配置公证资源。坚持统筹规划、合理布局,继续依法做好公证机构设置、布局调整工作。以满足公证服务需求为导向,完善公证机构设置和公证员配备制度,形成动态调整机制。加大对公证资源不足地区政策扶持,通过考试、考核任职、选派公证员驻点执业、设立分支机构、开展公证行业志愿服务活动等方式,解决欠发达地区公证机构人员短缺问题。

15. 完善公证机构管理运行机制。继续贯彻落实2000年国务院批准的《关于深化公证工作改革的方案》和《公证法》,坚持行政体制公证机构改为事业体制的方向，坚持公证机构依法设立，不以营利为目的，依法独立行使公证职能、承担民事责任的属性定位。认真贯彻落实中央有关文件要求，积极做好事业体制公证机构分类工作。探索建立符合公证行业特点的法人治理结构，健全决策、执行和监督机制，提高公证机构自我管理、自我发展的能力。

16. 加强公证机构建设和管理。加强公证机构组织建设，做好对选任公证机构负责人的监督指导工作，强化公证机构及其负责人对本机构公证人员的管理责任，建立和完善公证机构岗位责任制，明确和落实公证机构内部各类人员的岗位责任。加强公证机构业务建设，建立健全公证机构内部学习培训制度，严格公证业务受理、审批、出证管理，加强公证业务质量监督，建立完善重大疑难公证事项会商机制，加强公证文书档案管理。加强公证机构制度建设，建立健全公证机构人员管理、业务管理、财务管理、收入分配、资产管理等内部管理制度。加强公证机构场所和基础设施建设，健全便民服务措施，更好满足公证工作发展需要和群众办证需求。

17. 加强公证工作管理力量建设。健全司法行政机关特别是市、县两级司法行政机关公证管理机构，选配公证管理人员，为依法全面履行指导监督职责提供有力保证。加强地方公证协会建设，充实办事机构人员力量，完善管理制度，健全议事规则，提高自律管理能力。加强公证管理队伍教育培训工作，全面提高管理人员综合素质，进一步增强依法履职的能力。

六、加强公证队伍建设

18. 提高公证队伍综合素质。按照习近平总书记提出的“政治过硬、业务过硬、责任过硬、纪律过硬、作风过硬”的要求，大力加强公证队伍职业化、专业化建设，努力建设一支信念坚定、执业为民、敢于担当、清正廉洁的高素质公证队伍。始终把思想政治建设放在首位，坚持用中国特色社会主义理论体系武装公证队伍，教育引导广大公证员进一步坚定中国特色社会主义的道路自信、理论自信、制度自信，牢固树立社会主义法治理念，积极践行社会主义核心价值观。加强业务素质建设，结合实际，开展多层次的业务培训、岗位练兵等，加强重点和新兴公证业务研究及经验交流，全面提高公证队伍的业务素质、岗位技能和执业水平。加强职业道德和执业纪律建设，引导广大公证员进一步增强大局观念、法治观念、诚信意识、责任意识，恪守职业道德和执业纪律，在执业活动中切实做到忠于法律、客观公正、诚信为民、勤勉尽责。

19. 充实和发展公证员队伍。坚持从通过国家司法考试人员中选拔、任命公证员，依法有序充实和发展公证员队伍。欠发达地区公证机构无法招录到通过国家司法考试人员的，可以按有关法律规定通过依法考核任职的方式补充公证员。建立健全申请公证执业人员实习管理制度,完善实习登记、培训管理、考核监督,确保新任公证员具备合格的品行操守、业务素质和执业能力。

20. 加强公证教育培训体系建设。完善公证教育培训管理制度,把公证员参加教育培训情况作为执业年度考核的一项重要内容,并记入执业档案。将公证人员教育培训纳入司法行政队伍教育培训总体规划,科学制定公证员教育中长期培训规划,统筹做好任职前培训、年度职业培训、专项培训等工作。完善全国公证员教育培训大纲,规范培训内容。实施公证人才培养工程,建立公证专业人才评价机制,加快推进公证队伍的职业化、专业化。

21. 加强公证行风建设。积极培育和弘扬公信为民的良好行业风尚,做到尽职履责、廉洁执业、热情服务。积极开展公证行业文明创建活动,大力表彰先进个人和先进集体,充分发挥先进典型的引领示范作用,树立公证行业良好社会形象。针对群众反映的公证服务中存在的突出问题,组织开展公证行业服务窗口整治活动。建立健全公证行业行风社会监督机制,加强对公证执业活动的社会监督。

七、加强公证工作领导

22. 完善公证业发展的保障政策。积极加强与有关部门沟通协调,推动出台促进公证业发展的政策措施,加大公证业发展的政策保障力度。探索建立公证机构更为灵活的人员和编制管理政策,实现公证员配备方案与事业单位编制管理相互衔接。结合公证行业特点制定公证机构绩效考核指导意见,建立健全符合公证服务属性、体现岗位绩效和分级分类管理的绩效工资制度。推动建立符合公证服务公益属性的税收政策,建立健全符合行业特点的公证机构会计核算制度。完善和落实公证从业人员社会保障政策,确保待遇水平平稳过渡、合理衔接,保持国家规定的待遇水平不降低。根据经济社会发展和公证业发展的要求,改革完善公证收费制度。

23. 改善公证执业环境。抓住国家立法及有关部门制定行政规章的契机,积极提出立法建议,推动确立法定公证事项,强化公证法律效力。会同有关部门切实解决公证机构在核实证明材料过程中遇到的困难和问题,加强公证执业权利保障。会同有关部门打击提供虚假材料骗取公证书违法行为,建立工作联动机制。健全和规范公证赔偿基金制度,完善公证执业保障机制。

24. 加强公证理论研究。着眼于完善中国特色社会主义公证制度,深入开展理论研究,加强事关顶层制度设计和公证业发展的战略性、全局性、前瞻性问题的研究,着力解决公证工作改革发展面临的重大问题,增强公证工作指导的科学性、有效性,推动工作发展。

25. 加强公证宣传工作。加大公证宣传力度，综合运用广播、电视、报刊、网站、微博、微信等多种形式，广泛宣传我国公证制度和公证工作，使广大人民群众进一步增强公证法律意识，更加自觉地在民商事活动和社会交往中运用公证手段实现和维护自身权益，为公证事业发展营造良好社会环境。

八、认真做好组织实施工作

26. 加强领导。加强和改进公证工作事关公证事业持续健康发展，涉及面广、任务繁重。各地司法行政机关要高度重视，切实履行工作职责，积极发挥职能作用，在当地党委、政府领导下，精心做好组织实施工作。在工作推进过程中，积极加强与有关部门的协调配合，确保各项工作顺利进行。

27. 稳步推进。各地司法行政机关根据本意见，结合本地实际情况，制定具体实施办法，细化工作要求，明确任务分工，明确路线图、时间表，落实工作责任制，确保各项工作任务落到实处。

2014 年 8 月 6 日

司法部关于
进一步加强公证质量管理工作的通知

司发通〔2015〕24号

各省、自治区、直辖市司法厅(局),新疆生产建设兵团司法局:

为了进一步加强公证质量管理,提高公证公信力,服务经济社会发展,现就有关工作通知如下。

一、充分认识公证质量管理工作的重要性

党的十八届四中全会对发展公证法律服务业作出了重要部署,为新时期公证工作改革发展指明了方向。公证质量是公证工作的生命线,是公证公信力的重要标志。随着依法治国的全面推进,人民群众的法治观念和法律意识不断增强,对公证质量和公信力的要求日益提高。近年来,各级司法行政机关、各地公证协会高度重视公证质量管理和公信力建设,建立质量监控体系、制定质量评价标准、开展质量检查,全面加强公证质量监管,取得了明显成效。广大公证员坚持服务为民,依法规范诚信执业,在预防化解矛盾纠纷、维护当事人合法权益、促进经济社会发展中发挥了积极作用。但是,当前公证质量管理也出现了一些值得重视的问题,特别是公证当事人反映公证质量问题数量增多,社会舆情也有反映,有的公证机构内部质量管理机制不够健全,工作流程不够规范,审查把关不够严格,少数公证员质量意识和责任意识淡漠,不认真履行公证职责,甚至违反公证程序,出现瑕疵或者错误公证书;有的公证机构公证效率不高,便民利民的工作措施不到位,出证周期长;有的公证员违规收费,违反职业道德和执业纪律,等等。这些问题影响了公证工作服务为民作用的发挥。各地要从全面推进依法治国、推进公证事业持续健康发展的高度,充分认识公证质量管理工作的重要性,把提高公证质量放到当前工作的突出位置,采取有效措施,落实工作责任,创新工作举措,切实加强质量监管,全面提升公证质量。

二、大力加强公证员队伍质量意识教育

各地要加大公证员队伍教育管理力度,提高公证员队伍的政治素质、业务素

质和职业道德素质。要教育引导广大公证员坚持依法执业，严格依照法律法规规章和执业规范办理公证事务；坚持执业为民，把维护人民群众合法权益作为公证工作的出发点和落脚点，全心全意做好服务群众的各项工作；坚持质量至上，高标准办理公证事务，将公证质量意识融入公证执业活动中；坚持诚信执业，自觉加强以诚信为重点的职业道德建设，杜绝出现假证、错证。要在公证执业中强化红线意识、坚守底线思维，不准未履行公证受理、登记、审批等程序私自出具公证书，不准为虚假的公证申请人或者不真实、不合法的事项出具公证书，不准违规收费，利用办证谋取私利或者向经办人、中间人支付回扣、介绍费等，不准与当事人恶意串通，损害对方当事人或第三人的合法权益。

三、着力加强公证执业的监督管理

各级司法行政机关、各地公证协会要针对目前公证执业中存在的突出问题，认真履行工作职责，对公证执业活动实施全面有效的质量监管，不断提高监督管理工作水平。

健全完善公证执业日常监督管理机制。加强公证质量检查，针对本地区公证质量情况进行全面摸底排查，深入办证一线，集中排查公证质量和效率问题，对排查出的问题要限期整改，及时通报，确保检查工作不走过场。完善公证质量监管制度，健全公证复查投诉处理机制，建立公证不良执业记录披露制度，健全公证执业信息公开制度，完善公证受理、审查核实、出证审批、立卷归档、质量评价、争议处理、责任追究等工作标准。强化质量监管手段，建立完善公证综合管理信息系统，积极推广应用信息化手段，逐步实现办证信息录入、办证流程控制、办证质量监管等统一操作、规范运行，对办证全过程进行跟踪监督，不断提高公证质量和工作效率。

健全完善公证机构质量控制机制。健全质量风险预防机制，严格公证受理标准，对存在申请人不具有相应的民事行为能力，当事人虚构、隐瞒事实、提供虚假证明材料等情形的，严格依法不予办理公证。健全质量过程控制机制，严格内部质量监测，严格规范审查核实、出证审批等工作流程，对申请公证的事项以及当事人提供的证明材料，按照有关办证规则需要核实或者对其有疑义的，应当进行认真核实。健全业务质量评查机制，设立公证质量检验员，定期组织人员进行业务质量自查互查，及时发现问题，规范执业行为，消除执业隐患。健全收费管理机制，严格规范服务收费，主动公示公证服务收费管理办法和收费标准，自觉接受主管部门和人民群众的监督。健全便民利民服务机制，进一步优化操作流程，强化执业技能，改善服务设施，提高办证效率，明确出证时限，切实做到及时受理、及时办理、及时出证，全面提升公证服务品质，真正把优质高效、便民利民的要求落到实处。

依法依规惩处公证违法违规执业行为。进一步健全完善公证违法违规执业惩戒制度，坚持教育与惩处并举、行政处罚与行业惩戒相结合，做好对公证违法违规行为的监督和惩处工作。认真做好公证复查和投诉处理工作，对待人民群众来信来访反映的公证质量问题，要及时调查，反馈处理情况。坚持严字当头、敢抓敢管，对违法违规办证、出具错假证以及公证存在严重质量问题，严重损害公证公信力等行为，要坚决追究责任，严肃处理，绝不姑息。对高于收费标准收费、分解收费项目、重复收费、扩大收费范围等违规收费或变相收费行为，要严肃查处，及时整顿、坚决纠正。

四、切实加强对公证质量管理工作的领导

各级司法行政机关、各地公证协会要高度重视公证质量管理工作，把加强公证质量监管摆上重要日程，高度重视，加强领导，抓紧抓实。要坚持属地管理原则，分别落实司法行政机关、公证协会和公证机构的管理责任，注重沟通协调，加强协作配合，形成齐抓共管的局面。要有效推进公证执业机构建设，落实公证处执业管理责任，严密各项工作流程，堵塞工作薄弱环节。要加强公证舆情监测，注重对舆论的正面引导和有效疏导。要健全信息通报机制，对涉及公证服务的重大突发事件及处置情况要及时上报下达，实现信息共享，增强工作的针对性、协调性。

各地贯彻落实本通知的有关情况，请及时报部。

2015 年 3 月 24 日

司法部关于推行继承类强制执行类要素式公证书和法律意见书格式的通知

司发通〔2008〕177 号

各省、自治区、直辖市司法厅(局),新疆生产建设兵团司法局、监狱局:

为进一步扩大要素式公证书的使用范围,自 2004 年 1 月起,我部在北京、天津、吉林、上海、广东、四川等省(市)的部分公证处开展了继承类、强制执行类要素式公证书和法律意见书格式的试点工作,经过几年的实践,试点工作取得了预期效果。在对试点工作进行总结的基础上,经研究决定,自 2009 年 7 月 1 日起,在全国范围内推行继承类、强制执行类要素式公证书和法律意见书格式。现将有关事宜通知如下:

一、充分认识推行要素式公证书格式的重要性

推行要素式公证书格式,是深化公证工作改革的一项重要内容,对于进一步完善公证制度、增强公证公信力具有重要的推动作用。一方面,要素式公证书能够更好地满足社会多层次、多方面的公证法律服务需求,有助于进一步拓展公证服务领域,使公证工作更好地适应经济社会发展的需要;另一方面,要素式公证书更加符合法律规定的公证文书作为"认定事实的根据"和"强制执行的根据"的标准和要求,有助于进一步强化公证文书的法律效力,使公证文书和公证工作更好地取信于社会。

二、认真做好推行要素式公证书格式的准备工作

要素式公证书格式的内容丰富,从根本上改变了传统的定式公证书格式简单的证明方式。同时,要素式公证书格式对公证员的法律专业知识和公证执业技能提出了新的更高的要求,特别是此次推行的继承类、强制执行类要素式公证书和法律意见书,不仅相关公证事项的业务量大,而且涉及的法律关系复杂,各项准备工作做得是否充分,直接关系到这几类要素式公证文书格式能否顺利推行及其实际效果。因此,各地要根据要素式公证书的要求,采用集中培训、开展研讨、个人自学等方式,组织全体公证员认真学习我部印发的继承类、强制执行

类要素式公证书和法律意见书格式,学习与这些公证文书相关的法律、法规及司法文书写作知识,努力提高法律知识、公证业务和文书写作水平。为保证公证质量,所有公证员必须参加省级以上司法行政机关或者公证协会组织的集中培训,合格后,方可在2009年7月1日后继续办理相关的公证业务。

三、切实加强领导,精心组织实施

各级司法行政机关要把推行继承类、强制执行类要素式公证书和法律意见书格式,作为深化公证工作改革、提高公证文书质量和公证队伍素质、巩固和提升公证公信力的一项重要工作来抓。各省(区、市)司法厅(局)要结合本地实际,制定具体的工作方案,扎扎实实做好实施准备、工作指导、监督检查、总结提高等各个环节的工作。在推行要素式公证书格式过程中,各地要善于总结经验,及时发现和解决存在的问题,努力提高公证文书质量,确保要素式公证书格式顺利推行。

继承类、强制执行类要素式公证书和法律意见书的通用格式,由律师公证工作指导司印发。

二〇〇八年十二月三十日

关于印发继承类、强制执行类要素式公证书和法律意见书格式的通知

〔2008〕司律公字019号

各省、自治区、直辖市司法厅(局)公证管理处,新疆生产建设兵团司法局公证管理处:

根据《司法部关于推行继承类、强制执行类要素式公证书和法律意见书格式的通知》(司发通〔2008〕177号)的要求,现将继承类、强制执行类要素式公证书和法律意见书格式印发你们,请认真组织实施。

附件:1. 继承类要素式公证书通用格式(附参考格式)
2. 强制执行类通用格式(附参考格式)
3. 法律意见书通用格式(附参考格式)

司法部律师公证工作指导司
二〇〇八年十二月三十日

(附件略)

司法部关于转发中国公证协会《公证员职业道德基本准则》的通知

司发通〔2011〕18号

各省、自治区、直辖市司法厅(局),新疆生产建设兵团司法局、监狱管理局:

中国公证协会于2011年1月6日印发了修订后的《公证员职业道德基本准则》(以下简称《基本准则》)。现予以转发,请你们会同公证协会认真做好《基本准则》的学习、宣传和贯彻落实工作。

大力加强公证员职业道德建设,是公证员队伍建设的一项重要内容,是司法行政机关、公证协会和公证机构一项长期的重要任务。认真做好《基本准则》的学习、宣传和贯彻落实工作,关系到培养和造就广大公证员成为合格的中国特色社会主义法律工作者,依法履行公证职责;关系到公证机构在服务科学发展、促进社会和谐的实践中,始终维护和不断增强公证公信力,更好地实现自身的科学发展。各地司法行政机关要指导公证协会,高度重视公证员职业道德建设,加强对公证员执行《基本准则》的监督,充分发挥公证机构的自我管理、监督作用,把行政管理、行业管理和自我管理有机地结合起来,把贯彻落实《基本准则》与贯彻落实《公证法》及其配套规章的相关规定结合起来,努力提高公证员的职业道德水平,保证公证员依法履行公证职责,维护公证员的良好职业形象,推动公证事业持续、稳步、健康发展。

附件:《公证员职业道德基本准则》

2011年1月31日

附件

关于印发《公证员职业道德基本准则》的通知

公协字〔2011〕第003号

各省、自治区、直辖市公证协会：

修订后的《公证员职业道德基本准则》已经中国公证协会六届二次理事会会议通过，现印发给你们，请认真执行。

中国公证协会

2011年1月6日

公证员职业道德基本准则

（2002年3月3日公布 2010年12月28日中国公证协会六届二次理事会会议修订 2011年1月6日中国公证协会发布）

为加强公证员职业道德建设，保证公证员依法履行公证职责，维护和增强公证公信力，根据《中华人民共和国公证法》，制定本准则。

一、忠于法律 尽职履责

第一条 公证员应当忠于宪法和法律，自觉践行社会主义法治理念。

第二条 公证员应当政治坚定、业务精通、维护公正、恪守诚信，坚定不移地做中国特色社会主义事业的建设者、捍卫者。

第三条 公证员应当依法办理公证事项，恪守客观、公正的原则，做到以事实为依据、法律为准绳。

第四条 公证员应当自觉遵守法定回避制度，不得为本人及近亲属办理公证或者办理与本人及近亲属有利害关系的公证。

第五条 公证员应当自觉履行执业保密义务，不得泄露在执业中知悉的国家秘密、商业秘密或个人隐私，更不得利用知悉的秘密为自己或他人谋取利益。

第六条 公证员在履行职责时，对发现的违法、违规或违反社会公德的行为,应当按照法律规定的权限,积极采取措施予以纠正、制止。

二、爱岗敬业　规范服务

第七条　公证员应当珍惜职业荣誉,强化服务意识,勤勉敬业、恪尽职守,为当事人提供优质高效的公证法律服务。

第八条　公证员在履行职责时,应当告知当事人、代理人和参与人的权利和义务,并就权利和义务的真实意思和可能产生的法律后果做出明确解释,避免形式上的简单告知。

第九条　公证员在执行职务时,应当平等、热情地对待当事人、代理人和参与人,要注重其民族、种族、国籍、宗教信仰、性别、年龄、健康状况、职业的差别,避免言行不慎使对方产生歧义。

第十条　公证员应当严格按照规定的程序和期限办理公证事项,注重提高办证质量和效率,杜绝疏忽大意、敷衍塞责和延误办证的行为。

第十一条　公证员应当注重礼仪,做到着装规范、举止文明,维护职业形象。

现场宣读公证词时,应当语言规范、吐字清晰,避免使用可能引起他人反感的语言表达方式。

第十二条　公证员如果发现已生效的公证文书存在问题或其他公证员有违法、违规行为,应当及时向有关部门反映。

第十三条　公证员不得利用媒体或采用其他方式,对正在办理或已办结的公证事项发表不当评论,更不得发表有损公证严肃性和权威性的言论。

三、加强修养　提高素质

第十四条　公证员应当牢固树立社会主义荣辱观,遵守社会公德,倡导良好社会风尚。

第十五条　公证员应当道德高尚、诚实信用、谦虚谨慎,具有良好的个人修养和品行。

第十六条　公证员应当忠于职守、不徇私情、弘扬正义,自觉维护社会公平和公众利益。

第十七条　公证员应当热爱集体,团结协作,相互支持、相互配合、相互监督,共同营造健康、有序、和谐的工作环境。

第十八条　公证员应当不断提高自身的业务能力和职业素养,保证自己的执业品质和专业技能满足正确履行职责的需要。

第十九条　公证员应当树立终身学习理念,勤勉进取,努力钻研,不断提高职业素质和执业水平。

四、廉洁自律　尊重同行

第二十条　公证员应当树立廉洁自律意识，遵守职业道德和执业纪律，不得从事有报酬的其他职业和与公证员职务、身份不相符的活动。

第二十一条　公证员应当妥善处理个人事务，不得利用公证员的身份和职务为自己、亲属或他人谋取利益。

第二十二条　公证员不得索取或接受当事人及其代理人、利害关系人的答谢款待、馈赠财物或其他利益。

第二十三条　公证员应当相互尊重，与同行保持良好的合作关系，公平竞争，同业互助，共谋发展。

第二十四条　公证员不得以不正当方式或途径对其他公证员正在办理的公证事项进行干预或施加影响。

第二十五条　公证员不得从事以下不正当竞争行为：

（一）利用媒体或其他手段炫耀自己，贬损他人，排斥同行，为自己招揽业务；

（二）以支付介绍费、给予回扣、许诺提供利益等方式承揽业务；

（三）利用与行政机关、社会团体的特殊关系进行业务垄断；

（四）其他不正当竞争行为。

五、附　则

第二十六条　中国公证协会和地方公证协会监督公证员遵守本准则。

第二十七条　公证员助理和公证机构其他工作人员，参照执行本准则的有关规定。

第二十八条　本准则由中国公证协会负责解释。

第二十九条　本准则自发布之日起施行。

司法部办公厅关于进一步规范保全证据公证业务有关问题的通知

司办通〔2005〕第49号

各省、自治区、直辖市司法厅局，新疆生产建设兵团司法局：

近年来，保全证据公证业务逐年增长，公证机构积极发挥职能作用，依法办证，对于固定证据、预防和减少矛盾纠纷、保障司法效率和公正发挥了重要作用。随着经济社会发展和诉讼证据规则的逐步完善，保全证据公证日趋复杂，对受理、审查、出证等各环节的要求更加严格。而近一段时间以来，个别地方出现一些违规办证现象，如在无合法依据的情况下，公证处对申请人撬门破锁取得的物品进行证据保全等，产生了较大负面影响，损害了公证的公信力。经部领导同意，现就进一步规范保全证据公证业务有关问题通知如下：

一、公证机构要严格按照法律、法规、规章规定，认真审查、办理保全证据公证。为此，重申并进一步明确，凡有下列情形之一的，公证机构应当不予受理或拒绝公证：(1)申请人与保全证据事项没有利害关系的；(2)申请人之间对保全证据事项存在争议的；(3)申请的保全证据事项超越公证业务范围或违反公证管辖规定的；(4)被保全证据及其取得，违反法律、法规、规章规定或存在违法行为前提的；(5)其他不予受理或拒绝公证的情形。

二、司法部拟抓紧制定和修订相关公证规则，对保全证据公证的适用范围、办证程序等进行规范。各地司法行政机关、公证员协会要加强对保全证据公证业务的指导和监督，健全完善相关制度，推行要素式公证书，进一步加强质量监管，适时进行督促检查，发现问题及时纠正。

三、结合正在开展的公证队伍教育规范树形象活动，各地公证机构对保全证据公证等涉及群众切身利益、容易引发矛盾和冲突的公证事项，要认真开展自查自纠，切实解决存在问题，进一步完善工作规程，消除质量隐患。司法行政机关进行督查、巡查，也要将此作为工作重点之一。

执行过程中发现的重要情况，请及时报部。

2005年7月7日

司法部办公厅关于严格规范公证处设立办证点有关问题的通知

司办通〔2005〕第25号

各省、自治区、直辖市司法厅(局),新疆生产建设兵团司法局:

近年来,一些地方的公证处随意设立办证点,加剧了公证业务的不正当竞争,扰乱了公证服务秩序,损害了公证工作的良好社会形象。为严格规范公证处设立办证点的行为,现就有关问题通知如下:

一、公证处的办公场所应与其注册登记地点一致,且只能保留一个。设区的市市区范围内的公证处在办公场所之外设立办证点,需经省级司法行政机关核准,且适于以下两种情形:(1)新设区(开发区)尚未设立公证处、其他公证处尚未按规定设立办证点,而当地公证业务需求量较大的;(2)房屋产权交易市场等特定场所确需设立公证服务窗口,而其他公证处尚未按规定设立的。县(县级市)公证处设立办证点,仍按司法部公证司[1993]司公字09号函有关规定精神执行。

二、公证处对按上述规定设立的办证点实施统一管理,应指派执业公证员到办证点承办公证业务,严禁委托公证机构和公证人员以外的任何机构或个人承办公证业务,严禁公证员助理以公证员名义办证,并严格规范受理、审批、出证、归档、收费等程序和环节,确保公证质量。办证点对外不得悬挂公证处的牌匾。在房屋产权交易市场等特定场所设立的公证服务窗口,只能办理有关的专项公证业务,不得以公证处名义对外宣传、招揽、承办综合性公证业务。

三、对现有的公证处办证点,包括办事处、联络点、联系点、办证室等,各级司法行政机关要组织进行一次清理。2005年8月底以前,不符合本《通知》要求的公证处办证点一律予以撤销。

执行过程中发现的情况和问题,请及时报部。

二〇〇五年四月六日

司法部办公厅关于严格规范公证员助理管理有关问题的通知

司办通〔2005〕48号

各省、自治区、直辖市司法厅局,新疆生产建设兵团司法局:

近年来,随着公证业务的发展,公证人员数量不断增加。然而,一些地方的公证处、公证员违反公证员必须亲自办理公证事务的规定,随意指派或容许公证员助理独立办理公证事务,或由其“借用”公证员签名章出具公证文书。这些问题扰乱了公证法律服务秩序,影响了公证的权威性、合法性。为了规范对公证员助理的管理,严格依法办理公证事务,经部领导同意,现就有关问题通知如下:

一、公证是一种国家授权行为,国家规定了严格的公证员准入条件和任免程序,公证员必须亲自办理公证事务。公证处、公证员均无权委托公证员助理履行公证员职责。公证员助理不得独立开展公证业务、出具公证文书。

二、公证员助理协助公证员办理公证事务的范围包括:解答有关公证业务咨询;指导当事人填写公证申请表,接受公证当事人委托代书申办公证的有关材料;审核公证当事人的资格及其提交的证明材料、制作谈话笔录;调查取证;立卷归档;其他公证事务辅助工作。

公证员助理协助公证员办理公证事务,要严格遵守国家法律法规和《公证程序规则》等规定,不得泄露知悉的国家秘密、当事人的商业秘密和个人隐私;不得私自收取公证费或索取、收受当事人财物;不得以给付回扣等不正当手段争揽公证业务;不得有其他违反法律、法规和规章的行为。

三、各级司法行政机关应切实加强对公证员助理的管理。发现公证处、公证员、公证员助理有违规行为的,应责令公证处限期改正;对违规的公证员应给予相应的处分;对违规的公证员助理,应根据性质、情节,责令公证处给予包括暂停协助办证或调离工作岗位在内的处理。对公证员助理的管理工作不到位、给公证工作或当事人造成严重损失和后果的,还要追究主管司法行政机关有关负责人的责任。

执行过程中有何情况和问题,请及时报部。

2005年7月7日

司法部关于拓展和规范公证工作的若干意见

司发〔2003〕16号

各省、自治区、直辖市司法厅(局),新疆生产建设兵团司法局:

党的十六大提出"拓展和规范法律服务"的重要命题,这是在全面建设小康社会的时代背景下对我国法律服务事业发展思路和目标的科学概括,体现了党和国家对法律服务工作的高度重视和充分肯定,为新世纪新阶段推动法律服务事业的发展指明了方向。为拓展和规范当前以及今后一段时期的公证工作,指导和推动公证工作不断加快改革发展,围绕中心、服务大局,为建设社会主义物质文明、精神文明和政治文明服务,结合当前公证事业的发展实际,现提出以下意见:

一、紧扣主题,把握机遇,在改革创新中发展公证事业

(一)拓展和规范法律服务,既是党和国家对法律服务事业二十多年来实践经验的概括和科学总结,也是公证工作今后必须长期坚持的指导思想。拓展,要求公证工作积极开辟服务新领域,探索服务新方式,更好地发挥公证制度的功能与作用;规范,要求公证工作在健康有序的轨道上进行,重点是规范公证服务主体、服务程序、服务秩序、规范公证工作的管理。拓展与规范并举,是公证事业发展的必由之路。

(二)围绕建设小康社会的目标,党的十六大提出了一系列经济社会发展与深化改革开放的任务,使我国公证事业迎来了新的发展机遇。推进政治体制改革,进一步转变政治职能和管理方式,必将更加注重发挥公证制度的职能;完善诉讼程序,提高司法效率,必然更加重视证据的效力;人民群众物质文化生活的不断提高,法律意识的日益增强,对高质量、多层次的公证法律服务的需求也将不断增加;推进司法体制改革,实现社会的公平与正义,稳定经济与社会秩序,需要更加充分地发挥公证工作的职能作用。

(三)当前和今后一个时期的主要任务,要以国务院批准的《关于深化公证工作改革的方案》(以下简称《方案》)明确的指导思想和发展目标,推动公证体制改革,规范公证机构内部运行机制,实现公证体制的创新;着眼于强化公证的

预防纠纷功能，进一步发挥公证在社会主义市场经济建设中的职能作用，实现公证业务创新；以探索和建立中国特色的公证管理体系为目标，完善司法行政机关与公证行业协会“两结合”管理办法，实现管理体制创新；立足国情实际，借鉴国外有益经验，对公证制度的功能定位、性质等进行深入研究，努力实现公证理论创新。通过改革创新，不断完善公证法律法规体系，开拓公证工作服务领域，丰富工作方式，完善工作机制，在2010年初步形成与社会主义市场经济体制相适应的具有中国特色的公证法律制度。

二、围绕全面建设小康社会的奋斗目标，积极拓展公证法律服务

（四）拓宽思路，开阔视野，抓住机遇，努力开辟公证法律服务新领域。各级司法行政机关和公证员协会要围绕国家信用体系建设，切实发挥公证制度在防范风险、化解纠纷、减少诉讼、维护正常的经济秩序中的职能作用；特别是围绕我国加入世界贸易组织后面临的机遇与挑战，树立“大服务”的思想，积极介入，大胆实践，使公证业务不断深入到经济、社会生活的各个领域，扩大公证服务的覆盖面。

（五）不断研究、探索公证业务领域的新情况、新问题。公证机构及其公证人员要以高质量、高效率的服务，努力赢得社会和人民群众的信赖与支持。一是巩固和发展金融、房地产、涉外、政府采购、资金监管、电子商务、提存等经济、民事领域里已经较为成熟的公证业务，做精做细，使公证真正渗透到这些领域的全过程并发挥更加显著的作用。二是通过积极研究和推进，把能充分体现公证证明效力的业务做大做强，比如通过增强公证在维护市场经济秩序等服务中的实际效果，争取公证法律服务更广阔的空间。三是及时发现并研究经济社会生活领域的新变化、新需求，主动提供综合性、全方位的公证法律服务。拓展公证业务要克服随意性和盲目性，确保合范性，遵循公证工作的内在规律，体现公证工作的本质要求。

（六）积极开展面向基层、面向社区、面向群众的公证法律服务。公证工作要坚持深入农村，为农业发展和农村改革与稳定提供及时到位的法律服务。积极做好包括农村土地承包、土地使用权转让、农产品购销合同、农村金融信贷经济公证事项。配合有关部门做好计划生育以及租赁、赡养、继承等方面的民事公证事项。今后，大中城市的公证处都要与一个或多个社区建立联系点，签订服务协议，向社区居民发放服务联系卡，设置服务指示牌，向居民解答法律咨询，办理公证事务；积极参加社会公益活动，公证处、公证员都要积极为残疾人、老年人等弱势群体提供帮助。

（七）加强面向社会、面向群众的宣传，进一步扩大公证的影响。要综合运用电视、广播、报刊等新闻媒介，结合典型案例，大力宣传公证制度的产生、发展及其在稳定社会秩序和经济秩序，保障国家法律正确实施中的功能、作用，宣传和普及公证法律法规知识，为公证事业的发展奠定更加广泛、坚实的社会基础。

三、健全公证法律法规和规章制度，切实规范公证法律服务

（八）完善公证法律体系。目前，公证法已经列入全国人大常委会2003年立法计划。要积极做好相关工作，推动公证法（草案）2003年底由国务院提交全国人大常委会审议。建立健全公证机构法人保障机制和内部运行机制，制定公证员执业证管理暂行办法、公证处审批登记管理暂行办法、公证员助理（或辅助人员）管理暂行办法、公证机构冠名办法、公证行业惩戒办法、公证行业反不正当竞争规约等。

（九）规范公证法律服务主体。加强公证员职业道德和执业纪律教育，进一步提高公证队伍的政治素质、业务素质。认真落实《公证员职业道德基本准则》，深入开展理想信念教育、法纪法规教育，树立正确的世界观、人生观和价值观，把维护最广大人民群众的根本利益作为公证工作的出发点和归宿，使公证行业成为国家诚信体系的建设者和捍卫者。提高公证员准入标准，从通过国家司法统一考试的人员中选录公证员。研究适应当前公证行业现状、能够吸引高素质法律人才的各种机制和办法，改善和提高公证队伍的人才结构和整体素质。按照《2002－2006年公证员教育培训规划》，精心安排，周密实施，努力使现有公证员达到《规划》要求的学历标准。尊重公证工作的规律，按照合理布局、总量控制的原则，借鉴国际通行做法，根据各地经济、人口、交通状况及公证需求量，合理配置公证机构和公证员，近期各地一律暂停批准设立新的公证机构；研究和推进与体制改革相适应的公证机构设置、名称、业务管辖、收费标准等配套改革措施，保障公证行业有序、健康地发展。

（十）进一步提高公证服务质量。规范和明确公证业务程序与质量标准，建立公证行业诚信保障体系，提升公证的公信力。要把公证质量作为衡量公证工作的主要标准。司法行政机关和公证行业组织要从各自的职能出发，尽快建立健全公证质量标准及公证质量保障与监督制度。通过实行公证责任保险和公证责任赔偿制度等，形成配套、有效的公证职业风险防范与化解机制，为提高公证的公信力提供保障。

（十一）强化行业自律管理，加大对违规行为的惩戒力度。公证员协会要抓紧制定并实施公证行业反不正当竞争规则、公证员惩戒规则；及时受理和调查对公证处和公证人员的投诉，对违法违纪行为予以行业惩戒；尽快建立公证行业违法违纪信息披露制度，增强管理工作的透明度。对提供虚假信息，采取不正当手段争揽业务，损害公证质量和信誉、产生严重后果的公证处和公证人员，由司法行政机关严格依法处罚。

（十二）加强检查监督。适应下放办证审批权和推行主办公证员负责制的要求，各级司法行政机关和公证员协会必须强化对公证工作的监管。从今年起，各公证处每年进行两次内部检查，重点检查规章制度和相关措施、公证书质量、公证专用纸使用管理以及公证人员的职业操守等。

四、推进公证体制和其他各项改革，逐步建立健全公证管理体系

（十三）各级司法行政机关要摒弃部门利益观念，把思想认识统一到国务院批复的精神上来，坚决贯彻落实《方案》的有关要求，积极稳妥地推动公证体制改革。现有符合条件的行政体制公证处要改为事业体制。

公证机构内部要加大自身的规范化、制度化建设，尽快建立健全与体制相适应的人事管理、财务管理和社会保障等各项配套措施。各级司法行政机关要加强与有关部门的协商，解决改革中遇到的实际问题，帮助公证机构在税收和财务管理方面进一步理顺关系，减轻负担，解除公证人员的后顾之忧。

（十四）继续深化公证文书改革，大力推行要素式公证书。继续推广主办公证员负责制，加快公证员队伍的职业化进程。在公证行业内部形成注重知识更新、善于学习、重视理论研究的良好氛围，形成优胜劣汰的良性机制。

（十五）完善"两结合"管理体制。司法行政机关在公证管理工作中要切实转变职能，加强宏观指导，主要做好组织起草公证法律法规和其他规范性文件；负责审批公证处的设立、公证员的考试、考核、任命和业务辖区的指定；指导公证业务工作，开展对公证质量和公证处、公证人员执业行为的检查、监督工作，对违法行为进行行政处罚；指导和监督公证员协会的工作。

加强行业协会组织建设。今后三年，省级公证员协会要基本实现按行业组织模式运作，有条件的地方要做到与司法厅（局）公证管理部门分离。逐步提高执业公证员在各级公证员协会中的比例。协会秘书长由司法行政机关推荐，负责协会办事机构的日常工作。各级公证员协会主要职责是：制定行业规范；对公证人员进行业务素质和职业道德方面的教育与培训；开展公证业务和理论研究，面向社会宣传公证；维护公证人员的合法权益。

建立运转协调的工作机制。司法行政机关与公证员协会既要有所分工，又要加强协作，形成合力，全面落实规范公证工作的各项制度、措施。要建立例会制度，共同研究工作，及时通报情况；有关会议应互相派员参加；协会作出重要决策包括出台行业管理规范前，应征求司法行政机关的意见；一些重要活动，如公证质量检查、公证队伍素质教育等，应统一部署，共同开展。

（十六）加强公证管理工作干部队伍建设。不断提高自身指导和管理工作的能力和水平，努力做到作风正、懂业务、肯钻研、会管理。今后两到三年内，司法部和各省（区、市）司法厅（局）应分期分批将现有公证员全部轮训一遍。

（十七）重视和加强理论研究工作。关注与当前公证改革发展密切相关的重点课题，有计划、有步骤地组织开展研讨，推动公证工作理论指导水平。利用中国公证员协会已经加入国际拉丁公证联盟的有利条件，注意广泛了解和学习借鉴各国公证制度的先进做法和有益经验，建立具有中国特色的公证制度。

2003 年 9 月 1 日

司法部关于进一步加强公证便民利民工作的意见

司发通〔2016〕93号

各省、自治区、直辖市司法厅(局),新疆生产建设兵团司法局:

为充分发挥公证工作职能作用,切实满足人民群众对公证服务的需求,服务经济社会发展,现就进一步加强公证便民利民工作提出如下意见。

一、充分认识进一步加强公证便民利民工作的重要性

党中央、国务院高度重视公证工作。党的十八届四中全会对发展公证法律服务业作出了重要部署,为公证事业发展指明了方向。近年来,各级司法行政机关、各地公证机构认真贯彻落实中央关于公证工作的决策部署,坚持服务为民,建立健全便民利民工作机制,在预防化解矛盾纠纷、保障当事人合法权益、服务经济社会发展等方面发挥了重要作用。但是,当前公证工作也出现了一些值得重视的问题,主要是:有的公证机构办证效率不高,手续比较繁琐,出证周期较长;有的服务收费不够规范;一些公证机构质量管理不严,甚至出具瑕疵或者错误公证书,等等。这些问题影响了公证职能作用的发挥,影响了公证工作的社会形象。加强公证便民利民工作关系到维护人民群众合法权益,关系到公证事业的健康发展,关系到全面依法治国的顺利推进。各地要从政治和全局的高度,充分认识进一步加强公证便民利民工作的重要意义,教育引导广大公证员牢固树立执业为民的理念,把维护人民群众合法权益作为公证工作的出发点和落脚点,坚持把人民群众满意作为检验公证工作成效的根本标准,切实提高公证便民利民工作水平。

二、进一步加强公证便民利民工作的指导思想和主要措施

进一步加强公证便民利民工作的指导思想是:高举中国特色社会主义伟大旗帜,全面贯彻落实党的十八大和十八届三中、四中、五中全会精神,以邓小平理论、"三个代表"重要思想、科学发展观为指导,深入学习贯彻习近平总书记系列重要讲话精神和对司法行政工作的重要指示精神,坚持以人为本、执业为民,依

法履行公证工作职责,深入开展民生领域公证服务,精简公证办理手续,推进公证信息化服务,依法规范公证收费,提高公证服务质量,完善便民服务设施,为促进经济社会发展、维护人民群众合法权益提供优质高效的公证法律服务。

根据以上指导思想,进一步加强公证便民利民工作的主要措施是:

(一)深入开展民生领域公证服务。认真办理婚姻、收养、遗嘱、继承、抚养、赡养、监护、劳务、财产分割等涉及公民人身关系、财产关系、家庭关系的公证业务,为公民个人处置财产、确认权利、维护权益等提供公证法律服务。紧紧围绕土地承包、企业改制、土地征用、房屋拆迁、劳动关系、环境保护等社会矛盾易发多发领域,贴近人民群众就业就学、医疗养老、社会保障等民生利益诉求,认真办理拆迁补偿安置、入学派位、保障房分配、医疗纠纷赔偿等公证业务。通过开展公证服务进社区活动等多种形式,为人民群众提供热情、周到、方便、快捷的公证服务。

(二)精简公证办理手续。要简化办证流程。申请人申办公证时,公证机构应当一次性明确告知所需资料及获取材料的途径和方式,减少当事人现场排队等候时间和往返公证机构次数。要简化办证手续。有条件的地方,公证机构要充分运用户籍、婚姻、工商登记、银行征信等公共信息资源,对公证当事人身份信息、证明材料等进行审查核实。能够运用信息手段核实的事项,可以不再要求当事人提供证明。要严格办证时限。尽量缩短办证周期,提高办证效率,能尽快出证的应当尽快出证。当事人能够提供真实、合法、充分的证明材料且不需要核实的,公证机构应当自受理公证申请之日起 15 个工作日内出具公证书。法律关系简单的公证事项,可压缩为 10 个工作日内出具公证书。

(三)推进公证信息化服务。要完善网上公证业务办理工作流程和服务标准,推进公证服务方式规范化、科学化。要建设公证业务网络服务平台,提高公证受理、登记、审批、出证等环节信息化水平。要运用互联网门户网站、微博微信等手段,提供服务内容、服务方式、受理条件、办证流程、材料手续及办公地址、执业区域、服务电话等信息,方便当事人查询。对于具备网上申办条件的公证事项,要实行网上申请、网上受理、网上反馈。

(四)依法规范公证收费。要认真落实公证收费公示制度。公证机构应当严格执行省、自治区、直辖市人民政府价格主管部门会同同级司法行政部门制定的公证服务收费标准,严格执行明码标价有关制度,在本机构显著位置和网站首页公示公证服务收费项目、收费标准、监督举报电话等信息,广泛接受社会监督。要依法减免公证收费。公证机构办理与给付社会保险待遇或者最低生活保障待遇有关的公证事项,办理与领取抚恤金(或劳工赔偿金)、救济金、劳动保险金等有关的公证事项,办理赡养、抚养、扶养协议的证明,办理与公益活动有关的公证事项时,对于符合法律援助条件的当事人应当按照有关规定减免公证服务费用;对于不符合法律援助条件,但确有困难的当事人,公证机构可以酌情减收或者免收相关的公证服务费用。推行小额遗产继承公证费用减免制度,降低当事人成本。倡导对80岁以上的老年人办理遗嘱公证免收公证费。

(五)提高公证服务质量。健全完善公证执业日常监督管理机制,完善公证质量监管制度和公证各环节工作标准。加强公证员队伍质量意识教育,教育引导广大公证员自觉加强以诚信为重点的职业道德建设,杜绝出现假证、错证。要在公证执业中强化红线意识、坚守底线思维,不准未履行公证受理、登记、审批等程序私自出具公证书,不准为虚假的公证申请人或者不真实、不合法的事项出具公证书,不准违规收费,利用办证谋取私利或者向经办人、中间人支付回扣、介绍费等,不准与当事人恶意串通,损害对方当事人或第三人的合法权益。

(六)完善便民服务设施。公证机构要设立便民指示牌、咨询台,在服务大厅配备便民设施和适老用品等,有条件的公证机构要为当事人提供网络、复印等便利。对残疾人、孕妇、老年人等当事人,设立公证办理绿色通道,实行优先受理、优先审批、优先出证。要设立服务热线电话,完善热线受理、转办、回访、督办工作流程,规范接听用语,统一答复标准,及时高效解答。要改进窗口服务态度,推进公证行业服务窗口标准化规范化建设,提升公证服务社会满意度。

三、切实把公证便民利民工作落到实处

(一)加强组织领导。各级司法行政机关要高度重视,把进一步加强公证便民利民工作摆上重要日程,结合本地实际,制定加强公证便民利民工作的具体方案,认真组织实施。司法行政机关主要负责同志要对本地区加强公证便民利民工作负总责,分管领导和公证管理部门负责具体组织实施。各地公证协会要将加强公证便民利民工作作为一项重要任务,按照职责分工开展工作。

(二)加强监督检查。要坚持问题导向,针对本地区公证服务中存在的突出问题开展专项检查和服务窗口整治活动。要设置监督举报电话,畅通公证办理监督渠道,及时调查群众反映的问题,反馈处理情况。要加强工作指导,及时推广工作经验,研究解决工作中的问题,推动公证便民利民工作有效开展。

(三)做好宣传工作。各地要利用报刊、网站、广播、电视等各种媒体,大力宣传加强公证便民利民工作的措施和要求,宣传公证队伍中涌现出来的优秀典型、先进事迹,宣传加强公证便民利民工作取得的成效,为公证事业健康发展创造良好的社会氛围。

2016年9月18日

司法部关于印发公证工作统计表的通知

司发通〔2012〕413号

各省、自治区、直辖市司法厅(局),新疆生产建设兵团司法局:

为了进一步加强和改进公证统计工作,我部依据《公证法》及《公证程序规则》等有关规定,对公证工作统计表进行了全面修订,形成新的公证工作统计表,决定自2013年1月1日起正式使用。现将有关事宜通知如下:

一、充分认识公证统计工作的重要性

公证统计表及相关统计数据直接反映了公证工作发展的基本情况,是司法行政机关加强公证工作指导、做出工作决策的重要依据。新的公证工作统计表,总结了这些年来我国公证统计工作的实践经验,并根据当前公证工作发展的新情况、新要求,对统计的内容、项目和分类进行了全面修订。修订后的公证工作统计表更加符合公证工作实际,科学性、准确性和可操作性进一步增强。各级司法行政机关及各公证机构要以推行使用新的公证工作统计表为契机,切实加强和改进公证统计工作,扎实有效地做好各项工作,不断提高公证统计工作质量,充分发挥公证统计工作反映发展情况、服务工作决策的作用。

二、认真做好新的公证工作统计表的学习培训工作

新的公证工作统计表在遵循合法性、继承与发展相结合、前瞻性与可操作性等原则的前提下,对公证工作统计的内容、项目和分类等进行了全面修订和完善。一是实行民事经济合一,不再区分经济类公证和民事类公证,同时增加了对合同、单方法律行为、现场监督公证等项目的细化统计。二是适应加强公证管理工作的需要,增加了公证机构体制情况、公证机构办理公益性服务情况等内容。三是对一些关联统计项目进行了合并,删除了一些实用价值不大的统计项目。四是为便于实际操作,增加了较为详细的填表说明。各地要结合实际做好新的公证工作统计表的学习培训工作,使公证机构统计人员和公证管理干部尽快熟悉和掌握新统计表的内容和要求,为顺利推行使用做好准备工作。

三、切实加强工作指导

公证统计工作是一项基础性工作,对于加强公证管理工作具有重要意义。公证统计工作涉及到司法行政机关、公证协会和公证机构,各省(区、市)司法厅(局)要切实加强工作指导,建立健全公证统计工作制度,落实工作责任,认真做好公证工作统计表的填报工作,力求及时、准确、完整,确保公证统计工作的高质量。同时,要加强统计数据分析工作,充分运用统计数据评估公证工作发展情况,把工作决策建立在充分、可靠的数据基础之上,促进科学决策。

各省(区、市)司法厅(局)要及时向司法部报送本地区半年度和全年度公证工作统计表。半年度报表应于当年 7 月 31 日前报送;全年度报表应于次年 1 月 31 日前报送。2012 年全年度报表按新的公证工作统计表填报。

附件:公证工作统计表

2012 年 2 月 27 日

(附件略)

司法部关于印发《公证赔偿基金管理试行办法》的通知

司发通〔2002〕57号

各省、自治区、直辖市司法厅(局),新疆生产建设兵团司法局:

《公证赔偿基金管理试行办法》已经财政部核准,现印发给你们,请遵照执行,并监督公证员协会做好组织和落实工作。

公证赔偿基金是非政府性的行业专用基金,各地要严格按规定筹集、分级管理、专款专用,不得挤占和挪用。公证员协会要建立公证赔偿基金帐户,专门用于公证赔偿基金的核算,严格按规定的范围使用,不得突破有比例控制的开支。

2002年7月5日

公证赔偿基金管理试行办法

第一章 总 则

第一条 为适应公证工作改革的需要,建立公证风险保障体制,保证公证机构的赔偿能力,维护公证行业的信誉,根据国务院批转的《关于深化公证工作改革的方案》,制定本办法。

第二条 公证赔偿基金是用于偿付公证行业各公证机构及工作人员在履行公证职务过程中因过错给当事人造成的直接损失,以及其他有关支出的专项基金。

第三条 中国公证员协会负责组织和领导公证赔偿基金的管理工作,并接受各级司法行政主管部门和财政部门的监督。

第四条 公证赔偿基金实行按规定筹集、分级管理、专款专用的原则,任何机构或个人不得挤占和挪用。

第二章 基金的筹集

第五条 公证赔偿基金的来源：

（一）各公证机构按国家规定提取、缴纳的费用；

（二）公证赔偿基金用于国家批准投资的收益；

（三）公证机构因违反本办法有关规定而缴纳的滞纳金、罚款；

（四）单位或个人捐赠等其他收入。

第六条 公证机构每年年初应按上一自然年度公证业务收入总额的3%一次性提取公证赔偿基金。

第七条 公证机构应于每年3月31日以前，将提取的公证赔偿基金的1/2上缴中国公证员协会，用于集中缴纳公证责任保险的基本保费；其余的1/2作为公证赔偿后备金（以下简称“后备金”），其中：1/3上缴中国公证员协会，1/3上缴省级公证员协会，1/3留在本公证机构。

第八条 中国公证员协会管理的后备金总额达到上年全国公证业务年收入的3%时，应停止收缴；省级公证员协会管理的后备金总额达到本省公证业务年收入的15%时，应停止收缴。

中国公证员协会收缴的后备金达到规定限额的，原应由其收缴的部分转由省级公证员协会收缴；中国公证员协会及省公证员协会收缴的后备金均达到规定限额的，原应由其收缴的部分转由公证机构充实后备金。

第九条 为壮大基金而进行的投资仅限于用基金购买国债和国家批准发行的可贴现债券。投资收益首先用于支付为获得收益而支出的费用，剩余部分充实基金本金。

滞纳金、罚款首先用于支付有关追缴的必要开支，剩余部分充实基金本金。

第三章 基金的使用

第十条 公证赔偿基金的使用范围：

（一）支付公证责任保险合同规定的保险费；

（二）支付保险赔偿范围以外的公证责任理赔及赔偿费用；

（三）支付为减少公证赔偿案件的发生而建立公证质量监控系统的开发及使用维护费用；

（四）支付司法部核准的其他费用。

第十一条 公证责任保险是强制性全行业统一保险。由中国公证员协会代表全体公证机构向保险公司投以公证机构为被保险人的全行业公证责任保险。

公证责任保险的保险费实行浮动费率制。基本保费在中国公证员协会集中的公证赔偿基金中列支。因费率浮动致使保险费超过基本保费的部分，由中国公证员协会、各省级公证员协会及各公证机构按各负担 1/3 的原则从所管理的后备金中补足；因费率浮动致使保险费低于基本保费的部分，返回各公证机构用于补充其自管的后备金。

第十二条 后备金用于支付（含垫付）本办法第十条第（二）项的赔偿费用，包括：法院诉讼费、律师费、公证责任赔偿委员会办案费及其他合理费用。

后备金用于本办法第十条 第（三）项用途，不得超过当年提取的后备金总额的 5%。

后备金用于本办法第十条 第（四）项用途，不得超过后备金总额的 80%。

第十三条 用后备金支付本办法第十条第（二）项费用，首先从应负赔偿责任的公证机构的后备金中支出；不足部分（不含绝对免赔额）由该公证处所在的省级公证员协会管理的后备金垫付；仍不足的，由中国公证员协会管理的后备金垫付。

第十四条 公证机构向省级公证员协会申请使用省管后备金的，应当提交书面申请和相关材料，经省级公证责任赔偿委员会审核后由省级公证员协会批准使用。

省级公证员协会管理的后备金不足以支付的部分，由省级公证员协会向中国公证员协会提交书面申请和相关材料，经中国公证员协会公证责任赔偿委员会审核后由中国公证员协会批准使用。

第十五条 公证机构使用国家和省两级后备金的额度（限额）为其所缴纳后备金的总额减去该公证机构已使用费用的余额的 10 倍。

公证机构使用上述后备金用于公证责任赔偿后，对于超过该公证机构上缴后备金余额的部分，应于次年起分两年偿还，按中国人民银行公布的当时一年期贷款利率支付利息。公证机构偿还确有困难的，经批准可以延缓一至三年偿还。

第十六条 公证机构赔偿后，可责令有故意或重大过失的公证人员承担部分或全部赔偿费用。

第四章 监督管理

第十七条 各级公证员协会要建立健全内部管理制度，定期或不定期对公证赔偿基金收入、支出等进行检查，并接受财政、审计、司法行政等部门的监督检查。

第十八条 中国公证员协会、各省级公证员协会应根据需要配备专门的机构或人员负责管理公证赔偿基金。

第十九条 中国公证员协会、各省级公证员协会在基金的收付中应当使用财政部门统一印制的基金专用票据，并在银行设立专门帐户；公证机构应当对公证赔偿基金的自留部分单独核算。

第二十条 中国公证员协会的管理职责：

（一）领导和组织全国公证行业执行国家有关公证赔偿基金管理的规定；

（二）负责统一向保险公司投以公证机构为被保险人的全行业公证责任保险；

（三）负责由本会集中的公证赔偿基金的收缴、支付和管理；

（四）对各省级公证员协会及各公证机构的公证赔偿基金管理工作进行指导、监督。

第二十一条 省级公证员协会管理职责：

（一）领导和组织本地区公证机构执行国家有关公证赔偿基金管理的规定；

（二）负责由本会集中的后备金的收缴、支付和管理；

（三）对本地区公证机构的公证赔偿基金管理工作进行指导、监督。

第二十二条 公证机构每年应将自管的后备金使用情况向省级公证员协会报告。

中国公证员协会、省级公证员协会每年应将全国或本地区所管公证赔偿基金的使用情况向同级公证员协会理事会报告，并于每年3月10日前将上一年度公证赔偿基金的财务决算报同级司法行政部门。

第二十三条 公证机构应当按期如实缴纳公证赔偿基金。因延迟或不如实提取、缴纳公证赔偿基金所引起的法律后果由该公证机构自行承担。

第二十四条 公证机构无故不按时、足额缴纳公证赔偿基金的，按欠缴款额收取每日千分之二的滞纳金。

第二十五条 公证机构有下列行为之一的，除责令其限期改正外，由公证员协会报请司法行政机关视情节给予行政处罚：

（一）无故不按时、足额提取、缴纳公证赔偿基金，经基金经办机构催缴无效的；

（二）挪用、挤占公证赔偿基金的；

（三）故意骗取公证赔偿基金的；

（四）其他违法行为。

第二十六条 负责基金管理的人员有挪用、滥用、贪污、违规发放公证赔偿基金等违法行为的，应当给予相应政纪处分；构成犯罪的，依法追究刑事责任。

第五章 附 则

第二十七条 本办法实施前公证机构已经提取的用于公证责任赔偿的资金

金额，自本办法实施之日起，转为公证机构自管的公证责任赔偿后备金。

第二十八条 中国公证员协会可根据本办法制定公证赔偿基金管理的实施细则，经司法部批准后实行。

第二十九条 本办法由司法部解释。

第三十条 本办法自发布之日起试行。

司法部关于当前公证工作改革和发展若干问题的意见

司发通〔2002〕41 号

各省、自治区、直辖市司法厅(局),新疆生产建设兵团司法局:

为了进一步贯彻落实国务院批准的《司法部关于深化公证工作改革的方案》(以下简称《改革方案》),贯彻落实全国司法厅(局)长会议和全国公证工作改革座谈会的精神,适应我国加入世贸组织后法律服务业面临的新形势,适应司法改革的需要,进一步推进公证工作改革,促进公证事业发展,提出以下意见:

一、高度重视,积极稳妥地推进公证工作改革。各级司法行政部门要高度重视并下大力气抓好公证工作改革。改革的重点是尽快把现有行政体制的符合改制条件的公证处改为事业体制。改制的公证处应成为执行国家公证职能、自主开展业务、独立承担责任,按市场规律和自律机制运行的公益性、非营利事业法人。公证工作改革要切实做到"五个有利于",即:有利于民主法制建设,有利于推进司法改革,有利于公证职能作用的充分发挥,有利于对公证处的规范管理,有利于对公证人员的规范管理。

二、加大力度,落实和完善配套措施。尽快建立、健全和完善适应行政体制、事业体制和合作制公证处的相应的人事管理制度、财务管理制度、财政税收制度和社会保障制度,特别是落实改制公证处的配套措施,制定相应的财务管理办法,进一步落实财税政策,妥善解决编制问题等。落实财政部和国家计委关于公证处已改制为事业法人的,公证收费由行政事业性收费转为经营服务性收费的政策,公证收费不再作为预算外资金,也不再上缴财政专户实行"收支两条线"管理。依法纳税,使用税务发票,按规定及时到指定的价格、财政主管部门办理收费许可证和行政事业性收费票据购领变更手续。落实国家税务总局关于改制公证处减免所得税的政策。落实《改革方案》关于编制和人员安置问题的政策,即改为事业体制的公证处,原行政编制一律改为事业编制;原列入行政编制的人员,不愿意留在公证处的,由同级司法行政机关按行政机构改革的有关政策另行安排工作,符合离退休条件的,可以申请离退休;离退休人员的关系一律转到同级司法行政机关。事业体制和合作制公证处应参加养老、医疗等社会保险。

三、建立科学的公证员选任制度。根据公证行业的性质和特点，尽快建立一套切实可行的制度和措施，对已通过国家统一司法考试的人员申请公证员执业证书的，要对其业务能力、道德品质等方面进行考核，并建立和完善相应的实习制度。通过公证员选任制度的改革和完善，提高公证员的入门条件和入门标准，不断吸收文化素质高、业务素质好、道德品质过硬的新人进入公证队伍。

四、加大继续教育和培训工作力度，全面提高现有公证员的素质。公证员协会要制定和落实年度及中、长期公证员继续教育和培训计划、规划，全面提高执业公证员的学历、业务能力和道德修养。开辟多种渠道为公证员进行学历教育创造条件，现年45岁以下的公证员5年内一般都要达到本科学历。加强师资队伍建设，从公证行业内部和司法部门、行政部门及教学和研究部门选聘一批专家、学者，为业务培训提供师资保障。有计划地选派优秀公证员到国外学习和培训，培养一批精通公证理论、熟练运用外语、能够熟练办理涉外业务和各种复杂疑难业务的公证人才。积极组织各种专题研讨，特别是加强对加入世界贸易组织后公证工作面临的新形势、新业务进行研讨。

五、提高公证的公信力，充分发挥公证在建立信用体系中的作用。要切实建立起公证信用体系，健全公证责任制度，明确公证处和公证人员的责任。公证员必须亲自履行公证员职责，不得委托公证处以外的机构或人员办理公证事务。要进一步完善公证责任赔偿制度和保险制度，认真落实中国公证员协会《关于缴付2002年度公证赔偿基金和公证职业责任保险费的通知》，管理和使用好公证责任赔偿基金，为公证的公信力提供物质保障。要认真督促、检查《公证员职业道德基本准则》的落实，不断健全和完善公证人员职业道德规范，加强对公证人员的执业道德教育，为公证公信力的不断提高奠定坚实的思想基础。

六、健全和完善监督管理措施，加大监督和处罚力度。根据公证行业的特点，建立和完善公证质量评判标准和监控制度，加强对公证人员职业道德和执业纪律的监督和考核，探索科学有效的对公证质量和公证人员进行监督和处罚的办法。坚决制止和严厉处罚压价竞争、给回扣等不正当竞争行为，对违法、违纪人员要严肃查处，决不手软。要如实上报本地出现的公证人员重大违法、违纪行为，特别是要及时逐级上报被检察机关采取强制措施和在诉讼中败诉、赔偿的情况。

七、深化公证处内部运行机制改革。要确保事业体制公证处和合作制公证处的独立法人地位，加强规范化建设。公证处主任、副主任应从执业公证员中选任。落实主任负责制，公证员和其他辅助人员应由公证处聘任。公证处由行政体制转为事业体制的，应进行清产核资。要建立和健全事业体制和合作制公证处独立法人财产制度，确保公证处的财产不被无偿调用。要确保公证处业务的独立性，任何单位和个人不得非法干预公证处依法独立办理业务。积极推行主任领导下的主办公证员负责制，明确责任，提高效率和质量。司法行政部门和公证员协会向公证处和公证人员收取管理费、会费的，应执行财政部门、民政部门的有关规定。

八、进一步深化公证管理体制改革，建立和完善"两结合"的管理体制。从今年5月中国公证员协会换届起，中国公证员协会的所有常务理事（含会长、副会长）均从执业公证员中选举产生。今后三年内，各省、自治区和直辖市的公证员协会应基本实现按行业组织的模式运作，与司法厅（局）的公证管理部门分离，实现人、财、物的独立，沿海发达地区的公证员协会要在两年内实现独立，执业公证员在常务理事中的比例要逐步加大。公证员协会要承担起公证行业组织的作用，包括制订行业规范，推动公证业务研究、发展和完善，对公证员的违纪行为进行调查并给予相应纪律处分，提高公证员的业务素质和道德修养，广泛开展对外交流，及时总结国内外公证行业的经验，面向社会宣传公证等。司法行政机关要做好宏观管理和指导、监督工作，通过起草、制订和修订法律、法规和规章，为公证工作创造良好的法制环境，确定公证的法律地位，规范公证业务，保障公证作用的发挥；通过公证员考试、考核和任命，确保公证队伍的高素质和公证服务的高水平；通过对公证机构设立的审批和业务辖区或执业地点的指定，确保公证服务的均衡性；通过与有关政府部门的协调，为公证工作创造良好的社会环境；通过对公证质量和公证处、公证人员执业行为的监督、检查，通过受理申诉、投诉，对违法行为进行调查并给予行政处罚，确保社会利益不受损害；监督公证员协会的工作，建立经常性的与公证员协会进行沟通和协调的机制。

九、加强公证宣传工作，树立公证良好形象。要加强对公证工作职能作用的宣传，开展形象建设工程。强调从一点一滴做起，从每一个人做起，进一步改善公证行业的整体形象。继续开展"优秀公证员"、文明公证处等评比活动，大力宣传公证行业的先进人物、先进集体和先进事迹，宣传公证为改革开放和社会主义市场经济服务的好的经验和做法。要做好对以往授予的先进单位和先进个人称号的复查工作，对于不符合有关条件的，要取消其荣誉称号。

2002年7月5日

司法部办公厅关于进一步规范保全证据公证业务有关问题的通知

司办通〔2005〕49号

各省、自治区、直辖市司法厅局，新疆生产建设兵团司法局：

近年来，保全证据公证业务逐年增长，公证机构积极发挥职能作用，依法办证，对于固定证据、预防和减少矛盾纠纷、保障司法效率和公正发挥了重要作用。随着经济社会发展和诉讼证据规则的逐步完善，保全证据公证日趋复杂，对受理、审查、出证等各环节的要求更加严格。而近一段时间以来，个别地方出现一些违规办证现象，如在无合法依据的情况下，公证处对申请人撬门破锁取得的物品进行证据保全等，产生了较大负面影响，损害了公证的公信力。经部领导同意，现就进一步规范保全证据公证业务有关问题通知如下：

一、公证机构要严格按照法律、法规、规章规定，认真审查、办理保全证据公证。为此，重申并进一步明确，凡有下列情形之一的，公证机构应当不予受理或拒绝公证：(1)申请人与保全证据事项没有利害关系的；(2)申请人之间对保全证据事项存在争议的；(3)申请的保全证据事项超越公证业务范围或违反公证管辖规定的；(4)被保全证据及其取得，违反法律、法规、规章规定或存在违法行为前提的；(5)其他不予受理或拒绝公证的情形。

二、司法部拟抓紧制定和修订相关公证规则，对保全证据公证的适用范围、办证程序等进行规范。各地司法行政机关、公证员协会要加强对保全证据公证业务的指导和监督，健全完善相关制度，推行要素式公证书，进一步加强质量监管，适时进行督促检查，发现问题及时纠正。

三、结合正在开展的公证队伍教育规范树形象活动，各地公证机构对保全证据公证等涉及群众切身利益、容易引发矛盾和冲突的公证事项，要认真开展自查自纠，切实解决存在问题，进一步完善工作规程，消除质量隐患。司法行政机关进行督查、巡查，也要将此作为工作重点之一。

执行过程中发现的重要情况，请及时报部。

2005年7月7日

司法部、最高人民检察院、国家发展和改革委员会、中国银行业监督管理委员会关于规范公证法律服务秩序有关问题的通知

司发通〔2005〕56 号

各省、自治区、直辖市司法厅(局)、人民检察院、发展与改革委员会、物价局、银监局:

改革开放以来,全国公证工作服从服务于党和国家的工作大局,在维护社会稳定、推动经济发展、促进对外开放、保障人民群众合法权益等方面发挥了重要作用。但由于受法制不健全和少数公证人员素质不高等因素的制约和影响,公证法律服务秩序出现了一些不容忽视的问题,主要表现在采取低收费或给付回扣等不正当手段进行公证业务竞争的现象日益突出,一些单位和个人直接或变相向公证处和公证人员索取带有回扣性质的费用或其他利益,在一定程度上加剧了公证行业的不正当竞争,导致一些地方公证质量和公证的公信力下降,影响了公证信誉和形象。为规范公证法律服务秩序,防范和制止不正当竞争行为,现就有关问题通知如下:

一、严格执行公证法律服务收费管理规定。公证处和公证员必须认真遵守《公证服务收费管理办法》,严格执行国家有关公证法律服务收费的政策。公证处要向社会公布公证法律服务的具体收费项目、收费标准以及收费减免办法,自觉接受社会监督。公证处为申请人提供公证法律服务,应按照规定的收费标准向申请人收取公证费,出具收费票据,并不得随意扩大减免公证收费的范围。公证员个人不得私自收费。

二、严禁支付、索要和收取带有回扣性质的费用和利益。公证处、公证人员在办理公证业务时,不得向任何单位和个人支付回扣或以公证事项“介绍费”、“协办费”、“联络费”、“信息费”等为名的、带有回扣性质的费用和其他利益。任何单位和个人不得以任何名义和形式向公证处或公证人员索取上述带有回扣性质的费用和利益。

三、严厉查处不正当竞争行为。公证处及公证人员违反上述规定,进行不正

当竞争，扰乱公证法律服务秩序的，特别是对 2005 年 4 月 1 日以后发生的行为，要严肃纪律，严厉查处。司法行政机关、公证员协会要切实履行职责，定期或不定期进行检查，及时发现问题，认真、严肃处理。疏于履责、监管不到位、查处不力的，要追究有关司法行政机关和公证员协会的领导责任。价格主管部门要加强对公证收费行为的监管，依法查处乱收费行为。司法行政机关、公证员协会发现公证处有违规收费行为的，应通报价格主管部门依法查处。司法行政机关内部审计和监察部门要进一步发挥职能作用，依法追究违规单位和个人的责任。发现银行业金融机构和银行业金融机构工作人员索要、收受回扣或带有回扣性质的费用和利益的，银行业监督管理部门可以区别不同情况，责令银行业金融机构对直接负责的董事、高级管理人员和其他直接责任人员给予纪律处分，直至给予银行业金融机构和银行业金融机构工作人员行政处罚。涉嫌构成犯罪的，移交司法机关依法处理。

四、加强公证行业监管和自律。要积极推进公证同业规则建设，司法行政机关、公证员协会要积极引导设区的市市区范围内的各公证处，通过建立主任联席会议制度、签订反不正当竞争自律规约等形式，加强自我管理，自我约束。要积极推进公证信息化平台建设，有条件的地方，可以尽快实现区域内微机联网，借助统一的网络平台进行有效的信息沟通，加强相互监督，加强行业监管。

五、建立健全协调配合的工作机制。防范和制止不正当竞争行为，规范公证法律服务秩序，是当前及今后一段时期司法行政机关的重要任务，各相关部门和单位要高度重视，统一思想，各司其职，密切配合，建立信息通报和案件查处反馈制度，形成协调配合的工作机制。司法行政机关要加强公证工作指导和监督，健全完善内部审计与监察制度，进一步规范公证处的财务收支和服务行为。司法行政机关和价格主管部门要加强公证法律服务收费管理，进一步规范公证处的收费行为，并根据实际情况，适时调整公证法律服务收费标准。司法行政机关、银行业监督管理部门要切实加强监管，进一步规范金融公证业务活动中公证处、金融机构、中介组织之间的关系，积极引导公证人员和金融工作人员规范操作、清廉从业。

各级司法行政机关、检察机关和价格主管部门、银行业监督管理部门要把规范公证法律服务秩序工作摆上重要议事日程，切实加强组织领导，根据本通知要求，结合工作实际，提出实施意见并认真贯彻落实。

2005 年 6 月 17 日

司法部关于进一步做好依法赋予债权文书强制执行效力公证工作的通知

司法通〔2009〕13号

各省、自治区、直辖市司法厅(局),新疆生产建设兵团司法局、监狱管理局:

为了进一步提高依法赋予债权文书强制执行效力公证(以下简称"强制执行公证")的质量,充分发挥公证工作预防民商事纠纷、维护当事人合法权益的职能作用,使公证工作更好地适应经济社会发展的要求,现就进一步做好强制执行公证工作通知如下:

一、充分认识做好强制执行公证工作的重要性

强制执行公证,是《民事诉讼法》和《公证法》规定的一项重要制度。自改革开放以来,各地公证机构依法认真办理强制执行公证,取得了良好法律效果和社会效果,促进了民商事活动的依法有序进行。经过几十年的实践,强制执行公证制度得到了全社会的普遍认可。为解决《公证法》有关条款的法律适用问题,2008年12月,最高人民法院作出《关于当事人对具有强制执行效力的公证债权文书的内容有争议提起诉讼人民法院是否受理问题的批复》(法释〔2008〕17号),明确规定依法赋予强制执行效力的公证债权文书不具有可诉性,进一步完善了强制执行公证制度。当前,适应我国经济社会发展的客观要求,以及构建多元化矛盾纠纷解决机制的现实需求,强制执行公证业务呈现出持续增长之势,在民商事活动中,越来越多的公民和市场主体选择强制执行公证方式预防纠纷、维护权益。因此,做好强制执行公证工作,对于进一步拓展和规范公证法律服务,充分发挥公证工作的职能作用,促进社会和谐稳定具有重要意义。

二、进一步提高办理强制执行公证的质量和水平

1. 加强学习培训。近年来,随着我国经济社会的发展,强制执行公证业务呈现出一些新的特点,公证事项的标的额越来越大,涉及的法律关系越来越复杂,当事人的要求越来越高,这些变化对公证员的业务素质和执业技能提出了更高的要求。各地要结合实际,通过开展培训、研讨、交流等形式,使公证员全面掌握

《公证法》、《公证程序规则》等公证法律、法规和规章的规定，掌握与强制执行公证业务相关的实体法和程序法，熟悉强制执行类要素式公证书格式的实务操作，进一步提高公证业务素质和岗位技能。

2. 严格办证程序。《公证法》、《公证程序规则》，以及《最高人民法院、司法部关于公证机关赋予强制执行效力的债权文书执行有关问题的联合通知》(司发通〔2000〕107 号)，对办理强制执行公证的程序做出了具体、明确的规定。各地公证机构要严格按照规定的条件、范围、程序办理强制执行公证，认真履行审查核实责任，确保公证文书质量，确保经公证的债权文书符合作为人民法院"强制执行的证据"的标准和要求。

3. 强化质量内控。公证机构应当建立健全公证业务管理制度和公证质量管理制度，完善工作程序，细化工作标准。有条件的公证机构可确定专人负责强制执行公证业务的审核把关，对于易发生问题的工作环节进行重点监督检查。实行重大、疑难公证事项集体讨论制度，做到不留疑点，不留隐患。

三、切实加强工作指导和监督检查

司法行政机关、公证协会要认真履行监督管理职责，加强工作指导和监督检查。要制定和完善强制执行公证质量标准，定期组织开展专项检查，及时发现和解决办理强制执行公证工作中存在的问题。要加强与人民法院的沟通协调，研究解决依法赋予强制执行效力公证债权文书执行工作中存在的问题，促进公证工作与执行工作有机衔接。对于公证债权文书确有错误，人民法院裁定不予执行的，要督促和指导公证机构查找原因，采取有效措施进行整改。要严格公证法律责任，严肃查处公证机构及其公证员因过错导致公证债权文书错误的行为，切实维护强制执行公证的公信力。

司法部

二〇〇九年三月三日

开奖公证细则(试行)

2004年5月30日　司发通〔2004〕87号

第一条　为了规范开奖公证程序,发挥公证监督职能,维护有奖活动秩序和社会公众利益,根据《中华人民共和国公证暂行条例》、《公证程序规则》的有关规定,制定本细则。

第二条　开奖公证是公证处通过事前审查、现场监督的方式,依法证明面向社会发行彩票或者其他有奖活动的开奖行为真实、合法的活动。

第三条　公证处办理开奖公证,应当严格按照国家有关有奖活动的规定、有奖活动主办单位向社会公布的有奖活动规则和公证程序规定对开奖行为进行审查、监督。

司法行政机关、公证员协会应当加强对开奖公证活动的指导、监督。

第四条　开奖公证由有奖活动主办单位向开奖行为发生地或者其住所地的公证处提出申请。申请至迟应当在开奖活动举办七日前提出。

中奖人对中奖结果申请公证的,应当亲自向承办该次开奖公证的公证处提出。

第五条　有奖活动主办单位申办开奖公证,应当如实填写公证申请表,并提交下列材料:

(一)主办单位的资格证明;

(二)法定代表人的身份证件,或者代理人的身份证件和授权委托书;

(三)举办有奖活动的依据和有关批准文件;

(四)有奖活动规则、方案和有关公告、广告;

(五)奖金、奖品来源的说明材料;

(六)其他需要提交的材料。

第六条　中奖人申办中奖公证,应当如实填写公证申请表,并提交下列材料:

(一)本人身份证件;

(二)中奖凭证;

(三)有奖活动主办单位出具的中奖确认书;

（四）其他需要提交的材料。

第七条 对于符合《公证程序规则》第十七条和本细则第四条、第五条、第六条规定的申请，公证处应当予以受理。

对于不符合规定的申请，公证处应当在三日内作出不予受理的决定，并通知申请人。

第八条 公证处受理公证申请后，应当按照《公证程序规则》第二十三条和本细则的规定进行审查，重点审查以下内容：

（一）主办单位是否具备主办有奖活动的资质；

（二）申请人提交的材料是否真实、充分；

（三）有奖活动规则、方案是否合法、公平、合理；

（四）开奖器具是否符合规定标准、能否正常使用。

第九条 办理开奖公证，公证处应当派两名以上公证人员在开奖现场对开奖活动的全过程进行监督，对开奖活动的过程和结果予以证明，并在开奖活动结束时由公证员当场宣读公证词。现场情况及中奖结果应当记录并存档。

第十条 对采用从器具中抽取奖票确定中奖人及中奖等次的开奖活动，公证员应当对开奖器具和奖票的投放情况进行检查、监督；对提 前投放奖票的，公证人员应当在投放结束后对开奖器具进行封存并予以监控，待开奖时启封。

对依据数据电文作为计奖基础数据的，公证人员应当采取有效方式对相关数据电文予以保全。

第十一条 在开奖现场，公证人员应当检查开奖器具及有关封存情况，并严格按照开奖规则监督开奖人员实施开奖行为。

第十二条 中奖结果产生后，公证人员对公证词中涉及的中奖号码、中奖凭证、中奖人姓名应当即时核对。中奖人的身份证件，应当复印存档。

第十三条 办理开奖公证，公证人员应当着公证制服，注重形象，举止文明。

第十四条 公证处发现有奖活动有下列情形之一的，应当拒绝公证：

（一）违反国家法律和规定的；

（二）损害社会公共利益或者违反社会公德的；

（三）违反向社会公布的活动规则的；

（四）申请人拒绝提供有关材料的；

（五）主办单位弄虚作假、徇私舞弊的；

（六）主办单位阻挠公证人员依法对开奖活动实施监督的。

第十五条 在开奖现场，公证员发现有下列情形之一的，应当要求主办单位妥善处理；无法当场解决的，应当建议主办单位中止开奖活动：

（一）发生开奖纷争或者秩序混乱的；

(二)开奖器具出现技术故障的;

(三)中奖的彩票或者奖票需要核实真伪而未进行核实的;

(四)中奖结果待确定的;

(五)公证词中涉及的中奖人未能提供有效身份证件的。

上述情形解决后,开奖活动继续进行的,应当给予公证;主办单位拒不解决的,应当拒绝公证;开奖活动中止后仍然无法解决的,应当终止公证。

第十六条　公证处应当在公证员宣读公证词后七日内出具公证书。宣读公证词的时间为公证书的生效时间。

第十七条　公证处可以应有奖活动主办单位的申请,对未发出的彩票或者奖票销毁情况办理公证。

第十八条　承办开奖公证的公证处及公证人员不得以任何方式与主办单位串通,损害社会公众利益;不得购买或者收受本次有奖活动的彩票、奖票或者设奖物品。

第十九条　公证处及公证人员违反本细则和其他有关规定的,应当视情节给予纪律惩戒、行政处罚;构成犯罪的,依法追究刑事责任。

司法行政机关、公证员协会非法干预开奖公证活动的,应当依法对有关责任人员给予处分;构成犯罪的,依法追究刑事责任。

第二十条　本细则未作规定的,适用《公证程序规则》及其他有关规定。

第二十一条　本细则自 2004 年 7 月 1 日起施行。

司法部关于贯彻实施《中华人民共和国公证法》的若干意见

司发〔2005〕13 号

各省、自治区、直辖市司法厅(局),新疆生产建设兵团司法局:

《中华人民共和国公证法》(以下称《公证法》)将于 2006 年 3 月 1 日起施行,现就贯彻实施《公证法》提出以下意见。

一、深刻认识贯彻实施《公证法》的重要意义

《公证法》是新中国第一部有关公证工作的法律,是 50 多年来我国公证事业改革发展的重要法制成果,它确立了中国特色社会主义公证制度的基本框架,为优化公证资源配置、加强公证队伍建设、提升公证管理水平、强化公证执业监督提供了法律依据,为公证事业的发展奠定了坚实的法制基础。贯彻实施《公证法》,是推动依法治国的客观需要,是完善公证制度的有效途径,是提升公证队伍素质的重要保障。各级司法行政机关一定要从政治和全局的高度,充分认识贯彻实施《公证法》的重要意义,增强工作责任感和历史使命感,确保《公证法》的精神和要求落到实处。

二、正确把握贯彻实施《公证法》的指导思想和任务目标

(一)指导思想:坚持以邓小平理论和"三个代表"重要思想为指导,全面贯彻落实科学发展观,认真贯彻党的十六大、十六届五中全会精神,准确把握《公证法》的立法原则和精神,适应全面建设小康社会、构建社会主义和谐社会的需求,适应推进依法治国、拓展和规范法律服务的需求,紧紧围绕加强服务、健全组织、完善管理、提高质量、提升素质的总要求,坚持有利于公证队伍稳定、有利于公证事业发展的原则,积极稳妥地做好公证机构设置和布局调整工作,进一步加强公证队伍建设,进一步发挥公证职能作用,努力开创公证事业的新局面。

(二)任务目标:围绕贯彻实施《公证法》,完善公证体制机制,规范公证执业活动,提高公证队伍素质,加强公证工作管理,使公证资源配置更加合理,公证队伍建设明显加强,公证法律体系进一步健全,公证工作规范化水平进一步提高,

公证职能作用得到充分发挥，推动公证工作为我国经济建设、民主法治建设提供优质高效的法律服务。

三、依法稳妥地做好公证机构设置和布局调整工作

（三）根据《公证法》的规定，司法部、省、自治区司法厅不再设立公证处。设区的市、直辖市市区范围内只能在一个层级设立公证处。

（四）各省（区、市）司法厅（局）按照统筹规划、合理布局的要求，结合本地实际，综合考虑人口、经济社会发展、交通状况、公证业务需求、便民利民等因素，拟定本省（区、市）公证机构规划和调整意见，报司法部核定。

（五）从有利于公证队伍稳定和公证事业发展出发，依法稳妥地做好公证机构设置和布局调整工作。坚持合法有序的原则，遵循《公证法》的立法精神和有关规定，有领导、有组织、有计划地进行调整；坚持积极稳妥的原则，以对公证事业负责，对涉及的每一个公证机构、每一名公证人员负责的态度，统筹协调各方面的利益关系，认真细致地做好每一项工作，确保调整工作顺利进行；坚持循序渐进的原则，从实际出发，因地制宜，分类指导，稳步推进；坚持便民利民的原则，以是否方便群众办证，是否有利于维护群众的合法权益，作为检验和衡量调整工作成效的重要标准。

（六）公证机构设置调整过程中，要切实做好政治思想工作。司法行政机关要高度负责，认真协调落实好各项交接工作，做好公证档案移交和保管等工作，确保公证队伍不散、秩序不乱、业务不断、国有资产不流失。

四、推动公证工作为经济社会发展提供优质高效的公证法律服务和保障

（七）推动公证工作为经济建设服务。依法拓展公证服务领域，积极引导公证工作介入国有企业改革、金融体制改革、国家和地方重点工程项目建设、西部大开发、振兴东北老工业基地等重大经济活动。积极引导公证工作在更大范围内、更深层次上为各类市场主体参与市场活动提供服务，认真开展国内及国际贸易、投资、知识产权保护等方面的公证业务。围绕建设社会主义新农村，认真做好公证为农业、农村、农民服务的工作。

（八）推动公证工作为社会主义和谐社会建设服务。依法开展遗嘱、继承等传统公证业务，严格规范现场监督、保全证据等公证业务，预防纠纷，保障社会安定有序，维护社会诚信，促进民主法治。积极引导广大人民群众运用公证手段预防社会矛盾纠纷、促进和谐社会建设。

（九）推动公证工作为依法治国服务。积极引导公证工作参与政府采购、招标投标等活动，保障公开、公平与公正。充分发挥公证作为预防性法律制度的重要作用，实现公证制度与司法审判制度的有效衔接，节省司法成本，提高裁判效率，促进司法公正，维护人民群众的合法权益。认真落实《公证法》关于法定公证制度的原则性规定，积极推动在有关法律、行政法规中明确具体的法定公证事项。

（十）推动公证工作为扩大对外开放服务。进一步发挥公证工作的桥梁和纽带作用，依法做好涉外、涉港澳台公证工作，为引进外资、境内企业参与对外经济技术交流与合作、参与国际市场竞争等提供公证法律服务和保障，促进对外开放。

五、努力造就一支高素质的公证队伍

（十一）按照"坚持信念、精通业务、维护公正、恪守诚信"的总要求，进一步加强公证队伍建设，不断提高公证人员的政治素质、业务素质和职业道德素质。

（十二）加强公证人员的政治思想教育、法制教育和职业道德、执业纪律教育，加强公证队伍党的建设，使广大公证人员牢固树立政治意识、大局意识、责任意识和宗旨意识，自觉践行"三个代表"重要思想，贯彻落实科学发展观，正确处理社会效益与经济效益的关系，始终把社会效益放在首位，严格依法办证。

（十三）积极引导公证人员筑牢诚信为本的执业理念，培育公证人员诚实信用的品格，健全完善公证人员考核和奖惩机制，不断提高公证工作质量，维护公证行业信誉，维护公证的公信力。

（十四）提高公证队伍的专业素质。健全完善公证执业准入机制，鼓励通过国家司法考试、符合规定条件的高素质人才进入公证队伍，建立科学、合理的考核机制，扶持中西部公证事业的发展，切实解决这些地方群众"办证难"的问题。制定统一的公证员培训规划，加强公证员的业务知识和岗位技能培训，提高公证人员的业务水平和办证能力。

（十五）加强对公证员配备数量的宏观调控。各省（区、市）司法厅（局）要根据公证机构的设置情况和公证业务的需要，核定本省（区、市）公证员配备方案，报司法部备案。

（十六）努力树立讲服务、讲规范、讲信誉的社会形象。通过思想教育、制度规范和典型引导等多种方法，引导公证人员树立服务至上的观念，珍视公证信誉和形象，严守办证程序，清廉执业。使广大公证人员切实树立起讲服务、讲规范、讲信誉的社会形象，成为党和政府信赖、人民信任的高素质的法律服务队伍。

六、推进公证工作的规范化、制度化建设

（十七）建立完善公证机构业务、财务、资产等管理制度，健全公证人员社会保障和公证执业责任保险机制，逐步统一公证业务操作规程，规范内部分配制度，确保公证处规范运行。

（十八）司法行政机关、公证协会要加强对公证业务的监督和管理，制定、修订各类办证细则，规范公证程序，指导公证处健全完善公证质量保证机制，确保公证质量不断提高。

（十九）制定、完善《公证法》的配套规章和规范性文件，规范公证机构审批、公证员执业审批、公证机构名称管理以及对公证机构和公证人员违法行为处罚等管理行为。加快公证信息化平台建设，加强对公证服务秩序的监督管理，及时严肃查处公证违法违规违纪行为，维护正常的公证执业秩序。

七、切实加强对《公证法》贯彻实施的组织领导

（二十）各级司法行政机关要高度重视，把贯彻实施《公证法》放到重要位置，列入司法厅（局）党委（党组）的重要议事日程。要实行领导责任制，一级抓一级，层层抓落实。

（二十一）要认真组织学习《公证法》，使广大公证管理干部和公证人员进一步了解《公证法》的基本精神，准确掌握《公证法》的主要内容，熟练运用《公证法》的各项规定，把思想认识统一到《公证法》的规定上来，统一到司法部党组的决策和部署上来，牢固树立法制观念，增强依法办事的自觉性。认真开展调查研究，抓紧研究制订贯彻实施《公证法》的具体意见和公证机构设置布局调整的方案，并有计划、有步骤地组织实施。

（二十二）加强司法行政机关对公证协会的监督和指导，推进公证协会建设特别是省级公证协会建设，充分发挥其在制定行业规范、组织业务交流与培训、维护会员合法权益等方面的作用。

（二十三）司法行政机关对贯彻实施《公证法》的每一项工作、每一个环节都要加强工作指导和监督检查。深入基层，调查研究，关心广大公证人员的思想和生活，指导和帮助公证人员了解政策，了解形势，增强贯彻实施《公证法》的主动性和自觉性；要针对不同情况，加强分类指导，善于发现新情况，解决新问题，对于遇到的复杂情况和问题，要认真研究，提出意见，加强指导，督促解决；上下级司法行政机关、司法行政机关与公证协会之间要加强协调，形成推进工作的合力，确保《公证法》的各项规定不折不扣地得到贯彻实施。

（二十四）要下大力气，通过多种方法，广泛持久组织宣传《公证法》，宣传公证制度，宣传公证工作为推动经济社会发展服务的先进人物和典型事迹，使社会各界和广大人民群众进一步了解《公证法》，了解公证工作，关心和支持公证事业的发展，形成学习宣传和贯彻实施《公证法》的良好氛围。

（二十五）各级司法行政机关要主动向当地党委、政府汇报，积极争取和认真落实有关政策措施，切实解决贯彻实施《公证法》工作中存在的一些矛盾和问题，协调落实公证债权文书强制执行效力，依法查处伪造、变造或者买卖伪造、变造的公证书、公证机构印章等不法行为，进一步改善公证执业环境。

各地执行本《意见》过程中遇到的问题，请及时报部。

2005 年 12 月 10 日

司法部办公厅关于公证机构印章和公证员签名章规格等事宜的通知

司办通〔2006〕18号

各省、自治区、直辖市司法厅(局),新疆生产建设兵团司法局:

为统一、规范公证机构印章和公证员签名章的规格等,根据国家有关规定,现就有关事宜通知如下:

一、关于公证机构印章的规格、式样、名称、文字和字体等

公证机构的印章,分为图章和钢印,一律为圆形。图章的直径为4.2厘米,钢印的直径为4厘米,中央刊五角星,五角星外刊公证机构名称,名称前段文字在五角形上方自左而右环行,公证处三个字自左而右横排在五角星下方。

公证机构印章所刊名称,为该公证机构经省、自治区、直辖市司法厅(局)核定的名称。

民族自治地方公证机构的印章可以使用汉字刻制,也可以在同一印章上使用汉字和当地通用的民族文字刻制,由省、自治区、直辖市司法厅(局)根据当地情况确定。

公证机构印章所刊汉字,应当使用国务院公布的简化字,字体为宋体。

二、关于公证员签名章的规格、式样、文字和签名要求等

公证员签名章是公证员本人依法履行职务,加盖于公证文书上的签名图章。其形状为长方形,长4.5厘米、宽2.5厘米,不加边框。

公证员签名章中,公证员姓名由本人自左而右排列书写,使用国务院公布的汉字简化字;字迹应清晰、匀称,易于辨认。

本通知未尽事宜,请按照国家、地方有关规定执行。

2006年4月6日

司法部办公厅关于切实提高公证质量严防错证假证问题的通知

司办字〔1995〕12号

各省、自治区、直辖市司法厅(局):

近来,有些地方的公证处不同程度地出现了忽视公证质量,片面追求经济效益,不重视社会效益的错误倾向,致使办证质量下降,投诉增加。为此,现就有关问题通知如下:

一、进一步在全体公证人员中树立公证质量意识

党的十四届三中全会提出,要加强公证等中介组织的建设,使之发挥应有的服务、沟通、公证、监督的作用,为公证事业的发展提供了机遇和挑战。公证能否在社会主义市场经济中充分发挥作用,归根到底,是看它能否为社会提供及时有效、质量上乘的法律服务。要使全体公证人员清醒地认识到,公证质量直接影响到公证的真实性、合法性。而真实、合法原则是公证的基石,失去这一基础,公证的根基就会动摇。只有提高公证质量,公证工作才能体现其本来的属性,得到社会的认可,公证事业才能繁荣发展。在社会主义市场经济条件下,公证机构正在由行政机关向事业单位转变,注重经济效益无可非议,对公证处的今后发展也是有利的。但是,绝不能单纯讲求经济效益而偏废公证质量。那种只顾眼前利益,不顾真实合法原则去追逐经济效益的做法,不仅损害当事人的利益,而且也败坏了公证的信誉,甚至造成重大政治影响、经济损失,危及社会的安定,必须坚决予以纠正。

二、当前应特别注意提高质量的几类公证事项

随着公证事业的发展和公证服务领域的不断扩大,公证事项越来越多,涉及面越来越广,影响越来越大。对新开拓的公证事项如果不认真学习有关法律法规等知识,不深入调查、核实,不严格按照规定和程序办证,不仅起不到公证应有的作用,反而会给经济诈骗活动披上合法的外衣,使他人轻信上当,以致造成重大损失和恶劣的社会影响,给公证事业的发展也带来难以挽回的消极影响。当前，应着重注意办证质量的公证事项有：（一）法律、法规规定必须公证的事项，如有关人身权重大变更的涉外收养公证等。（二）履行期限长、标的和风险大的公证事项。如经济合同公证，公证处不仅要严格审查当事人的资格、资信等情况，把握合同真实性、合法性，还要注意审查合同的可行性。自始不能或根本不能履行的经济合同也就谈不上真实、合法。约定提存的，公证处应严格按照条件给付提存款项，并应及时跟踪了解给付后果。（三）影响面广、责任重大的公证事项。如有偿集资活动公证，要严格按照1993年9月2日《国务院关于清理有偿集资活动坚决制止乱集资问题的通知》（国发［1993］62号）执行，只能办理该通知第二条所列的集资活动公证。对于经合法批准的集资活动，应严格按照公证程序，在审查真实、合法的前提下，着重审查集资方的履约能力，并要求其提供真实的还款担保，以最大限度地降低风险。（四）回报率高、履约期限长的种植、养殖合同公证，一般应有必要的担保或进行农业养殖保险后才能予以公证。（五）对于没有法律依据，也不符合民事法律精神的合同，如还本销售等，公证处不得给予办理公证。

三、严格质量管理制度，保障公证质量

重视公证质量管理工作，把提高公证质量作为公证工作的一项头等大事来抓，是各级司法行政机关的重要职责。各地在公证工作实践中，积累了一些行之有效的质量管理经验。实践证明，多数质量管理制度是适合公证发展特点并行之有效的，应当继续坚持下去，特别是下列制度必须予以认真执行：

（一）调查取证制度。对于当事人提交的证据材料，应进行认真的审查、核实。对于一些重要的或有疑点的证据材料，公证员应进行实地调查取证。

（二）出证审批制度。在目前情况下，出证审批制度应当根据新的情况予以加强。公证处主任要严把审批关，杜绝只批不审现象，并应明确办证人、审批人分别承担的责任。

（三）重大、疑难公证事项集体讨论制度。对于重大、疑难的公证事项，承办人员不得擅自受理、出证，应提交公证处或处务会议集体讨论决定。

（四）请示汇报制度。对于重大、疑难公证事项，公证处不能自己决定的，应及时向主管司法行政机关请示汇报。

（五）将公证责任与承办人的经济责任挂钩，探索实行错证赔偿制度和积极着手设立赔偿基金，为建立公证赔偿制度打好基础。

四、认真查处错、假证

（一）各级司法行政机关和各公证处，要始终把提高全员质量意识，切实提高公证质量当成一件大事,摆在突出重要的位置,持之以恒地一抓到底。各地应当从本地实际出发,制定切实有效的公证质量管理措施,降低错证率,坚决杜绝假证。

(二)公证人员应模范遵守《公证人员廉洁自律的若干规定》(1989 年 12 月 19 日司法部第 6 号令),严格按照公证程序办理公证事项,不得办关系证、人情证。对已经出现的错证,应及时检查纠正,认真总结经验教训,帮助改进;对业务素质差、多次办错证的公证员应离岗培训或调离公证业务岗位,造成严重影响的,应给予纪律处分。对于假证,要严肃查处;对有关责任人员,要坚决依法处理,绝不姑息迁就。对办证多、质量好、效益高的公证和公证人员要给予精神鼓励和物质奖励。在制定分配办法时,一定要强调质量因素。分配收入要和办证数量、质量、效益挂钩。

(三)各地应根据实际情况,建立常设的公证质量监督检查机构,定期对公证质量进行检查。要向社会公开公证质量投诉电话,接受各方面的监督。出现重大质量问题,应及时上报。对于隐瞒不报的,要给予通报批评,影响大、性质恶劣的,司法部将会同当地司法行政机关,进行严肃查处。对待人员群众来信来访反映的公证质量问题,应及时调查处理。对于上级机关转去的信函,应将调查结果和处理意见及时上报。一时难以查清或难以定性的案件也要及时报告进展情况。今年七月,由司法部统一部署,各省、区、市要组织一次办证质量大检查活动,重点围绕投诉的事件和人员进行。各地检查的结果,望及时报部。

一九九五年四月十八日

司法部关于印发《公证投诉处理办法(试行)》的通知

司发通〔1999〕059 号

各省、自治区、直辖市司法厅(局),新疆生产建设兵团司法局:

为规范公证投诉制度,加强和完善公证监督机制,现将《公证投诉处理办法(试行)》印发给你们,望认真贯彻执行。

执行中有什么问题和建议,请及时报部。

1999 年 6 月 9 日

公证投诉处理办法(试行)

第一条 为规范公证投诉制度,切实加强社会对公证工作的监督,提高公证质量,维护公证机构的声誉和公证投诉人的合法权益,根据《中华人民共和国公证暂行条例》的有关规定,制定本办法。

第二条 投诉人是指就本办法第五条规定的范围提出投诉的任何人。被投诉人是指投诉人投诉的公证处、公证人员。

第三条 受诉机关是指所在公证处、直接主管被投诉人的司法行政机关或其上一级司法行政机关、公证员协会。

第四条 受诉机关接受投诉案件后,应当认真调查研究,在查明事实的基础上,依据国家有关法律、法规、规章和司法部的有关规定处理。

第五条 本办法所适用的投诉范围包括:

(一)刁难当事人,服务态度恶劣,造成不良影响的;

(二)无故推诿,应当受理的公证事项而不予受理的;

(三)利用职务之便谋取权利,贪污、索贿、受贿的;

(四)故意出具虚假公证书或因工作失职造成错证,致使当事人的合法权益受到侵害的；

（五）泄露国家秘密或当事人隐私的；

（六）未按国家规定标准收取公证费或巧立名目滥收公证费的；

（七）其他侵害或妨碍当事人合法权益实现的行为。

第六条 投诉人提出投诉，应以信函、电话或来访的方式进行，并据实署名，对于匿名投诉也应进行调查处理。

第七条 投诉人必须如实反映情况，投诉内容应尽可能具体、明确，并附上相应的证据材料。

第八条 受诉机关应设立意见箱和投诉电话，设专人负责受理投诉工作，并认真做好接待登记。登记的内容包括：投诉人姓名、性别、年龄、联系地址（住址或单位名称）、联系电话、接待时间、投诉事由、涉及人员。

受诉机关对投诉人来访或以口头方式进行投诉的，应当热情接待，认真做好谈话笔录，笔录应交投诉人核对并签名。

第九条 受诉机关对群众投诉的问题，应及时调查处理。自接到或收到投诉的次日起60日内对投诉事项依法作出处理，并将处理结果以信函方式答复投诉人。如因投诉事项复杂，在规定日期内不能处理完毕的，应向投诉人说明情况，延长答复时间，但最长不得超过3个月。

受诉机关对于上级机关委托调查的投诉事项，应在1个月内上报调查结果和处理意见。一时无法查清的，应在规定限期内报告调查进展情况。

第十条 受诉机关处理投诉案件时，必须听取被投诉人的申辩。

第十一条 受诉机关应当将处理结果予以公开。

第十二条 本办法自颁布之日起施行。

第三部分

办证实务和公证研究集萃

转“危”为机，创新与规范并举

——强制执行公证业务发展的几点意见*

王　协**

从公证面临的法律、经济和社会变革，结合上海国际金融中心建设的大背景来看，强制执行公证的创新与规范，已经成为本市公征行业关注的热点。

一、从法律、经济和社会变革的大背景思考和把握强制执行公证的前景

众所周知，近20年来，不动产公证一直是上海公证业务的支柱，占据了本市公证业务的半壁江山以上，但是，法律的最新变化却向公证行业提出了挑战。根据国务院颁布的《不动产登记暂行条例》[1]及《不动产登记暂行条例实施细则》（以下简称《实施细则》）[2]的规定，当事人由过去经公证生效的法律文书确定不动产权利已经转变为可自行提交相关证明材料经不动产登记机关确定权利归属，这意味着不动产公证业务将逐步失去法律和政策的支持。对于上海公证行业来说，现在正处在调整公证业务的关键时刻，如何通过公证业务的调整转“危”为机，是目前上海公证行业面临的严峻课题之一。面对法律的最新变化，公证行业需要实现从政策支持型公证业务向市场需求型公证业务的调整。从这一角度来说，强制执行公证是公证行业最为重要、同时也最能体现公证人职业价值的公证业务之一。市场对于强制执行公证的需求带有明显的自主性和自发性，强制执行公证仍有很深、很广的市场需求可以挖掘，可以成为今后公证业务发展的一个突破口和创新点。同时，我们需要认识到，强制执行公证是一种带有某种风险的公证业务，尤以涉及民间借贷的强制执行公证为甚，如果强制执行公证业务的发展缺乏有效的规范和约束，不仅会对公证行业产生负面影响，更会动摇市场秩序和法律安全。所以，转“危”为机、创新与规范并举是今天开展研讨的意义所在。

---

* 改编自王协在第二届东方公证专题学术研讨会上的讲话。

** 王协，上海市司法局副局长，上海市公证协会党委书记。

〔1〕《不动产登记暂行条例》（国务院令〔2014〕656号）。

〔2〕国土资源部《不动产登记暂行条例实施细则》（国土资源部令〔2015〕63号）。

二、以更高、更广的视野探索强制执行公证业务的创新与发展

从强制执行公证的长远发展考虑，强制执行公证的生命力在于不断回应法律和社会经济发展提出的新需求，尤其在依法治国和上海建设国际金融中心的大背景下，实现强制执行公证的不断创新，是公证行业不容回避的课题。目前，强制执行公证主要集中在银行和民间金融领域，强制执行公证的范围仍显单一，从更有效地预防和解决纠纷、增强公证效能的角度考虑，强制执行公证的范围应当逐步拓展，服务金融创新与金融安全、服务民生。例如，2015 年 9 月，国务院办公厅发布《关于加快融资租赁业发展的指导意见》，[1]明确了“支持自由贸易试验区在融资租赁方面积极探索、先行先试”，今年 5 月，国务院常务会议提出，实行购租并举，发展住房租赁市场。[2] 无论是融资租赁还是住房租赁都和公证强制执行业务密切相关，都要求强制执行公证不断创新，回应市场涌现的新型法律需求，公证行业应当努力实现强制执行公证从单一向多元的业务转型，积极寻求强制执行公证业务的拓展和创新。

三、在依法治国的大背景下促进强制执行公证的规范化、制度化

强制执行公证创新与发展的先决条件，是强制执行公证活动自身的规范。党的十八届四中全会通过的《中共中央关于全面推进依法治国若干重大问题的决定》[3]明确了公证作为法律服务业的定位。强制执行公证作为一项具有司法属性的公证活动，在强制执行公证实务中，公证员在相当程度上分担了法官的裁判职能，因此，我们必须以和法官同等的标准对公证员提出规范性要求，做到“有权必有责、用权受监督、失职要问责、违法要追究”。[4] 在强制执行公证领域，确保公证质量同样要求公证行业建立相匹配的办案责任制。司法改革已经明确了建立法官、检察官办案终身责任制，这一理念同样值得公证行业借鉴，公证人也应当做到“谁办案、谁负责”，从而为确保公证质量打好制度基础，使公证人出具的每一份强制执行公证文书都能经得起法官的司法审查，从长远来说，更能经得起时间的考验。

---

〔1〕 国务院办公厅《关于加快融资租赁业发展的指导意见》（国办发〔2015〕68 号）。

〔2〕《国务院确定发展住房租赁市场 倡导购租并举》，载 http://news.xinhuanet.com/house/bj/2016-05-05/c_1118804344.htm，最后访问时间：2016 年 7 月 4 日。

〔3〕《中共中央关于全面推进依法治国若干重大问题的决定》（2014 年 10 月 28 日中国共产党第十八届中央委员会第四次全体会议通过）。

〔4〕《习近平：在首都各界纪念现行宪法公布施行 30 周年大会上的讲话（2012 年 12 月 4 日）》，载 http://politics.people.com.cn/n/2012/1205/c1024-19793282.html，最后访问时间：2016 年 7 月 4 日。

域外法律服务行业发展的启示

——法国、捷克公证律师工作考察报告

王　协　忻　峰*

应法国公证人高等理事会、捷克公证人协会和捷克鲁特兰律师事务所邀请，2016年6月5日至12日，上海市公证代表团赴法国、捷克进行交流访问。

一、出访概况

代表团此次出访旨在了解法国、捷克两国公证行业情况，加强与捷克律师业的交流。代表团在法国交流访问期间，应邀列席第112届法国公证人年会，参访了法国南特公证处、捷克公证人协会和捷克鲁特兰律师事务所，实地考察了法国公证文书信息化情况、捷克公证行业发展历程和鲁特兰律师事务所档案管理情况。

二、主要考察访问内容

（一）列席第112届法国公证人年会

应法国公证人高等理事会邀请，代表团作为嘉宾列席了第112届法国公证人年会，并与其他受邀列席的外国公证代表团进行了交流。

法国公证人年会于6月6日在南特开幕，代表团列席了会议并在前排就座，受到法方的热情接待。法国司法部部长也专程参加了年会的开幕式。

公证人年会总结了公证行业一年的发展情况，高等理事会做了工作报告，并代表法国公证行业向法国司法部提出了意见和建议。

6月7日，代表团参加法国公证人高等理事会组织的午宴并与列席会议的哥伦比亚、捷克等外国代表团进行了友好的交流。

（二）考察南特公证处

南特公证处共有公证人6名并聘有辅助人员，为合伙制公证处，主要从事南

* 王协，上海市司法局副局长，上海市公证协会党委书记；忻峰，上海市司法局律师工作管理处副处长。

特当地的不动产和继承业务。代表团重点考察了公证文书信息化情况，南特公证处向代表团现场演示了公证文书信息化系统。

该公证文书信息化系统是由法国公证人协会投资建立的，并免费提供给法国全体公证人使用。该系统实现了公证文书的起草、制作、签署、公开、存档的一体化和无纸化，并利用网络实现了全国公证文书的统一查询。

特别值得一提的是，在该系统的支持下，公证文书的签署已经改由电子书写板完成，不再使用普通纸笔进行签署，从而彻底完成了无纸化。同时，法国公证还允许公证申请人授权公证处工作人员代为签署文件，从而极大地便利了公证的办理。

（三）访问捷克公证人协会

6月9日，代表团访问了捷克公证人协会。捷克公证人协会介绍了捷克公证行业的发展历程和现行的公证制度基本情况。

捷克公证行业起源于13世纪中期，现存最早的公证文书是1263年由大主教签发的。大体上，捷克公证行业的发展可以分为七个阶段。

第一阶段为宗教改革前，这一阶段的显著特点为公证人的逐步世俗化和专业化。在这一历史时期，伴随着天主教会在与世俗王权的斗争中逐步处于下风，公证行业也从刚刚出现时的以天主教会教职人员为公证人，借助宗教权威树立公证的公信力，发展为世俗法律专业人士以君权特许形式从事公证工作。

第二阶段为宗教改革至1848年欧洲革命。这一时期，随着君主集权的不断加强，公证行业也不断出现国家化的倾向。至18世纪中晚期，经由著名的开明专制君主玛利亚特蕾莎女王和约瑟夫二世皇帝的改革，私营的公证不断受到业务的限制，绝大部分公证业务必须由国家公职人员办理。在1848年革命前，公证人作为一个社会阶层几乎不复存在。这一时期被现在的捷克公证行业认为是整个捷克公证行业发展历程中最为低谷的一个时期。

第三阶段为1848年革命至1867年奥匈帝国成立。1848年革命严重冲击了奥地利帝国的绝对君主制，此后在约瑟夫皇帝的领导下，奥地利帝国进行了一系列的改革，特别是对帝国各组成部分（包括捷克）下放了相当的自治权，并最终改组为奥地利、匈牙利二元帝国。1850年起，奥地利帝国进行了司法改革，司法系统与行政系统彻底分离并引入了听证和陪审团，并恢复了以个人执业为基础的公证行业。1850年和1855年两次制定了公证程序法，较好地解决了公证行业面临的实际问题，扩大了公证人辅助人员的职权，从而使公证行业得到了恢复和发展。

第四阶段为奥匈帝国和捷克第一共和国时期。这一时期被捷克公证行业认为是黄金时代。1867年的公证程序法为今后相当长时期的公证行业发展奠定了基础，其中相当一部分的基本公证制度，为现在捷克公证制度所沿用。根据1867年公证程序法，政府司法部长确定公证人的总名额，并审核担任公证人的申请并予以批准，申请人必须是法律专业人士（律师或拥有法律专业学位），全国被划分为若干区（其中捷克设立了三个区），每区设立一家公证处和若干公证人，公证人只能在本区内实施公证。这些制度都为现在的捷克公证制度所保留。尽管这一期间遭遇了第一次世界大战和奥匈帝国解体这样的重大政治变革和经济大萧条，但对公证行业几乎没有产生影响。捷克第一共和国完全继承了奥匈帝国的公证制度，并于1919年成立了捷克公证协会，以取代之前的奥地利中央公证协会。

第五阶段为第二次世界大战前后。自1938年纳粹德国控制捷克至1948年社会主义制度在捷克建立，这一时期政治极其动荡，虽然公证制度没有太多变化，但公证行业也陷入萧条。

第六阶段为社会主义时期。该阶段，捷克的公证制度发生了全面的变化，1867年公证程序法的规定几乎全部被取消。1952年，公证行业完全国有化。公证人成为国家公职人员并在区法院办理公证事项，公证事务成为法院工作的一部分。

第七阶段为1993年至今。1993年天鹅绒革命之后，捷克通过了新的公证法，公证行业迅速回归到奥匈帝国时期的传统形态，并重新组建了捷克公证人协会。

目前，公证人不是国家工作人员，但需要得到国家司法部门的授权。公证业务主要是继承、婚姻和公司设立。在公司设立方面，捷克公证人的职权在全球范围内都是极大的，其承担了公司成立的条件审查和公司成立的公示公告，即我国目前由工商部门承担的公司注册工作。需要特别指出的是，在捷克，不动产交易并不属于法定公证的事项。

捷克公证人必须是捷克公民，具有法律学位并从事法律相关工作三年，然后方可报名参加公证人考试或者律师考试，通过考试后继续从事法律事务五年方能申请成为公证人。但公证人总额为450名，在没有缺额的情况下，不会批准新的公证人。因此，捷克公证人一般都曾经从事律师工作，但成为公证人后，不能再从事律师业务。

捷克公证人协会履行行业自治职责，负责组织公证人和助理的考试，出现缺额时负责遴选申请人，办理公证业务培训、处理投诉、制定行业收费标准。除了捷克公证人协会，捷克8个州也都设有公证人协会。

（四）访问鲁特兰律师事务所

鲁特兰律师事务所成立于1991年，现有4名高级合伙人，主要从事银行、金融和资本市场，并购与重组，不动产和建筑工程、税收和争议解决等业务。该事务所主要面向国际客户，为国际客户提供捷克国内法律，特别是投资方面的相关服务。

代表团重点考察了鲁特兰律师事务所的档案管理工作。该所档案管理的信息化程度较高，一般日常均可以使用电子文档，并建立了良好的检索系统。但原始文件仍予以较好的保存，已备必要时使用。

三、启示与建议

（一）公证行业的法定业务

从法国、捷克及全球大部分大陆法系国家的公证行业情况看，公证行业或多或少都有法定业务。但值得注意的是，大部分的公证法定业务并不是简单地对法律行为或过程进行证明，而是将公证作为法律行为和权利公示公告及登记的一种方式。在我国，对法律行为和权利的登记分散在各个行业主管部门，没有形成统一的公示公告和登记体系，而公证只具备证明力，而非权利生效的必要条件。就此而言，公证行业的法定业务需要同我国关于不动产所有权、婚姻关系等基本民事权利的登记制度结合在一起予以深入思考。尤其应当关注的是，在我国，不动产登记制度改革、土地和房屋统一由国土资源行政部门登记背景下，显现国土资源行政部门所属的不动产登记事务部门、住房建设行政部门所属的房产交易部门、住房建设行政部门监管的房产中介机构、司法行政部门监管的公证服务机构等多元力量辅助和参与不动产登记事务的格局，公证机构法律专业组织的独特优势没有引起足够的认识。

（二）电子书写签名的引入需要慎重

法国公证文书的完全无纸化固然极大地提高了工作效率，但是否适合我国现阶段国情，需要认真思考。在我国，对电子书写的笔迹的鉴定，公证机构的权威性、群众对公证业务的认识与法国相比还都存在一定差距，完全无纸化可能给公证机构和公证员带来一定的执业风险。

（三）律师业务档案管理应当尽快加强研究

从鲁特兰律师事务所的实践并结合法国公证文书信息化的情况看，律师业务档案管理主要从两个方面着手。一是既有业务档案的电子化，目前业务档案保管已经成为各律师事务所的一项负担，部分律师事务所甚至只保存很短一段时间，随后即予以销毁。近年来，因律师事务所无法查找到业务档案引发的投诉也有一定数量。同时，律师业务档案，特别是我国律师制度恢复初期的业务档案，也有相当的历史价值。该问题应由行业协会牵头，尽快拿出整体方案，推动既有档案的电子化和集中保管。二是对档案保管研究出台统一标准，目前司法部虽有业务档案保管的规定，但由于长期未加修订，实际上已经难以执行，需要重新进行研究并制定相应规范。

保全证据公证的现实与发展

王兴和*

保全证据公证是上海市东方公证处近年来发展最为迅速的一项公证业务，据统计，近十年前，2007年本处全年受理的保全证据公证案件数量仅为1221件，而2015年全年本处的保全证据公证案件数量已达到5691件，近十年间，保全证据公证案件的年受理数增长了近5倍，这种增长幅度在本处办理的所有公证事项中位居前列。

一、上海市东方公证处保全证据公证业务分析

从本处保全证据公证的客体来看，涉及的范围相当广泛，除了传统的书证、物证、证人证言以及对送达、购物等行为过程的保全外，对于网页、电子邮件、手机短信、微信、数据库等电子数据的新型保全不断增多，在保全证据公证案件中所占据的比重逐年上升。2007年全年本处共受理保全电子数据类公证案件413件，约占当年保全证据公证总数的1/3，而2015年全年本处共受理保全电子数据类公证案件已达2796件，上升到当年保全证据类公证总数近一半。这一趋势与目前社会经济活动网络化、信息化的发展潮流是相一致的。从保全证据公证涉及的争议类型来看，涉及知识产权保护的保全证据公证数量占50%以上，无论是对于涉嫌侵权商标、商品购买过程的保全还是对于互联网上涉嫌侵犯知识产权事实的固定，保全证据公证在知识产权保护领域发挥的独特作用日益显著。此外，涉及劳动争议以及其他民事争议的保全证据公证也在快速增长并日趋多样化。保全证据公证的稳步发展，从一个侧面折射出公证与诉讼活动的联系日益紧密，公证在民事司法制度中发挥的作用日趋明显，同时也体现了民众权利意识的日益觉醒，通过公证（包括保全证据公证）保障公民私权，已成为一种趋势。

二、保全证据公证来源日趋多元化

保全证据公证业务迅速发展的同时，保全证据公证的来源也日趋多元化。

---

* 王兴和，中国公证协会副会长，上海市东方公证处党委书记、代理主任、公证员。

目前保全证据公证主要有三个来源：一是当事人自发申请；二是律师代理申请；三是法官建议申请。

（一）当事人自发申请

保全证据公证最主要的来源是当事人的自发申请，即当事人在发现自身的权利有可能受到侵害后，主动来到公证机构申请办理保全证据公证，对某一侵权事实或其他法律事实进行保全，以保全证据公证书的强势证据效力支持自身的诉讼请求，从而维护自身的合法权益。这是保全证据公证最普遍、最常见的来源。

（二）律师代理申请

保全证据公证的另一来源是律师代理申请。在公证实务中，相当一部分保全证据公证并非由当事人主动和亲自申请办理，而是律师为了更好地维护当事人的权利，以当事人代理人的身份向公证机构提出保全证据公证申请，通过诉诸公证机构在保全证据领域的专业法律服务，共同为当事人权利保护或救济提供完善的法律保护。由此可见，公证人与律师作为法律职业共同体的不同成员，存在既彼此分工又相互合作的格局。

（三）法官建议办理

除了当事人自发申请和律师代理申请，还有一些保全证据公证是法院根据案件审理的需要，建议当事人向公证机构申请办理的。当事人根据法官的建议，通过申办保全证据公证，在更好地固定事实与证据、维护自身权利的同时，也更有效地辅助诉讼定分止争，实现了保全证据公证与诉讼活动良好的结合与互动。在此，我特别要对上海市高级人民法院和各级法院以及法官们对本处保全证据公证以及其他公证工作的支持表示诚挚的感谢！

三、保全证据公证发展提出的新要求

（一）对公证人职业素养提出的新要求

保全证据公证的兴起，在很大程度上改变了公证活动的固有模式。长期以来，在传统的公证业务中，公证人员往往根据当事人的具体公证需求较为被动地受理某一项公证业务。例如，证明某一文件复印本与原本相符，证明合同、协议上当事人的签字属实，但是，保全证据公证要求公证人更为积极主动地关注对当事人权利的保护。在保全证据公证活动中，公证人需要亲临取证现场，这就要求公证人对于瞬息万变的具体事实、行为、情势要有随机应对的能力，要求公证人以一名专业法律人的视野和素养来审视、处理保全证据过程中的每一个细节。面对当下社会经济活动中侵权形态的多样化以及社会公众维护自身权利的迫切需求，公证人员在办理保全证据公证时不能仅仅满足于对某一孤立事实或行为的简单证明，而必须通盘考虑保全证据公证在当事人后续诉讼及其他法律活动中的实效，这就对公证人员的专业素养以及职业道德素养提出了较高的要求。

（二）对保全证据公证模式提出的新要求

从目前本处保全证据公证的类型来看，主要集中于在纠纷发生后针对侵权事实的救济型保全，而在预防纠纷领域的实践尚存空白。“预防纠纷”是《公证法》对公证活动职能的基础性要求，事实上，如果在纠纷或侵害尚未发生之时即通过保全证据公证对权利进行预防性的保全，对权利的维护和法律秩序的安全意义更为重要。因此，本处将着力拓展保全证据公证的模式，更为关注保全证据公证在预防知识产权纠纷、劳动争议纠纷和其他民事经济领域的发展，实现保全证据公证从救济型保护模式向救济、预防兼顾的保护模式转变，将保全证据公证这一公证法律服务进一步做大、做强。

（三）对公证参与多元纠纷解决机制提出的新要求

随着保全证据公证的不断发展，保全证据公证与诉讼、调解、仲裁以及其他纠纷解决机制的联系日益紧密。保全证据公证的效力不仅仅取决于它自身是否符合法律及公证程序的规范，更取决于它能否良好地兼容于司法活动的运作，能否实现和诉讼、调解、仲裁以及其他纠纷解决机制的有效对接，这要求我们必须从多元纠纷解决机制的视角来审视保全证据公证未来的发展，要求公证人员通过保全证据公证以更积极、更主动的姿态融入多元纠纷解决机制之中，从而使保全证据公证能够在维护公民权利、辅助和替代诉讼纾解纠纷方面发挥更为重要的作用。

谈中国公证在“一带一路”建设中的作为

黄　群*

习近平总书记提出的“一带一路”这一宏伟战略构想，掀开了中国与沿线各国携手合作、共同发展的新篇章，对世界经济、法治都将产生积极而深远的影响。“一带一路”作为一项中国首创高层推动的国家战略，是对我们对外开放战略的全方位提升，其内容无论是广度还是深度，都有实质性跨越。“一带一路”建设关键在于联通，前提在于互信，而公证制度作为一项国际通行的预防性法律制度，具有证据效力、强制执行效力，以及由此产生的法律事实证明、预防纠纷、解决纷争，这种法律先导、前置预防措施和公共信用媒介在“一带一路”建设中，可以为各类民商事活动主体之间架起联通的桥梁，系起互信的纽带。

一、公证为“一带一路”建设提供服务的优势

目前，我国有执业公证员一万两千余名，公证机构三千余家，年办证数超千万，公证已融入社会经济发展的各个方面，日益被人们所广泛的接受与采用。

（一）公证的预防作用

纵观公证的起源，其起初是由于交易的需要而防止契约的伪造，后来出于国家利益的考虑，公证权逐渐纳入国家权力的范畴，由国家机关或法定授权机关来行使，从而更好地发挥其预防纠纷的功能，这就是现在很多国家构建“预防性司法”的重要内容。公证作为一项非诉讼手段，能够有效地预防经济纠纷和社会矛盾的产生，在国家经济活动和社会生活中，有着无可替代的作用。

公证机构及其具备专业知识的公证人员不仅可以代表国家行使证明权，客观、公正地为公民之间的民事法律关系及行为予以证明，还可以利用其专业知识为公民提供咨询意见和法律意见，以预防纠纷的发生，实现公民的自身利益最大化。

公证员可以运用法律知识审查相关事项是否真实、合法，对符合法律规定的予以公证，对不符合法律要求的坚决不予公证。这种事先审查将许多风险因素

---

* 黄群，上海市公证协会会长、上海市东方公证处公证员。

提前化解,可以防止各类风险的发生。无论公证最终办成与否,都会对当事人的行为产生指引、教育和警戒作用。公证制度不仅具有解决纠纷的功能,其本身特有的法律效力使它能够有效地预防争议的发生。通过公证证明预防交易纠纷,制止交易中的不法行为,消除经济社会交往中的隐患,保证法律的正确实施,维护法律的价值,是公证独有的功能。

公证制度对争议发生的预防功能主要体现在民事行为发生及实施过程中,其通过对提存等合同履行行为的公证,达到消灭债权或转移标的物风险的目的;或通过对特定法律文书进行公证,以赋予该等法律文书特殊法律保护;或通过对诸如招投标、拍卖、彩票发行、各类比赛等活动的现场监督公证,以确保以上各类民事活动开展过程的公平、公开、公正,并最终实现对民事纠纷的预防。

因此,公证制度的设置与实施,既满足了国家追求和谐的经济发展与社会稳定所需要的效率和法律安全,又为众多经济主体和公民提供了高质量、公正的法律服务。

(二)公证的公信力和证明力

公证机构及公证员作为价值中立的第三方,其公证行为具有权威的公信力。公证的价值目标体现在证明某项法律行为或法律事实和文书的真实性、合法性上,能客观、全面地考虑市场主体双方的意思表示及合法性,帮助市场主体依法设立、规范、变更法律行为,平衡当事人之间的关系,增强双方的安全性和保障性。纵观世界各国的公证业,均体现了相当的公信和公正价值。公正价值正是公证制度之所以被视为公正的本源,也是公证制度存在的先导性原因,因为无论是单纯的证明行为,还是公证制度所蕴含的服务、中介等功能,都需要得到社会的认可,以及法律的确认。

公证的信用价值与公正价值密不可分,公证的公正性保证了公证以权威并为人所认可的方式缔造信用和维护信用,而公证的信用价值不仅促进了市场经济交易的安全顺利进行和公证公信力的有效形成,从而促进效益的实现,而且对于社会信用体系建设也有着良好的促进作用。

公证具有极高的证据效力,从证据材料的优先性来看,经过公证的证据材料的证明力要大于一般的书证。《最高人民法院关于民事诉讼证据的若干规定》第 77 条第 2 项规定,物证、档案、鉴定结论、勘验笔录或者经过公证、登记的书证,其证明力一般大于其他书证、视听资料和证人证言。这样的规定体现了对法官证据证明力自由裁量权的限制,又体现了公证在证明规则中与一般私证的不同之处。

公证机构除办理传统书证、物证、证人证言保全外,在对外经济往来中的各种往来电子数据如电子邮件、电子合同、即时讯息资料、档案资料以及研发所得的分析数据资料等都可予以备份，以保证电子数据的客观性、安全线、优先性及更高效力性等。公证行业作为具备前述全部属性优势的天然法律部门，在该领域将发挥更大的作用，公证机构通过技术手段固定相应的证据，帮助企业及时、方便、快捷地提供公证法律服务，经由公证后的电子数据成为法定证据，公证及公证文书某种程度上就是"真实性、合法性"的代名词，可以作为法院直接认定事实的依据。

公信力、系统化信任、程序化、权威性应是公证的本质。在当今信息爆炸的时代，当事人充分掌握信息的可能性已经越来越小，也就越来越容易产生意思瑕疵，因此，对一些重要的契约或法律行为进行公证，其目的在于在公证的过程中，公证人员凭借其专业优势和畅通的信息渠道，能够有效地过滤掉错误和虚假的信息，而防止当事人做出非理性的选择，在一定程度上减少了日后发生纠纷的可能性，以最大限度地保障契约正义。

二、公证在"一带一路"建设中应有的作用

公证服务"一带一路"建设是公证行业发展的新起点，为行业发展带来更为广阔的发展前景，提供更多的服务机遇，特别是在公证服务转型发展、涉外人才培养、国际公证人间的交流上将带来突破性飞跃。对此，我们公证行业一定要发挥优势，主动融入，整体规划，把积极服务于"一带一路"建设与进一步拓展公证职能相结合，与完善服务、提升素质相融合，让公证公信力充分彰显。

（一）公证对知识产权的特殊保护作用

公证是国际通行的保护和服务知识产权的重要法律手段，对于知识产权的设立、流转、权利救济、争端解决、域外申请、域外保护、国际合作等过程都起到了不可忽视的作用。

根据2015年中国公证协会《中国公证服务知识产权发展情况报告》，[1]我国知识产权公证业务主要包括保全证据公证；合同、声明公证；公证保管；为域外申请知识产权和知识产权域外保护提供公证服务。由于公证书具有证据效力上的优势，尤其在隐蔽性较强的知识产权侵权行为中，法院对公证书的采信率也较高。根据报告统计的数据，浙江、重庆和北京三地法院关于知识产权的民事案件中，公证证据采信率高达98.5%，在商标权、专利权和不正当竞争案件中，公证证据采信率甚至高达100%。

在"一带一路"背景下，可预期知识产权的量将会大幅度增长，而由于知识产权本身的无形性和可复制性，及时保全、固定证据就显得尤为重要。在国际合

〔1〕 中国公证协会课题组：《中国公证服务知识产权发展情况报告》，载《中国公证》2015年第7期。

作中，我国公证制度对企业知识产权国际保护方面的发挥的作用主要表现在以下四个方面：（1）证明知识产权属实，根据我国签署的国际多边或双边条约，有些国家对于我国授权的知识产权予以自动保护，但这种自动保护的前提是通过必要的登记手续，而通常情况下，上述登记手续主要表现为知识产权人将其取得的专利证书、计算机软件登记证书、注册商标证书等产权凭证进行公证。（2）为申请国际知识产权保护的中国企业提供公证证明，根据《保护工业产权巴黎公约》的相关规定，中国企业向他国申请专利和注册商标申请，可以要求优先权。但申请优先权须提供在第一国的第一次申请额证明，根据国际惯例，该等证明通常都是办理公证证明。（3）为国际知识产权的转让、合作提供公证证明，主要是指发生国际知识产权转让或合作的过程中，公证机构可以根据转让当事人的要求，对知识产权转让合同或合作合同进行公证，通过公证过程中对合同文本的审查，以最大限度的保护中国企业的合法权益。（4）为知识产权侵权行为，提供侵权证据保全公证，以保护中国企业的知识产权。

（二）公证在金融创新、贸易创新中的专家作用

为了发挥公证预防与解决纠纷的功能，促进金融交易规范有序，减少金融交易法律纠纷，确保金融纠纷有效解决，公证行业要联通银行、信托公司、融资租赁公司、证券机构等，将传统的金融业务逐渐拓展到银行类业务（如资产管理、保管业务）、保险类业务（如保险投资）、担保投融资类业务（如境内外上市、私募股权投资、创业投资管理、融资担保、小额信贷等）和证券类业务（如股票、基金、期货、信托）等领域，实现金融公证专业化、规范化，积极参与金融风险防控。

在境外投资方面，根据国际通行的做法，境外投资，包括境外设立公司或办事处、与境外公司合资设立公司、境外股权收购等活动，被投资方所在国相关主管部门会要求作为投资方的中国提供经过公证以及使领馆认证的主体资格证明文件，该等文件是中国企业进行境外投资申请当地主管部门审批的一项必备文件。外方更倾向于信服第三方相关报告和证明，这就要求企业在“走出去”之前对相关事项进行主动公证，做好准备工作。相应地，公证机构须根据被投资方所在国相关法律及主管部门的要求，在不超出我国公证法律制度的前提下，出具符合被投资国家审批标准的公证文书；在参与境外重大基础设施建设项目方面，公证制度的作用也主要表现为中国企业参与外方举行的招投标过程中的主体资格及相应资质公证，根据目前公证机构主要发生境外投标案例，中国公司参与境外投标前，其提供的相关营业执照、公司业绩合同等资料，需要经过公证才能使用。

而个人和小微企业要“走出去”，首先需要解决的是信用认证的问题。公证的公平性本质是能让更多的民间小微群体通过公证得到一种法定而且廉价的公信力获取平台，他们依托公证的平台能够很好地传递出各自的信用状态和某些

特定信息。公证能够帮助更多私人主体在获得与强势公权力组织或者大型企业相近的表达效果,从而使这些小微群体不会因为他们经济弱势或草根地位而带来的社会影响力或表达度不足。并且因为公证记录的长期实效性,这些表达不会混同在信息爆炸时代而最终湮灭其中。

"一带一路"提出至今,我国已经有很多体制和专业领域的创新随之出现,如上海的浦东自贸区的开发建设,以及为了进一步地便利国际开放和资本融通,中国有相当多的新兴金融领域也随之蓬勃发展。上海市公证协会 2015 年就开展了公证与上海自贸区建设的专项课题,并对公证在新兴金融领域的业务应用做了深入调研,完成了对融资租赁合同办理赋予强制执效力债权文书公证的研究。

三、公证在"一带一路"建设中的自我提升

首先,公证行业应紧跟时代步伐,大胆创新,改变传统的办证方式,主动与各类市场主体沟通联系,多维度拓展公证服务领域,完善硬件设施设备,为信息化建设夯实基础,推动与互联网的深度融合,扩大网络服务渠道,开通网上申证、微信办证系统,方便群众核实、查询及办证;构建公证遗嘱库,确保公民合法财产得以保护;形成有自主知识产权的网上证据保全系统,强化公证的证据效力,提升公证的公信力,为加快形成有利于创新发展的市场环境提供优质公证法律服务,等等。目前,我国有数百家公证机构已做到可网上申办公证,当事人足不出户,通过互联网提交申请材料,公证机构经过相应的审核,证书类、证照类的公证书即可送达当事人。

其次,要协同配合、加强研究。任何行业的发展均离不开与其他行业的沟通、协作和互助。作为法律服务行业的公证,更是要依托于其他行业的支持与配合。与其他行业如律师、银行等各类行业建立长期联系沟通机制,通过经常性地交流、定期召开研讨会等形式,互通相关信息,形成优势互补;与相关主管部门进一步建立健全信息互联互享,构建统一的信息查询平台,实现点对点专线实时查询,为当事人提供便捷、高效的查询通道。

最后,还要引进业务专才、形成公证骨干。当前,公证行业的从业人员大多毕业于法律院校,公证行业要想在服务"一带一路"建设中有所作为,就需要引进相关的专业人才,特别是国际贸易、金融、航运、知识产权领域的高端人才和稀缺人才,形成多层次、多梯队的人才库,建立专门的研发团队,发挥金融贸易专业人才和公证法律专业人才的双重优势,调研、探寻"一带一路"建设中公证的需求点和公证的市场切入点。通过大量人才的引入和培养,孵化,历练出更多复合型公证人才,逐渐形成一批行业骨干带头人。

“丝绸之路”源起于近两千年前的中国古代西汉时期,它东起中国西至罗马,开创了连贯东西各个文明国度之间政治、经济和文化的通渠。就在同一历史时期,公证发轫于西方的罗马,它培育和提升了社会的公力证明机制,为古代西方民事主体之间的交往提供了信用平台,也为西方的民主社会的发展发挥了历史作用。两千年后的今天,时代发生了巨变,东西方之间信息传达和货物传递的鸿沟早已不再,但亘古不变的是人们在交往中对于信用的倚仗和追求。“一带一路”建设,是交流、开放合作的平台,更是一个创新和面向未来的平台。在这个平台上,我们公证人将找到新的起点,担负起新的使命。

创新和拓展：力争始终走在法治中国建设的前沿

王　琼*

公证的“创新与规范”既是经济社会发展新常态对公证事业发展思路和目标的科学概括，又是党和国家对公证工作的基本定位。

一、创新和拓展公证业务应当紧扣主题、把握机遇

在我国全面实施“四个全面”战略布局、推动改革开放和社会主义现代化建设的进程中，公证事业迎来了前所未有的历史发展机遇。改革行政审批、转变政府职能和创新社会治理，必然更加注重展示公证的法律服务职能；深化司法改革、完善诉讼程序和提高司法效率，必然更加重视发挥公证的证据效力；防范法律风险、维护合法权益和预防矛盾纠纷，必然更加期待获得公证的法律服务供给。公证机构应当巩固积极办理涉及知识产权保护的保全证据公证的良好势头，同时继续积极开辟保全证据公证服务的新领域，探索公证服务的新方式。例如，市司法局法制和研究部门从市环境保护行政管理机关获悉，加强环境保护行政执法和落实环境损害赔偿制度，需要社会各界的协作配合，也同样期待公证等法律服务机构的参与，特别需要发挥保全证据公证在涉及环境损害领域的作用，这也为本市公证行业拓展业务提供了新思路。

二、创新和拓展公证业务应当制标建制、把握尺度

无规矩不成方圆，公证机构的创新发展离不开完整规范的行业标准和规章制度。近年来，本市公证行业依托公证机构的积极协作和配合，以及市质量和标准化研究机构的大力支持和深入指导，在公证机构接待场所设置、管理和运行等方面的标准化建设取得了显著的进步，编制形成了较为齐全的公证服务领域的团体标准或者公证机构标准，为公证服务规范化奠定了坚实的基础。然而，我们应当清醒地意识到，除少数宏观的规则或标准外，公证行业在众多具体、细化的

* 王琼，上海市司法局公证工作管理处处长、上海市司法行政工作研究会理事兼秘书长、上海市法学会理事兼行政法研究会副会长、上海交大凯原法学院和华东政法大学等高校兼职教授。

公证事项的办案程序和要求等方面,还存在大片空白和缺陷,亟待制定标准、建立规制,并且付诸实施。公证机构结合工作实践,出台机构层次的各类办证标准,为行业协会制定标准甚至主管机关制定行政规范性文件提供经验和样本。

三、创新和拓展公证业务应当加强理论研究、把握规律

毋庸讳言,公证工作的发展依赖于公证理论的提炼和创新,必须始终高度重视公证理论研究工作,以把握公证行业发展的内在规律与主线。上海市公证行业长期以来高度重视公证科研工作,每年都拨出专项资金用于科研工作,东方公证处每季度编辑发行公证行业著名的理论研究内刊《公证研讨》,2016 年 3 月 1 日,又以纪念《公证法》实施 10 周年为契机,率先创办了国内第一本公开出版的公证法学丛刊《东方公证法学》,开国内公证行业之先河。但这只是走出了公证理论研究与科研漫长发展道路的第一步,未来还有许多工作可以探索与努力。最近,市司法局有关领导明确指示相关部门主动与市法学会研究部门对接,构想成立专司公证理论和实务研究的公证研究会,同时积极联络华东政法大学等知名法学高校,考虑组建兼具公证培训和科研功能的公证学院。公证理论研究工作将迎来新的契机。

远郊公证机构专项调研报告

陈继军　倪　赟*

近年来,随着国家法治建设的逐步完善,司法改革的发展,上海市公证机构由原先的国家机关中脱钩改制为事业单位;随之而来的公证机构面临着诸如公证业务发展和队伍建设等新情况、新问题。根据上级组织指示精神,结合本市公证工作实际情况,市司法局公证工作管理处,重点开展了远郊公证机构专项调研工作。

一、调研工作的基本方法

此次调研活动的主要方法包括拟订提纲、实地走访、交流座谈、分析研讨等。

1. 拟订提纲。分管局领导亲自部署调研任务,与公管处主要负责人认真商研调研对象和范围,并且及时审定公管处提出的具体调研提纲等方案。[1]

2. 实地走访。公管处副处长陈继军、主任科员赵金洪等同志组成的调研组于2016年6月30日至7月7日,分3次到崇明、青浦、金山、国信4家公证机构进行公证专项调研工作。

3. 交流座谈。被调研公证机构所在的区县司法局分管领导、律公科科长、公证机构负责人及骨干公证员参加了调研活动。

4. 分析研讨。在此次调研活动的事前、事中和事后等环节,公管处主要针对各公证机构的2015年的业务情况、队伍情况、公证机构现状及未来发展的机遇和瓶颈等内容,及时汇总相关汇报材料,对比分析数据、查摆发现问题、研究讨论对策。

二、调研反映的主要问题

(一)公证业务规模偏小

被调研的4家公证机构都位于远郊,目前存在创收水平低、队伍规模小、新

---

* 陈继军,上海市司法局公证工作管理处副处长;倪赟,上海市司法局公证工作管理处副主任科员。

〔1〕 市司法局公证工作管理处《关于开展公证工作专项调研的通知》(沪司内公管〔2016〕0109号),2016年6月23日。

型业务少等问题。

1. 创收水平低(见附件表1)。2015年度,上述4家公证处公证服务收费数为1587万元(其中青浦公证处业务收入达到705万元,其余3家较低,分别为崇明公证处268万元、金山公证处262万元、国信公证处352万元),占2015年度全市公证机构创收指标的2.16%。

2. 队伍规模小(见附件表2)。从机构数上看,这4家公证机构占全市21家公证机构的19.05%。从公证员人数上看,4家公证机构执业公证员仅有22人(其中崇明公证处5人、金山公证处4人、国信公证处5人、青浦公证处8人),占全市执业公证员总数的5.16%。

3. 新型业务少(见附件表3)。上述4家公证机构业务主要以国内普通民事公证、涉不动产公证等传统业务为主。其中,涉及不动产公证收费占公证费总收入比分别为:崇明公证处24.8%,金山公证处42.7%,国信公证处47.2%,青浦公证处35.89%。司法部关于、市规土局发布《上海市不动产登记技术规定(试行)》施行后,可能对上述4家公证机构的业务产生较大影响,甚至出现当年度的业务收入亏损局面。

(二)公证拓展动力不足

上述4家公证机构负责人及公证员在拓展公证业务时普遍积极性不高,进取心不强。个别机构的负责人明显存在消极情绪。其主要原因有:

1. 绩效工资低。公证机构负责人和公证员普遍认为绩效工资改革后,所在区县政府人社部门核定的绩效工资数额低(见附件表4),造成了公证员收入下降,影响了公证员的工作积极性,平时工作缺乏主动性。

2. 外调不报销。开展公证业务工作过程中,必备的办证工具、技术装备得不到充分保障。比如,崇明、金山等行政区域的地域面积较大,“车改”之后,公证员调查取证时需自己乘坐公共交通,且所支出的交通费无法报销,造成办证、调查耗时长,费用又得不到保障,导致公证员不愿意外出办证或实地调查。

3. 加班无补贴。由于区县政府人社部门规定,所有机关、事业单位工作人员加班,不得发放任何补贴。因此,造成公证员既不愿在工作日8小时之外的加班,也不肯在双休日和节假日的参加便民窗口的接待或值班。

4. 绩效难挂钩。远郊公证机构公证员的年度绩效工资限额均由所在区县政府人社部门核定,虽低于中心城区公证员水平,但在所在区县事业单位中已属较高水平(明显高于未实行自收自支财务管理的事业单位),仅低于当地的三级甲等医院、市级重点中学等特殊单位。区县政府人社部门明确,已核定年度绩效工资水平是最高限额,严格禁止突破,考虑到公证机构实行自收自支的财务管理体制,因而核定了高于其他事业单位的发放标准。任何公益性事业单位创收水平与绩效工资标准实际不挂钩。目前,前述4家公证机构的所有公证员年度实际收入均已超过核定限额。为了增加收入,个别机构曾未经批准擅自在市区办证;个别公证员私下与企业合作办证。

(三)公证队伍质弱量少

上述4家公证机构的公证员结构单一、业务能力相对较差。

1. 人员结构老化。比如,金山、崇明等公证机构,公证员的平均年龄为50多岁,中青年公证员出现断层。

2. 队伍增长困难。上述4家公证机构均使用地方事业单位人员编制而非市司法局核拨的政法专项编制,因此在人员编制使用问题上,区县司法局及其所属公证机构没有决定权。区县政府人社部门不仅严格限制公证机构招聘包括公证员等在内的占编人员,而且规定非在编人员(如派遣的公证助理、辅助人员等)也必须由区里统一指派,公证机构无权主动招人。

3. 业务结构单一。由于公证员的年龄普遍偏大的原因,现有公证员无法知识更新,拓展新的公证业务有一定困难,业务能力得不到提高。例如,新型的证据保全类公证,4家公证机构共办理54件,占总受理公证件数的0.26%,合计收费144,960元,占总收费数的0.91%,公证机构的业务发展转型明显面临困境。

(四)主管机关督导不力

部分公证员反映,区县司法局在带队伍、抓管理、促业务,监督、指导公证机构健康、快速发展等的目标不明、关心不够、措施不力、办法不多。区县司法局缺乏为其所属或者主管的公证机构解决实事、难事的主动性。个别公证机构与区县司法局之间产生明显摩擦,相互缺乏信任感,上下没有形成合力。

三、优化远郊公证工作的若干建议

1. 由市司法局公管处积极会同市公证协会、相关区县司法局,积极指导远郊公证机构拓宽业务渠道,提升办证水平,传递行业信息,尽可能提供有利于公证机构全面、快速、健康发展的保障性措施。

2. 由市司法局政治部人事警务处会同局公管处、相关区县司法局,主动与相关区县政府的人社部门沟通,提请相关人社部门适当提高公证机构绩效工资记发标准,允许公证机构在既定的编制额度内及时补充公证员和必要的业务辅助人员和行政管理人员,化解未来几年随着业务机构变化、人员老化出现断层带来的诸多问题。

3. 由市司法局政治部人事警务处会同局法制处、公管处、公共法律服务处,研究市司法局依据公证法的规定,在远郊新设“不占国家编制、没有工资限额、实行自收自支、司法行政监管”公证执业机构的可行性。同时,也可考虑支持市司法局直属的东方公证处在远郊地区设立窗口，开展相关公证业务，以满足远郊地区市民办理公证的需求。

4. 市公证协会设立上海区域内的扶持基金，建立行业内的互助机制，主要对一些存在困难的公证机构予以人才引进资金储备、办证业务设备配置等具体措施扶持，以保障其正常运行，克服暂时困难。

5. 由市司法局公管处会同市公证协会，主动与市不动产登记部门协调、联系，积极应对房屋继承、赠与和买卖类公证由部颁规范性文件规定的应当公证调整为依申请公证等形势变化，争取相关部门理解和支持，尽可能发挥公证法律服务的独特优势。同时，指导公证机构及其公证人员，周到、细致地做好市民主动申请房屋继承、赠与和买卖类公证时的办证工作，以公证法律服务人员的专业优势赢得广大市民的信赖。再则，指导相关公证机构挖掘潜力在所在区县不动产登记部门办事大厅（房产交易中心）设立公证服务窗口，解答市民公证咨询，受理不动产登记类公证申请。

6. 由市公证协会抓紧会同华东政法大学等高校建立公证业务培训机构，加大对包括远郊公证机构工作人员在内的所有工作人员的业务培训，特别是采取专题讲座、一对一帮助、互派培训等方式，以提高远郊公证机构工作人员对新型公证业务的办证能力。

附件

表1 远郊公证机构2015年度收入和支出情况

（单位：万元）

	总收入数	总支出数	净积累数	人员支出情况				
				人员支出总数	公证员支出总数	其他辅助人员支出总数	公证员基础工资支出数	公证员绩效工资支出数
金山	262	324	-62	145	50	95	15	35
国信	352	359	7	144	77	67	22	55
青浦	705	627	78	310	203	107	31	172
崇明	268	223	45	126	61	65	16	45
合计	1587	1533	68	725	391	334	84	307

表2 远郊公证机构2015年度编制和现有人员情况

	编制数	现有实际人员			
		在编公证员数	非在编公证员数	在编其他人员数	非在编其他人员数
金山	17	4	0	4	12
国信	18	5	0	1	8
青浦	20	8	0	4	8
崇明	15	4	1	1	7
合计	70	21	1	10	35

表3 远郊公证机构2015年度公证受理和收费情况

	2015年度公证受理总件数	其中:涉及不动产公证		2015年度公证收费总数（万元）	其中:涉及不动产公证	
		件数	占受理总数		收费数（万元）	占收费总数
金山	8776	370	4.20%	262	112	42.7%
国信	4073	1409	34.60%	352	166	47.2%
青浦	5345	1428	26.72%	705	253	35.9%
崇明	2918	235	8.08%	268	67	25.0%
合计	21112	3442	16.30%	1587	598	37.7%

表4 远郊公证机构绩效工资核定与实际收入对照

单位:每人/每年,万元

	绩效工资核定	公证员实际人均收入	公证员最高收入数	公证员最低收入数
金山	9.9	14.1	17.2	11.8
国信	9.8	13.0	16.5	10.0
青浦	14.3	25.4	28.2	10.2
崇明	9.3	10.0	12.8	9.7

公证人在婚姻家庭中的作用

——从法国民法典最新修改谈起

徐 青*

法国于2016年11月18日颁布了第2016－1547号新法，并于2017年1月1日起生效。该部法律对婚姻家事领域的司法程序做了修改，修改后的《民法典》第229条规定夫妻双方经过共同协商，可以通过各自的律师联合署名，并由公证人按公证文书原件存档的私署协议来完成离婚。这将在很大程度上缓解家事法庭法官的压力，同时也更加巩固了公证人在婚姻家庭法律事务中的重要地位。

一、法国公证人在家事法方面的地位

众所周知，公证的特点在于介入非诉讼性事务，公证的目的是预防和避免纠纷的发生。在法国公证人的传统业务当中，婚姻家事法占据着很大的比例，在这个领域，公证人拥有无可争辩的专业知识和技能。[1] 婚姻家事法涉及的内容广泛，结婚时的夫妻财产制度，离婚时文书的起草，包括一方或双方死亡后的继承、赠与等问题，均需要公证人的介入。而法国公证人在遗产清算、共有财产清算、财产分配等方面表现出了非常高超的专业技术水平，因此，法国在诉讼裁判的过程中，往往也会求助于公证人的专业帮助。

法国公证人在婚姻家事中扮演着非常重要的角色，其目的不仅是预防纠纷的发生，因为事实上，家庭关系中的纠纷是不可避免的。所以公证人的工作非常繁复，他必须要预见到纠纷、防止纠纷的发生，又必须将各方的合意落实在文本中并充当证人。

---

* 徐青，上海市司法局公证工作管理处副处长、上海市公证协会副秘书长。

〔1〕 卡罗琳·吉林格：《家庭法：法国公证人的业务范畴》，《中法公证法律论文精选》（2016年）第190页。

二、第 2016 – 1547 号新法颁布的背景及内容

在介绍 2016 – 1547 号新法之前，我们先来了解一下法国目前离婚所需完成的程序。与我国婚姻法规定的协议离婚、诉讼离婚类似却又不同，根据法国现行法律，我们暂且也将离婚分为有两种方式，即协议离婚和诉讼离婚，但是无论采用哪一种方式离婚，离婚案件都必须要走司法程序，即经过家事法庭法官的审理。对于诉讼离婚经过司法程序比较容易理解，但是为什么协议离婚还需要经过法官审理呢？这样严格的离婚制度的目的旨在确保未成年子女和离婚双方的合法权益得到保障，避免离婚双方通过合法、自愿的形式，损害未成年子女的利益和对离婚某一方不公平的现象发生，因为法官需要对双方自愿达成的离婚协议的内容进行审查，以此确保各方利益得到保障。从制度设计的层面上，我们可以看到制度设计者的良苦用心和严谨认真的态度，但是在实践当中，大量离婚案件积压在家事法庭法官的手中，导致离婚周期过长，过度消耗司法成本，普通民众对于法院冗长的司法程序不满；而法官这边也是忙得焦头烂额，在涉及财产分配、清算等专业问题的时候又不得不请教公证人。

鉴于公证人公务助理人员的角色，在很长时间，法国司法界就未来家事法的某些领域可能会被交由公证人负责展开过讨论，因为，随着社会的发展和个人主义的抬头，家庭内部关系越来越需要通过契约来维持，此外，公证人的介入，也有利于减轻法院人满为患的状况。

2012 年奥朗德当选法国总统后，时任司法部部长克里斯蒂娜 · 托比拉女士大力推行司法法律改革，并于 2015 年 7 月提交了《司法现代化》的法案，在经过参议院和国民议会的审议和修改后，该法案于 2016 年 11 月 18 日颁布，并于 2017 年 1 月 1 日生效。新法案主要涉及修改了《民法典》第 229 条，修改后的 229 条全文如下：[1]

“第 229 条（2016 年 11 月 18 日第 2016 – 1547 号新法颁布，2017 年 1 月 1 日起生效） 夫妻经共同协商，可以通过各自律师联合署名并由公证人按公证文书原件存档的私署协议来完成离婚。离婚原因：（1）两愿离婚/协议离婚，具体条件见第 229 条第 2 款；（2）同意离婚；（3）婚姻生活确定已破裂；（4）过错离婚。

第 229 条第 1 款（由 2016 年 11 月 18 日第 2016 – 1547 号新法第 50 条创立） 当夫妻双方就离婚和离婚的后果达成一致意见时，可以通过各自律师联合署名的私署协议来完成离婚。这份协议需送交公证人处存档备案。公证人应审查协议是否满足第 229 条第 3 款的 1 – 6 条规定，并根据第 229 条第 4 款，审查

〔1〕 载 https://www.legifrance.gouv.fr/affichCode.do。

该协议的签署是否遵守了 15 日的反悔期。公证人存档的效果在于赋予了离婚协议确定的日期和执行效力。

第 229 条第 2 款(由 2016 年 11 月 18 日第 2016 - 1547 号新法第 50 条创立) 以下两种情形的协议离婚仍然必须通过法院程序:(1)离婚夫妻的未成年子女要求面见法官陈述意见时;(2)离婚夫妻中有一方属于法律规定的司法保护对象时。

第 229 条第 3 款(由 2016 年 11 月 18 日第 2016 - 1547 号新法第 50 条创立) 离婚协议必须包含以下几个方面的内容:(1)夫妻双方的姓、名、职业、住址、国籍、出生日期、出生地,以及,若有必要,子女的户籍和身份信息;(2)双方律师的姓名、工作地点、从业经历等身份和职业信息;(3)夫妻双方同意离婚以及知晓协议条款之法律后果的叙述;(4)阐述民法典中关于离婚后果的条款,尤其是涉及赔偿金支付的条款;(5)夫妻财产清算的条款,涉及不动产的清算或者声明无清算财产时都必须由公证人进行公证;(6)明确记载未成年子女已由父母告知享有面见法官陈述的权利并且放弃使用该权利的情况。

第 229 条第 4 款(由 2016 年 11 月 18 日第 2016 - 1547 号新法第 50 条创立) 律师需通过挂号信的形式将离婚协议寄与当事人,该协议从签收之日起有 15 天的反悔期。在未满反悔期前,该协议不能签字生效。婚姻关系自该协议获得执行效力之日起解除。"

显而易见,法国公证人将在协议离婚中扮演着重要的角色。因为根据新法,公证人不仅有保管离婚协议的义务,公证人还须对离婚协议进行形式和内容上的合法性审查,特别是离婚协议由公证人进行存档的效果在于赋予了离婚协议确定的日期和执行效力,因为由公证人存档是必经的法定程序,否则离婚无法成立。相信,新法的颁布将会大大缓解家事法庭法官的工作压力,同时也会更加保障公民的法律安全,因为公证人是最专业的法律人。

三、我国公证制度在婚姻家事方面的作用及思考

我国公证制度在婚姻家庭领域也发挥着不可替代的作用。发展初期,大部分的公证多为家庭中的公证事项,比如遗嘱公证、继承公证等,这些公证为维护家庭的稳定和减少纠纷起到了很大的作用。随着社会经济的不断发展,公证制度所涉及的领域越来越广泛,对外交流交往的增加使得涉外公证业务得到拓展,国内公证在公证业务中所占的比例虽然相对减少,但它的作用却越来越凸显。目前在我国婚姻家庭中涉及的公证主要包括婚前财产约定协议公证、继承公证、遗嘱公证等,这些公证有效地避免了日后产生纠纷的可能性,维护了家庭和社会的稳定。修改后的婚姻法明确规定了夫妻之间财产可以进行约定,遗嘱中可以

明确规定财产归夫妻间的哪一方所有等条款,为公证增加公信力和确定力提供了相对明确的法律依据。[1]

我国婚姻法制度与法国不尽相同,协议离婚时,双方根据已经达成一致并签订好的离婚协议到民政部门的婚姻登记机构直接办理离婚即可,这种看似简洁快速的离婚方式其实背后隐藏着对婚姻的草率和对法律安全的忽视。加之我国传统文化的影响,对婚前财产约定协议不够重视,导致离婚时财产分割纠纷不断,夫妻一方提前转移财产、弄虚作假现象并不罕见,从而使权利义务关系明确的离婚案件也要历经较长的诉讼周期。反观法国这次离婚制度的改革,其对于加强公民法律服务、简便司法程序、平衡法律安全和司法效率方面有着重要的意义。[2] 我们的公证员应该在婚姻家庭这一传统业务领域有什么新的突破呢?

家庭是社会的基本组成细胞,随着社会的发展,家事法律服务应运而生,加强家事服务领域建设,符合时代的发展需求。公证可以在家事领域发挥更加细致的作用,比如,加大公证在家事法律服务领域的宣传力度,向广大人民群众普及婚前财产协议的重要性。特别是在近些年中老年人再婚的案件中,婚前财产协议或者是夫妻财产约定都可以为再婚双方提供保护自己和全家利益再分配的保障。切实发挥公证在家事领域预防纠纷的功能,节省司法资源,提高司法效率;另外,公证员可以为当事人提供各类文书(夫妻财产约定、离婚协议)的起草,因为公证员擅长于家事法律服务,专业细致,可以通过采取事前约定的方式避免日后矛盾纠纷的发生;又如,公证调解作为公证机构在家事领域的衍生服务,为当事人提供了一站式全方位的法律服务,有利于纠纷切实有效地解决。公证机构依据职能特点和家事领域的法律服务实践经验以及公证处的自身优势,充分发挥公证员基于中立性的纠纷调处能力,有效化解家事矛盾纠纷,减少家事诉讼,降低家事审判诉讼的司法成本,既最大限度满足人民群众多元化法律服务的需求,也彰显公证服务民生、服务社会的价值。

另外,公证机构在婚姻家事方面也可以探索提供意定监护服务。所谓意定监护,指被监护人在具备完全判断能力的情形下,预先确定某人作为自己在欠缺判断能力时的监护人。成人意定监护,正是"尊重被监护人自主决定权"的体现,也充分体现了对意思自治的尊重与保护。这也是我国 2013 年《老年人权益保障法》的体现:"具备完全民事行为能力的老年人,可以在近亲属或者其他与自己关系密切、愿意承担监护责任的个人、组织中协商确定自己的监护人。监护

---

〔1〕《论公证在婚姻家庭中的作用》,载《中国城市经济》2011 年第 3 期。

〔2〕蔡勇:《法国修改民法典——公证人将替代法官处理协议离婚案件》,载《中国公证》2016 年第 12 期。

人在老年人丧失或者部分丧失民事行为能力时,依法承担监护责任。”[1]

公证机构在当事人达成意定监护协议时,可以明确监护人的选任、监护内容、监护方式的实施以及财产安排等,给当事人提出合理的安排建议,最后对意定监护协议进行公证生效,来达到公示目的,从而保护被监护人的人身、财产权益,尊重当事人的意思和选择,体现公证的人文关怀、对人权的保护。

进一步探索公证在多元化纠纷解决机制中的作用也是公证行业积极发挥专业优势的具体体现。2016 年 6 月 28 日,最高人民法院给出《关于人民法院进一步深化多元化纠纷解决机制改革的意见》,其中指出,“加强与公证机构的对接。支持公证机构在家事、商事等领域开展公证活动或者调解服务”。体现了我国在建立健全诉讼与非诉讼相衔接的矛盾纠纷解决机制的过程中,对公证机构职能和公证预防性司法作用的肯定。

公证参与多元化纠纷解决机制,建立以人民法院为主的诉调对接平台,助力社会矛盾的化解与预防,发挥公证的辅助性司法功能,不仅是公证行业的一次机遇,更是我国司法体系的完善。公证机构除了发挥公证调解的职能外,还应积极探索在送达、取证、保全、执行等环节的公证法律服务,开创与法院、律师、调解组织、行业协会等多个部门合作协同,建立高效便捷的诉讼服务和纠纷解决机制,努力完善具有中国特色的多元化纠纷解决体系。

换个角度看,法国修改《民法典》把离婚案件委托给公证人处理,将离婚从诉讼程序中分离出来,又何尝不是公证参与多元化纠纷解决机制的体现呢?

因此,公证以主体姿态加入多元化纠纷解决机制当中来,是一种利用多层次多领域、结合各方面力量共同参与纠纷解决的体系,也是未来公证行业发展的国际化趋势。

[1] 《老年人权益保障法》第 26 条。

股票质押回购交易法律问题探析

——可否赋予该文书强制执行效力

杨昌麟　孟宇亮*

随着金融行业的快速发展及金融产品的不断创新,出现了很多新的交易方式、交易结构,同时催生了许多新型的合同或协议,公证行业一般会比司法审判部门更早地接触到这些新型合同,这也使公证行业接触到的债权文书也同样呈现出了新型化、多样化的现象。在传统的银行借款合同、担保类合同之外,融资租赁合同、资产收益类转让及回购合同似乎也屡见不鲜了。今天所要探讨的合同则是"股票质押回购业务协议"。

但是无论金融领域如何创新,我们的法宝依然是"透过现象看本质",重点关注合同形式下的实质内容,只有理清各类新型协议的本质,才能"对号入座",以确认是否符合法律的规定,是否可以办理赋予强制执行效力公证。

一、股票质押式回购的相关概念

(一)何谓"股票质押式回购"

根据中国证券登记结算有限责任公司、上海证券交易所于 2013 年 5 月 24 日颁布实施的《股票质押式回购交易及登记结算业务办法(试行)》(上证会字〔2013〕55 号,以下简称《业务办法》)第 2 条的有关规定,股票质押回购,是指符合条件的资金融入方以所持有的股票或其他证券质押,向符合条件的资金融出方融入资金,并约定在未来返还资金、解除质押的交易。

(二)交易主体:包括融入方、融出方

1. 融入方,是指具有股票质押融资需求且符合证券公司所制定资质审查标准的客户。[1]

2. 融出方,包括证券公司、证券公司管理的集合资产管理计划或定向资产管

---

* 杨昌麟,上海市公证协会副会长,上海市徐汇公证处主任、公证员;孟宇亮,上海市徐汇公证处公证员。

〔1〕《股票质押式回购交易及登记结算业务办法(试行)》第 13 条。

理客户、证券公司资产管理子公司管理的集合资产管理计划或定向资产管理客户。[1]

（三）交易要素

1. 交易类型：一般包括初始交易、补充质押、部分解除质押、提前购回、延期购回（与公证相关的交易类型一般均为初始交易）。

2. 标的证券信息：标的证券名称、标的证券代码、标的证券数量、标的证券状态（限售流通股/流通股）、[2]标的证券性质（国有股/非国有股）[3]等。

3. 初始交易日，初始交易金额：

初始交易日，是指融入方、融出方双方约定的进行初始交易的日期。

初始交易金额，是指双方约定的具体成交金额，初始交易时由融出方支付给融入方。在扣除初始交易的相关费用[4]后，融入方实际获得资金可能略小于初始交易金额。

4. 购回交易日，购回交易金额：

购回交易日，是指融入方、融出方双方约定的进行购回交易的日期，约定的日期为非交易日的，购回交易日提前至前一交易日。[5]

购回交易金额，是指双方约定的，购回交易时融入方支付给融出方的交易金额。购回交易金额一般为初始交易金额×（1＋回购利率×购回期限/365[6]）。也就是说，购回交易金额为融入方返还的初始交易金额与应支付的息费之和。

5. 购回期限，是指购回交易日与初始交易日之间的期限。[7]

6. 回购利率：融入方参与股票质押回购时，融入方、融出方双方协商确定的再购回交易到期时融入方向融出方支付的年化资金利息率，计息天数为365天。

二、股票质押式回购业务协议是否可以赋予强制执行效力

前文已经提到，我们判断新型合同是否可以赋予强制执行效力的基本方法是关注合同形式背后的实质内容，厘清协议本质，然后“对号入座”。

---

〔1〕《股票质押式回购交易及登记结算业务办法（试行）》第16条，为方便起见，本文讨论的交易主体之融出方仅指证券公司，即证券公司以自有资金为融入方提供资金融通。

〔2〕如为限售流通股，还需要在交易要素中明确“解除限售日”。

〔3〕质押股份为国有股东持有的，应遵守国有资产管理部门的有关规定，需提供在国有资产监督管理机构备案的《国有股东所持上市公司股份质押备案表》，并提交证券公司存档。

〔4〕例如，经手费、质押登记费。

〔5〕有的证券公司则是将购回交易日自动顺延至下一个工作日。

〔6〕有的证券公司协议中约定此数字为360。

〔7〕依照《股票质押式回购交易及登记结算业务办法（试行）》第24条的规定，股票质押回购的回购期限不超过3年。

先来看看“座位”的要求,《最高人民法院、司法部关于公证机关赋予强制执行效力的债权文书执行有关问题的联合通知》(以下简称《联合通知》)第1条规定,公证机关赋予强制执行效力的债权文书应当具备以下条件:(1)债权文书具有给付货币、物品、有价证券的内容;(2)债权债务关系明确,债权人和债务人对债权文书有关给付内容无疑义;(3)债权文书中载明债务人不履行义务或不完全履行义务时,债务人愿意接受依法强制执行的承诺。

再来看看“股票质押式回购业务协议”是否能“对上号”?“股票质押式回购业务协议”的基本交易模式为:融入方在初始交易日将股票出质给融出方后,融出方将双方约定的初始交易金额支付给融入方,购回期限届满后,融入方须在购回交易日返还购回交易金额(与初始交易金额相比为溢价返还),并要求融出方解除股票质押登记。在此模式下,融出方依约向融入方支付相应资金后,融入方负有在双方约定的购回交易日返还购回交易金额的义务。

很明显,融入方返还购回交易金额的义务为给付货币,符合《联合通知》第1条规定的“条件(1)”;融入方须给付的货币的计算公式为初始交易金额×(1+回购利率×购回期限/365),该公式中,初始交易金额、回购利率、购回期限等参数均明确无误,符合《联合通知》第1条“条件(2)”中债权债务明确的要求;只要“股票质押式回购业务协议”中包含融出方和融入方对债权文书有关给付内容无疑义并且载明融入方不履行义务或不完全履行义务时,融入方愿意接受依法强制执行的承诺这类技术性条款,就满足了《联合通知》第1条规定的应当具备的所有条件。因此,“股票质押式回购业务协议”应当属于可以赋予强制执行效力的债权文书。

三、需要进一步探讨的问题:“股票质押式回购业务协议”中的质押是否属于“担保物权”[1]意义上的质押

(一)“担保物权”意义上的股票质押

以担保财产的种类为划分标准,股票质押属于担保物权中的权利质权。[2]

担保物权是以直接支配特定财产的交换价值为内容,以确保债权实现为目的而设定的物权,具有以下特征:

第一,担保物权以确保债权人的债权得到完全清偿为目的。担保物权旨在确保债务的清偿,是为确保债务的清偿而设立的,因此在担保物权设立时,要有

---

〔1〕《物权法》第170条规定,担保物权人在债务人不履行到期债务或者发生当事人约定的实现担保物权的情形,依法享有就担保财产优先受偿的权利,但法律另有规定的除外。

〔2〕《物权法》第223条规定,债务人或者第三人有权处分的下列权利可以出质:……(四)可以转让的基金份额、股权。

被担保的债权事先存在，担保物权从属于所担保的债权。这是担保物权的一个重要属性：从属性。[1] 担保权的从属性体现在三个方面：其一，发生上的从属性，即担保权以被担保债权的发生为前提，随被担保债权无效或撤销而无效或撤销。其二，处分上的从属性，主要是转移的从属性。《担保法》第 50 条和《物权法》第 192 条皆强调："抵押权不得与债权分离而单独转让或者作为其他债权的担保。"其三，消灭上的从属性，即被担保债权因清偿等原因而全部或部分消灭时，担保权亦随之相应的消灭。[2]

第二，担保物权具有优先受偿的效力。优先受偿，是指在债务人到期不清偿债务或者出现当事人约定的实现担保物权的情形时，债权人可以就担保财产进行折价或者拍卖、变卖担保财产，以所得的价款优先实现自己的债权。[3]

第三，担保物权，是指在债务人或者第三人的财产成立的权利。债务人既可以以自己的财产，也可以第三人的财产为债权设立担保物权。[4]

在"担保物权"意义上设立股票质权，需要采取书面形式订立"股票质押合同"。[5] 根据《担保法》第 65 条和《物权法》第 210 条的规定，质押合同一般包括以下内容：被担保债权的种类和数额，债务履行期限，出质权利的名称、数量，担保的范围等内容。

以担保物权的特征来考察"股票质押合同"，其一，出质人、质权人订立"股票质押合同"的目的是确保债权人（质权人）的债权得到清偿，是为确保债务人债务的清偿而订立，出质人、质权人订立的"股票质押合同"从属于债权人与债务人订立的"主债权债务合同"（如借款合同）。主债权债务合同无效，担保合同无效。其二，当主合同债务人到期不清偿债务或者出现当事人约定的实现担保物权的情形时，债权人（质权人）可以处置相应质押股票并优先受偿。其三，出质人既可以是主债权债务合同中的债务人，也可以是其他第三人。

（二）"股票质押式回购业务协议"中的股票质押与"担保物权"股票质押的不同

与"担保物权"意义上的股票质押相比，股票质押式回购交易中的"股票质押"有以下几个方面的不同：

---

[1] 胡康生主编：《中华人民共和国物权法释义》，法律出版社 2007 年版，第 363～364 页。

[2] 王闯：《冲突与创新——以物权法与担保法及其解释的比较为中心而展开》，载梁慧星主编：《民商法论丛》（第 40 卷），法律出版社 2008 年版，第 278 页。

[3] 胡康生主编：《中华人民共和国物权法释义》，法律出版社 2007 年版，第 364 页。

[4] 胡康生主编：《中华人民共和国物权法释义》，法律出版社 2007 年版，第 365 页。

[5] 要使股票质权设立，还需以当事人履行权利出质公示为要件。依照《物权法》第 226 条的规定，以证券登记结算机构登记的股权出质的，质权自证券登记结算机构办理出质登记时设立。

其一,主体范围不同。(1)融出方(债权人)只能包括证券公司、证券公司管理的集合资产管理计划或定向资产管理客户、证券公司资产管理子公司管理的集合资产管理计划或定向资产管理客户;而股票质押担保中的债权人无此限制。(2)融入方(债务人)只能以自己所持有的股票质押;而股票质押担保中的出质人既可以是主合同债务人以自己持有的股票质押,也可以是债务人以外的第三人以其持有的股票质押。

其二,目的不同。融入方(债务人)将其所持有的股票质押给融出方(债权人),目的是从融出方处融入获取资金;而股票质押担保中出质人的目的是确保主合同债权人(质权人)的债权得到清偿。股票质押担保合同是担保物权当事人(主债权人和主债务人或第三人)以意思表示设立股票质权的双方法律行为,其具体表现形式为"股票质押合同"。"股票质押式回购交易"是证券市场参与主体(融入方与融出方)以意思表示设立"股票质押式回购交易"的双方法律行为,具体表现形式为"股票质押式回购交易业务协议",融入方、融出方均无设立股票担保债权实现的意思表示。

其三,质权的消灭不同。融入方依约向融出方返还资金、支付息费、购回交易交收完成后,尚需要融出方按照协议的约定办理已质押股票的解除质押操作方能使质权消灭。而股票质押担保中质权的消灭可以是质权人放弃担保物权进行涂销后使得质权消灭,也可以是因主合同债权的消灭而消灭。债务人自己清偿债务或者第三人代债务人清偿债务导致主债权消灭的,担保物权亦相应消灭。

(三)"股票质押式回购业务协议"中的股票质押与"担保物权"股票质押在优先受偿性上有类似点

股票质押式回购交易中的"股票质押"与"担保物权"意义上的股票质押均具有优先受偿性,以下就前者的优先受偿性作简要说明。

《业务办法》所附之"股票质押式回购交易业务协议必备条款"(以下简称"必备条款")列明了融出方有如下权利:融入方违约时,融出方有权按照协议约定处置相应质押标的证券并优先受偿。处置所得价款不足以清偿融入方欠款时,融出方有权继续向融入方追偿。"必备条款"还列明了融入方有如下权利:融入方违约时,对于处置相应质押标的证券所得价款,优先偿还融出方,剩余资金返还融入方。

"必备条款",顾名思义,即要求开展此类"股票质押式回购业务协议"的证券公司在相关协议中必须列明这些条款。由此来看,"必备条款"从正反两个方面明确说明了这个问题:在"股票质押式回购交易"过程中,若融入方(出质人)未依约返还资金、支付息费,证券公司(质权人)有权按照协议约定处置相应质押股票并优先受偿,处置所得价款不足以清偿融入方欠款时,融出方有权继续向融入方追偿；处置所得价款若有剩余，应将剩余资金返还融入方。

（四）“股票质押式回购业务协议”中的股票质押不属于“担保物权”意义上的质押

综上，“股票质押式回购业务协议”中的质押在设立目的、从属性、主体范围等方面与“担保物权”意义上的质押均不同。因此，“股票质押式回购业务协议”中的质押不属于“担保物权”意义上的质押。

四、“股票质押式回购交易”与“非典型担保形式”之附让与担保内容的有价证券回购不同

“非典型担保形式”是与“典型担保形式”相对应的概念。典型担保形式即当事人依法律行为设定的，在借贷、买卖、货物运输、加工承揽等经济活动中用以担保债权实现的保证、抵押、质押、留置、定金等担保形式。[1] 担保法之外的形形色色的担保形式称为“非典型担保”，比如所有权保留、[2]金钱质押、[3]不动产收益权质押、[4]附让与担保内容的有价证券回购等。

附让与担保内容的有价证券回购，当事人不仅在合同中约定出卖人到期回购有价证券，而且约定在出卖人回购之前，有价证券的所有权让渡于买受人，到期出卖人不如约回购，买受人即可以有价证券所有权人的身份行使权利。在附让与担保内容的有价证券回购关系中，出卖人占有有价证券，买受人拥有有价证券的所有权，出卖人继续占有所有权已转移至买受人的有价证券的合法性，来源于买受人的委托，理论上称为占有改定。[5]

“股票质押式回购交易”与“附让与担保内容的有价证券回购”虽然标的物均为“有价证券”，但在标的物所有权人、合同双方的权利义务内容、能否适用善意取得制度等方面均有所不同。

（一）融出方仅为标的证券的质权人，而非所有权人

股票质押式回购交易，是指符合条件的资金融入方以其所持有的股票或其

---

〔1〕 曹士兵：《中国担保制度与担保方法——根据物权法修订》，中国法制出版社2008年版，第16页。

〔2〕 《合同法》第134条：“当事人可以在买卖合同中约定买受人未履行支付价款或者其他义务的，标的物的所有权属于出卖人。”

〔3〕 最高人民法院《关于适用〈中华人民共和国担保法〉若干问题的解释》第85条：“债务人或者第三人将其金钱以特户、封金、保证金等形式特定化后，移交债权人占有作为债权的担保，债务人不履行债务时，债权人可以以该金钱优先受偿。”

〔4〕 最高人民法院《关于适用〈中华人民共和国担保法〉若干问题的解释》第97条：“以公路桥梁、公路隧道或者公路渡口等不动产收益权出质的，按照担保法第七十五条第（四）项的规定处理。”

〔5〕 曹士兵：《中国担保制度与担保方法——根据物权法修订》，中国法制出版社2008年版，第19页。

他证券质押,向符合条件的资金融出方融入资金,并约定在未来返还资金、解除质押的交易。股票质押式回购交易待购回期间,有价证券(股票)的所有权人为融入方,融出方自始至终未成为股票的所有权人,融出方为质权人,只是依照合同约定享有对股票处置所得价款优先受偿的权利。购回期限届满后,如融入方违约不履行返还资金的义务,融出方只能以质权人的身份而非所有权人的身份行使质权。

(二)善意取得制度的适用

股票质押式回购交易待购回期间,标的证券的状态为质押不可卖出。标的证券的所有权人即融入方不得将已质押登记的标的证券申报卖出或另作他用。[1] 此种情况下,标的证券无法交易,无适用善意取得制度的前提。就算登记结算机构无此限制,融入方出卖标的证券的行为也不适用善意取得制度,因为融入方为标的证券的所有权人,为有处分权人,其出卖标的证券不构成无权处分。

而"附让与担保内容的有价证券回购"则不同。占有改定情形下所有权的转移仅仅是通过当事人的合意在观念中完成的,不具有可被人们察觉的外观,人与物的事实控制与支配关系并未发生改变。而根据物权公示性的原则,物权的设立、变更、转让、消灭应当以一定的可以从外部察知的方式表现出来,因此物权公示在不动产为登记,在动产为交付(占有转移)。而以占有改定取得的所有权转移,第三人无法察知物权的变动,所以,对于因新来出让人直接占有动产这一事实状态,而与之交易的第三人就必须通过善意取得制度加以保护。[2]

---

〔1〕 参见《中国结算上海分公司股票质押式回购交易登记结算业务指南》。

〔2〕 胡康生主编:《中华人民共和国物权法释义》,法律出版社2007年版,第76页。

公证法律服务在海事海商领域的介入

顾佩芳*

一、公证法律服务的特殊性在海事海商业务中的优势分析

公证法律服务的特殊性是因公证法律服务本身的制度设计而来,相对于其他社会法律服务,公证机构所提供的公证法律服务的特殊性,主要体现在以下几个方面:

(一)公证机构的独立性以及公证行为的客观性

我国的公证机构既不是国家行政机关,也不是国家司法机关,而是国家立法许可,有专业知识并取得资格的人员向社会提供法律服务的自律行业。《公证法》明确规定:公证机构是依法设立,不以营利为目的,依法独立行使公证职能、承担民事责任的证明机构。公证机构的独立性表现为不依附于政府权力组织,其运作以实现法律目的为依据,免受其他法外程序的干扰和影响。独立的公证制度能维护社会稳定,公证的独立性能够给人们以信心,社会主义市场经济离不了公证制度的独立。国家通过法律允许公证建立自己行业组织——公证协会,由公证协会负责管理公证人,公证协会是公证自治的组织形式,也是公证独立性的表现。公证人在办理公证过程中,只服从法律,只对法律负责,它通过对法律负责来对人民负责。[1] 这保证了公证行为的客观性,能够对民事法律行为、有法律意义的事实和文书的进行客观、真实的证明。

公证机构的独立性以及公证行为的客观性保证了公证机构在办理有关海事海商业务时,能够独立的出具客观、明确、真实的公证文书,保障公证申请人的合法权益。公证机构的独立性优势还体现在其能够独立承担民事责任,在公证当事人以及利害关系人的权益受到损害时,能够通过多种有效的途径得到救济。

(二)公证员"亲自"原则

依照《公证法》和《公证程序规则》的规定,在办理公证过程中须公证员亲自

---

* 顾佩芳,上海市东方公证处副主任、公证员。

〔1〕 曾书红:《公证机构定位》,载《法制与社会》2009 年第 6 期。

办理的事务，不得指派公证机构的其他工作人员办理，这也被称为公证员“亲自”原则。在“亲自”原则的要求下，承办公证员必须亲自接触申请公证的当事人、有关的利害关系人及其他有关人员；亲自审查当事人的权利能力和行为能力，听取并询问当事人办理公证的具体内容及其真实意图要亲自审查具体公证事项，对申请办理的法律行为、有法律意义的文书和事实及有关材料，要亲自加以了解、审查和调查；公证员必须亲自断定公证事项的真实性和合法性。法律授权公证人行使证明权，这种权力不允许委托他人代理行使，通俗地讲，是法律授予公证人特殊证人的身份来证明某些客观事实，其他任何人均没有这种身份，其作证当然不具备公证效力。[1]

公证员“亲自”原则保证了公证机构在提供特定的公证法律服务时，均为执业公证员亲自所为，公证员可以与服务的当事人以及相关的利害关系人进行有效的沟通，尤其是涉及海事海商领域特别重大的协议以及特别棘手、紧要的保全证据公证等内容，可以第一时间进行有效的交流与处理。

（三）公证的高效性

在大陆法国家，公证制度作为预防纠纷的体系与法院的诉讼制度并存，在国家法制体系中占有十分重要的作用。在西班牙，甚至有这样的说法：每当我们开一家公证人事务所的时候，就会关掉一家法院。由于公证机构在提供公证法律服务的本身就是对公证的当事人以及所需要公证的内容进行真实性、合法性的审查，因此，公证能够有效地预防纠纷的发生。除此之外，公证制度中一些特殊设计也使纠纷解决快速化。例如，公证赋予相应的债权文书以强制执行效力，在出现债务人违反合同约定的义务时，债权人可以向公证机构申请执行证书，并向有管辖的法院直接申请强制执行，这就省去了因纠纷而发生的漫长的诉讼过程。

在海事海商领域，由于本身涉及的交易风险以及金额就较为巨大。例如，在造船合同中，需要各方都投入大量的人力、物力，如果发生纠纷，可能就会产生巨大的损失，而且纠纷时间越久，所产生的损失也就越大。通过公证的介入，一方面可以预防纠纷的发生；另一方面，在纠纷发生时，可以采取针对性的强制执行手段，从而大大减少各方的损失。

（四）公证证据的效力

公证的效力最核心也是最关键的就是它的证据效力，《民事诉讼法》第69条明确规定：“经过法定程序公证证明的法律事实和文书，人民法院应当作为认定事实的根据，但有相反证据足以推翻公证证明的除外。”由此可见，经公证的法律事实及文书由于本身已经经过公证机构的审查，因此，在诉讼过程中就具有被

---

〔1〕 刘疆：《公证基本原则新论》，载《中国公证》2003年第4期。

直接作为认定事实的根据。公证证据的效力高于一般证据，正是公证证据的价值体现。

公证证据的优先效力已经得到了社会的普遍认可，因此，在海事海商领域中，当事人同样可以通过借助公证这一公共法律服务，及时固定可能需要的证据材料，对必要的法律事实以及文书进行相应的公证，预防纠纷的发生，并在诉讼的过程中取得证据上的优势地位。

二、海商事纠纷预防阶段的公证法律服务

（一）要式公证

在涉外诉讼中，公证是法院采信证据材料真实性的重要形式要件，在某些场合甚至起到决定性的作用。航运因与国际贸易紧密相连，纠纷涉外比例比较高。涉案主体、案件事实、法律关系都有可能地处法院所在国的千里之外，确认主体身份、核实证据真实、查明外国法律存在诸多不便，法官不可能出境调查，因此常常依赖于公证机构。例如，我国《民事诉讼法》第 264 条规定："在中华人民共和国领域内没有住所的外国人、无国籍人、外国企业和组织委托中华人民共和国律师或者其他人代理诉讼，从中华人民共和国领域外寄交或者托交的授权委托书，应当经所在国公证机构证明，并经中华人民共和国驻该国使领馆认证，或者履行中华人民共和国与该所在国订立的有关条约中规定的证明手续后，才具有效力"。实践中，对于诉讼主体资格和委托书以外的其他境外证据，法院一般也要求经过当地公证机构公证。在一些与我国签订有司法协助条约的国家，经过公证的证据可以被直接认定为有效。比如，根据我国与俄罗斯签订的《关于民事和刑事司法协助的条约》，上海海事法院就曾经根据俄罗斯公证机构出具的公证文书，直接认定当事人主张的"货物处于俄罗斯海关监管仓库"的事实成立。

（二）合同公证

随着上海国际航运中心建设的不断推进，航运金融、海上保险、船舶融资等高端航运领域方兴未艾，新类型、多样化、电子化的航运创新合同发展较快，船舶租赁、抵押、修造船、海上拖船、海上保险、交船协议等大标的合同和有涉外因素的合同也不断增多。出于对交易安全的慎重考虑，预计涉及航运交易的合同公证将有逐步增长之势。

（三）修造船领域的履约公证

由于修造船合同工程量和资金量大，通常约定根据进度分期付款或提供材料。工程进度进行到哪个阶段，对当事人享有合同权利和履行合同义务具有重大影响。在修造船合同履行完毕之时，船东如果对工程质量总体认可但对不影响使用和安全的局部存在异议，此时必然面临既想将船舶尽快投入运营又担心

船厂“出门不认货”的两难。因此,公证机构可以介入工程质量状况的固定过程进行服务。

(四)在建船舶抵押融资业务的公证法律服务

由于造船对资金投入要求较高,以在建船舶进行抵押融资是行业内的通行做法。在建船舶尚未成形阶段,随着施工推进,其所附着的属具、构件和体现的资产价值都会与日俱增。确定抵押范围是在建船舶抵押登记的难点。因此,在建船舶抵押范围(包括尚未安装上船的设备、钢板等的特定待装动产)的公证服务亦是一个可以考虑的方向。

三、海商事纠纷解决领域中的公证法律服务

(一)保全证据公证

《海事诉讼特别程序法》在证据公证方面没有特别规定,证据效力、公证形式等应按照《民事诉讼法》《公证法》等相关规定,同普通民商事案件处理。对于境内形成的证据,根据2013年新修订的《民事诉讼法》第69条的规定,经过法定程序公证证明的法律事实和文书,人民法院应当作为认定事实的根据,但有相反证据足以推翻公证证明的除外。根据《最高人民法院关于〈民事诉讼法〉若干问题的意见》第75条,已为有效公证书所证明的事实,当事人无须举证,除非该公证证明被相反证据推翻。法律赋予经公证的证据较高的证据效力。法律规定可以进行公证的包括法律事实和文书两大类。在海商事司法实践中,在纠纷发生之后,目前最常见的主要是电子邮件、音像资料等的公证,公证机构从技术角度为法院确认证据的形式真实性提供意见。根据《民事诉讼法》第264条的规定,外国诉讼当事人的主体资格及授权委托书必须经过所在国公证机构证明并经过我国使领馆认证才具有效力。根据《最高人民法院关于民事诉讼证据的若干规定》第11条,当事人向人民法院提供的证据系在中华人民共和国领域外形成的,该证据应当经所在国公证机构予以证明并经中华人民共和国驻该国使领馆予以认证或者履行中华人民共和国与该所在国订立的有关条约中规定的证明手续。海事法院受理涉外案件数量占比较大,涉及当事人、合同履行地、侵权行为地等在国外的情况比较多件,很多案件需要依据前述规定进行公证认证,否则相关文件或证据材料的效力将不被法院认可。

笔者查阅了2001年以来发布在“中国涉外商事海事审判网”上所有涉及公证的案例,共计八十余件。按照公证机构、公证业务、审判机关对于公证证据的认可角度对上述案例进行数据分析,保全证据公证领域可以涉及以下几个类型:

1. 在发生船舶碰撞和港口作业事故后,对事故责任的认定通常需要经过复杂的验证和分析。由于事故现场保存的复杂性和不可复制性,通过公证的方式

将现场状况予以固定，即便事故现场发生灭失，也能够为司法评估和鉴定、固定基础事实提供依据，特别能对损失构成的认定提供有力支撑。

2. 在发生货损、货差的情况下，普通交易的买卖双方一般都会同时到场核验，但国际贸易中买卖双方、托运人和承运人、投保人和保险人往往分散在不同的国家，有的甚至远隔重洋，很难及时、当场做出共同确认。对此，公证机构在现场对货损、货差状况实时进行公证。

3. 在提单持有人起诉承运人未凭正本提单放货的案件中，承运人往往会抗辩称货物尚在目的港仓库中，未实施无单放货。要证明此节事实，承运人通常会申请当地的公证机构到仓库现场进行公证，然后将公证文书提交法庭。这在国内货主起诉目的港在境外的案件中多有运用。反之，如果目的港是上海而诉讼案件在境外的场合下，国内的公证机构则有权出具相应的公证证明文件。

4. 在港区仓储保管纠纷中，委托方和保管方有可能对保管物的数量、种类、损耗情况发生争议，同样，公证机构如在第一时间对港区仓储现场状况进行固定，也能为合同双方最大化减少争议提供有力的证据。

5. 电子数据的存储、保存及提取过程的公证。随着互联网技术的运用和对航运交易效率的追求，越来越多的常规交易以电子邮件、网络聊天工具、手机短信、录音电话等方式进行。要将这些数据电文转化为传统纸质形式的证据，可以申请公证机构对数据提取过程进行公证。

6. 证人证言的保全公证。主要是对于外国法专家，包括公证法专家在内的外国公证员作为专家证人的证人证言的保全证据。

7. 受全球金融危机的影响，船东公司的融资能力及相应的支付船款的能力受到极大影响，船东弃船现象呈明显的上升趋势，给相关船厂和相关行业造成了极大的潜在风险。反观此种弃船情况的发生，除船东受支付能力的影响故意寻找借口主张造船合同无效或故意采取刁难措施导致船厂无法按期交船外，不可忽视的是，由于造船项目的复杂和多变性，合同签订及合同履行过程中也存在很多可能被船东利用的漏洞，从而为船东人为制造“状况”使船厂拖延交船甚至于弃船提供了一定的可能和操作空间。因此，针对此种状况，结合目前出现较多的买卖双方纠纷和船东弃船或撤单的典型情况，对交船过程中涉及的所有合同、协议甚至交船现场进行保全证据公证，能帮助各船厂最大可能地避免损失，合理维护自身的利益。[1]

8.《海牙规则》(Hague Rules) 是 1924 年在布鲁塞尔由欧美 26 个航运国家签订，全名为《统一提单的若干法律规则的国际公约》，于 1931 年 6 月正式生效。

---

〔1〕 本处已受理一例甲板驳船的双方交船现场的公证。

目前,有 80 多个国家接受了这个规则。这一规则对承运人的权利及负责范围的规定一直受到货主方面的批评和航运业不发达国家的反对。因为它有利于船主或承运人,如对由托运人自行装货等十七种原因〔1〕造成的货物损失或延迟交货,可以免除责任。如在由于托运人自行装货等情形下发生对于货损或迟延交付的争议,亦是公证机构可以介入的一个领域。

9. 我国《海商法》第 86 条规定,在卸货港无人提取货物或者收货人迟延、拒绝提取货物的,船长可以将货物卸在仓库或者其他适当场所,由此产生的费用和风险由收货人承担。在此过程中,船长代表的是船舶运营方的利益,可能会与承租人利益发生冲突,如果公证机构此时能将现场固定保全,也会为未来争议解决提供强有力的证据。

需特别指出的是,依照《海事诉讼特别程序法》,当事人可以在起诉之前向海事法院申请证据保全,通常申请保全的证据主要是与船舶、航行相关的航海日志、轮机日志、船舶证书等。诉前证据保全能够有效防止相关证据被隐匿,有助于案件事实查明,但对于诉讼当事人而言,通过法院申请诉前证据保全,仍受到诸多程序限制,法院在审查当事人申请以及做出裁定之后进行保全的过程需要一定时间,特别对获取与船舶相关的证据,对于及时性要求非常高,一旦错失机会,船舶驶离港口,尤其是驶离国内港口之后,想要获取证据的难度非常大。公证机构可以弥补海事法院在诉前证据保全中的弱点,发挥其灵活、及时的特点,以有效固定证据,查明案件事实。

(二)海事债权公证文书

所谓海事债权,指与船舶和船舶营运有关的债权。根据《最高人民法院关于海事法院受理案件范围的规定》第 108 条的规定,〔2〕海事法院可以受理申请执行公证机关确认的与船舶和船舶营运有关的债权文书的案件。当事人可以依据

---

〔1〕《海牙规则》第 4 条第 2 款:不论承运人或船舶,对由于下列原因引起或造成的灭失或损坏,都不负责:(a)船长、船员、引水员或承运人的雇佣人员,在航行或管理船舶中的行为、疏忽或不履行义务。(b)火灾,但由于承运人的实际过失或私谋所引起的除外。(c)海上或其他能航水域的灾难、危险和意外事故。(d)天灾。(e)战争行为。(f)公敌行为。(g)君主、当权者或人民的扣留或管制,或依法扣押。(h)检疫限制。(i)托运人或货主、其代理人或代表的行为或不行为。(j)不论由于任何原因所引起的局部或全面罢工、关厂停止或限制工作。(k)暴动和骚乱。(l)救助或企图救助海上人命或财产。(m)由于货物的固有缺点、性质或缺陷引起的体积或重量亏损,或任何其他灭失或损坏。(n)包装不善。(o)唛头不清或不当。(p)虽克尽职责亦不能发现的潜在缺点。(q)非由于承运人的实际过失或私谋,或者承运人的代理人,或雇佣人员的过失或疏忽所引起的其他任何原因;但是要求引用这条免责利益的人应负责举证,证明有关的灭失或损坏既非由于承运人的实际过失或私谋,亦非承运人的代理人或雇佣人员的过失或疏忽所造成。

〔2〕由《最高人民法院关于海事法院受理案件范围的若干规定》的原第 62 条改为现《最高人民法院关于海事法院受理案件范围的规定》第 108 条,新司法解释于 2016 年 3 月 1 日起施行。

《民事诉讼法》第238条，与普通民事债权公证文书一样，向海事法院申请执行。

同时，依据海事债权公证文书，还可以通过海事债权确权诉讼，参与船舶拍卖款项和海事赔偿责任限制基金的分配。申请海事债权确权案件，是指海事法院强制拍卖船舶和设立海事赔偿责任限制基金的公告发布后，债权人在公告期间向海事法院申请债权登记，海事法院对债权人提供的判决书、裁定书、调解书、仲裁裁决书或者公证债权文书，以及其他证明具有海事请求的证据材料的真实合法性进行审查，并裁定予以确认的案件。前述系根据《海事诉讼特别程序法》第115条，同时，根据最高人民法院关于《海事诉讼特别程序法》的司法解释第88条，前述规定中的判决书、裁定书、调解书和仲裁裁决书必须为我国国内做出，而对于公证债权文书则未作限制性规定，外国公证机构出具的公证债权文书也可作为海事债权登记依据。

另外，当事人还可以依据被赋予强制执行效力的公证债权文书向海事法院申请扣押船舶。根据《最高人民法院关于学习宣传贯彻海事诉讼特别程序法的通知》第4项，自2000年7月1日起，除依法执行已生效的判决、仲裁裁决、依法赋予强制执行效力的公证债权文书外，非因《海事诉讼特别程序法》第21条规定的海事请求，海事法院、地方各级人民法院不得受理任何财产保全申请扣押船舶。

（三）提存公证

提存，是指由于债权人的原因而无法向其交付合同标的物时，债务人将该标的物交给提存机关而消灭债务的制度。1986年颁布的《民法通则》对提存未作明确规定，只是最高人民法院《关于贯彻执行〈中华人民共和国民法通则〉若干问题的意见（试行）》第104条对提存做出了概括性的规定，即"债权人无正当理由拒绝债务人履行义务，债务人对将履行的标的物向有关部门提存，应当认定债务已经履行"，该规定将提存规定为债的消灭原因之一。司法部于1995年6月2日发布施行的《提存公证规则》，从公证机构如何办理提存公证的角度，详细规定了提存的原因、条件、程序、法律效力等问题。《合同法》第91条明确规定提存为合同权利义务关系终止的事由之一，并以第101～104条规定了提存的原因、风险责任、法律后果等问题，为提存提供了基本的规范。提存公证是公证机构依照法定条件和程序，对交付的提存物进行寄托、保管，并在条件成熟时交付债权人或其他受益人的活动。目前，提存作为公证机构办理的公证事务之一，其发挥的作用已经不仅仅是传统意义上的清偿债务的方式，更多的情况下，提存公证可以为市场主体提供一个可信赖的三方存管平台。在海事海商领域，提存公证服务具有较为广阔的适用前景：

1. 在货运代理合同中，货运代理人为向进口货物的收货人主张到期债权，而对进口货物行使留置权，双方在对留置权行使产生争议时，可以采用对标的物进行提存的方式,以避免因为纠纷处理时间过长导致的留置成本增加及货物保管风险。

2. 修造船合同中对于工程进度、质量存有争议时,船东可以将应付款先向公证机构提存,避免今后可能被认定为付款违约或成为船厂延误交船期限的借口。

3. 在订立长期运输或货代合作协议的情况下,当一方发现对方可能面临财务状况恶化的场合,可以根据合同法的规定行使“不安抗辩权”或借助提存方式迫使对方提供履约担保。

4. 在海事案件中,船员劳务纠纷,由于船员工资在船舶拍卖款中优先受偿,船东除非资金链断,一般不敢轻易扣留船员工资,否则很容易被扣船,这个领域目前还未有公证介入。如能通过提存船员工资,避免在与船员发生纠纷后被扣船,也是一个可以考虑的思路。

四、结语

航运市场作为一个新兴的市场,海事海商领域对于公证法律服务机构来说也是崭新的。根据调研结果显示,公证传统业务如证据保全、签名属实、复印件类公证已经为上海的航运市场提供了长期的服务,但这个数量仍不够大,质量和种类也有待于扩展和提高,未来实现海事海商公证法律服务的结构性的升级和调整成为一个迫切的要求。

非常值得我们重视的一点在于,实际上公证证据在目前法院的审判实践中已经不仅仅起到还原法律事实的作用了,在某些情况下,公证证据的缺失会导致整个案件的法律关系认定受到影响。根据上海海事法院一起已经审结的案例,国内有一家签发提单的公司,声称自己受国外某承运人委托签发提单,但是其未能提交经过公证认证的国外公司的主体材料。在该种情况下,法院直接判定该公司为承运人,承担承运人项下的责任,直接改变了整个案件的走向。公证证据的意义,不仅成为认定法律事实,甚至成为直接影响法律关系认定的至关重要的因素。因此,我们可以得出这样的结论,在目前的市场呼声和法院对公证证据的认可程度这个大背景之下,推动公证机构在海商海事领域的业务拓展是至关重要的,我们不但应该把握这个机遇,更应该借此契机深层次地提升整个行业法律服务的水平和深度。

对《公证法》规定的赔偿责任的理解和适用问题探讨

陈梅英*

自2006年3月1日起施行的《公证法》取代了原有的《公证暂行条例》,成为法律效力更高的公证法典,新中国第一部《公证法》的诞生,对于建立和完善中国特色社会主义公证制度,推动公证事业发展,具有重要意义。《公证法》以法律形式确立了中国特色社会主义公证制度的基本框架,它明确了我国公证制度的法律地位和公证执业活动的基本原则,对公证机构、公证员、公证程序、公证效力和公证法律责任等都作出了明确规定。其中尤为引起公证人员重视的是,《公证法》首次明确规定了公证的法律责任和赔偿责任。《公证法》实施十年来,为我国公证工作和司法行政工作提供了有力的法制保障,促进了公证事业的健康发展。同时,公证赔偿制度也在公证实践中,也发挥了重要作用,并不断深化完善。公证赔偿制度对于公证人员个人的权利义务来讲,更为重要,涉及其切身利益,甚至职业的安全。因此至今仍须对该规定保持全面清醒的认识。

一、公证法新规定解读

在任何一个行业中,总避免不了产生一些同职业规则不相吻合的现象。例如,在公证行业中也不时出现私下交易产权不清的房屋,以逃避房屋交易的税收;汽车转让不过户公证逃避变更、年检;涉外公证出现假文凭、假证书,财产继承公证中假冒身份等违法公证的现象。其问题的关键是监督和约束的责任机制乏力,公证人员违法违纪的成本低廉。对于公证员的过错和违法行为的责任,原有法规缺乏明确规定。司法部虽制定过公证惩戒规则,公证协会对公证员违法违纪的行为也有相应的制裁规定,但《公证暂行条例》并没有明确承担责任的方式。此外,公证协会虽然给所有公证员投了民事责任保险赔偿,由保险公司来赔偿当事人的损失,但由于《公证暂行条例》也没有完整的规定,有时会出现出了问题还是没法追究责任的现象。

为有效防止公证中发生违法行为,确保公证的公正,《公证法》首次明确了

---

* 陈梅英,上海市东方公证处党委副书记、公证员。

公证的法律责任制度，填补了《公证暂行条例》的空白。

首先，《公证法》规定，公证协会是公证行业的自律性组织，依据章程开展活动，对公证机构、公证员的执业活动进行监督，并规定司法行政部门依照本法规定对公证机构、公证员和公证协会进行监督、指导。《公证法》强调了行业自律和政府指导的双重监督，更有力地制约和防止违法公证行为。

其次，《公证法》规定，有权对公证违法行为（包括公证机构的违法行为和公证员的违法行为）实施行政处罚的机关限于省、自治区、直辖市或者设区的市人民政府司法行政部门。这样有利于保障处罚的权威性、严肃性及慎重性。同时，处罚的种类比较齐全，可以适用于各种不同情形、不同程度的公证违法行为。处罚的种类包括警告、罚款、停业整顿、停止执业、没收违法所得等，情节严重的，还可吊销公证员执业证书，直至依法追究刑事责任。例如，本市公证处公证员在办理一份授权委托书公证中，轻信了中介公司的说法，对申请人的真实身份和签名未加审核，出具了错误的公证书，当事人凭此公证书进行虚假房地产买卖并向有关银行骗取银行贷款67万多元。该公证员的失职行为致使公证处承担相应的赔偿责任，该公证员也受到了停止执业6个月的处分。又如，某公证处一名公证员伪造公安派出所调查材料专用章、区房地产登记处登记资料查阅专用章、某银行公章等多枚印章用于伪造公证材料，其行为触犯了刑法，被法院判处有期徒刑缓刑的处罚。

最后，《公证法》对公证违法行为作了分门别类的规定和相对应的处罚规定。其中违法性较轻的有：(1)以诋毁其他公证机构、公证员或者支付回扣、佣金等不正当手段争揽公证业务的；(2)违反规定的收费标准收取公证费的；(3)同时在2个以上公证机构执业的；(4)从事有报酬的其他职业的；(5)为本人及近亲属办理公证或者办理与本人及近亲属有利害关系的公证的；(6)依照法律、行政法规的规定，应当给予处罚的其他行为。违法性较重的有：(1)私自出具公证书的；(2)为不真实、不合法的事项出具公证书的；(3)侵占、挪用公证费或者侵占、盗窃公证专用物品的；(4)毁损、篡改公证文书或者公证档案的；(5)泄露在执业活动中知悉的国家秘密、商业秘密或者个人隐私的；(6)依照法律、行政法规的规定，应当给予处罚的其他行为。针对上述不同类别的违法行为，《公证法》规定了相应的处罚。从而使公证机构及其公证员的法律责任更加具体明确，也更便于操作。

为了保证公证的客观、真实，防止公证工作中发生违法行为，《公证法》还引进了赔偿制度。原《公证暂行条例》和《公证程序规则》仅规定了对错误或不当的公证文书应当予以撤销，因公证处的过错撤销公证书的，所收的公证费应退还当事人。而对于因错误公证或不当公证对当事人造成的损失应如何处理，法律没有规定。违法成本的低廉、责任机制的乏力无疑加剧了某些公证员责任性松懈的程度。如果对公证中的失职,甚至渎职行为没有相应的执业过错责任追究制度,如果垄断了公证市场的公证机构无须为公信的流失付出代价,“不公正的公证”将难以避免和消灭。同时,对受害人因错误公证所蒙受的合法权益损失的恢复,也欠缺法律保障。为此,《公证法》第 43 条规定:“公证机构及其公证员因过错给当事人、公证事项的利害关系人造成损失的,由公证机构承担相应的赔偿责任。公证机构赔偿后,可以向有故意或者重大过失的公证员追偿。当事人、公证事项的利害关系人与公证机构因赔偿发生争议的,可以向人民法院提起民事诉讼。”该条规定旗帜鲜明地确立了赔偿制度,这十分有利于增强公证机构及其公证员的责任性,促使他们严格依法进行公证,也切实有效地保护了当事人的合法利益。

同时,公证法也明确了当事人与公证机构发生赔偿纠纷的诉讼途径。以前涉及公证的法律官司,绝大部分通过行政诉讼解决,也有走民事诉讼途径的,法律管辖相对比较乱。而公证法对此明确规定通过民事诉讼来解决,这从一个侧面表明,公证机构不再是国家行政机关,通过民事诉讼来解决,与公证赔偿的性质相符合,更有利于工作的开展。

为配合公证法赔偿制度的贯彻实施,也为了明确司法实践受理此类公证赔偿案件,2014 年 4 月通过的《最高人民法院关于审理涉及公证活动相关民事案件的若干规定 》第 4 条明确规定了公证机构及公证员应负赔偿责任的具体过错情形:“(一)为不真实、不合法的事项出具公证书的;(二)毁损、篡改公证书或者公证档案的;(三)泄露在执业活动中知悉的商业秘密或者个人隐私的;(四)违反公证程序、办证规则以及国务院司法行政部门制定的行业规范出具公证书的;(五)公证机构在公证过程中未尽到充分的审查、核实义务,致使公证书错误或者不真实的;(六)对存在错误的公证书,经当事人、公证事项的利害关系人申请仍不予纠正或者补正的;(七)其他违反法律、法规、国务院司法行政部门强制性规定的情形。”这一规定明确划分了公证赔偿的范围,据此,公证机构及公证员在公证活动中不具有上述过错情形,或发生轻于这一范围的过错,就无须承担赔偿责任。

二、公证法关于赔偿责任规定适用问题评析

虽然《公证法》已经明确规定了公证机构的赔偿责任,但其中责任的性质、认定以及赔偿的形式等在法律实施过程中还是存在一定的争议,尤其在对公证过错责任的认定上,实践与理论上都有不同认识。笔者认为,在过错责任的认定上,有必要借鉴域外的立法经验。

过错责任原则是国际上通行的确立公证行为民事责任的普遍原则,如《墨西

哥联邦直辖区公证人法》第83条规定："对公证人在执行职务时所犯的故意或过失行为，应按照一般公民负责的相同条件进行处罚"。《意大利公证法》第76条规定："当公证文书因公证人的过错而无效或者因寄发的错误导致文书副本、抄本或证明书失效时，不应支付任何酬金和税费……公证人依法赔偿当事人的损失"。《奥地利公证法》第38条规定："公证人应当保证公证文书中列举的在自己面前发生的一切事项确实是在其面前，且如其列举的状况下发生的。若公证文书中记载的事项与实际不符，就其差异，即使是因为过失而导致的，公证人也应当负责"。[1] 在民法实践中，追究违法行为人的民事责任时，一般并不具体区分其究竟是属于故意还是过失，只要行为人具有过错即可追究责任，但相对于民法而言，公证法是特别法，区分故意与过失，会产生不同的法律效果。与故意的责任不同的是，过失有可能免于承担责任，如《德国联邦公证员法》第19条第1项规定："如果一个公证员因为故意或者过失违背了他对另一人所负有的职业义务，则他需对由此所造成的损害进行赔偿。如果公证员确因过失所致职业义务的违背，则他仅只在被损害人不可能从其他途径获取赔偿的情况下被要求进行赔偿。前述规定不能适用于经由第23条与第24条所描述的，存在于公证员与委托人之间的职业活动的方式。"[2] 我国台湾地区"公证法"第68条第1项规定："民间公证人因故意违反职务上之义务，致他人之权利受损害者，负赔偿责任。但因过失者，以被害人不能依他项方法受赔偿时为限，负其责任。"[3]

由此可见，如果公证机构是因故意形态的过错而承担赔偿责任的，一般是承担连带赔偿责任，如果公证机构是因过失形态的过错而承担赔偿责任的，一般是承担补充赔偿责任。所谓补充赔偿责任，是指多个行为人基于各自不同的发生原因而产生数个责任，造成直接损害的直接责任人按照第一顺序承担全部责任，承担补充责任的责任人在第一顺序的责任人无力赔偿、赔偿不足或者下落不明的情况下，在能够防止或减少损害的范围内承担相应责任，且可以向第一顺序的直接责任人请求追偿的侵权责任形态。当然，过失形态还可以分为重大过失、一般过失、轻微过失等不同的形态，在实践中应区分其轻重而承担不同的赔偿责任。对于过失的认定标准应该"依据公证机构及公证员是否已尽到应有的义务，是否严格依照法律、法规、办证规则及司法行政规章的规定出具公证书与办理公证事务，是否按照当地公证行业一般审查标准进行审查等情节，综合判断其是否

[1] 唐先锋：《中国公证专家民事责任制度研究》，载《社科纵横》2006年第2期。

[2] 许浩明译：《德国联邦公证员法》，载《中国公证制度改革研究及国际比较》，法律出版社2006年版，第296页。

[3] 李昭彦：《台湾公证赔偿制度及两岸异同》，载《中国公证》2015年第11期。

有过错”。[1]

就过错的举证责任上而言,过错责任还可分为一般过错责任和推定过错责任。一般过错责任由受侵害人负责证明侵害人主观存在过错,推定过错责任则要求侵害人证明自己主观无过错,否则推定其有过错。[2] 在公证赔偿实践中,公证机构到底适用于一般过错责任还是推定过错责任,也一直存在争议。有一种意见认为,公证机构与会计事务所均属于提供专业服务的中介机构,两者在性质上具有共通之处,在民事责任的承担上,法律规定表述也基本相同。若会计事务所的责任是专家责任,则公证机构也应当承担专家责任,故均应适用推定过错责任。[3] 笔者认为对举证责任的承担,不能做绝对的划分,也应根据实际情况区别对待。我国《行政诉讼法》第 32 条规定,被告(行政机关)对作出的具体行政行为负有举证责任。同时,《最高人民法院关于执行行政诉讼法若干问题的解释》第 27 条规定了原告需要举证的 4 种情形。这也表明原告也要承担相应的举证责任,而不是绝对地一律由行政机关承担。何况公证机构的性质属性已有了很大的转变,公证机构不再是国家行政机关,也不是以营利为目的的商业性中介机构,公证员的专业化程度也远不及会计师高,更不能像行政机关一样要求公证机构全面承担举证责任。否则,对于公证机构职业性质和实际地位来讲,是不相匹配的,也是过于苛刻的,有失公证机构和当事人之间权益的平衡,也不利于查明过错的事实真相。对此,最高人民法院作出的最新司法解释中,也明确采用了一般过错责任,2014 年《最高人民法院关于审理涉及公证活动相关民事案件的若干规定 》第 4 条规定,当事人、公证事项的利害关系人提供证据证明公证机构及其公证员在公证活动中具有下列种种违法情形之一的,人民法院应当认定公证机构有过错。该规定统一了实践中的认识,弥补了立法规定的不足,明确了公证过错的举证责任在当事人一方。

三、对公证法关于赔偿责任规定的正确理解和适用

笔者认为,公证法所规定的赔偿责任应该是归属于民事法律责任的范畴。但这种民事责任与一般公民、企业所承担的民事责任有着一定的区别。在具体适用中应注意以下几个特点:

1. 承担民事责任的主体是公证机构及其公证员。我国公证机构在办理公证及其相关事务的过程中,作为一种特殊行业,具有一系列专门的、特定的法定义

---

〔1〕 黄群、周志扬、蔡煜、陈勇、谢松增:《过错是公证赔偿责任的核心要件》,载《中国司法》2009 年第 1 期。

〔2〕 杨立新:《侵权损害赔偿》,吉林人民出版社 1988 年版,第 87 页。

〔3〕 李昭彦:《台湾公证赔偿制度及两岸异同》,载《中国公证》2015 年第 11 期。

务,如审查核实义务,保守秘密义务,妥善保管公证材料义务,谨慎、公正办理公证义务,遵守公证程序义务。如果公证机构及其公证员因为自己的过错给当事人、公证事项的利害关系人造成了损失,就应当承担相应的民事赔偿责任。

2. 承担赔偿责任的前提条件是公证机构及其公证员的过错行为给当事人、公证事项的利害关系人造成了直接的实际的损失,且过错行为和损害结果之间具有直接因果关系。赔偿损失的范围基本上限定在物质损失的范围,对于精神损失一般不应予以赔偿,且赔偿责任仅限于赔偿损失,而不包括停止侵害、排除妨害、消除危险、赔礼道歉等其他民事责任方式。“如果把赔偿范围扩大到包括间接损失、精神损失,这与法律赋予公证机构及公证员的职责和权利明显不相适应。”限于赔偿直接的经济损失,“能有效地避免当事人或利害关系人不适当地将本应该由自己承担的风险转嫁给公证机构”。[1] 所谓过错行为,是指公证机构及其公证员故意或者过失地实施的违反法律、法规或规章的行为。过错行为的方式,包括各种违法行为,可以是为不真实、不合法的事项出具公证书的行为,可以是违反规定的收费标准收取公证费的行为,可以是毁损、篡改公证书或者公证档案的行为,也可以是泄露在执业活动中知悉的国家秘密、商业秘密或者个人隐私的行为,等等。但损害结果如果是由于公证当事人本人的过错造成的,公证机构就不需承担赔偿责任,而应由当事人自行承担。例如,因为公证当事人提供虚假材料造成损失的,对提供假证的当事人以及明知该公证书有错误,仍继续使用该公证书造成自己损失的,公证机构便不承担赔偿责任。2014 年《最高人民法院关于审理涉及公证活动相关民事案件的若干规定》第 6 条对这一点,也作出了明确规定:“当事人、公证事项的利害关系人明知公证机构所出具的公证书不真实、不合法而仍然使用造成自己损失,请求公证机构承担赔偿责任的,人民法院不予支持。”

另外,还需强调的是,错误公证不一定都存在法律上的有责过错。例如,实践中经常发生的当事人蓄意诈骗公证,完全是当事人故意设置圈套、陷阱,以假乱真蒙骗公证人员做证。虽然公证人员已经尽了高度的审查、注意义务,也会因鉴别技术和能力的欠缺,难免做出错误公证。这种错误公证,即使存在主观过错,也应该具体分析是否已经具备承担相应法律责任的要件,不能仅凭错误公证就不分青红皂白一概追究公证人员的法律责任,否则也可能使公证人员成为无辜的“替罪羊”,侵害公证人员的职业权益。对此,《最高人民法院关于审理涉及公证活动相关民事案件的若干规定》第 5 条也已予以明确规定:“当事人提供虚假证明材料申请公证致使公证书错误造成他人损失的,当事人应当承担赔偿责

〔1〕 宗静:《浅谈公证员的法律责任》,载《上海公证》2016 年第 1 期。

任。公证机构依法尽到审查、核实义务的,不承担赔偿责任;未依法尽到审查、核实义务的,应当承担与其过错相应的补充赔偿责任;明知公证证明的材料虚假或者与当事人恶意串通的,承担连带赔偿责任。”总之,只有在公证机构及其公证员存在故意或法定的过错责任时,才应当承担一定的赔偿责任。

为了使实践中更明确责任,笔者建议在《公证法》或有关规范性文件中进一步完善规定公证赔偿的免责条款,即当事人为谋取非法利益,故意隐瞒事实,假冒身份或提供虚假材料等进行欺诈公证的,在公证员已尽必要的审查义务而作出错误公证文书的,由欺诈行为人承担全部赔偿责任,公证机构不需要承担责任。同时,为加强预防实践中屡屡发生的欺诈公证行为,有必要严格规定对欺诈人的法律责任直至刑事责任,加强对欺诈公证行为的打击,以维护公证秩序,保障公证安全和当事人的合法权益。

3. 承担民事责任的主体是公证机构,赔偿顺序是公证机构在先,公证员在后。公证的民事赔偿责任发生后,应由作为独立的法人和公证员执业机构的公证机构首先赔偿,公证机构赔偿后,可以向有故意或有重大过失的公证员追偿。另外,《公证赔偿基金管理试行办法》明确规定,公证机构每年年初应当按上一自然年度公证业务收入总额的3%一次性提取公证赔偿基金。此外,中国公证协会与中国人民保险公司还就公证保险正式签订了公证职业责任保险协议。因此,公证员因错误公证或不当公证给当事人造成损失时,该公证员所在的公证机构为赔偿义务主体。公证机构在赔偿有关当事人的损失后,可以向有故意或重大过失的公证员追索全部或部分的赔偿金。当然,这种责任仅限于民事责任,对于需要追究刑事和行政责任的,则一般应当追究公证员的个人责任,公证处有错误的,则也应当承担相应的责任。

在司法实践中,为了明确公证赔偿纠纷的性质和赔偿主体,2014 年《最高人民法院关于审理涉及公证活动相关民事案件的若干规定》第 1 条规定:“当事人、公证事项的利害关系人依照公证法第四十三条规定向人民法院起诉请求民事赔偿的,应当以公证机构为被告,人民法院应作为侵权责任纠纷案件受理。”这一规定显然采用了学说上的侵权责任论,避免了公证赔偿责任是侵权责任还是违约责任问题上的争论,统一了对纠纷性质的认识,并明确公证赔偿的主体是公证机构。这一规定虽然与传统的拉丁公证制度不同,但与我国公证机构的性质相适应。因为,我国“没有实行公证人制度,而是实行机构本位制度,以公证处为公证主体”,〔1〕故规定“应当以公证机构为被告”。由此可见,在公证赔偿案件中,既不能以公证员为被告,也不能以公证员和公证处并列为共同被告。但这不妨碍公证机构在赔偿后,向有关公证员追偿。

〔1〕 刘疆:《大陆公证机构公证审查的范围及其所承担的民事责任》,载《中国公证》2015 年第 11 期。

公证与诉讼对接的实践探索

——以遗产继承领域公证前置为视角

高剑虹　周贤春*

继承领域是公证的传统领域,长期的实践使公证机构积累了丰富的工作经验和工作资源。公证机构所具备的确认继承相关法律事实的法定工作模式和以预防纠纷为落脚点而了解继承争议点的工作思维,使公证机构在继承领域可以参与诉讼纠纷化解,有条件地替代部分继承纠纷诉讼。[1]

2014 年来,上海市普陀公证处与上海市普陀区人民法院在继承案件的对接领域开展了公证参与多元化纠纷解决机制的探索,现将有关思考和实践作简单梳理。

一、公证前置介入继承纠纷诉讼的主要做法

上海市普陀公证处与上海市普陀区人民法院在继承领域试点探索的公证前置模式起始于 2014 年年初,第一阶段的主要工作是分流继承诉讼。这一阶段的工作方式是安排公证员和公证调解员,在法院的公证咨询窗口参与继承案件的分流咨询,向当事人给出调解建议,并将符合公证受理条件的无纠纷案件分流到公证处办理;同时,公证处接受部分无明确相对人的继承案件和法院认为可以移交公证处处理的案件,其中包括部分在民事案件执行阶段产生的继承案件。

目前,公证前置模式已经进入了全面介入法院继承案件的第二阶段,正在推进的公证前置介入继承纠纷诉讼的主要做法如下:

(一)对接机构和对接人员

在法院诉讼服务中心设立公证咨询窗口的基础上,增设诉讼与公证对接工

* 高剑虹,上海市普陀公证处主任、公证员;周贤春,上海市普陀公证处公证员。

[1] 时任司法部赵大程副部长在中国公证协会 2014 年年会上的讲话中指出,公证行业"参与社会综合治理创新、推进社会主义法制建设,要充分发挥公证替代诉讼和预防化解社会矛盾纠纷功能,承担起社会矛盾预警机制中的作用,引导和支持人们理性表达诉求、依法维护权益,积极回应群众最关心最直接最现实的利益需求,努力促进社会和谐稳定"的工作要求。

作室,由公证处的专门团队和法院诉调对接中心、立案庭等负责对接工作的具体实施。双方确定的对接工作人员遵守各自的工作规范和双方共同确定的对接工作制度,确保案件有序衔接。

(二)对接流程

公证处工作人员在诉讼服务中心公证咨询窗口(设置在法院导诉窗口)解答当事人与公证相关的咨询、直接分流无纠纷或无诉讼相对人的继承案件,由公证处依公证程序规范办理继承类公证,并出具相关公证书。此类公证一般要求在20个工作日内办结,案件不再进入法院的立案和诉讼程序。

对于有纠纷的继承案件,由法院立案庭初步审查证据材料,然后将材料移交诉调中心登记后交诉讼与公证对接工作室进行诉前调解。工作室收到案件后,进行登记,启动相关法律事实核查并对各方当事人进行调解。

调解后,当事人达成协议的,由公证处根据该协议出具相应的继承、遗产分割协议等公证书;当事人未能达成协议的或者无法在公证程序中解决的案件,由公证处出具含有相关法律事实和争议记载的公证法律意见书,并将相关案件材料通过法院诉调中心移交立案审判。

(三)信息共享机制

公证前置模式包括了公证信息资源的前置提供。为了提高双方在业务工作效率,充分利用双方的信息资源,双方在案件办理流程对接的基础上,开展了信息共享机制。

法院在案件审理前,可向公证处查询公证遗嘱信息、医学死亡证明档案信息、婚姻登记档案信息。此类信息的积累是公证机构的常规工作,已经形成比较成熟的线上查询和线下核查工作机制。

双方还建立了遗嘱类、继承类公证案卷和相应裁判案卷查阅快速通道;建立与继承事务相关业务风险信息通报机制。公证处因公证办理需要,也可向法院查阅婚姻家庭、继承纠纷案件、宣告失踪、宣告死亡案件、认定公民无民事行为能力、限制民事行为能力案件、监护权特别程序案件等的裁判文书。

双方相互查阅信息资源,由专人负责,有关查询信息一般在提供方接到查询要求后三个工作日内向对方提供。

二、公证前置介入继承纠纷程序的设计思路

目前的公证前置介入继承纠纷程序是在现有法律框架下的试点。

公证前置介入继承纠纷程序,在当事人向法院起诉立案前对有纠纷与无纠纷案件进行分离,分离出的无纠纷继承事项符合公证程序规范规定的公证事项受理标准时,公证机构依法受理。对于有纠纷的案件,《公证法》规定了当事人

之间对申请公证的事项有争议的公证机构不予办理公证。但如果在当事人申办公证前或者有申办公证的意向前,对公证事项尚有争议,经过公证调解后化解争议,仍可以进入公证程序。对于未化解争议的案件,公证机构不能受理办理公证,则可以根据法院的委托对案件出具公证法律意见书,并将公证机构的核查和当事人的争议点予以整理。对此,在法律上并无障碍。

从法院的角度看,公证前置介入继承纠纷程序参照了目前较为成熟的涉及道路交通等案件诉前调解的经验和做法。法院在公证前置介入前,仅对案件作诉前调解登记。当案件纠纷未能由公证机构化解,包括当事人不愿意选择调解或其他非正式纠纷解决机制,而被交回法院时,案件进入立案程序。法院对立案后的案件可以直接进入业务庭进行裁判。由于公证处出具了法律意见书,从而省去了法院对继承事实的调查核实时间;由于前期已经进行了充分的公证调解,一般情况下在法院审理阶段可以不再调解,因此可以缩短审理的时间。

三、公证前置介入继承纠纷诉讼的效果已初步显现

根据统计数据,2015 年 7 月至 2016 年 10 月,普陀公证处工作人员已在法院导诉台接待 1314 人次的咨询,通过疏导向 481 人次的当事人出具了公证联系单,已经受理无纠纷家事继承类公证 209 件,其中 182 件已经办结,有效分流了无纠纷的继承诉讼;通过诉讼与公证对接工作室接收立案庭移送案件 214 件,调解成功已受理公证申请 64 件,办结 45 件,其余案件正在调解中,对退回立案庭的案件公证处已出具法律意见书 27 件;公证处协助法院完成 33 件案件相关信息核查,涉及公证遗嘱、死亡、婚姻、存款、人事档案、房产等信息。

普陀公证处与普陀区人民法院的对接合作得到了最高人民法院和多省市高院的关注。最高人民法院在答复全国人大高广生代表有关提案时,充分肯定了普陀区人民法院和普陀公证处继承案件对接工作的做法,并提到“将以上海市普陀区人民法院等积极开展公证与诉讼相衔接的法院作为样本进行深入研究,积极指导各地法院开展诉讼与公证的衔接工作,为下一步研究与立法提供基层样本。”最高人民法院《关于人民法院进一步深化多元化纠纷解决机制改革的意见》中明确提到了“根据辖区受理案件的类型,引入相关调解、仲裁、公证等机构或者组织在诉讼服务中心等部门设立调解工作室、服务窗口”;“加强与公证机构的对接。支持公证机构……在家事、商事等领域开展公证活动或者调解服务。依法执行公证债权文书”。

通过普陀区人民法院反馈的信息,开展公证服务前置介入,切实方便了群众,减轻了法院的审判负担,而且同期进入诉讼程序的家事纠纷数量减少 80%以上,信访案件数量明显减少。

多元化纠纷解决机制建设背景下继承领域公证前置模式探索，是对现有的公证预防纠纷职能实现方式的拓展，我们有理由相信，中国的公证机构在多元化纠纷解决机制的建设中可以也应该有所作为，更好地切实保障当事人的合法权益，为社会提供更多可供选择的纠纷解决方式和更加优质的法律服务。

公证公信力与评价体系研究

邓 燕 刘 崴*

公信力是公证制度的基石，是公证工作的生命线。公证公信力建设，是对公证工作全局性的要求，是处理公证内在要素之间、公证与外部制约因素的关系的最高宗旨。进一步深入开展公证公信力建设，离不开对公证公信力建设与公证工作实践关系具体规律的深入研究。

一、公证公信力的特点与价值

（一）公证公信力的特点

公证公信力作为司法公信力的组成部分，是公证权威性和影响力的直接体现，与其他司法公信力相比，具有独特的特点，成为整个社会公信力建设中不可或缺的一个重要环节。一是广泛性。作为一种预防性的法律手段，公证服务的触角涉及事前、事中、事后全过程，从当事人前来咨询踏入公证处大门的第一步，一直到公证文书最后得以在使用部门获得顺利地使用，公证的公信力可以体现于人们民事、经济活动的全部过程中，在覆盖面上影响更广。二是主动性。公证通常是由公证机构和公证员与当事人充分沟通，主动为其提供解决问题的途径或选择，使当事人通过公证服务感受到公证的公信力。三是形成性。公证机构是依法履行证明职责的证明机构而并非国家机关，因此，公证的公信力并非直接来源于国家权力。当事人对公证的信赖是法律制度本身正当运行的结果，由此导致公证结果具有证明力和约束力。只有当公证活动按法定程序形成了法律效力，公信力才会存在。四是直接性。公证机构作为一个窗口单位直接与公众接触，当事人每一个诉求所获得的反馈都可以立刻转化为他们对于公证公信力的感受，甚至也直接影响着人们对于政府的信赖与评价。

（二）公证公信力的价值

1. 维护和增强公证公信力是维护整体司法权威的需要。

完善的社会主义法治秩序必然有一个顺畅的法律运行秩序。法律运行是包

* 邓燕，上海市司法局公证工作管理处主任科员；刘崴，上海市卢湾公证处公证员。

括法的制定、法的遵守、法的执行和法的适用的完整的过程。其中作为法律的适用的司法制度又是由许多相互关联、相辅相成的审判制度、检察制度、律师制度、仲裁制度、公证制度、司法鉴定制度组成。[1] 作为预防性的司法制度的公证制度是整个司法制度的不可或缺的组成部分,公证员是包括法官、检察官、律师、法律研究人员、法制工作人员等在内的法律职业共同体的不可或缺的组成部分。因此,维护和增强公证公信力是维护整体司法权威的需要。

2. 维护和增强公证公信力是建设社会主义法治社会的需要。包括公证员在内的所有法律职业群体对于建设社会主义法治国家都有着特殊的责任。公证活动主要围绕民事活动而开展,与百姓的接触面非常广泛,因此,一个较高公信力的公证制度必然对于建设社会主义法治社会有特殊的意义。社会主义法治社会建设中,需要社会大众不断增强法律意识,提高对法律的信仰。而公证活动涉及面非常广,从老百姓的日用小事到国家的重大工程,从国内的证据保全到涉外留学定居,无不需要办理公证,而在这个过程中,有着良好的公信力的公证活动对广泛的社会公众的影响是一个良好的普及法律知识、增强法律意识的过程,能够有力地促进社会主义法治国家的建设。

3. 维护和增强公证公信力是构建和谐社会的需要。公证制度的一大特点与优势就是预防纠纷。公证机构通过办理公证事项,有利于保障民事主体规范的进行民事活动,增强了民事活动的安全性,保障了民事主体的合法权益,使纠纷防患于未然,很好地维护了社会的稳定和人民的和谐。

二、公证公信力现状与评价困境

(一)公证公信力现状

改革开放以来,我国的公证制度在恢复重建后得到了迅速发展,公证开始涉及社会经济、民事生活的各个领域,在保障经济建设、保护国家利益和公民、法人的合法权益、维护社会稳定、扩大对外交往等方面发挥了极大的作用。随着中国的经济高度增长,公证行业也同步进入了一个高速发展期,公证机构服务的领域越来越广,但是公证公信力水平却未呈现出与其业务发展同样的直线上升的趋势。

究其原因,一是行业内存在逐利思想。公证业务恢复重建三十多年以来,公证业务无论是规模还是精细化程度已今非昔比。公证改革所带来的分配方式转

---

[1] “我国的司法制度是一整套严密的人民司法制度体系,包括侦查制度、检察制度、审判制度、监狱制度、仲裁制度、司法行政管理制度、调解制度、律师制度、公证制度、国家赔偿制度、法律援助制度等。”载中央人民政府网站,http://www.gov.cn/test/2005-05/24/content_18189.htm,最后访问时间:2015年11月2日。

变:一方面极大地调动了行业自我发展的积极性;另一方面也使少部分从业人员滋生了逐利思想,一味追求经济利益,淡化了公证质量意识,直接损害了公证的公信力。二是程序规则有待细化。作为一项制度性活动,建立科学完善的公证程序规则体系是维护和增强公证公信力的关键。相对于具体公证实务中出现的形式各异的问题,现行的程序规则仅为原则性规定,还需要细化落地。特别是对追责纠错机制的完善细化,更是影响到社会公众对于公证公信力的评价。三是行业机构过度保护。公证行业作为一项法律服务活动,与服务对象的需求难免在法律认识、程序理解和文书制作上难免出现差错,也绝对不是无法接受,其本身对于公证公信力的影响也是有限的。但倘若公证行业或公证机构对公证的过度保护,就将错失扭转负面评价的最后机会。当前公证投诉在数量上居高不下、尾大不掉,与公证机构处理不力有着密切的关系。四是公证队伍缺乏职业荣誉感。由于近年来与公证业务有关的改革动作频出,不断挤压公证的生存空间,使从业人员的不安定感增加。这种朝不保夕的恐慌催化了公证员之间为了争抢业务而不择手段的情况,职业荣誉感严重缺失。

(二)公证公信力的评价困境

1. 公证办案质量高并不必然体现为公证公信力高。多年以来,全国公证行业不断提高公证从业人员业务素质,加强对具体办证业务的规范化,狠抓公证办案质量,使公证质量不断提高。但与此同时,我国公证公信力状况并非与我们想象的一般同步得到提高。公证公信力的评价除了公证行业内部的业务评价以外,还包括社会对公证服务能力、公证促进维护民事合法权益的程序有关。

2. 个案往往对整体公信力产生极大影响。俗语云:“一粒老鼠屎坏了一锅粥。”一件有瑕疵的公证案件往往会否定我们成百上千件正确的公证案件。在这种情况下,当事人受情绪支配,对公证公信力所判断带有浓重有主观主义,如果再辅之以媒体渲染,会引起社会公众更大程度的非理性评价。虽然这种评价状况是所谓人之常情,但一件个案整体抹杀公证公信力状况,以此作为公证公信力整体状况对指导公证公信力建设有害无益。

3. 缺乏科学的评价标准体系。无论是公证行业内部的自我评价还是社会评价,二者单取其一都会让公证公信力评价失去其客观性与全面性。由于缺乏科学的评价方法,无法系统性明确评价公证公信力的原则和预期目标,使我们对公证公信力状况的了解一直处于片面而零散的状态。很多时候,社会对公证公信力的评价往往只是对公证文书与其要达到的维护合法权益的直接相关性所做的价值判断,公证行业内部对公证公信力评价则往往执着于公证卷宗质量的高低,二者均缺乏以信息参数为基础的对公证执业活动的系统化认知。

（三）公证公信力的评价体系建设方向

1. 提升公证公信力内生动力

着力处理好公证协会、公证机构、公证员的关系，形成培育和建设公证公信力的内生秩序，从而产生公证公信力建设的内生动力。在公证协会的公证力量整合中，加强对外宣传与行业性交流，创造良好的公证执业环境和公证文化环境；在公证机构的执业服务环境中，优化机构管理运行和资源配置；在公证员的具体执业活动中，贯彻公证理念、公证制度。三者相互交织成为一个整体，共同构成公证公信力体系的重要支撑。

2. 优化公信力评价量化指标

时任司法部副部长赵大程同志在2013年11月举行的公证公信力建设研讨会上提出了“可感知的公信力”的概念，指出：公开才能公正，公正必须公开，公证机构和公证员要及时、准确、全面公开群众普遍关心、涉及群众切身利益的公证工作内容，特别是公证事项、公证程序。公证的公信力只有被人民群众所普遍“感知”，才能真正获得理解、尊重和遵守。“可感知”本身就是一种客观评价，可以在不同的纬度上被分解为硬件条件与软件条件、案卷质量与服务质量、正面评价与负面评价、内部评价与外部评价等多个方面。同时，这些方面又可以进一步细化为公证工作中具体的环节，从而可以被以量化的方式进行打分。最终又可以将这些分数按照科学的公式集中起来，形成公证公信力的整体得分，直观地体现出公证公信力的高低，为补短板、促发展提供正确的指引和依据。

三、构建公证公信力评价体系

（一）明确公证公信力评价的目标和原则

公证公信力评价的目标是，以系统化评价为方法，科学、全面地分析和透视当前公证机构的公证公信力状况，社会法治环境因素对公证公信力的影响，从而探寻公证公信力建设中存在的近期阶段性问题和长期性问题，在此基础上提出解决问题的对策，指导公证机构有的放矢地改善并提升公证公信力。

公证公信力评价的原则，应该遵循科学性、客观性、参与性、有效性原则。科学性，是指公证公信力评价必须尊重公证工作的基本规律，避免成为公证机构之间力量博弈的工具，最终沦为形式；客观性，是指公证公信力评价必须以客观数据、材料为依据，避免以主观臆断和一般性定性判断代替，否则将使公证公信力评价指导公证实践的功能大大弱化；参与性，是指公证公信力评价应该包括公证行业内部如公证机构、公证员、公证管理人员和公证行业外部包括法律职业如律师、法院等和公证当事人以及其他社会机构、社会公众，避免成为小圈子打转而失去其本身的“公信力”；有效性，是指公证公信力评价的结果要能比较准确地反映公证公信力实际状况,并为社会公众普遍认可和尊重,从而为公证行业、公证机构提高公证服务水平,维护和增强公证公信力提供参考。

(二)合理选取公证公信力评价要素

1. 评价主体。公证公信力评价的主要目的,是合理综合性地把握公证行业内外对公证公信力的评价及影响,准确地把握公证公信力状况。根据公证工作实践情况,我们选取四类评价主体:公证机构评价指数,即公证机构对公证公信力的自我评估;国家机关评价指数,是指与公证机构有直接业务关系或指导关系的如司法行政机构、工商行政管理局、公安机关、档案机关等对公证公信力的评价;公证当事人评价指数,是指公证申请人及利害关系人对公证公信力的评价;社会舆论评价指数,是指媒体、学者、公众等对公证公信力的评价。

2. 评价参数。由于本质上公证公信力是一种主观感知与评价,不妨选取"公证公信力感知指数"来描述各评价主体出于其自身利益及立场出发而作出的对公证公信力的主观感受。另外一些重要的数据也应纳入公证公信力评价指标,如公证投诉的化解率等。

3. 确定相应指标的权重。公证公信力评价机制的核心是公证公信力的量化评价。根据该评价机制的层次结构,公证公信力评价体系包括了各评价主体与相应数据分析相结合。具体而言,要考虑到公证公信力主要是一种价值判断,因而应侧重于外部评价;侧重于与公证案件有直接关系的公证当事人,与公证活动直接相关的国家机构。

(三)确认公证公信力的评价方法

统计学中对受多种因素影响的总评价,有综合记分法、指数综合评价法、最优值距离综合评价法、标准化法、功效系数综合评估法等。这些方法都应该可以成为我们公证公信力评价的方法。比较简单的可采用综合记分法。综合记分法有三个步骤:一是具体细化并确定各评价指标的分值范围,构成公证公信力感知指标体系;二是确定各指标的记分方法;三是分别根据权重记算分值。

(四)检验并修正公证公信力评价要素体系

公证公信力评价要素体系需要在实践中逐步完善。通过公证公信力评价要素解读,重视提高对公证公信力各项要素进行评估分析的能力,进一步检验和修正公证公信力评估体系,合理调整要素的数量、权重和评估方法,进一步提高公证公信力的评估机制的科学性。同时,要重视建立公证公信力评价反馈机制,各公证机构在接到公证公信力评价报告后,要针对报告所反映的存在普遍性、倾向性问题加以研究改进。

四、公证公信力评价的指标及测算

(一)一级指标

一级指标的选取原则是在公证工作中具有某一部分的代表性。而且这一部分既可以作为公证公信力整体评价的组成部分,又可以相对独立地单独进行评价。

1. 公证文书的公信力。公证文书是公证公信力的载体,是公信力的外化形式,也是连接公证当事人、公证机构和文书使用部门的纽带。公证文书质量的好坏将对公证公信力的评价产生直接的影响。

2. 公证机构的公信力。作为公证书的出具部分,公证机构在整个公证活动中承担了主体的作用。由于我国公证制度所采用的是机构本位的体制,因此,公证活动中的所有成果和后果都是由公证机构来享有或承受的。公证机构作为一个独立的评价主体,还广泛参与到了文明单位、优秀公证处等评比活动中,这些评比的结果也直接影响到了公证公信力的体现。

3. 公证员的公信力。公证员是公证活动的实施者,以其主观意识和行为为公证当事人进行咨询、受理、办理直至最后的审批出证。由于公证员与公证当事人接触上的直接性,使公证员个人在自身形象和素质上的好坏最为直观地影响着公证的公信力。

4. 公证行业的自律能力。在整个法律职业共同体中,与公安机关、检察院、法院等司法机关不同,公证机构之间没有上下级关系,公证协会对于各公证机构也是指导而非领导;但又不像律师那样组织松散,公证协会依然有着自律的职能,公证行业也经常作为一个整体对外进行宣传或举办活动。上海市公证协会于2011年被授予了"2009~2010年度上海市文明行业"荣誉称号,在全国首开了以行业协会为创建文明行业主体的先例。因此,公证行业作为一个整体也是公证公信力评价体系中的重要一环。

5. 严重影响公证公信力的行为。作为一项服务性工作,公证工作难免会由于法律理解的问题、交流沟通的问题或是需求差异的问题而产生纠纷和矛盾。这种纠纷和矛盾的出现本身并不可怕,但倘若无法得到及时有效的处理,就很有可能激化为上访或群体性事件。由于这类事件的社会影响十分恶劣,因此将极大影响公证公信力,甚至具有一票否决的作用,使整个公证行业长期以来的公信力建设毁于一旦。

(二)二级指标

由于公证公信力的认知本身具有一定程度的主观性,因此,在选取二级指标时应特别注重指标的"可感知性"。

1. 硬件指标和软件指标。

软硬件条件是整个公证体系中最容易进行量化评价的部分。硬件条件是社会公众对于公证的“第一眼形象”,接待环境是否宽敞整洁、接待人员是否仪表大方、便民设施是否设置到位、告知提示是否准确醒目,这些都是公证公信力最直接的反映。在通过良好的硬件条件有效提升公证形象的同时,公证行业还需要着力打造优秀的软件条件来维护和继续提升公证公信力。作为一家合格的公证处,不仅要能够优质高效地完成现有的公证业务,还需要对社会中所产生的新政策、新问题、新挑战具有足够的敏感度、认识度和研究能力,有针对性地进行新业务的研发。倘若回应不了社会的诉求,公证的效用就会大打折扣,公证的公信力也就无从谈起。

2. 内部指标和外部指标。

公证公信力的评价主体可以分为内部主体和外部主体。内部主体包括公证员、公证处和公证行业的自评;外部主体包括邀请社会监督员评测、公证当事人问卷调查和各类评奖机构评价等形式。在此基础上我们可以将评价指标划分为内部指标和外部指标。内部指标可以从目前公证行业已经实施的各类管理措施来提炼出。外部指标则包含了主动和被动接受社会测评的结果。此外,现有的文明单位、优秀公证处、优秀公证员等评选工作也有着一整套现成的评测标准,这些评选结果也可以直接作为公证公信力的指标。未来,还可以建立专门针对公证当事人“客户体验度”指标。

3. 纵向指标和横向指标。

公证工作有着自身的办理流程,因此为了全面展现公证的公信力,公信力指标的选择应当纵向的涉及公证工作的全过程,包括公证员的衣着、言行、专业程度,公证书的规范、准确,公证机构处理问题、化解矛盾的能力,行业与社会、媒体的关系等。纵向指标代表的是公证公信力的“合规度”,是公证公信力的内涵。与此同时,公证公信力评价体系中还需要将公证文书在各部门间的使用情况作为重要的横向评价指标。公证作为社会系统中的组成部分,公证的工作成果能否在其他使用部分获得足够的认可和接受是公证公信力的重要标志。横向指标代表的是公证公信力的“适用度”,是公证公信力的外延。

(三)公证公信力指数的测算

1. 测算方式。

公证公信力指数的测算涉及包括主观测评、客观测评在内的多个方面。因此,测算的方式也不能简单化和单一化,需要综合运用各种测算方式,才能得出全面可靠的评价指数。

(1)问卷调查。通过专业的调查公司设计一套科学的问卷。在公证当事人申办公证或在等候区等候时邀请他们对公证处的软硬件环境、公证员的仪表、谈吐、专业程度等可以直观反映的指标进行打分。将这些分数作为评价公证公信力的一个基础。

(2)回访制度。公证书的出具不是公证活动的结束,而是开始。问卷调查只能针对公证当事人在办理公证时的直观感受,而公证书出具后是否存在差错、是否能够得到有效运用、是否能够达到预期目的却是无从考量的,而这些又是影响公证公信力的变量。因此,还必须制定一个完备的回访制度,通过电话或信函的方式了解公证书的使用情况,从而确保公证公信力评价体系的完整性。

(3)自评制度。各公证处和公证员都要对其自身在履行公证职能,落实为民服务方面的表现做出自评。自评考量的是公证处和公证员对自身公信力水平的认知程度。一个良好的自知有助于充分发挥主观能动性,在日常工作中主动提高服务水平、在遭遇问题时主动进行反思改进。

(4)互评制度。包括两个层面上的互评:一是各公证处和各公证员之间的互评。通过互评找到别人眼中的公信力水平和自己眼中的公信力水平是否存在差距,从而为奖优惩劣提供依据;二是公证处、公证员、公证协会之间的互评。例如,公证质量检查、各项行业评优活动、行业处理投诉情况等均可以囊括于此。通过这三者间的互评可以了解到整个公证行业目前公信力的大致情况如何,也对公证行业内部的各项具体的评测指标基本做到了全覆盖。

(5)外部测评。公证行业可以定期或不定期邀请房产交易中心、法院等有密切联系的部门通过其对公证书的使用情况来对公证公信力做出客观评价。这些外部测评最能反映公证公信力在整个社会上的认可度,使公证行业可以及时就存在的问题与这些部门进行沟通,及时弥补或减少其对于公证公信力的影响。

2. 测算比例。

一级指标的权重分配较为容易(见附件1)。由于公证机构和公证员是整个公证公信力体系中最为重要的主体,在公证公信力指数中各为其分配30%的占比。公证文书由于受众有限,评价的主体在数量上稍显不足,因此仅分配10%的占比。公证行业的自律能力也由于评价来源有限,也只分配10%的占比。二级指标较为繁复,各指标间对于公证公信力评价而言实际上也存在权重不同。要厘清指标间的权重,就需要通过调查问卷(见附件2)进行权重分析。所有指标权重确定后,通过前述的测评方式进行量化打分,最终计算出一个公证公信力指数。

附件 1

公证公信力评价指标

公证公信力	公证文书的公信力 10%	符合真实性、合法性
		有无文字差错
		适用法律正确
		使用部门接纳
		文书制作水平
		文书排版规范
		公证书内容符合当事人预期
	公证机构的公信力 30%	接待场所环境
		门市等待时间
		服务承诺兑现
		投诉处理及时
		参与公益活动
		媒体良性互动
		办证程序合规
		主动调查证明材料
		公证质量检查结果
		接受外部监督
		跟进新兴业务
		对外沟通顺畅
		满足不同服务层次
		再来办证意愿

续表

公证公信力	公证员的公信力 30%	衣着整洁得体
		遵守职业礼仪
		言行保持中立
		办案经验丰富
		良好的职业道德
		公证质量检查结果
		廉洁自律
		对法律的掌握熟练
		有一定研究能力
		受当事人表扬情况
		各类获奖情况
	公证行业的自律能力 10%	处理投诉争议的公正性
		行业透明度
		对于突发事件的应急反应和预防
		文明行业、文明单位的测评结果
	严重影响公证公信力的行为 20%	对于投诉久拖不决导致矛盾激化
		媒体负面报道
		从业人员受到行政或刑事处罚

附件 2

公证公信力评价二级指标权重评测表

请您评判,下列指标对公证公信力的影响的大小,1 为最低,5 为最高。

项目	1	2	3	4	5
1. 公证文书符合真实性、合法性					
2. 公证文书有无文字差错					
3. 公证文书适用法律正确					
4. 公证文书使用部门接纳					
5. 公证文书制作水平					
6. 文书排版规范					
7. 公证书内容符合当事人预期					
8. 公证机构的接待场所环境					
9. 门市等待时间					
10. 服务承诺兑现					
11. 投诉处理及时					
12. 参与公益活动					
13. 媒体良性互动					
14. 办证程序合规					
15. 主动调查证明材料					
16. 公证质量检查结果					
17. 接受外部监督					
18. 跟进新兴业务					
19. 对外沟通顺畅					
20. 满足不同服务层次					
21. 再来办证意愿					
22. 公证员衣着整洁得体					
23. 公证员遵守职业礼仪					

续表

项目	1	2	3	4	5
24. 公证员言行保持中立					
25. 公证员办案经验丰富					
26. 公证员良好的职业道德					
27. 公证员公证质量检查结果					
28. 公证员廉洁自律					
29. 公证员对法律的掌握熟练					
30. 公证员有一定研究能力					
31. 公证员受当事人表扬情况					
32. 公证员各类获奖情况					
33. 公证行业处理投诉争议的公正性					
34. 行业透明度					
35. 对于突发事件的应急反应和预防					
36. 文明行业、文明单位的测评结果					
37. 投诉久拖不决导致矛盾激化					
38. 媒体负面报道					
39. 从业人员受到行政或刑事处罚					

德国公证制度介绍

李辰阳*

德国作为中国在欧洲的重要盟友、战略合作伙伴,[1]作为中德两国法治国家对话[2]的一部分,借鉴德国通过公证制度进行国家治理成为两国法律界交流的议题之一。

根据2016年3月2日在北京由中国公证协会和德国联邦公证协会签署的合作备忘录,中国公证协会组织来自不同省市的公证行业监管人员和资深公证员一行19人,于2016年9月4日至16日在德国柏林和慕尼黑分别进行了专业培训项目。此次培训团得到了德国国际合作机构(GIZ)[3]的大力支持。在此期间,培训团分别造访了德国联邦公证协会、德国联邦司法及消费者权益保护部、德国联邦议会法制委员会、德国公证人联合会、柏林州法院、柏林公证协会、巴伐利亚州司法部、巴伐利亚州公证协会以及柏林和慕尼黑的两家公证人事务所。

一、公证人在国家治理体系中的地位

(一)公权性

在德国,公证人属于公法性质的职务,代表国家行使公共职权,行使公权职务的标志就是公证人能够悬挂和使用所在州政府的州徽。公证人是司法权力的一部分,公证人出具的公证文书具有公权力。公证人由国家委任、接受国家的严格监督也由国家罢免。国家在民商事领域规定某些重要的法律行为必须通过公

* 李辰阳,上海市普陀公证处公证员。

[1] 2014年3月28日,中德两国在德国柏林发表了《建立中德全方位战略伙伴关系的联合声明》。

[2] 2000年6月30日,中德两国在柏林签署《法律交流与合作协议》,在协议框架内,双方建立起中德法治国家对话机制。作为对话机制的标志性活动,每年举办一次部长级的法律研讨会,在中德两国间轮流举办。

[3] 德国国际合作机构德文名称 Deutsche GesellschaftfürInternationaleZusammenarbeit(GIZ)GmbH,作为非营利的德国联邦企业,支持德国联邦政府实现其可持续发展国际合作的各项目标。GIZ 活跃于全球130多个国家,共有超过17,000名员工。除了联邦政府各部委,各联邦州、其他国家政府、国际组织以及私营机构都是项目委托方。

证文书形式作出，实现国家间接干预的目的，通过公证人的专业咨询、制作公证文书从源头上预防纠纷、实现权利安定的职责，因此，公证人又被称为预防性的司法机关。由于公证人介入不动产登记和商事登记，使国家的公共登记（不动产登记册和商事登记）的公信力通过公证人得到保证，确保了市场的参与者自由透明的获得足够的交易信赖信息，同时，公证人帮助国家机关比如税务机关更好地履行征税职权，防止洗钱犯罪问题发生。

德国公证人每年出具500万份公证书，很少产生争议。公证具有预防性的司法功能。公证减轻法院负担，为国家节省财政资源和司法资源。高质量的公证，也能为当事人节省费用，相对于产生争议上法院，请律师支付诉讼费，公证的费用低得多。

（二）构建和谐社会的法律制度

由公证人参与契约的订立，人们更为理性，比私人订立契约产生的纠纷少得多。比如，继承产生的纠纷很多，继承人之间不能达成遗产分割协议，常见的争议点在被继承人在世的时候做出的赠与行为。例如，一个孩子自己盖了一幢房，父亲赠与其5万欧元，在父亲去世后，5万欧元是赠与还是借贷，这笔费用是否算做遗产的一部分容易引起争议，受赠人认为是赠与，其他继承人认为是借贷，这样的争议需要到法庭解决。从公证人的视角看，公证制度的存在有助于社会稳定。

（三）受控制的职业自由

公证人的公证活动近似于自由职业，但公证人并不像律师和医生那样从事的是自由职业，他从事的不是经营，专职公证人不得同时从事其他能够获得薪金的职务，除非在个别情况下，听取了公证人协会的意见后，可以允许，但也可以随时撤销，从事经营盈利性的副业要经过监督机关许可。公证人不从国家领取薪酬，公证业务收入是他的经济来源，公证人以他的全部财产对外承担责任。

受控制的自由职业者主要表现在：德国公证人由国家任命，公证人的总数是有限制的；被任命为公证人后有义务从事公证工作，不能因为收取的公证费太低而拒绝公证工作；公证人严格界定职权范围，公证业务和律师、税务师不存在交叉；公证人要受制于来自于法院的监督，由法官检查公证人是否按照规定保存相关文件和资料，考察公证人工作中是否符合程序性规定，考察公证人是否按照规定收取公证费用（公证费用法定，不可多收也不可少收）；另外，公证人有向税务机关报告的义务。

（四）独立与公正

公证人像法官一样具有人和物上的独立性，这主要反映在公证人的任命上，公证人一旦被任命，就可以从业至退休；公证人从事公证业务时不受任何机构或第三人以任何一种方式发出的命令指示,除非在接收工作职务监督检查时。

公正性表现在,公证人不代表任何一方当事人,而是"所有参与人的独立与公正的受托人",这种中立的地位,正是公证的实质体现,公证人作为中立者,保护弱势的当事人,提示法律风险,促成交易的安全并确保有序且顺利进行,区别于律师,律师代表的是委托方,为了委托方的利益而寻找法律依据。公证人考虑所有公证参与人的权益,使公证事项公平合理,追求的是预防纠纷之目的。

二、德国公证的法律渊源

《德意志联邦共和国公证人法》(Bundesnotarordnung),1961 年颁布,最近一次修订是在 2015 年 11 月 23 日。它是一部全德国境内统一施行的公证法,共有 121 条,分为 4 个部分,主要规定公证人资格的要求、公证人选任的程序、公证协会的组织和权限。

《公证书证法》(Beurkundungsgesetz),生效于 1970 年 1 月 1 日,共 71 条,是程序法,就如同民事诉讼法对于法院所起的作用,由一般规定、意思表示的公证书、其他公证书、证书的处理、保管、与其他法律的关系组成。该法是关于具体的公证操作,规定公证人该如何从事公证活动、公证人工作的程序和方法、公证的分类(认证和公证),等等。此外,还包括托管账户受理条件。

另外《公证人协会守则》(RichtlinienderNotarkammern)、《公证人工作制度》(DienstordnungfürNotarinnenundNotare)、《法院和公证收费法》(Gerichts - und Notarkostengesetz 2013 年颁布)共同构成了现今德国的公证制度。

在这些法律和规定里都没有规定,一个法律行为一个交易在什么情况下必须经过公证,这一类的问题,并不由公证文书法规定,而是存在于各个实体法中,如德国民法典、德国商法典、德国有限责任公司法、德国股份公司法、德国公司改制法,或存在于德国民事诉讼法、家事事件暨非讼事件程序法等其他程序法中。

三、德国公证人的形式

德国不同的州主要有两种主要形式:一种是律师公证人,混合执业,在柏林比较多;另一种是职业公证人,在巴伐利亚州比较多。德国存在不同的公证形式,有其历史原因。在 18 世纪普鲁士时期,北部德国地区比较穷,单独作为公证人执业收入较少,所以允许公证人从事律师工作。除去混合执业、单独执业方面的区别,所有德国公证人的权利和义务都是一样的。

截至 2015 年,德国共有各类公证员 7156 人,其中 1506 人为专职公证人,5650 人为律师公证人。专职公证人是专门从事公证业务的人,其职务为终身制(70 周岁那个月的月末)。

专职公证人不得同时从事其他能够获得薪金的职务。律师公证人是从事律师职业又兼职公证人。律师公证人自己或与他人共同开办事务所，则他本人从事的律师和公证业务、其本人公证业务与其他人的业务要分别进行，分别核算，如果他受当事人委托从事了律师职业，那么对这个当事人则不能从事公证委托业务。此外，律师公证人也可以从事兼职专利律师、税务咨询师、会计师和审计员等。

近五年的数据统计显示，德国公证人的数量总体是在下降，2010 年全德有 8157 名公证人，距今减少了 1000 名，且律师公证人下降的幅度更大。原因在于：一方面是联邦公证协会对律师兼任公证人资格考试难度增加；另一方面在于德国公证行业有意识控制公证人数量，减少公证人之间的竞争，精益求精，宁缺毋滥。公证是一个非常专业的行业，专职的公证人可以一心一意地工作，成为专家，律师公证人只有一小部分的精力用在公证上。

四、公证人任职资格

根据《联邦公证人法》第 5 条的规定，在德国取得法官任职资格的人才能成为公证人。也就是说，德国法律人教育是统一的，不管是当法官、检察官、律师还是公证人，教育是一样的。

大学的法律学习大概要 5 年时间，然后参加第一次国家公证。之后是实习期，实习期对于德国所有法律职业人都是统一的，不管他是想成为法官还是检察官等，侧重于法律实务，是一种准备。实习期是 2 年多一点的时间。实习组织由司法行政机关组织。实习期分成不同站点，在法院、检察院、司法行政机关、律师事务所，是义务站点，必须去。

实习期结束，参加第二次司法考试（司法考试的科目数目各州均不同，巴伐利亚州 11 门，在柏林就少一些，是 7 门考试，每一次司法考试 5 个小时）。到第二次司法考试，所有法律人受到的教育都是一样的。第二次国家考试取得的成绩，将成为法律生涯的决定性因素，司法考试总分 18 分，4 分及格，申请公证人职位时，成绩很重要。

通过第二次国家考试，可以向州司法部申请成为公证人。录取后，成为公证预备人（见习公证人）。录取要求很高，要考察申请人个人资质、品质、健康状况、专业水准。个人资质包括：以前是否受过刑事处分，是否认同自由民主的国家基本制度，是否准备真正在工作中体现公正性和沉默义务，社会交往能力是否足够，在不同地区执业的能力是否具备。专业领域包括：知识面是否够广、够深，证明专业能力资质的，就是国家考试成绩。公证预备人通常都是当年考试成绩最好的前 1% ~3% 那批人，预备公证人的考试成绩都是两位数。具体遴选决定由州司法部部长决定,当然会听取州公证协会意见。

预备公证人录取通过后,至少3年见习期。分配跟随不同公证人学习专业知识。分配要保障在预备期中至少有一次在农村地区工作,至少一次在城市地区工作。公证预备人还要承担代理公证人职务。公证人因病或休假的,需要代理公证人职务。指定公证预备人做代理的,时间会从短到长,承担代理的工作也会越来越加强。见习期还包括理论上的学习,主要通过培训课程实现。培训课程涉及将来作为公证人接触到的实务本身,也会涉及组织程序方面的内容,如何组织自己的公证事务所,还包括公证人如何与当事人进行沟通交流。公证人预备期一方面在公证人身边从事实务学习,另一方面参加理论学习。有些预备人在3年见习期内,还可能被委派其他工作,如到欧盟,或借调到联邦司法部或联邦公证协会,也可能在州公证协会或州司法部或州公证协会财务处工作。

3年见习期后,公证预备人可以申请公证人职位(需要职位有空缺时)。前提是公证人职位有空缺,所以3年是一个最低期限。公证人职位的出缺原因:(1)新设公证人职位,这种情况很少发生;(2)原有的公证人放弃职务;(3)公证人被调任。

程序是首先刊登公告,公证人和见习公证人都可以申请。如果几个不同公证人申请,决定因素是任职年龄,谁年龄大任命谁。如果申请的人都是见习公证人,决定因素是见习时间的长短。出缺的职位被见习公证人得到,见习公证人被州司法部部长任命为终身公证人。见习公证人的数量也是有限制的,以预期空缺公证人的数量为基础。以防见习公证人长期得不到职位。但是因为实际中,职位出缺的情况不能事先预测,所以见习期实际上不止3年,很可能4~5年。因此,在德国要成为正式的公证人,至少是30岁之后的事了。

五、公证人事务所

(一)合伙人数量

对于专职公证人事务所合伙人的数量,各州限制不同,巴伐利亚州限制2名,最多的州限制为5名,一般为2~3名。限制合伙人的目的,在于防止出现特别大的合伙公证人事务所,公证人可能对业务失去掌控。所以在德国的公证行业,不存在一个大所在不同地区设立分所这种情况。同时,公证人没有权利任意雇用法律出身的专业工作人员,目的也是促使公证人对所有业务必须亲力亲为,不能把所有事务都推给专业工作人员。

(二)内部分工

在公证人事务所内,有任务分工,比如难的事务由公证人或公证见习人操作。例如,不动产领域中程式化的工作由工作人员经手,但涉及难点问题只能由见习公证人做,普通工作人员不能做。哪些工作由见习公证人承担,哪些工作只能由普通工作人员承担,法律没有对事务所内部分工进行规定,是由公证人规定的。法律规定对外签名必须由公证人本人签字。有些公证人事务所需要设立提存账户的,对账户的管理必须由公证人本人管理。

(三)见习公证人权限

见习公证人在特定情况下(代理期间)可以代表公证人,见习公证人在事务所承担一些公证人职业本身的任务,签字是签他本人的名字,但是会加注是代理哪位公证人签署的。责任分两步:对外,两人承担连带责任;两人之间,被代理人的公证人被免责。但是即使作为见习公证人,也要有执业保险,执业保险的最高金额可达到500万欧元。因此,见习公证人可以说是执业公证人,代理期间,对客户而言,这个人和被代表的公证人权限是一样的。

(四)职业辖区

公证人受制于职业法限制,每个公证人有严格的职业辖区。任何一个人被任命为公证人的同时,他会被明确职业辖区,辖区和地方基层法院的辖区相同,该公证人只能在该辖区工作,但客户可以自由选择公证人,客户不受辖区限制。这意味着,每个公民都可以在全德国范围内寻找自己的公证人,不受居住地和不动产所在地限制。这种情况下有个限制,当事人必须自己去公证人所在辖区去办理公证,比如柏林的当事人选择慕尼黑的公证人办理公证,当事人必须亲自到慕尼黑的公证人事务所去办理业务。

德国在公证辖区的规定和法国存在异同,相同点在于客户都可以选择公证人;不同之处在于,在法国,一个买卖合同可以由不同地区的两个公证人共同完成,在德国,客户只能找一个公证人完成买卖,因此,在德国不存在公证人跨越职权区域上门办证的情况。

(五)公证人职位数量的计算方法

以巴伐利亚州为例,2015年全州规划有486个职位(目前空缺6个),其中80个在慕尼黑,分部在202个地区。又如,柏林地区需要多少公证人数量,根据过去几年公证业务量,每隔几年会根据业务量确定职位数量,量度范围以每300件内容公证需要1个公证人职位,这是一个平均值,有些忙的公证人一年业务量有2000件,不忙的公证人一年只有几十件。

确定到底有多少个公证人职位是有计算标准的,这个标准包括:距离标准,在相对较小的范围内能找到公证服务;足够的当事人需求,对于公证人需要有足够客户群;当地的经济实力;农村地区也要有足够的公证人。最重要的原则是各个地区平均地提供公证服务。每个公证人都必须在年末就自己的公证事务向监管部门进行汇报,设立新的公证人职位,由州司法部作出决定。

德国联邦公证协会主席延斯·博尔曼讲道:“国家必须要注意,有足够的资格相适应的公证人”,“来公证处办事”不会变为“去公证处旅行”,“所有11,500个德国乡镇到公证人的平均距离为7公里到8公里。公证人不仅在人口稠密的大城市从业,而且还要在德国所有的乡村区域执业”。

(六)公证人收入补贴

公证费的计算标准,必须保证公证人理性的收入。制定公证费的原则,是公证人的收入应该等同于基层法院法官的收入。如果实践中,公证人的实际收入达不到地方法院法官的收入,有权要求州公证协会补足不足的收入,在柏林地区,有20%专职公证人需要领取补足额。德国是一个联邦制国家,当然不是所有的州都这样,但大多数州,原则上都适用这个方法。这种制度设置的好处,在一些不发达地区,也有公证人提供服务。因为有些地方,偏远的、穷的地方,没有人申请公证人这个职位,那么在这种制度保证下,可以吸引年轻人的见习公证人申请,而且满5年后,如果经济发达地区有职位空缺,就可以优先去申请这个职位了。

强制执行公证实务中公证人主持调解初探

张云伟*

长期以来，公证的职能定位在“预防纠纷”这一点上，在民商事法律活动中，通过公证的形式固定各方权利义务关系，进而防范纠纷的产生已经成为社会各界对于公证行业的最普遍之期待。然而，随着社会经济交往的日益密切以及公证行业自身的持续发展，公证不应完全局限于预防纠纷，在民事法律纠纷的解决领域中也催生了对于公证法律服务的需求，而公证参与纠纷解决的重要形式即是公证调解。根据现有公证实务，公证调解在公证执行（公证机构出具执行证书的实务，为简便起见，称为“公证执行”）中有较大的发挥空间，本文着眼于公证执行中的公证调解，对公证执行中开展公证调解的必要性、主要原则、操作实务等问题试作阐述。

一、公证调解简述

在具体研究公证执行中的公证调解实务之前，有必要对公证调解是什么以及公证机构开展公证调解活动的优势作出简要阐述，更加有利于理解公证执行中的公证调解实务。调解是协商的形式之一，是一种在无利害关系的第三方主持下旨在解决纠纷的协商活动。在公证中，当事人之间的协商活动时常存在，如借款合同公证中，双方当事人就金额、利率、期限等达成一致并申办合同公证，在办理公证时，公证员解答双方提出的法律问题，告知相应的法律后果，但当事人之间的协商活动并非调解，公证员的解答及告知行为亦非公证调解。公证调解必须由公证员主持，目的在于解决纠纷。公证调解是否属于《公证法》第 11 条规定的公证机构可以办理的公证事项呢？我们认为，公证调解并非公证事项的一种，公证调解应理解为公证活动的组成部分。公证调解是公证活动的一部分，因此，只有启动公证程序后，公证机构才能从事公证调解。对于启动公证程序的标志，在此应作广义理解，并不必然推定为当事人向公证机构提出公证申请后。当事人为申请公证所发起的咨询、公证员的解答以及公证员为启动公证程序从

---

* 张云伟，上海市东方公证处公证员。

事的准备活动，都应视为启动公证程序的标志，同时，经历上述活动后，当事人最终未提起办理公证申请不应作为否定公证程序已启动的依据。

二、公证执行中开展公证调解的必要性

在公证执行中开展公证调解，是由执行证书的特殊性和调解的优越性两方面共同决定的。相较于诉讼等对抗性程序，调解的优越性在于，它是调解者促进当事人双方达成一个彼此都自愿接受的协议的过程，而尝试达到一个能满足当事人双方的需要和利益的协议，这本身就是一个合作性的过程，能够使当事人真正从心理上消除对立情绪，从根本上促进纠纷的解决，进而达到促进社会和谐的目的。

执行证书是人民法院强制执行的执行依据，执行证书本身具有既判力，对当事人的权利义务产生确定性的附有强制效力的影响，尤其是被申请执行人，执行证书中载明的义务是被申请执行人必须履行的，否则将产生不利的法律后果。在所有公证类型中，目前只有继承权公证的确权功能与之相似，但两者亦有不同，比之继承权公证的单向与非对抗性，执行证书确定的是申请执行人与被申请执行人双方的权利义务，带有一定的对抗性，如处置不当，有可能在解决纠纷的过程中引发新的纠纷，公证活动更容易因此产生不良的社会评价。在公证执行中开展公证调解，可以在妥善解决当事人纠纷之余，同时降低因公证活动产生不良社会评价的概率。此外，我国强制执行公证采取的是“二段式”模式，在公证执行程序之前，公证机构已在办理赋予债权文书强制执行效力公证时，对案件进行了较为全面的审查，对当事人的状况较为了解，比之法院和人民调解组织，更加有利于开展调解工作。

三、公证执行中开展调解的主要原则

在公证执行中开展公证调解不同于常见的公证活动，比普通的公证活动更加复杂，因此，公证执行中开展公证调解需遵循一些特定的原则。公证执行中开展公证调解主要应遵循如下原则：自愿原则、合法原则及查明事实原则，试分而述之。

（一）自愿原则

自愿原则是公证调解正当性的基础，其性质是尊重当事人的处分权，其目的是为了使达成的调解协议能够得到自觉的履行。自愿原则包括两方面的内容：程序自愿和实体自愿。前者是指调解程序的发生和进行应出于当事人自愿；后者是指调解协议的内容应反映当事人的真实意思。在公证执行中，是否应该参照法院的“调解优先、调判结合”的原则，设置前置调解程序。如果并不设置“前

置调解”程序，只有当事人双方共同向公证机构提出明确的调解申请时，公证机构方能启动调解程序，任何一方当事人单方提出调解的，公证机构均可不予理睬。如果依据“调解优先”的思路，公证机构必须前置调解，程序设计上首先应主动询问双方当事人是否具有调解意愿。我们认为，基于公证机构在公证执行中开展公证调解的必要性及先天优势，公证机构有必要设置前置调解程序。公证实务中，在受理债权人提出的执行申请时，公证承办人员必须问询债权人是否愿意接受公证调解，并告知公证调解可能产生的法律后果，在债权人表示愿意接受公证调解后，公证机构向债务人核查债务时，必须向债务人询问是否愿意接受调解，并告知相应法律后果。设置前置调解程序并不违背自愿原则，调解程序最终是否启动仍取决于双方当事人的意愿。

（二）合法原则

确保公证的民事法律事实、行为的合法性是对于公证活动的一般要求，这一原则同样适用于公证调解的领域。这里的合法原则，应根据是否需要公证机构出具公证书而决定如何理解适用。在无须公证机构出具公证书的情况下，当事人之间达成的调解协议，只要不违反法律的强制性规定，公证机构不应干预，但应告知可能产生的法律后果。在公证执行中，比较可能发生的情形即是当事人约定的借款利息、逾期利息、违约金超出有关规定，对于载有这种约定的调解协议，双方当事人并不向公证机构申请公证，则公证机构无须干预。如双方当事人向公证机构申请对调解协议进行公证，公证机构应依据公证活动的原则对此进行干预与调整。

（三）查明事实原则

公证执行调整的债权债务关系相对简单，举证与查明事实的难度均不大，公证员不能因调解的目的在于解决纠纷而忽视查明事实，也不能因顾虑查明事实后不利于调解成功而拒绝查明事实。实际上，公证执行中的公证调解不仅仅指向解决纠纷的目的，调解对于缓解公证执行中因债务人缺位现象严重而导致事实无法完全查明的现象具有重要作用。调解并不必然成功，且不成功的概率相对较高，进一步来说，即使调解成功，日后也未必完全履行，但因公证调解的存在，债务人归位或者积极举证的概率大大增加，对于调解中查明的且有证据支持的事实，在出具执行证书时，公证机构完全可以采用，但是，对于调解中双方自认的、无证据支持的事实，公证机构应谨慎或者不予采用，这有利于降低因公证机构所查明事实与真实情况不符而导致的被法院裁定不予执行的概率。

四、公证执行中公证调解实务的一些具体问题

在公证执行过程中，公证调解的目标是促进各方当事人形成和解的意愿并

进一步推动和解结果的形成，故公证机构开展公证调解活动时，需要对于具体情形的不同而作出针对性的应对，一般而言，如下几个问题及其解决方案或可成为实务中开展公证调解活动时的有益参照。

（一）让步与促进协商

在各方自愿的前提下，公证员作为调解的主持人可引导各方适当作出一些让步，如债权人降低对违约金的追偿、放宽债务人还款的时间；债务人短期内先行偿还一部分本金或利息、追加新的担保物或保证人等。一般来说，债权人向公证机构申请出具执行证书前，均对债务人进行了一次或多次催讨而无果，此时，要求债务人先行偿还一部分本金或利息，更加有利于调解的达成。

（二）提存手段之介入

公证机构可以综合运用提存等手段，介入经调解达成的协议的履行过程中。公证机构的主动介入，与人民法院在执行中的被动参与属性，具有明显不同。如双方在经调解达成的协议中约定，债务人可以延期若干月归还本金，在此过程中，债务人应按月向债权人支付利息，如违约，债权人可以直接申请出具执行证书，公证机构可以建议债务人将每期利息提存至公证机构，由债权人按时向公证机构申领，且该方式为唯一履行方式，如此安排，一旦债务人逾期支付利息，公证机构可以应债权人申请而不向债务人再次核实直接出具执行证书。

（三）调解协议中“反悔权”条款的设计

调解协议可以按照区分“事实部分”和“法律部分”的方法设计，“事实部分”主要记载双方均已确认的，且有证据支持的事实；“法律部分”主要约定法律效力与法律后果，在“法律部分”设置“反悔权”的条款，双方可以约定协议的生效时间为签署协议的第二日。设计“反悔权”条款的优点在于：第一，留给双方当事人充分的思考时间与独立思考的空间，防止当事人在环境压力下错误地作出接受调解的决定，更好地在调解中体现自愿原则；第二，防范公证机构因开展调解工作而卷入不必要的纠纷。这一做法的不足之处在于：对任何一方当事人而言，协议中约定的条款对其必定有利有弊，当事人一方面可能事后受其他人的错误影响而不能正确理解调解协议；另一方面也可能会陷入夸大对自身不利条款的臆想中而不能自拔，从而滥用反悔权，降低调解成功率。

（四）公证收费与社会评价的平衡

公证执行中开展调解工作，此时应更加侧重于公证的社会评价，而非将重点放在公证收费，公证收费对调解的成功率会产生一定影响，对于大部分案件，可以考虑免费。公证执行中开展调解工作，可以视为公证通过微观个案参与社会治理的行动，从长期来看，这将对公证行业的整体发展大有裨益。

五、小结

总而言之,公证调解的兴起体现了社会对于公证行业参与解决纠纷的新兴需求,而这一需求对于公证人群体而言,既是挑战亦是机遇。在各类公证事项中,公证执行无疑是最适合开展公证调解的一方沃土,从前端赋予债权文书强制执行效力公证中对于纠纷的预防,到后端公证执行中公证人对于调解各方当事人的债务纠纷的参与,公证人在促进、维护交易安全方面的作用得到了最全面的体现。因此,尽管公证调解或许仍是一项方兴未艾的公证法律服务,但从公证法律服务的扩展与开拓角度而言,公证调解值得我们公证人开展进一步的尝试与研究。

公证人的职责:防控风险和预防纠纷

王 伟*

"强制执行公证的创新与规范"、"知识产权与公证功能"、"公证对接诉讼"、"公证承接司法辅助事务"等专题,近期成为公证业乃至法律界的热点话题,并且赢得了司法审判机关、司法行政机关、公证从业人员和社会各界的广泛关注和积极评价。公证行业面临的新情况、新问题层出不穷,公证机构纷纷聚焦热点和难点问题,经常进行研究和探讨,说明公证行业勇于面对现实。作为一名实践于法律服务实务的公证员,在总结业务工作基础上,立足于公证事业的改革和发展,特提出三点建议。

一、建议建立公证活动规范,切实防控各类公证风险

人民法院对公证行业寄予很大期望,本市公证从业人员也努力实践。据悉,上海公证行业承担赋予强制执行效力公证文书的办理数量,从原来占法院执行案件数的0.3%提升至现在超过1%,确实取得了不小的进步,在一定程度上缓解了人民法院审判和执行工作的压力。随着更多公证机构及其公证员的加入,强制执行公证的案例必然增多。总体而言,公证工作在社会发展和经济生活中的重要作用愈加明显。但是,社会舆论对公证行业极少数或者说是个别案例也存在负面评价。公证作为辅助司法的一项重要法律活动,公证执业人员务必专注于依法、审慎,把证明活动做大、做强、做实,而不是因为疏忽和瑕疵,甚至违法违规给司法机关添乱,此乃包括自己在内的公证员需要时刻警惕的重要问题。公证机构既要不断增加办理涉及赋有强制执行效力公证事项的数量,继续为减轻法院的审判和执行工作压力作出贡献,又要尽可能去除公证活动中出现的瑕疵和缺陷,绝不能生产错证并且使之变相成为"法律白条"。如果由于我们公证员的疏忽,导致法院无法执行,那么就直接给法院的执行增添了负担。市司法局相关部门透露,之前连续收到上级机关下达的督查令,指出某公证机构办理的涉及7000万元标的债权文书公证,在出具执行证书时未经充分核实,导致当事人

* 王伟,上海市卢湾公证处公证员。

高度质疑和激烈投诉。有关同行也曾提及某区法院曾经连续裁定一些公证执行证书不予执行。公证行业的全体同仁,应当真心欢迎人民法院借助作出裁判文书、提出司法建议等途径,指出公证工作的不足和短板,也非常期待作为法律职业共同体龙头地位的法官朋友经常利用参与专题研讨、专业授课等形式,从法院的角度、法官的态度出发,解析法律和司法解释的本意,帮助公证从业人员避免公证活动的瑕疵。公证员是预防纠纷、防控风险、排忧解难的队伍,而不应当是制造麻烦的力量。建议公证行业协会可以建立规则即行规,进一步规范涉及强制执行效力公证的事项,行规也可实行设置办理公证债权文书公证员的"门槛",明确需要进行专业培训并且通过测试,行规还应当明确强制执行公证必须在公证机构办理,办理过程必须公开、透明。

二、建议强化公证工作质量,从严执行公证程序规则

不断加强和着力提升包括强制执行公证在内的公证活动的质量和水平,是公证行业应当常抓不懈的任务。据悉,公证行业协会正在酝酿一个重大的举措,即依托相关高校建立公证培训机构。办理强制执行公证应知应会等,这些基本规范和基础的要求,均应是公证培训的重要内容。期待公证培训机构邀请法院审判业务庭和执行部门的法官授课,从法官履行司法审查职责的视角,对公证工作提出具体的规范要求和提示。借助培训平台的作用发挥,有利于提升公证从业人员的专业能力。公证从业人员应当牢记职责使命,遵循法律法规,坚守执业纪律,严格办证程序。建议公证行业协会编印相关手册,汇集所有的涉及强制执行公证的法律、司法解释、规范性文件以及公证行业内部的规定,引导公证执业人员在办理强制执行公证时必须严格遵循。有关法院在向公证机构的反馈过程中,客观地指出公证行业的一些规定和规则过于简单、语意不详,公证行业内却有人认为公证行业的相关要求过于严苛。正反两方面的评价,实际上都在呼吁公证管理的规则的调整和更新。现在,司法行政机关出台各类行政规范性文件的限制很多,既可能受到立法机关的监督、人民法院的司法审查,也必须接受政府法制部门的备案审查,程序相对繁杂。但是,公证行业协会能够出台一系列的规则、指引、标准等行业规范,直接对公证机构办理公证业务进行全面指导。实际上,公证行业内参照行业规范去办理公证的自觉性、主动性不强,因此,我们赞成公证机构以及公证从业人员应当从严、从细执行所有相关的法律、法规、规章、规范性文件和各类办理公证的规则。

三、建议重视公证审批环节,努力构建多元监督渠道

应当高度重视公证质量的控制工作。全国不少优秀公证处拥有较为周全和

详尽的审批工作制度，审批人员水平高力量强，并且设置了多重把关工序，严格控制公证质量。各级人民法院对公证行业的态度相对宽容，涉及针对公证类民事案件的审判，一般来说直接否定公证书的案例非常少，判决公证机构承担民事赔偿责任的也很少，有些公证员就会存有侥幸心理，直至忽视了公证质量。实际上，公证质量的内控程序必须始终从严。十多年前，司法部为了提高公证工作的效率，推行主办公证员制度试点工作，经过省级司法行政机关备案的主办公证员，在执业中一定程度享有办理公证免审批的待遇。现在看来，主办公证员制度是一把“双刃剑”，一方面提高了公证工作的效率；另一方面也在一定程度上导致了办理公证质量的下降，并且引发少数公证机构和公证从业人员忽视甚至变相放弃内控程序。在从严内控方面，作为公证业较为发达的地区上海的公证机构及其从业人员，同样应当展现标杆形象，所有公证机构都要建立严密、周到和细致的质量控制机制。司法行政机关应当积极会同公证行业协会，进一步加强对公证执业监督检查，落实业务指导和质量评查。当然，我们公证员，真心诚意地希望人民法院通过审判和执行等活动，发现公证业务中存在的问题和缺陷，及时利用各种渠道加以反馈。毋庸置疑，有人民法院和司法行政机关一如既往的监督和支持，有社会各界坚持不懈的关注和批评，有公证从业人员矢志不渝的自律和努力，上海公证事业必将步入监督多元、服务优质、市民满意、管理规范、健康发展的轨道。

公证业务档案规范管理与数据化建设研究

——强制执行公证业务发展的几点意见

凌云峰　王　晨*

大数据时代背景下,公证行业面临着对庞大而复杂的业务数据进行高效规范管理的巨大挑战,随着人们法律意识的提高,公证业务数量和业务类型与过去不可同日而语,加之现有的各类型公证业务档案的原始数据材料,致使公证业务档案的管理难度与日俱增。为此,公证机构要高度重视公证业务档案数据化建设,依据《公证法》、《公证程序规则》、《公证文书立卷归档办法》和《公证档案管理办法》的相关规定,进一步加强公证业务档案数据化的建设,实现公证档案收集、整理、立卷、归档、保管、检索以及利用等各环节的规范管理化。

一、公证业务档案规范管理和数据化的背景与必要性

公证机构的公证文书是国家重要的专业文书之一,作为国家档案的组成部分,所形成的档案是公证机构进行公证活动和当事人从事民事活动的真实记录,具有重要的查考和利用价值。[1] 近年来,在社会经济高速发展的形势下,公证档案信息的利用和查询愈加频繁。因此,加强公证档案的管理和对档案资源的重组整合成为如今公证行业亟不可待的任务之一,通过利用现代信息化网络,对重要公证档案实施数据化管理,引入公共网络等平台和技术,提供相关服务方便社会公众使用。唯有如此,方能解决传统的公证档案服务管理和需求应用不断扩大化的矛盾,更好地保护公证档案实体不受损坏,最大化地实现公证档案的查考和使用价值。[2]

(一)大数据时代社会治理创新的要求

近年来,大数据这个概念逐渐被人们所熟知,它已经渗透到人们的日常生活,甚至影响到政府机关、公司企业、媒体组织等群体,成为一个被普遍关注的话

* 凌云峰,上海市闸北公证处主任、公证员;王晨,上海市闸北公证处公证员。

〔1〕 杨彧:《新时期公证档案之见》,载《法制博览》2012 年第 9 期。

〔2〕 金红:《加强公证档案信息化建设的有效途径》,载《黑龙江档案》2013 年第 5 期。

题。当今时代之所以被称为"大数据时代",不仅仅因为社会公众已经能够更加便捷、全面、广泛、深入地接触到各类的数据信息,更重要的是,搜集利用这些数据信息的门槛已经显著降低,它不再只是档案专家的专业领域,更成为整个社会治理创新和基础设施建设的一部分。[1] 其实公证行业很早就有这样的意识,在2013年10月召开的中国互联网创新与知识产权保护高峰论坛上,有资深公证员就大数据与公证的主题进行了发言,并介绍了所在公证处与企业合作开发新产品的情况;在2013年11月中国公证协会举办的第二届"青年公证人讲坛上",也有青年公证员结合大数据时代下的公证阐述了公证创新的观点。大数据时代为促进我国社会治理体制、治理方法、治理模式和治理方式的转变提供了机遇,也对我国社会治理创新提出了挑战。随着大数据时代的来临,公证部门如何参与运用、加强决策、升级服务,是亟待厘清并需要迅速展开实践的重要课题。

(二)公证业务更好更快服务社会需求的需要

我国公证事业伴随着改革开放走过了光辉的30年。30年的开拓与发展,使公证法律服务的领域不断扩大,服务层次不断深入。作为防止利益相关方法律冲突的"减震器",[2]公证已广泛介入经济生活以及金融领域,社会公众对公证业务包括强制执行效力的公证、合同公证等公证的需求量越来越大,也直接导致了公证档案的规范管理面临着越来越巨大的挑战。传统的档案管理模式不仅耗费大量的存储空间和人力资源,也无法满足档案数据的高效有效利用。为了更好更快地服务社会需求,公证行业需要进一步规范管理公证档案,创新业务档案数据化,为公众提供更优质的服务奠定基础。

(三)减缩公证业务成本的倒逼

随着业务数量的递增,公证档案数量逐年增加,公证业务成本也呈现上涨趋势。传统档案管理模式带来的成本问题,不仅增加当事人的费用支出,同时也进一步阻碍了公证业务的良性发展。因此,改革传统的公证档案管理模式,减缩公证业务成本,是促进公证业务和公证行业持续发展的重要途径之一。

大数据背景下,建立公证业务档案数据化,通过档案集中统一的集约化管理,不仅可以有效减少档案管理支出的成本,解决档案存放难的问题,同时也为行业信息化建设、大数据形成和应用奠定了基础。

二、公证业务档案数据化的概念与目标

由于公证业务档案数据化基于现代信息技术的运用而得以实现,因此,其主

〔1〕 孙亚丽、姚娟:《大数据时代下公证行业的应对》,载《中国公证》2014年第2期。

〔2〕 李国旺:《陆家嘴金融法制讲坛第六讲——公证为金融发展保驾护航》,载陆家嘴金金融网,http://www.ljzfin.com/news/info35197.html。

要特征可以概括为高效率的档案管理、数据化的管理模式、网络化的技术基础。依据其概念及特征，笔者认为，公证业务档案数据化的目标主要是要实现“三化一性”，即电子化、便捷化、智能化、共享性。

(一)公证业务档案数据化

1. 概念

所谓公证业务档案数据化，是指利用电子计算机、网络等现代化信息工具，将纸质公证文档资料中的信息通过扫描、录入等方式存储到计算机数据库中，对公证业务档案进行收集、整理、存储和加工，以实现检索快捷方便、同步备份快速简单、存储空间小、维护方便、安全等功效。

公证机构的公证文书是国家重要的专业文书之一，为了充分发挥公证业务档案资源的价值，必须解决好档案的收集、保存和利用的问题。随着计算机信息技术的发展和大数据时代的来临，公证业务档案的数据化成为必然的趋势。

2. 特征

结合大数据时代背景以及公证档案的作用价值，笔者认为，公证业务档案数据化的特征有以下几点：

(1)高效率的档案管理。公证业务档案管理的最终目的是对档案的信息内容加以利用。采用数据化管理模式不仅能够提高档案的管理效率，节约大量的人力、财力和物力资源，同时也能提高档案信息的使用效率。结合我国目前的公证业务档案管理现状，推进档案数据化管理具有一定的现实意义，不仅能够将公证档案管理者从烦琐的管理工作中解放出来，还能促进整个社会档案意识的形成。[1]

(2)数据化的管理模式。档案数据化管理是指在数据化的基础上，对各类公证文书资料进行扫描，进而转化成为电子资源的形式。其中电子资源的最大优势就是能最大限度地节省物理空间，提高公证业务档案管理工作的效率和准确性，为公证人员和公证当事人在档案查询和整理环节提供巨大便捷。

(3)网络化的技术基础。公证业务档案数据化管理的核心特性就是网络化。网络化的出现将各个孤立的数据库和行业联系起来。公证业务档案网络化的管理，不仅能提高档案管理工作的效率，还能将其他部门的数据库信息的利用发挥到最大化，从而提高公证业务质量。

(二)公证业务档案数据化目标

公证业务档案数据化的目标是“三化一性”。这一目标，有利于形成公证信息数据航母，逐步打造“互联网 + 公证”工作的体系，使公证行业在大数据时代

---

[1] 周晓松：《简议档案数字化管理的特征及其策略》，载《魅力中国》2016 年第 10 期。

背景下更好地发挥职能和功效。

1. 电子化

电子化为行业数据信息的开发利用创造了前提条件,从而促进档案的共享,是打造“互联网 + 公证”的必备步骤。电子化覆盖有利于提高公证业务档案的内部信息运用,同时充分发挥技术优势,大幅降低档案信息管理的成本。电子档案由于一般采用光盘、磁盘等媒介存储,相较于传统档案存储更为便利和长久。另外,电子档案的存储空间和存储量也是传统档案所不可比拟的。

2. 便捷化

公证业务档案数据化是以数据库的方式将系统档案信息录入和存储来实现的。档案的内容囊括文字、图像、音像、影像等多媒体形式。在档案信息录入过程中,可以进行复制、粘贴、剪切等操作,有些信息内容甚至可以使用扫描来直接导入,在节省时间的同时避免人工输入可能产生的错误。[1]

除了录入和存储的便捷化,公证业务档案数据化还极大地便利档案的查询和检索,只需要输入关键字,档案管理系统就能迅速调阅电子档案或定位该纸质档案存放位置,提高档案信息的查询效率。除此之外,公证人员还可以利用网络技术进行远程操作,实现任何时间、任何地点的档案信息查阅和管理。

3. 智能化

智能化的档案管理主要包括智能化存储和智能化检索。前者提升了存储设备间的信息联系,并有效实现备份、容错、改错和安全管理,提升公证业务档案管理的安全性,保证公证档案保存的完整性和信息的全面性,有利于最大化发挥档案的使用价值。[2]

后者是指在智能化管理的条件下,将公证业务档案的信息分类后以档案号、关键词等信息为基础进行整体性存储,对全部档案信息进行分类排列,极大提升了档案信息检索的准确性和范围性,使公证人员能够以最快的速度查找到自身办案或者当事人所需要的档案信息内容。

4. 共享性

公证业务档案数据化的最终目的不仅是提高公证部门的工作效率,更是为了实现公证部门之间以及与其他公共服务部门之间信息资源的共享。除了公证部门内部之间的公证书查证、调阅,在履行自身公证职能时,往往需要民政局、房地产交易中心、银行等部门机构保存的资料信息,以调查和核实公证事项中的事

---

〔1〕 冼其芬:《档案电子化管理面临的问题及优化对策探讨》,载《中国管理信息化》2013 年第 14 期。

〔2〕 赵恩玉:《我国档案管理智能化发展趋势研究》,载《现代商贸工业》2013 年第 8 期。

实内容。而其他行政部门在履行自身公共服务职能时，也需要公证部门出具的公证文书或者保存的公证档案信息资料。

随着社会经济的迅速发展，传统的、孤立的行政部门档案信息管理制度已经无法继续适用社会公众的需求，实现不同行政部门间的档案信息交流共享已经成了一种必然的趋势。公证业务档案数据化的实现，有利于促进公证部门与其他行政部门在档案信息资料上的对接，这种在严格保密规则下的及时性共享不仅提高了公证部门与其他行政部门的工作效率，也提升了公证部门的公证质量。

三、公证档案规范数据化管理的工作体系

公证档案数据化管理工作体系是实现公证业务档案数据化的重点和中心，其有利于打破公证行业间的各自为战开发的误区，形成一个深刻且统一的公证业务档案数据化共识。笔者认为，一套科学合理、高效便捷的公证业务数据化管理工作体系主要包括四个部分，分别为数据采集生成系统、数据存储集成系统、数据调用分析系统以及数据开放查询系统。目前由上海市公证协会理事会牵头的公证档案数字化项目已开始实施第一期项目，对包括2010年以后的业务档案全部扫描，对2010年前的业务档案如遗嘱、继承、亲属关系针对性扫描，以期完成历史和增量部分档案的入库以及数字化转换处理。

（一）数据采集生成系统

1. 内容

数据采集生成是实现公证业务档案数据化的第一步。公证人员将公证档案信息录入计算机中，将文字、图片等多样书面材料转化为电子数据，并以电子化形式存储在计算机数据库中。当然，除了纸质档案外，其他类型档案如常见的遗嘱公证中收集的声像档案（照片、录像等）也成为录库工作的主流。

2. 架构

通常的采集生成步骤是当事人先填写申请表并提交相关资料，后由公证人员检验核实当事人提交的材料并录入到公证业务系统中。随着科技的进步发展，数据采集生成的方式也在不断更新和发展，某些公证资料已经由手工入库转变为扫描录库，极大地节省了人力和时间。在数据采集生成的收尾工作中，对纸质档案库进行集中统一存放，并根据需要逐步分批扫描，最终实现档案卷宗电子化，为后续的档案分析、查询工作提供基础。

3. 建设模式

笔者认为未来的数据采集生成系统将包括自我采集和传送采集两种模式。自我采集模式主要指传统的采集模式，当事人本人或相关人亲自到公证处填写

申请表和提交书面材料,并由公证人员将这些书面材料录入公证档案系统。除了公证机构内部的资料采集,有些数据需要公证人员到银行、房地产交易中心等部门进行现场采集,由于目前的技术限制,公证人员在其他行政部门采集完毕后,仍要在公证系统中进行二次数据录入和生成。这种重复烦琐的采集生成方式,不仅降低公证人员的工作效率,也增加数据录入错误的风险。而这就是传送采集模式开发的实践基础。所谓的传送采集模式,需要依托高新技术的发展和完善,公证人员通过随身携带的高科技设备完成现场的数据采集,并运用网络同步公证档案数据库系统和移动终端设备信息,实时完成数据的传送、生成和录入,以此提高公证人员的工作效率和质量。

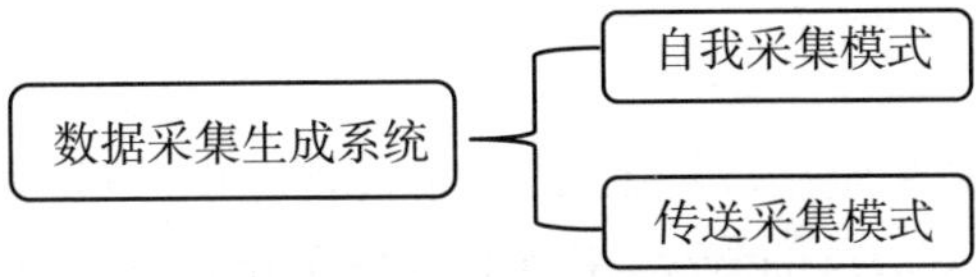

数据采集生成系统建设模式图

(二)数据存储集成系统

1. 内容

公证业务档案数据的采集生成工作完成之后,下一步就是要将相关公证业务档案信息存储到数据库中,形成电子化数据库,以便进行集中、统一、便捷化的管理。笔者认为,数据存储系统应采用集中化与分布式相结合的原则,实行集中化管理,跨网络备份。另外,鉴于电子公证档案数量的迅猛增长,可以考虑建立分级管理的数据存储系统。

2. 架构

一个科学合理的数据存储集成系统,需要具备以下三个条件:存储容量大、安全性能高、运行速度快。随着公证业务档案数据化建设成果的扩大,公证部门的电子档案信息将呈几何式增长,所储存的格式也是多样化的,包括文本信息、图像信息、音频信息、视频信息等,其中图像信息、音频信息、视频信息的数据存储容量极大,因此,电子档案的存储系统必须具有海量化特点。在安全性能方面,电子档案存储系统需要一整套高效的存储机制,以保证存储系统的稳定性,以维持系统长时间安全可靠的运行;同时,数据存储系统应具有各类资源的容错处理能力,并在备份前自动进行电子档案信息的病毒扫描,为公证业务档案提供安全的存储空间。此外,数据存储系统还需要针对大量文件的处理能力,可在最短时间内达到最大量电子档案的检索、备份等操作,同时把所需的档案信息复制到移动硬盘或者光盘库;最后,数据存储系统必须具有快速恢复的能力,并支持数据库容量扩容时的在线处理功能。

3. 建设模式

缩微存储技术在我国档案部门的应用已达多年，其法律效力已为国家所认可。虽然传统的缩微摄影技术在网络技术的冲击下经历了低潮，但由于其独有的、其他载体形式难以替代的优势，如保留原件真迹、保存时间长，以及具有相应的国际标准和国家标准，缩微技术与设备在今后相当长的时间内都不会发生根本性改变。结合当下数据化的趋势，公证业务档案数据存储系统完全可以结合缩微存储技术和计算机技术，在模拟与数字信息之间搭建双向桥梁，一方面利用数字存档机直接将数据住处转化为缩微影像进行长期保存；另一方面利用扫描仪将缩微模拟影像转化为数字信息，以便高速传输和处理。

（三）数据调用分析系统

1. 内容

公证业务档案数据调用分析系统，是指公证工作人员对数据库中已录入和存储的现有业务档案信息的分类、整理和分析工作，依据公证事项、当事人信息等大标题进行分类，从单一孤立的信息发展为完整全面的归纳整理保存，提高公证人员检索和利用公证档案信息的效率。

2. 架构

当今大数据时代，绝大部分的非结构化〔1〕和半结构化数据〔2〕由于缺乏大数据分析技术都没能有效地开发利用，导致数据的价值就得不到实现，公证档案的现状亦是如此，这些复杂庞大的档案数据在数据库中是孤立涣散的，彼此之间的有机联系还未形成。通过技术手段抓取和分析包括个人在内的档案信息，包括主体身份信息、办证历史、公证内容、诚信记录等，将这些数据信息在后台整合关联，通过这种调用分析工作来完善公证档案数据库，以期多方面、多角度检索、分析某个具体的档案信息，从而满足当事人不同的需求。

3. 建设模式

在目前的公证业务档案系统中，公证人员主要是采用档案编号、当事人姓名等关键词来获取所需档案信息，这使档案信息的查询和利用在很大程度上依赖于档案的标引质量，然而，这些描述性关键词的使用毕竟是主观且有限的，不能涵盖档案的所有信息内容，难以达到很好的检索效果的同时，也没法满足专项性档案利用需求。因此，需要公证人员运用技术手段，将各个孤立的档案数据依据某种特定的关系联结起来，如亲属关系、债务关系、雇佣关系等。从档案的基本

〔1〕 非结构化数据，是指不方便用数据库二维逻辑来表达实现的数据，包括所有格式的办公文档、文本、图片、XML、各类报表、图像、音频、视频信息等。

〔2〕 半结构化数据，是指介于结构化数据和非结构化数据之间的数据，HTML 文档就是典型的半结构化数据。

特征扩展到内容特征，直接调用档案内容特征用于档案信息内容的分析、聚类与检索，使查询利用结果更为直接、准确。

（四）数据开放查询系统

1. 内容

公证档案数据开放查询系统是针对社会公众及相关部门单位，公证的利害关系人或者相关单位通过提交主体信息，根据自身需要查询到已经完成公证的档案资料信息。

2. 架构

公证业务档案数据查询系统是建立在数据采集生成系统、数据存储集成系统和数据调用分析系统的基础上得以运行。公证业务档案数据化的目的不只是简单地将公证档案信息以数据化的方式进行存储管理，而是更好地服务于社会公众，方便社会公众和相关单位的使用查询。档案的查询利用是公证档案规范数据化管理工作体系的重要环节，是实现公证档案信息资源“用得上”的关键。目前的公证业务档案查询只要依赖于主体信息的查询，通过提交相关身份信息查获主体身份下所办理的公证档案信息。而其他信息类别只能选择类查询。

3. 建设模式

随着网络技术和移动终端的迅速发展，各个行政服务部门相继顺应时代的潮流推出部门 APP 软件和微信公众号，以期更好实现自身服务职能。公证部门也应当加大公证档案查询 APP 软件和微信公众号建设，使社会公众和相关单位可以随时随地通过 APP 软件和微信公众号查询相关公证档案信息，实现移动终端查询和公证服务大厅查询同步，减少社会公众和相关单位往返公证服务大厅的次数和时间。数据化查询系统的运行和建设可以看作公证行业积极参与到大数据业务的显著体现，也反映出公证行业掌握数据的独特性，它不仅真实、有效、充实，更具有极大的潜在价值。

四、数据化工作的保障

实现公证业务档案数据化的目标，不仅要有科学、规范的公证档案数据化管理工作体系，还要有相应的外部保障，具体包括体制保障、人才保障、财务保障、安全保障。

（一）体制保障

公证业务档案数据化管理有别于传统的档案管理方式与方法，公证部门应当结合自身的实际情况，建立一套新的且适合档案数据化工作的规章制度，如档案工作制度、档案信息的管理规范、档案信息安全保密制度以及机房管理制度等，使公证业务档案数据化工作具有制度的保障，实现档案数据化管理的规范化与标准化。公证业务档案数据化建设是一项复杂的工程,公证档案管理系统的高效使用,有赖于所有公证人员在同一个管理标准下进行操作,将内部的各个部门都衔接到一起,提高数据化工作系统的普适性。

同时,为了促进公证档案数据化工作的规范性、安全性和高效率,国家相关部门应当尽快出台针对档案数据化工作的法律法规,公证部门也应当要求所有的档案管理人员依照法律法规进行档案数据化工作,并结合公证人员在档案数据化管理工作中出现的问题和漏洞进行相应地补充和细化,以确保档案数据化工作科学、高效地开展。

(二)人才保障

任何工作都离不开人才队伍这一重要基础条件。人才队伍的教育、培养和完善是档案数据化工作建设的关键要素之一。公证业务档案数据化本身所具有的技术特点和技术要求,决定了公证档案数据化工作离不开档案业务工作者和档案信息技术专家的密切协调与共同合作。二者之间,尤其要注意档案信息技术专家的核心地位与主导优势。[1] 因为档案信息技术专家往往最了解档案数据化的技术与应用,对档案数据化的优势、长处有着切身的体会和深刻的认识,具有较强的信息意识和档案数据化建设的积极性、主动性、创造性,同时还具备熟练掌握档案数据库系统的能力。他们是档案数据化工作规划、建设和应用的主力军,也是公证业务档案数据化建设的主要承担者。

当然,档案数据化工作同样也离不开档案业务工作者的积极参与。公证部门要大力培养公证档案数据化建设的复合型人才,定期组织相关公证人员进行档案管理知识和信息技术的培训,系统化地讲解档案数据化工作知识,促使现有的公证人员能够更好地发挥自身作用、更快地适应数据化的管理方式,将传统档案管理知识与现代数据化技术相结合,建设一支适应档案数据化工作要求的公证档案管理人员队伍。同时,要完善人才引进机制,引进一些既掌握数据知识又具备熟练业务能力的复合型人才,为公证档案数据化建设提供智力支撑和人才保障。

(三)财务保障

数据化建设本身就是资金密集型工程,档案数据化建设特别是初期建设必然是高投入的过程。资金投入不足必然会导致档案软件、硬件和相关基础设施建设滞后,延迟整体公证档案数据化应用系统推广见效的时间,这样不仅导致人力、物力、财力和资源的浪费,还使公证业务档案数据化建设和应用的积极性受到打击。

---

〔1〕 于月英:《浅议档案信息化保障体制、机制与队伍建设》,载《黑龙江科技信息》2011 年第 25 期。

因此,公证部门要加大资金投入,筹措必要的资金以为实现公证档案数据化的财务保障。要多渠道筹集资金,加大对公证档案数据化建设的财政投入,将档案数据化资金列入政府财政预算,采取逐年投入的办法解决基础建设和运维经费。必要时,可以采取服务外包、合作开发等形式,创新公证档案数据化投入机制。同时要鼓励引导和支持公证单位内部档案数据化部门开展档案数据化技术攻关,给予档案数据化科研项目经费支持。

(四)安全保障

最后档案数据化工作中的一个重要问题即安全问题。电子档案信息是以数据的形式存储在数据库中的,一旦出现安全问题,可能造成大量的数据损坏,给公证部门以及当事人带来无法估计的损失。因此,公证部门在建设档案数据化的工作中要加强安全保障意识。

保障档案信息资源安全的要求是多方面的,基于档案数据化条件下的档案信息资源安全体系建设是整个档案安全体系的重要组成部分。首先要保证"人"的安全。设计身份识别系统,赋予不同身份人员以不同的查阅和管理权限,符合保密工作和档案工作规范要求。第二要保证"源"的安全,在有效保护原件的基础上,确保初始数据化成果安全,防止篡改。第三要保证"质"的安全,对数据化的档案信息资源进行异质备份,多手准备。第四要保证载体安全。通过采取技术安全策略,防止网络攻击和失密事件发生,避免数据化的档案信息因软件系统和相应设备的更新而不可读取。[1] 第五要保证环境安全,采取应急减灾措施,实施同城异地备份和异域异地备份策略。除与各省、市之间互建异地备份中心之外,亦应在本地建设电子档案信息安全备份中心。此外,要及时升级和使用安全认证、病毒防杀、防火墙技术、身份认证技术、网络监控技术,加强访问控制,增强技术防范能力,确保公证电子档案信息的安全。

---

〔1〕 韩东:《档案信息化建设若干问题研究》,吉林大学 2011 年硕士学位论文。

上海市公证行业业务情况分析报告

赵金洪　盛丽琴*

根据局领导的要求，近期我处组成调研小组，对 2015 年以来本市公证业务现状进行调研。本次调研依据市公证协会公证管理系统 2015 年 1 月至 2016 年 9 月的数据，从公证业务种类、公证件数等进行了统计分析。现将调研情况报告如下：

一、2015 年以来，全市公证业务基本情况

1. 2015 年全市受理公证业务为 625,978 件，其中东方公证处为 160,589 件，占 25.6%；浦东公证处为 51,085 件，占 8.2%；徐汇公证处为 46,751 件，占 7.5%；业务量较少的为崇明公证处 2972 件，占 0.5%；国信公证处 3628 件，占 0.6%；青浦公证处 5345 件，占 0.9%（见图 1）。

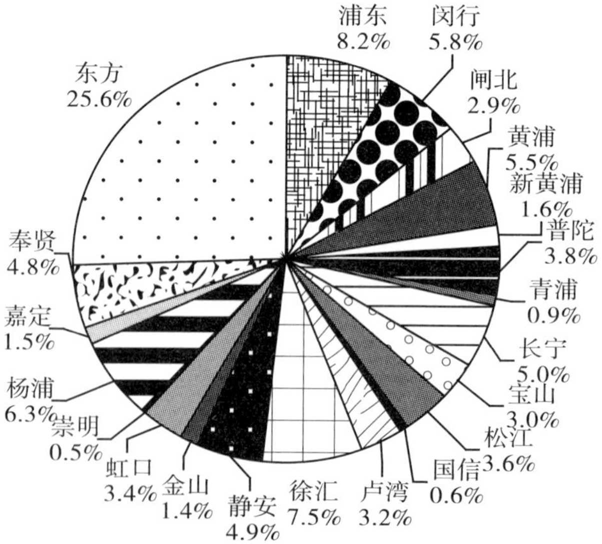

图 1　2015 年全市各公证处受理件数占比

* 赵金洪，上海市司法局公证工作管理处主任科员；盛丽琴，上海市公证协会秘书处工作人员。

2.2015 年办理公证业务前十位的公证处依次为:东方(160,589 件)、浦东(51,085 件)、徐汇(46,751 件)、杨浦(39,375 件)、闵行(36,309 件)、黄浦(34,370 件)、长宁(31,375 件)、静安(30,901 件)、奉贤(29,928 件)、普陀(24,081件)(见图 2)。

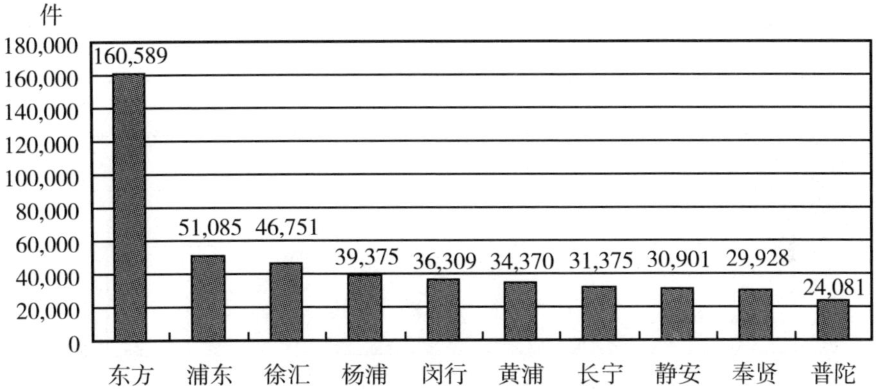

图 2 2015 年全市业务数据前十位公证处

3.2015 年、2016 年 1 ~9 月全市公证业务受理数同期对比:2015 年 1 ~9 月本市受理数为 477,846 件,2016 年 1 ~9 月本市受理数为 501,033 件,同比上升 4.9%(见图 3)。

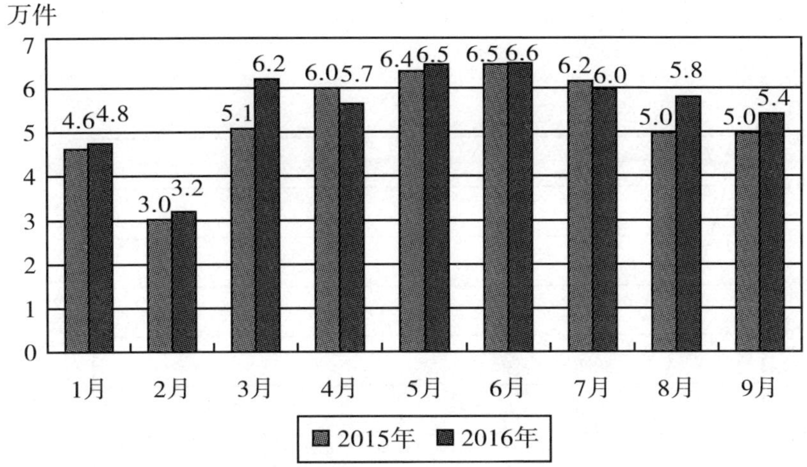

图 3 2015 年、2016 年 1 ~9 月全市公证书受理数据每月同比

4.2016 年 1 ~9 月各公证处受理公证件数与 2015 年 1 ~9 月同期对比:除了杨浦公证处上升了 0.1 万件外,其余 20 家公证处均有所下降,其中下降幅度最大的为东方公证处,下降了 2.8 万件(见图 4)。

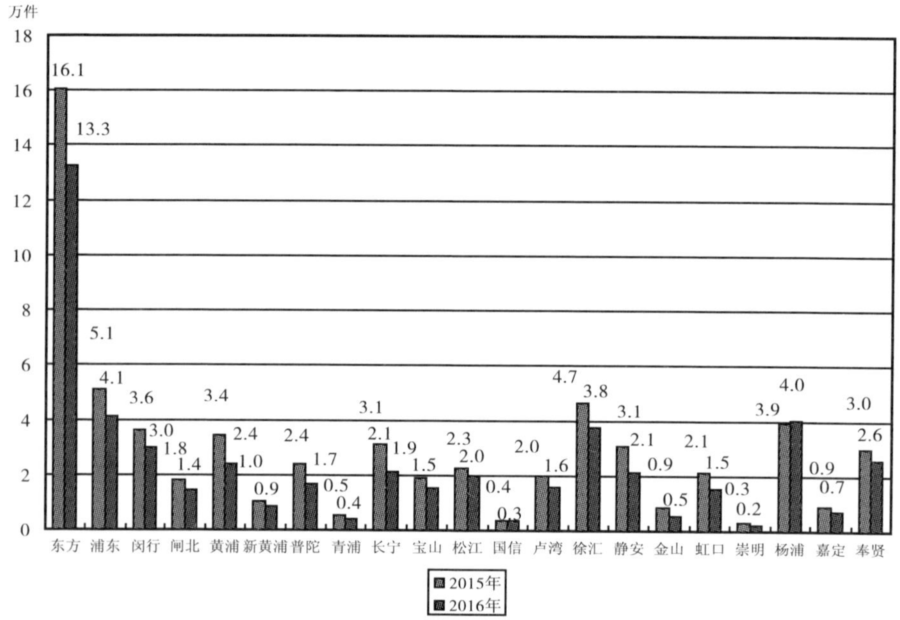

图4　2015 年、2016 年 1 ~9 月各公证处受理数据同期占比

5. 2015 年 1 ~9 月和 2016 年 1 ~9 月办理公证业务前十名的公证处分别为:

2015 年前十名:东方、浦东、徐汇、杨浦、闵行、黄浦、静安、长宁、奉贤、普陀。

2016 年前十名:东方、浦东、杨浦、徐汇、闵行、奉贤、黄浦、承诺、静安、松江(见图 5)。

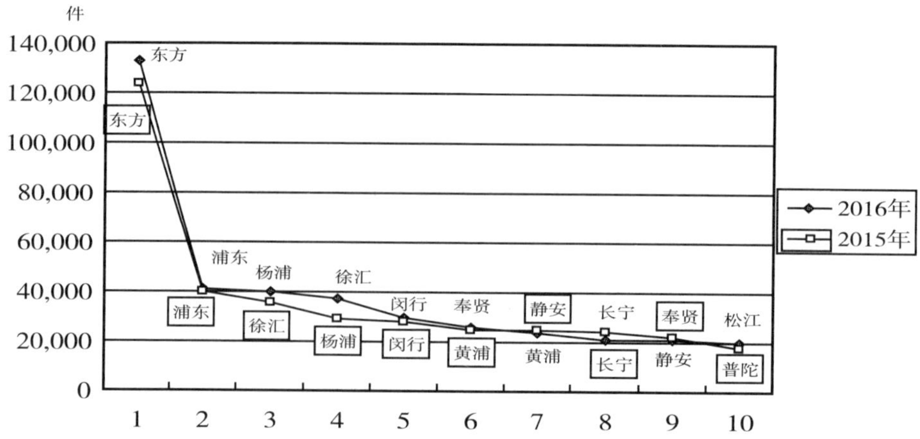

图5　2015 年、2016 年 1 ~9 月业务数据前十位公证处

二、关于涉及不动产(主要涉及与房屋相关的继承、赠与和买卖)公证业务的情况

1. 2015 年涉及不动产公证业务占全年总受理件数的 10.4%,其中继承类公证占 6.0%,赠与类公证占 1.8%,房屋买卖合同占 2.6%(见图 6)。

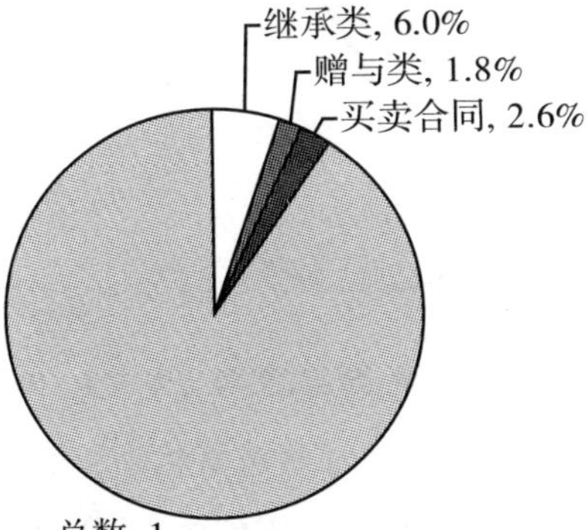

图 6　2015 年度继承、赠与、买卖公证占总公证件数比

2. 2016 年 1 ~ 9 月与 2015 年 1 ~ 9 月涉及不动产公证占公证业务总量分别为 9.5% 和 9.8%,同期下降了 0.3%。

其中继承类公证下降了 0.3%,赠与类公证下降了 0.1%,房屋买卖合同公证上升了 0.1%。(见图 7、图 8)

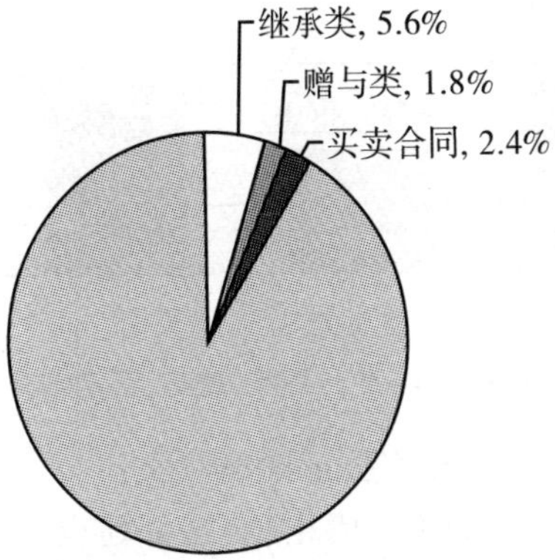

图 7　2015 年度 1 ~ 9 月继承、赠与、买卖公证占 1 ~ 9 月总公证件数比

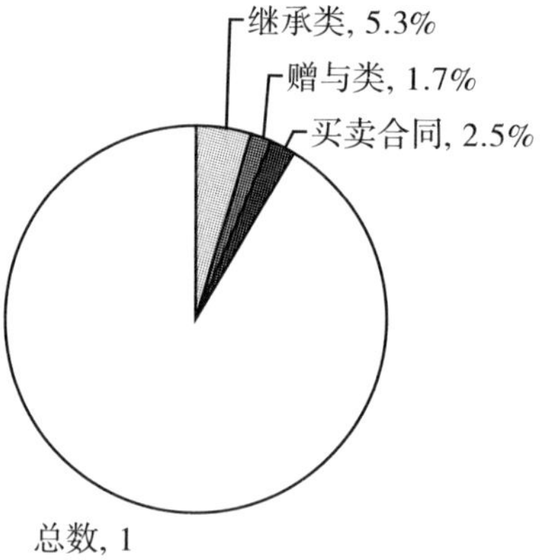

图8 2016年度1~9月继承、赠与、买卖公证占1~9月总公证件数比

3.2016年1~9月与2015年1~9月涉及不动产公证同期对比:2015年1~9月共受理涉及不动产公证46,808件,2016年1~9月共受理涉及不动产公证47,453件,同比上升了1.4%,其中房屋买卖合同上升了7.8%,其他两类均有所下降(见图9)。

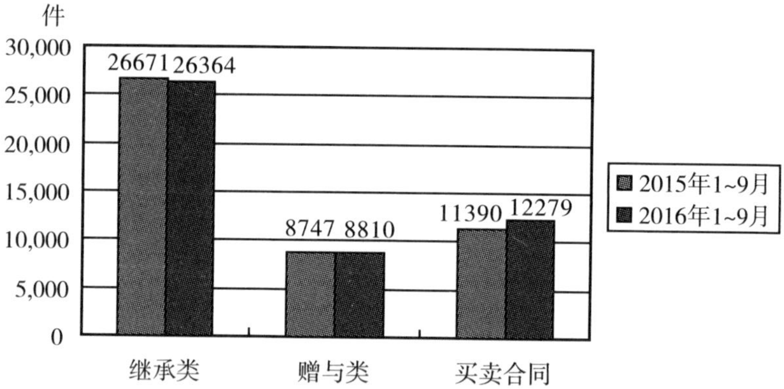

图9 2015年、2016年1~9月继承、赠与、买卖合同公证同期对比

4.2016年7~9月涉及不动产公证同期对比:

随着2016年7月《司法部关于废止〈司法部建设部关于房产登记管理中加强公证的联合通知〉的通知》及2016年5月市规土局《上海市不动产登记技术规定(试行)》等文件的先后发布,客观上对本市涉及不动产的公证业务带来申办件数下滑等影响。

2016年7~9月继承类公证总体下滑,7月同期下降了685件,8月同期下降了257件,9月同期下降了697件。

2016年7~9月赠与类公证和房屋买卖合同,7月同期均有所下降,8月同期均有所上升，而9月同期又出现了下滑（见图10、图11、图12）。

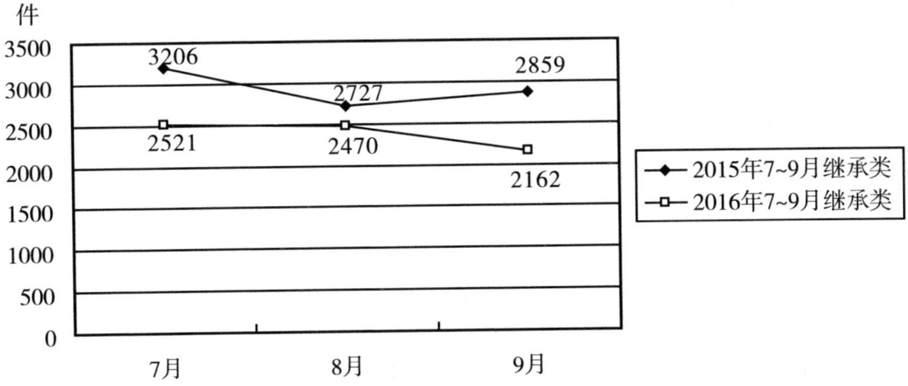

图10 2015年、2016年7~9月继承类公证受理数对比

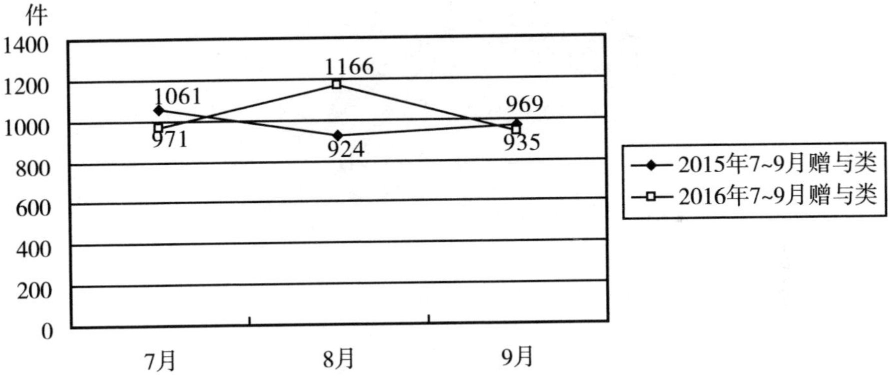

图11 2015年、2016年7~9月赠与类公证受理数对比

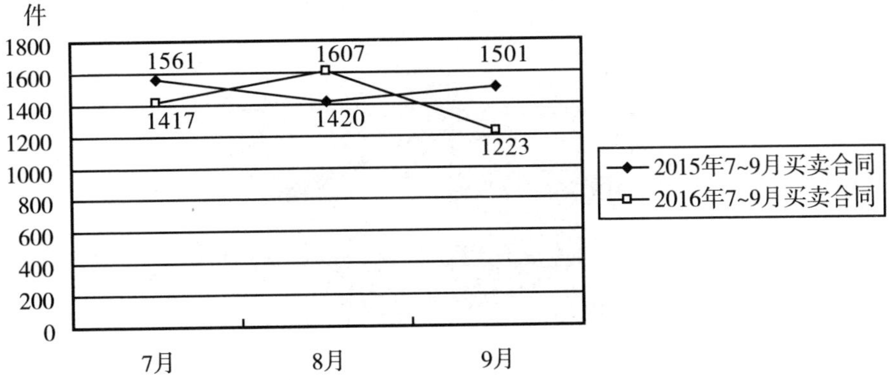

图12 2015年、2016年7~9月买卖合同公证受理数对比

5. 关于继承类公证：

2015 年全市继承类公证共受理 37,282 件。其中占比较多的三家机构为浦东 18.3%，宝山 7.9%，东方 7.2%；占比较少的三家机构为金山 0.8%，崇明 1.1%，国信 1.2%。

2016 年 1 ~9 月全市继承类公证共受理 26,364 件。其中占比较多的三家机构为浦东 19.1%，宝山 8.1%，闵行 7.4%；占比较少的三家机构为金山0.8%，崇明 1.2%，青浦 1.4%（见图 13、图 14）。

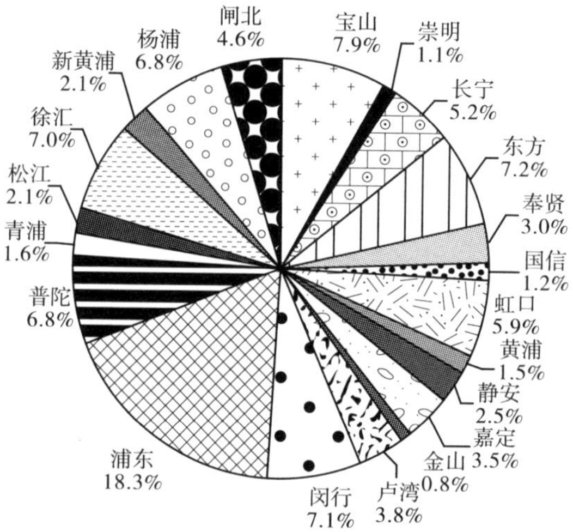

图 13　2015 年继承类公证文书各公证处占比

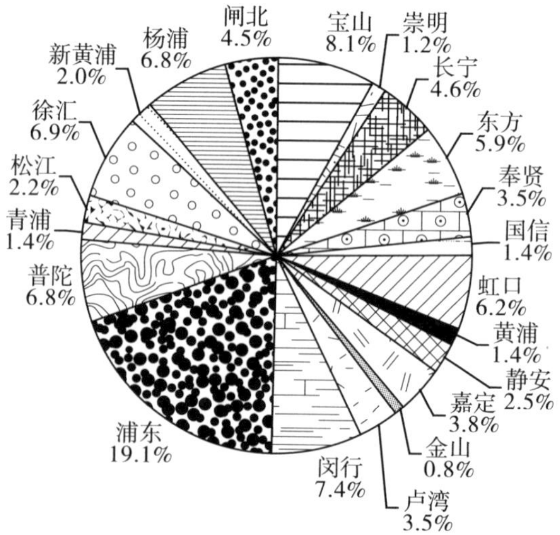

图 14　2016 年继承类公证文书各公证处占比

6. 关于赠与类公证：

2015 年全市赠与类公证共受理 11,568 件。其中占比较多的三家机构为浦东 12.6%，闵行 11.3%，宝山 9.6%；占比较少的三家机构为崇明 0.4%，金山 0.5%，青浦 1.0%。

2016 年 1～9 月全市赠与类公证共受理 8810 件。其中占比较多的三家为东方 12.9%，浦东 11.2%，闵行 11.0%；占比较少的三家机构为崇明 0.4%，金山 0.5%，青浦 0.9%（见图 15、图 16）。

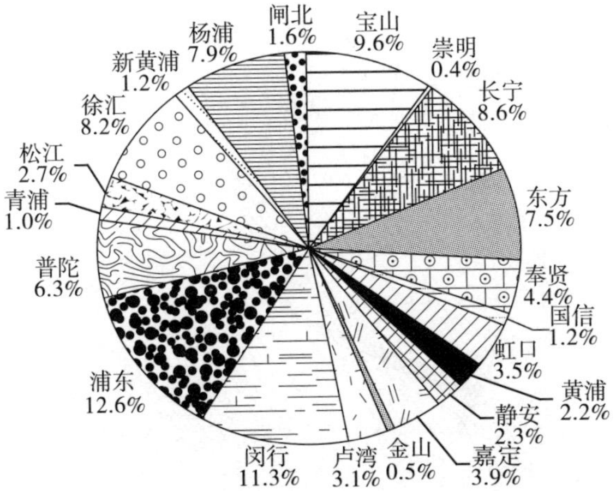

图 15　2015 年赠与类公证文书各公证处占比

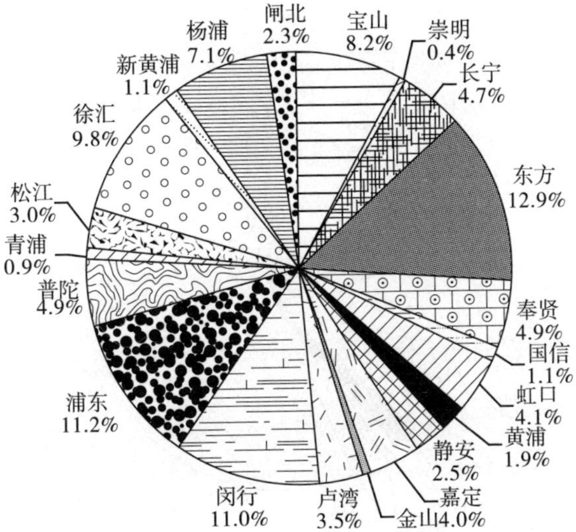

图 16　2016 年赠与类公证文书各公证处占比

7. 关于房屋买卖合同公证：

2015 年全市房屋买卖合同公证共受理 15,992 件。其中占比较多的三家机构为东方 55.3%，静安 6.7%，卢湾 6.4%；占比占比较少的三家机构为金山 0，崇明 0.1%，国信 0.3%。

2016 年 1～9 月全市房屋买卖合同公证共受理 12,279 件。其中占比较多的三家为东方 51.6%，卢湾 8.9%，静安 6.7%；占比较少的三家机构为金山 0%，崇明 0.1%，国信 0.6%（见图 17、图 18）。

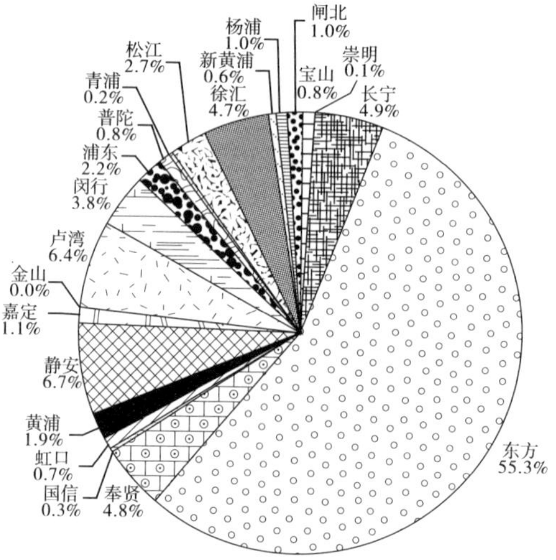

图 17　2015 年买卖合同公证文书各公证处占比

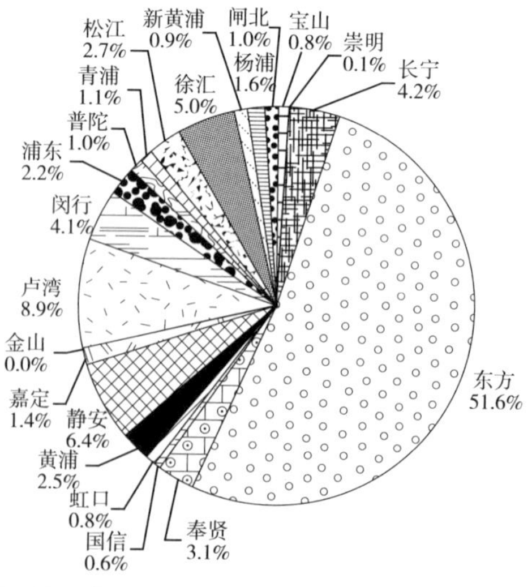

图 18　2016 年 1～9 月买卖合同公证文书各公证处占比

三、本市主要公证业务情况

(一)2016 年 1 ~9 月与 2015 年 1 ~9 月前十项主要公证业务对比

2016 年 1 ~9 月,本市公证行业主要公证业务为:有法律意义的文书(执照、签名属实、文本相符。下同)、单方法律行为(委托、声明、赠与、受赠。下同)、买卖合同、强制执行效力、继承类、出生、亲属关系、有无违法犯罪记录、保全证据、其他公证事项(认领亲子、补正公证。下同)(见图 19、图 20)。

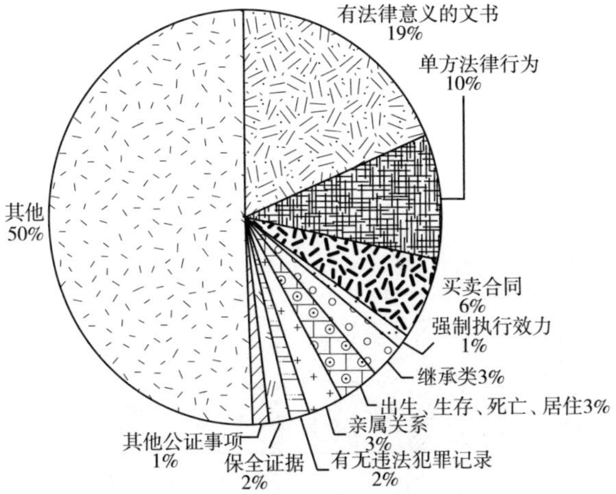

图 19　2015 年 1 ~9 月前十项公证业务

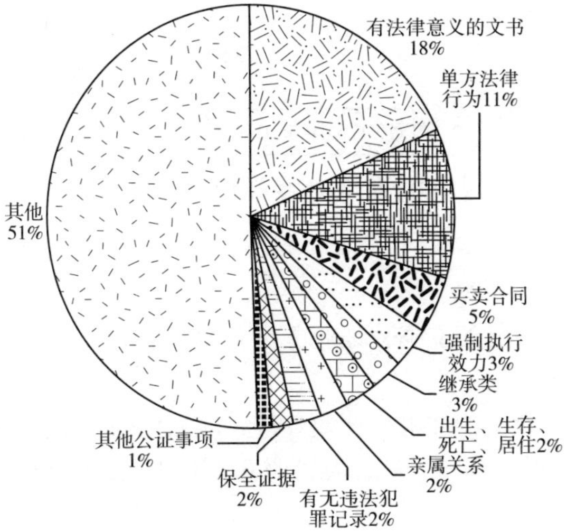

图 20　2016 年 1 ~9 月前十项公证业务

2015 年、2016 年 1 ~9 月前十位公证业务类型分别占业务总量 50% 、49% 。

这十种公证业务类型都属于传统型，尽管 2016 年 1 ~9 月前十位公证业务类型下降了 1% ，但是公证业务转型并没有明显变化。

（二）2015 年、2016 年 1 ~9 月前十位公证业务类型对比

单方法律行为、强制执行效力明显上升，分别上升 22.1% 、192.6% 。买卖合同、亲属关系明显下降，分别为 26.4% 、10.9%（见图 21）。

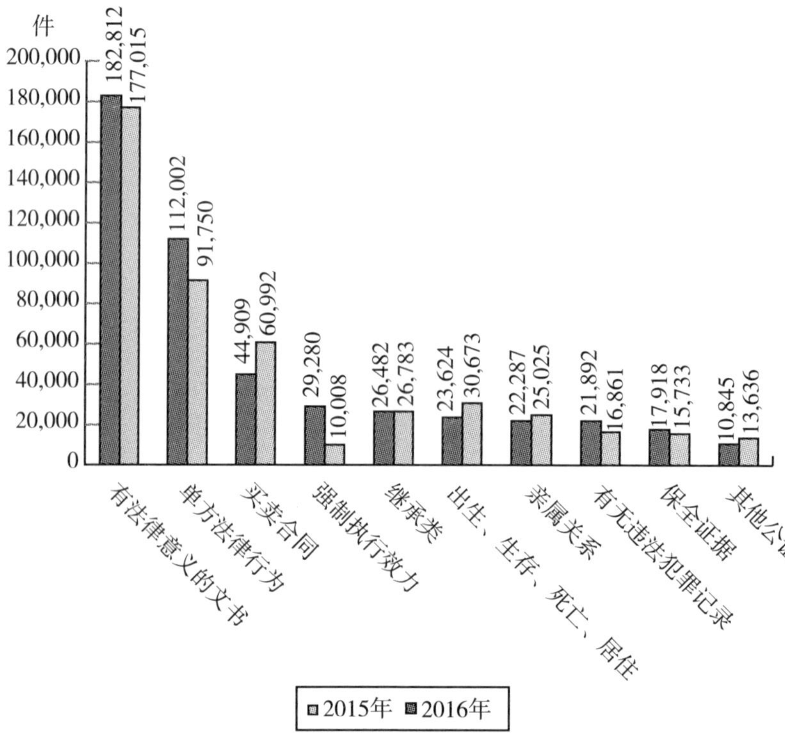

图 21　2015 年、2016 年前十项公证业务对比

（三）2015 年、2016 年 1 ~9 月前十位公证业务各公证处所占比例

1. 有法律意义的文书。

2015 年有法律意义的文书公证业务排名前三位的公证处为东方 25.7% 、浦东 8.5% 、徐汇 7.5% 。低于 1% 的为崇明 0.1% 、国信 0.4% 、青浦 0.7% 。

2016 年有法律意义的文书公证业务排名前三位的公证处为东方 28.7% 、浦东 7.8% 、奉贤 7.7% 。低于 1% 的为崇明 0.1% 、国信 0.3% 、青浦 0.5% 、嘉定 0.8%（见图 22、图 23）。

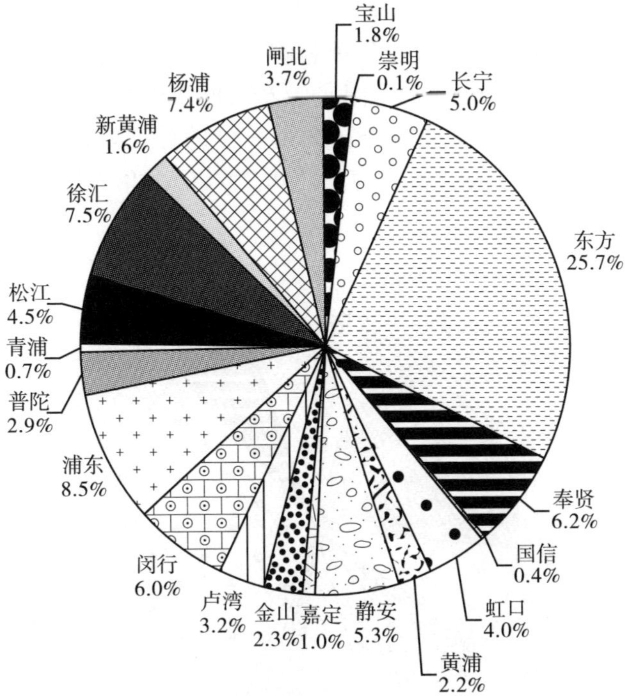

图 22　2015 年有法律意义的文书公证业务各公证处占比

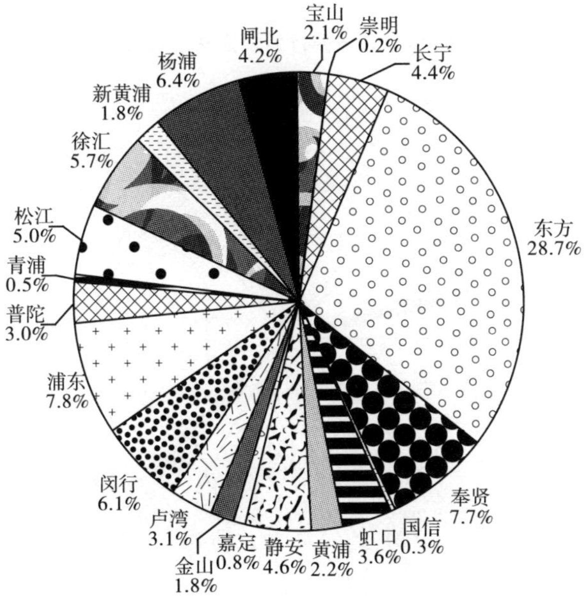

图 23　2016 年有法律意义的文书公证业务各公证处占比

2.单方法律行为。

2015年单方法律行为公证业务排名前三位的公证处为东方32.1%、浦东10.7%、闵行8.3%。低于1%的为闸北0.2%、松江0.4%、金山0.6%。

2016年单方法律行为公证业务排名前三位的公证处为东方27.4%、杨浦10.7%、浦东10.6%。低于1%的为闸北0.2%、金山0.3%、松江0.4%、崇明0.5%(见图24、图25)。

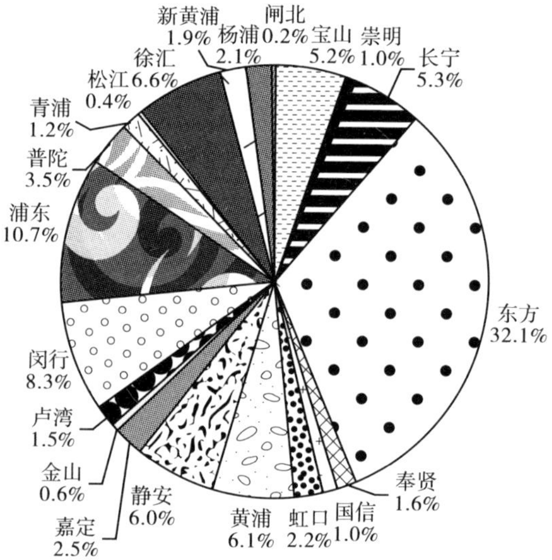

图24　2015年单方法律行为公证文书各公证处占比

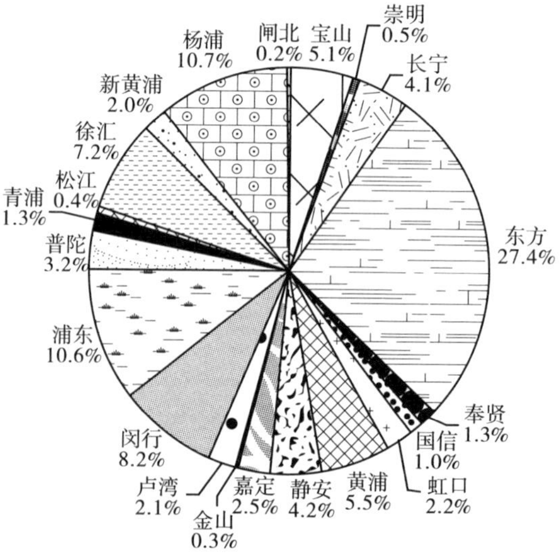

图25　2016年单方法律行为公证文书各公证处占比

3. 买卖合同。

2015 年单方法律行为公证业务排名前三位的公证处为东方 22.7%、黄浦 18.5%、杨浦 8.5%，低于 1% 的为金山 0.3%、青浦 0.6%、崇明 0.9%、国信0.9%。

2016 年单方法律行为公证业务排名前三位的公证处为东方 20.2%、徐汇 12.4%、杨浦 11.6%。低于 1% 的为金山 0.1%、青浦 0.9%（见图 26、图 27）。

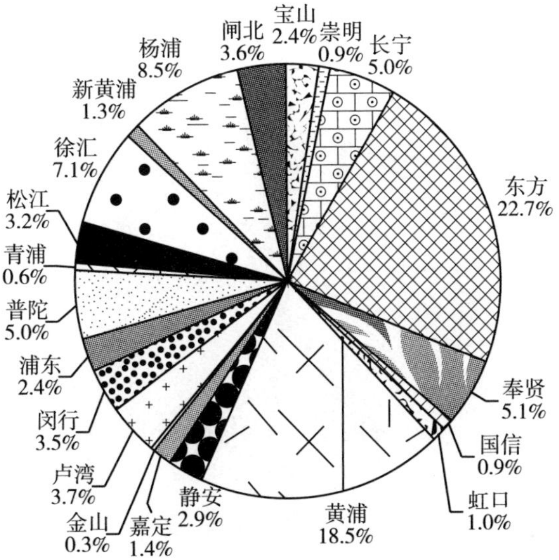

图 26　2015 年买卖合同公证文书各公证处占比

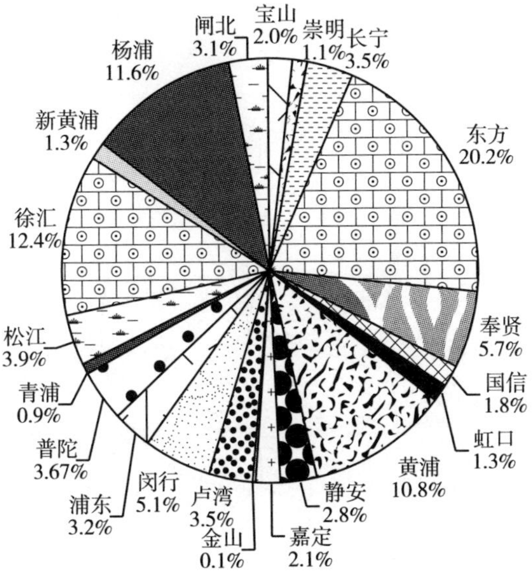

图 27　2016 年买卖合同公证文书各公证处占比

4. 强制执行效力。

2015年强制执行效力公证业务排名前三位的公证处为东方28.5%、奉贤10.9%、浦东8.3%。低于1%的为青浦0.2%、闸北0.3%、国信0.5%、崇明0.7%。

2016年单方法律行为公证业务排名前三位的公证处为东方46.2%、黄浦18.6%、杨浦17.4%(据了解,这三家公证处目前仍在办理民间借贷类公证,因此具强公证相对集中于此三家)(见图28、图29)。

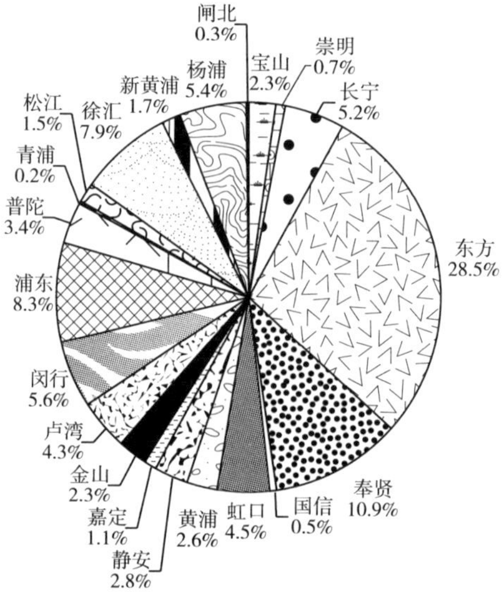

图28 2015年强制执行效力公证文书各公证处占比

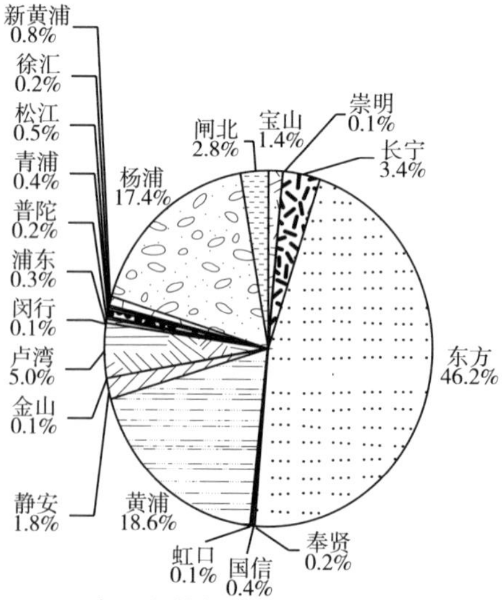

图29 2016年强制执行效力公证文书各公证处占比

5. 继承类。

2015 年继承类公证业务排名前三位的公证处为浦东 18.3%、宝山 7.9%、东方 7.4%。低于 1% 的为金山 0.9%。

2016 年继承类公证业务排名前三位的公证处为浦东 19.1%、宝山 8.1%、闵行 7.5%。低于 1% 的为金山 0.9%（见图 30、图 31）。

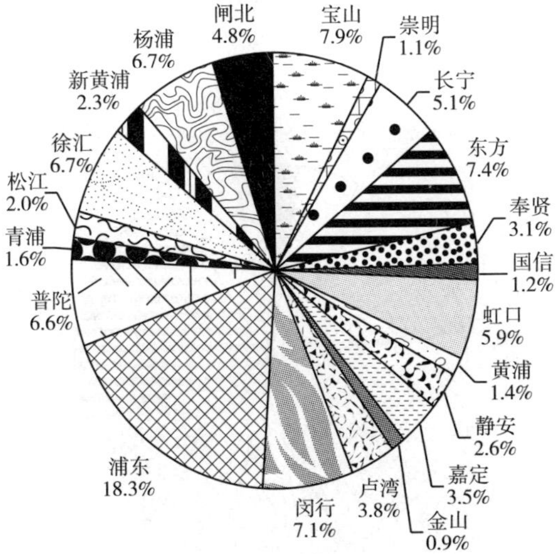

图 30　2015 年继承类公证文书各公证处占比

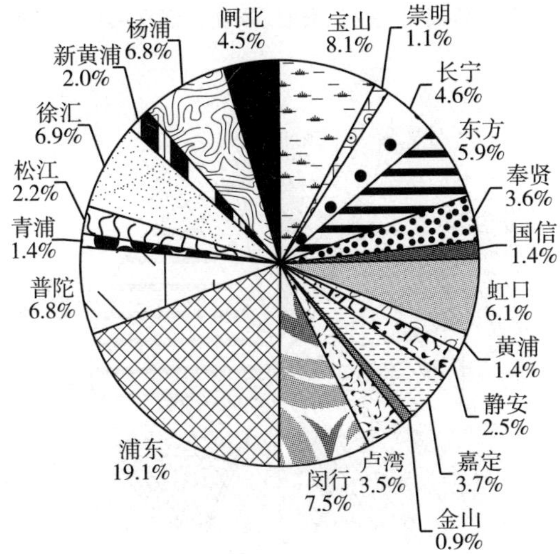

图 31　2016 年继承类公证文书各公证处占比

6. 出生、生存、死亡、居住。

2015 年出生、生存、死亡、居住公证业务排名前三位的公证处为东方 21.4%、浦东 9.0%、奉贤 8.6%。低于 1% 的为崇明 0.4%、国信 0.6%、青浦 0.8%。

2016 年出生、生存、死亡、居住公证业务排名前三位的公证处为东方 22.2%、奉贤 12.6%、浦东 8.5%。低于 1% 的为崇明 0.4%、国信 0.6%、青浦 0.6%（见图 32、图 33）。

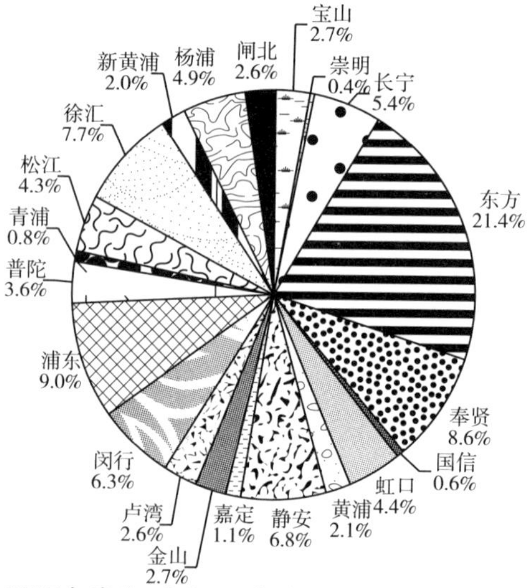

图 32　2015 年出生、生存、死亡、居住公证文书各公证处占比

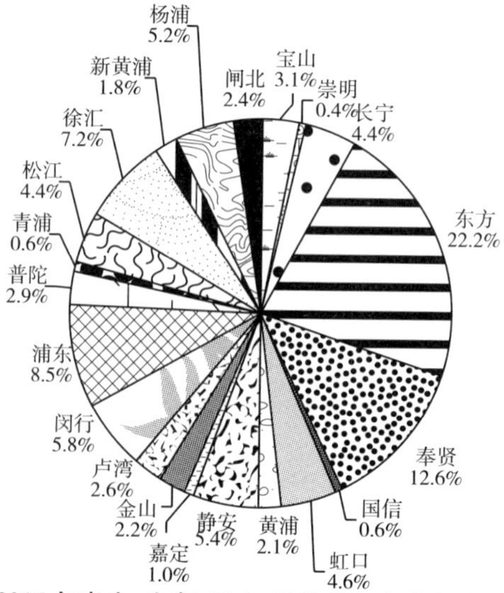

图 33　2016 年出生、生存、死亡、居住公证文书各公证处占比

7. 亲属关系。

2015 年亲属关系公证业务排名前三位的公证处为东方 23.0%、浦东 10.7%、徐汇 8.4%。低于 1% 的为崇明 0.3%、国信 0.6%、青浦 0.7%。

2016 年亲属关系公证业务排名前三位的公证处为东方 24.3%、浦东 10.8%、徐汇 8.0%。低于 1% 的为崇明 0.5%、国信 0.7%、青浦 0.8%(见图 34、图 35)。

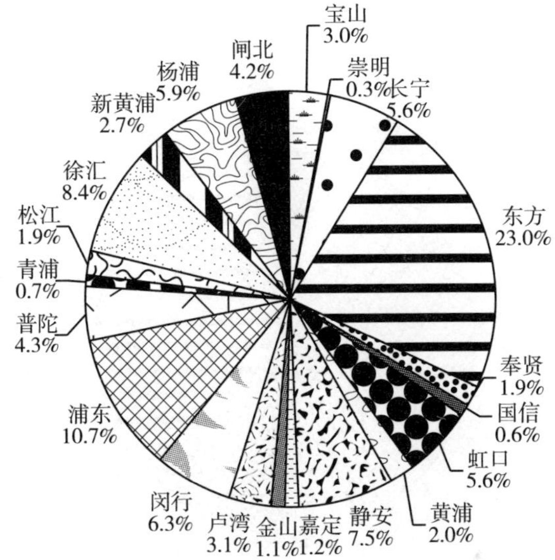

图 34　2015 年亲属关系公证文书各公证处占比

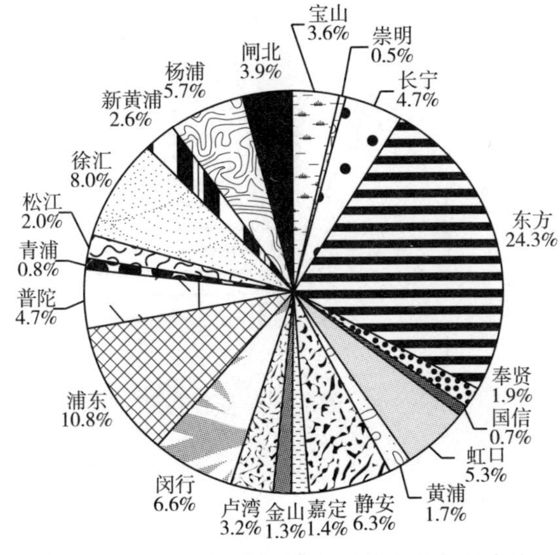

图 35　2016 年亲属关系公证文书各公证处占比

8. 有无违法犯罪记录。

2015年有无违法犯罪记录公证业务排名前三位的公证处为东方35.0%、浦东13.2%、奉贤11.6%。崇明、长宁、国信、黄浦、卢湾、金山、青浦、普陀、徐汇、新黄浦各处均为0。

2016年有无违法犯罪记录公证业务排名前三位的公证处为东方25.4%、奉贤10.9%、浦东9.8%。低于1%的为崇明0.3%、国信0.4%、青浦0.6%、嘉定0.8%(见图36、图37)。

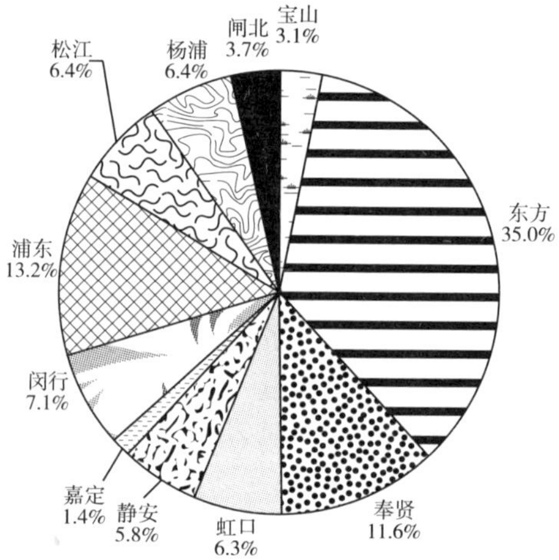

图36 2015年有无违法犯罪记录公证文书各公证处占比

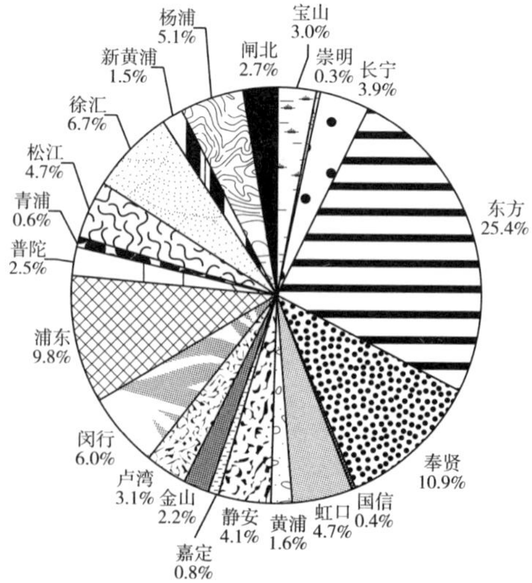

图37 2016年有无违法犯罪记录公证文书各公证处占比

9. 保全证据。

2015 年保全证据公证业务排名前三位的公证处为东方 25. 4%、徐汇 19. 9%、静安 11. 1%。低于 1% 的为崇明 0%、国信 0. 1%、金山 0. 1%、青浦 0. 2%、宝山 0. 4%、新黄浦 0. 9%。

2016 年保全证据公证业务排名前三位的公证处为东方 31. 3%、徐汇 19. 1%、静安 8. 6%。低于 1% 的崇明 0%、国信 0. 1%、金山 0. 1%、宝山 0. 2%、青浦0. 3%、松江 0. 8%、奉贤 0. 8%（见图 38、图 39）。

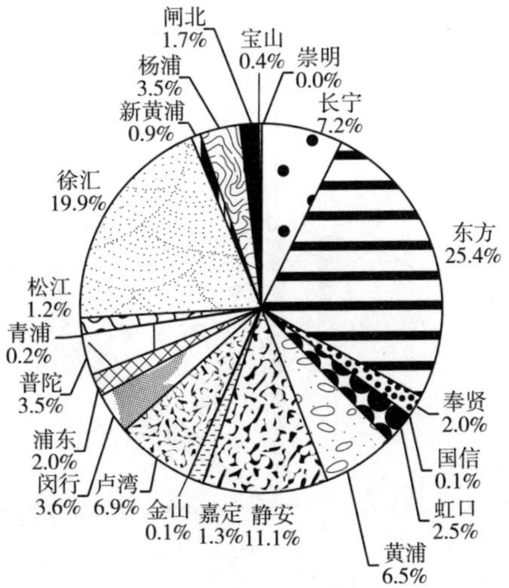

图 38　2015 年保全证据公证文书各公证处占比

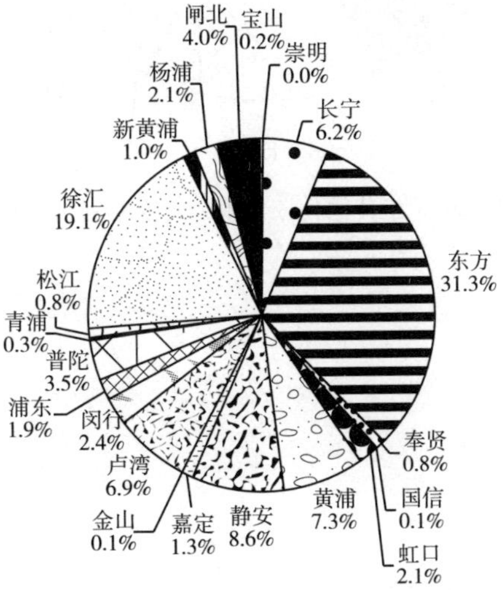

图 39　2016 年保全证据公证文书各公证处占比

10. 其他公证事项。

2015 年其他公证事项公证业务排名前三位的公证处为徐汇 17.6%、松江 17.4%、普陀 13.7%。低于 1% 的为闵行 0.1%、嘉定 0.1%、杨浦 0.1%、奉贤 0.2%、宝山 0.2%、闸北 0.2%、东方 0.4%、虹口 0.8%、崇明 0.9%、静安 0.9%。

2016 年其他公证事项公证业务排名前三位的公证处为松江 44.5%、徐汇 24.9%、普陀 9.4%。低于 1% 的为宝山 0%、嘉定 0%、奉贤 0%、杨浦 0.1%、金山0.1%、虹口 0.1%、崇明 0.2%、闵行 0.2%、国信 0.3%、静安 0.4%、闸北 0.5%（见图 40、图 41）。

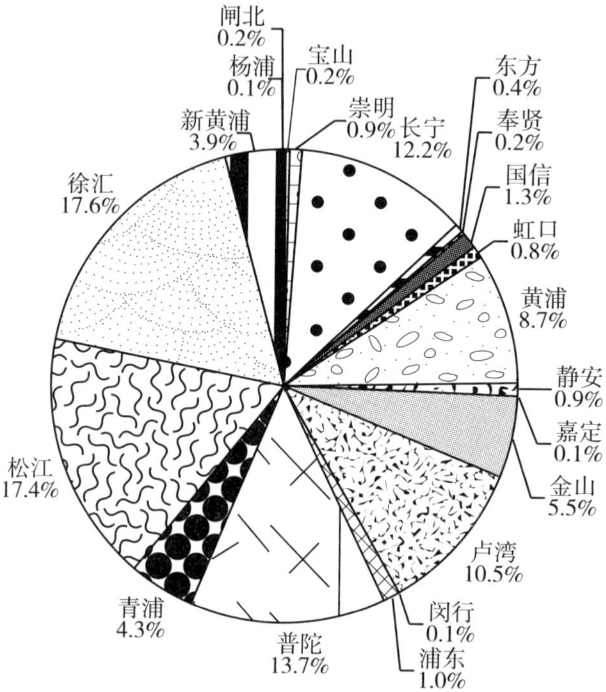

图 40　2015 年其他公证事项公证文书各公证处占比

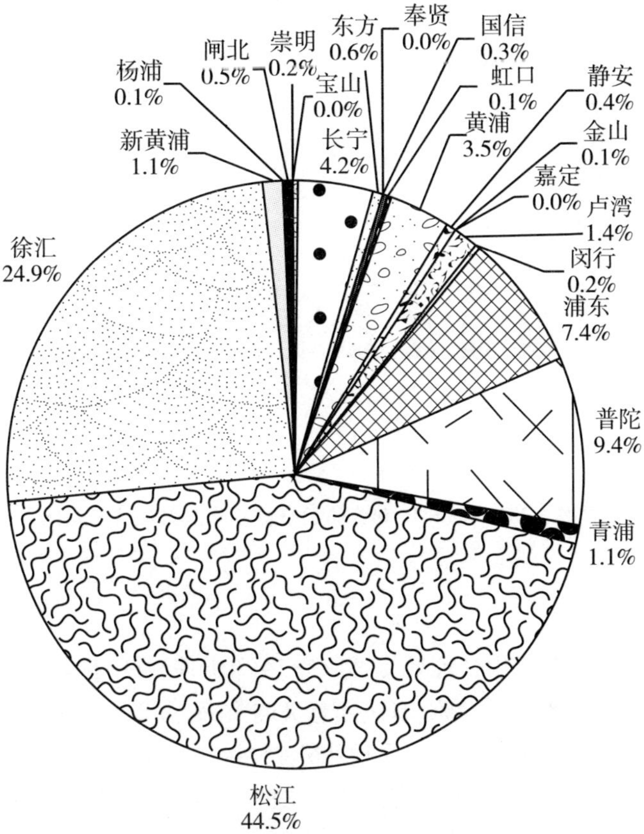

图 41　2016 年其他公证事项公证文书各公证处占比

四、2015 年至 2016 年 1 ~9 月各公证处办证情况

(一) 东方公证处

2015 年 1 ~9 月,东方公证处受理业务 123,565 件,其中排名前三位的公证事项是:有法律意义的文书,占 36.7%;单方法律行为,占 23.8%;买卖合同,占 11.2%。

2016 年 1 ~9 月,东方公证处受理业务 132,717 件,其中排名前三位的公证事项是:有法律意义的文书,占 39.5%;单方法律行为,占 23.1%;强制执行效力,占 10.1%。

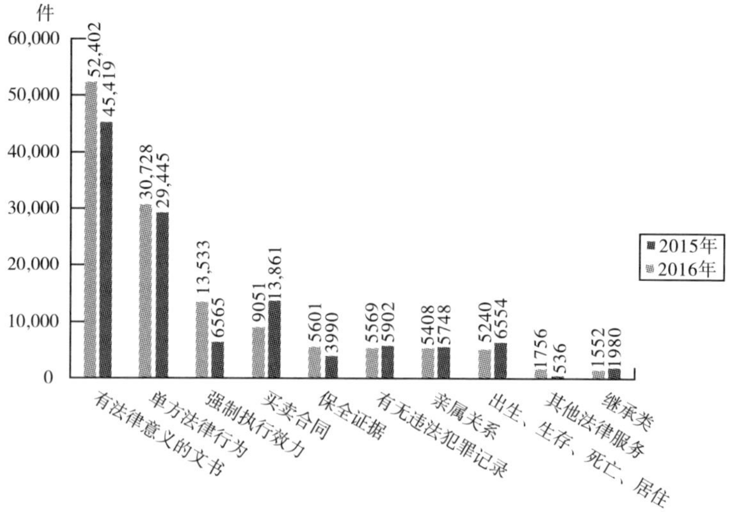

图 42　2015 年、2016 年东方公证处前十类公证业务对比

（二）宝山公证处

2015 年 1 ~9 月，宝山公证处受理业务 14,301 件，其中排名前三位的公证事项是：单方法律行为，占 33.2%；有法律意义的文书，占 22.8%；继承，占 14.7%。

2016 年 1 ~9 月，宝山公证处受理业务 15,449 件，其中排名前三位的公证事项是：单方法律行为，占 36.9%；有法律意义的文书，占 25.3%；继承，占 13.8%。

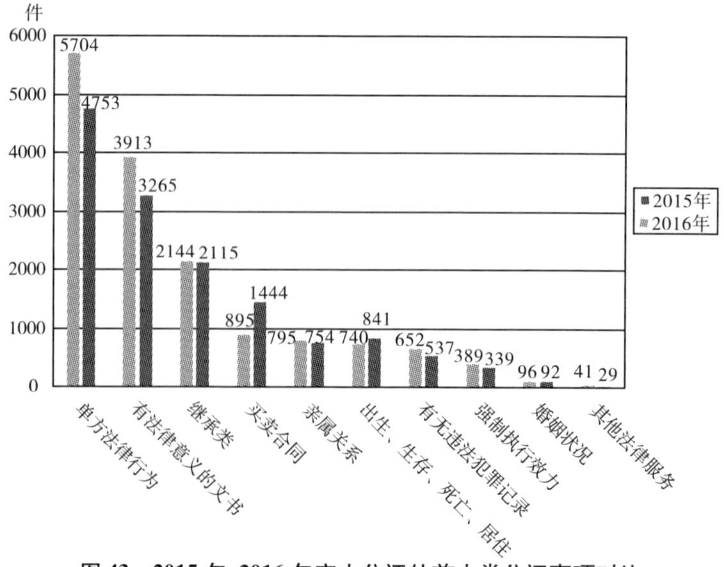

图 43　2015 年、2016 年宝山公证处前十类公证事项对比

（三）长宁公证处

2015 年 1 ~9 月，长宁公证处受理业务 24,351 件，其中排名前三位的公证事项是：有法律意义的文书，占 36.2%；亲属关系，占 5.7%；单方法律行为，占 19.9%。

2016 年 1 ~9 月，长宁公证处受理业务 21,266 件，其中排名前三位的公证事项是：有法律意义的文书，占 37.8%；单方法律行为，占 21.4%；买卖合同，占 7.3%。亲属关系大幅下滑，同比下降了 25%。

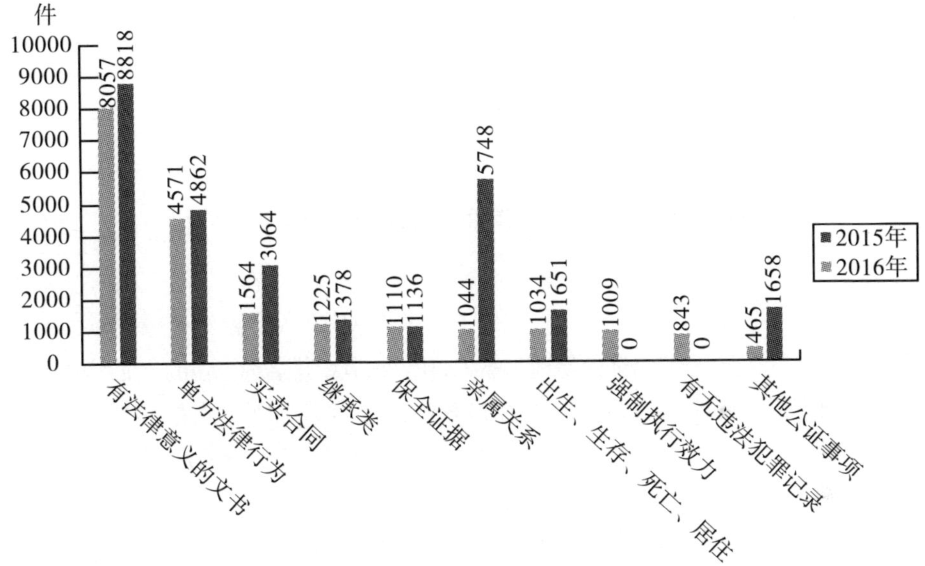

图 44　2015 年、2016 年长宁公证处前十类公证事项对比

（四）崇明公证处

2015 年 1 ~9 月，崇明公证处受理业务 2309 件，其中排名前三位的公证事项是：单方法律行为，占 37.8%；买卖合同，占 24.5%；继承，占 13%。

2016 年 1 ~9 月，崇明公证处受理业务 2061 件，其中排名前三位的公证事项是：单方法律行为，占 25.5%；买卖合同，占 23%；有法律意义的文书，占 19%。单方法律行为大幅下滑，同比下降了 39.8%。

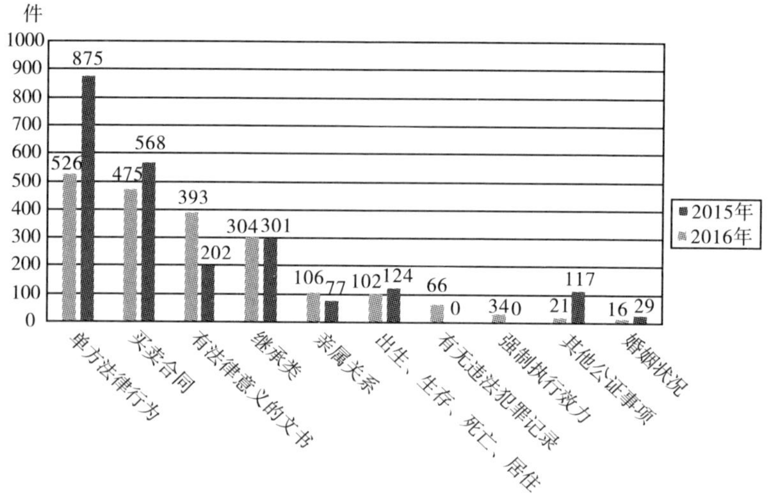

图45 2015年、2016年崇明公证处前十类公证事项对比

（五）奉贤公证处

2015年1~9月，奉贤公证处受理业务22,416件，其中排名前三位的公证事项是：有法律意义的文书，占48.7%；买卖合同，占13.8%；出生、生存、死亡、居住，占11.7%。

2016年1~9月，奉贤公证处受理业务25,720件，其中排名前三位的公证事项是：有法律意义的文书，占54.4%；出生、生存、死亡、居住，占11.6%；买卖合同，占9.9%。有法律意义的文书同比上升了28.1%。

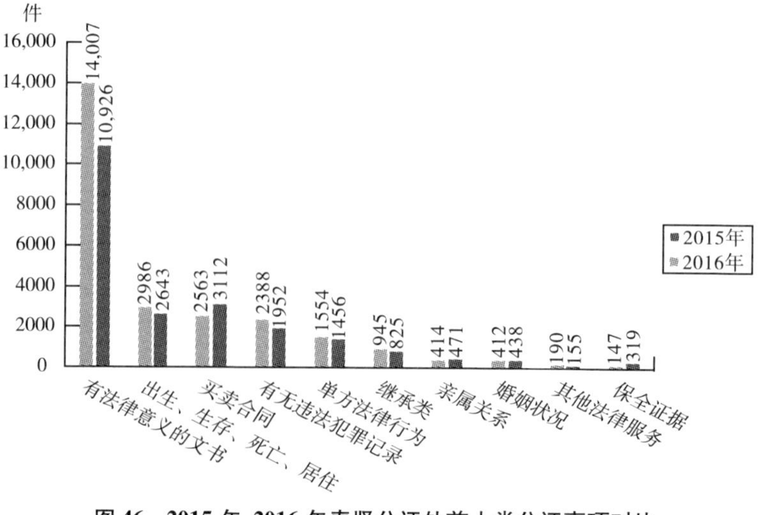

图46 2015年、2016年奉贤公证处前十类公证事项对比

(六)国信公证处

2015年1~9月,国信公证处受理业务2945件,其中排名前三位的公证事项是单方法律行为,占30.5%;有法律意义的文书,占21.3%;买卖合同,占17.7%。

2016年1~9月,国信公证处受理业务3480件,其中排名前三位的公证事项是:单方法律行为,占32.2%;买卖合同,占23.6%;有法律意义的文书,占17.8%。单方法律行为同比上升了24.8%,买卖合同同比上升了56.8%。

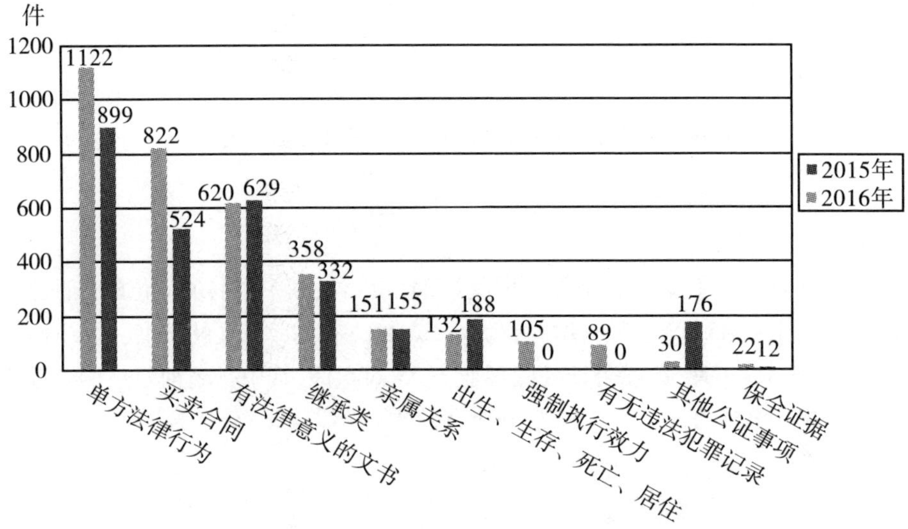

图47 2015年、2016年国信公证处前十类公证事项对比

(七)虹口公证处

2015年1~9月,虹口公证处受理业务16,157件,其中排名前三位的公证事项是:有法律意义的文书,占43.9%;单方法律行为,占12.7%;继承,占9.7%。

2016年1~9月,虹口公证处受理业务15,335件,其中排名前三位的公证事项是:有法律意义的文书,占42.7%;单方法律行为,占16.9%;继承,占10.7%。

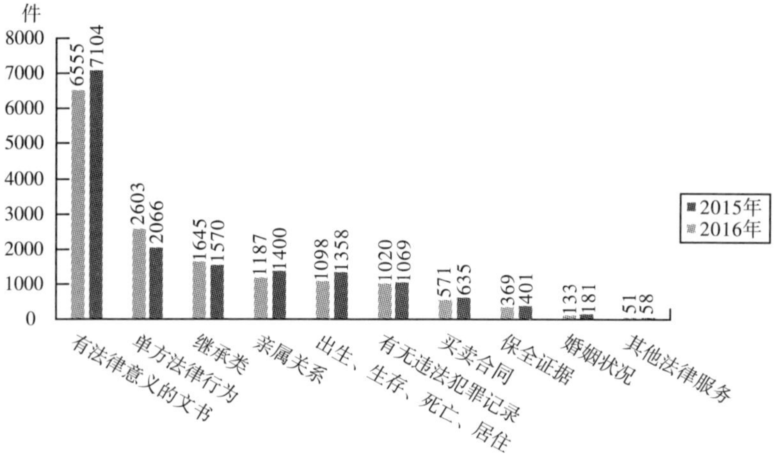

图 48 2015 年、2016 年虹口公证处前十类公证事项对比

(八)黄浦公证处

2015 年 1 ~9 月,黄浦公证处受理业务 24,796 件,其中排名前三位的公证事项是:买卖合同,占 45.5%;单方法律行为,占 22.4%;有法律意义的文书,占16.0%。

2016 年 1 ~9 月,黄浦公证处受理业务 23,866 件,其中排名前三位的公证事项是:单方法律行为,占 25.6%;强制执行效力,占 22.9%;买卖合同,占 20.3%。

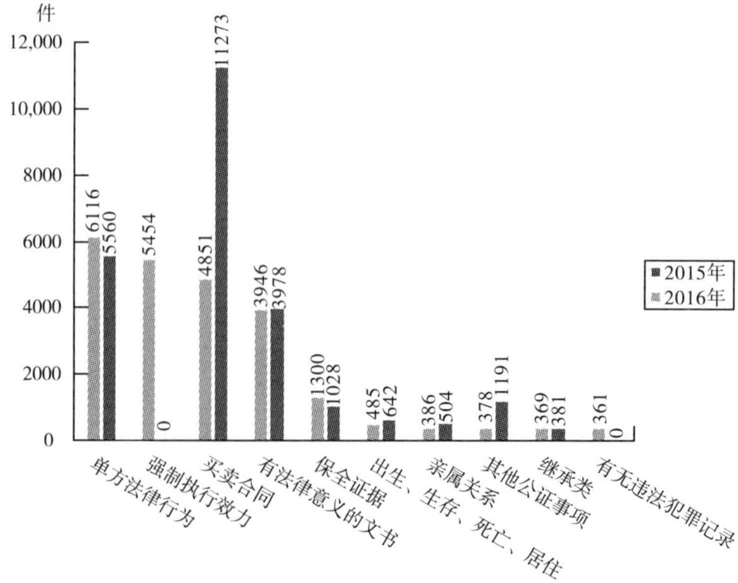

图 49 2015 年、2016 年黄浦公证处前十类公证事项对比

(九)嘉定公证处

2015 年 1 ~9 月,嘉定公证处受理业务 6978 件,其中排名前三位的公证事项是:单方法律行为,占 32.2%;有法律意义的文书,占 24.7%;继承,占 13.4%。

2016 年 1 ~9 月,嘉定公证处受理业务 7237 件,其中排名前三位的公证事项是:单方法律行为,占 38.2%;有法律意义的文书,占 20.8%;继承,占 14.0%。

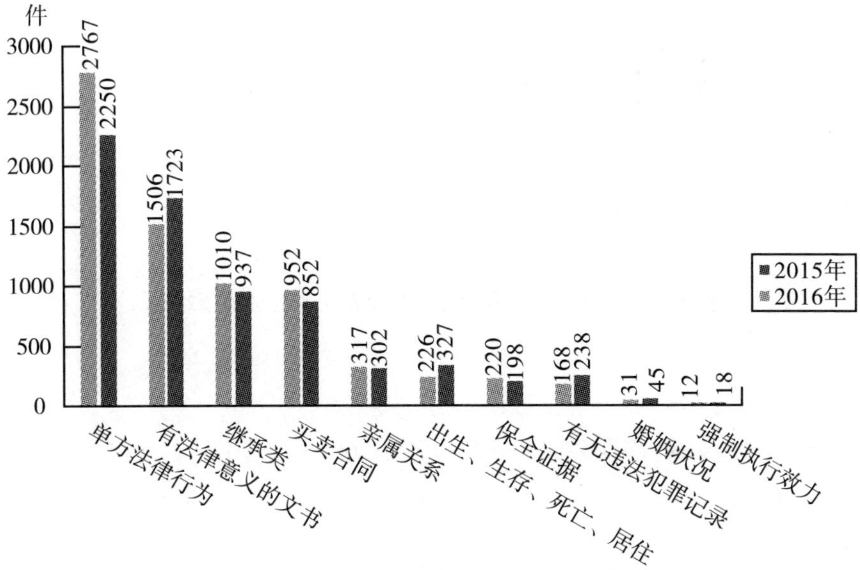

图 50　2015 年、2016 年嘉定公证处前十类公证事项对比

(十)金山公证处

2015 年 1 ~9 月,金山公证处受理业务 7144 件,其中排名前三位的公证事项是:有法律意义的文书,占 58.2%;出生、生存、死亡、居住,占 11.6%;有无违法犯罪记录,占 7.2%。

2016 年 1 ~9 月,金山公证处受理业务 5409 件,其中排名前三位的公证事项是:有法律意义的文书,占 61.6%;出生、生存、死亡、居住,占 9.5%;有无违法犯罪记录,占 8.8%。有无违法犯罪记录同比大幅度上升。

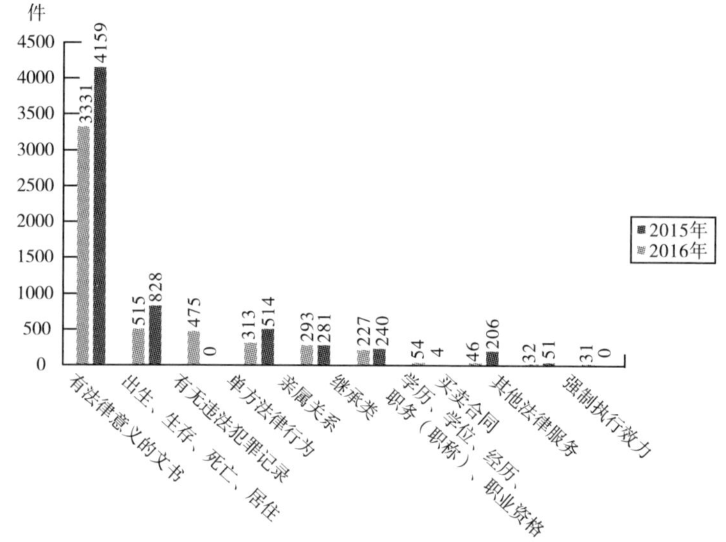

图 51　2015 年、2016 年金山公证处前十类公证事项对比

（十一）静安公证处

2015 年 1 ~9 月，静安公证处受理业务 24,660 件，其中排名前三位的公证事项是：有法律意义的文书，占 38.8%；单方法律行为，占 22.5%；出生、生存、死亡、居住，占 8.5%。

2016 年 1 ~9 月，静安公证处受理业务 21,092 件，其中排名前三位的公证事项是：其中排名前三位的公证事项是有法律意义的文书，占 40.0%；单方法律行为，占 22.1%；保全证据，占 7.3%。

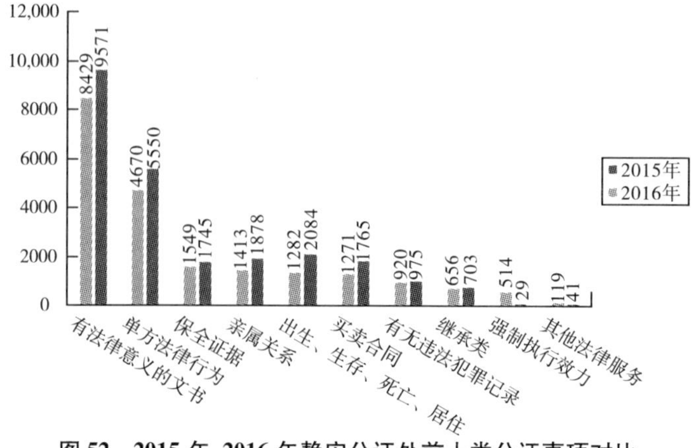

图 52　2015 年、2016 年静安公证处前十类公证事项对比

（十二）卢湾公证处

2015 年 1 ~9 月，卢湾公证处受理业务 14,732 件，其中排名前三位的公证事项是：有法律意义的文书，占 38.4%；买卖合同，占 15.5%；单方法律行为，占 10.0%。

2016 年 1 ~9 月，卢湾公证处受理业务 15,838 件，其中排名前三位的公证事项是：有法律意义的文书，占 36.0%；单方法律行为，占 14.8%；买卖合同，占 9.9%。强制执行效力及有无违法犯罪记录的公证事项上升幅度较大。

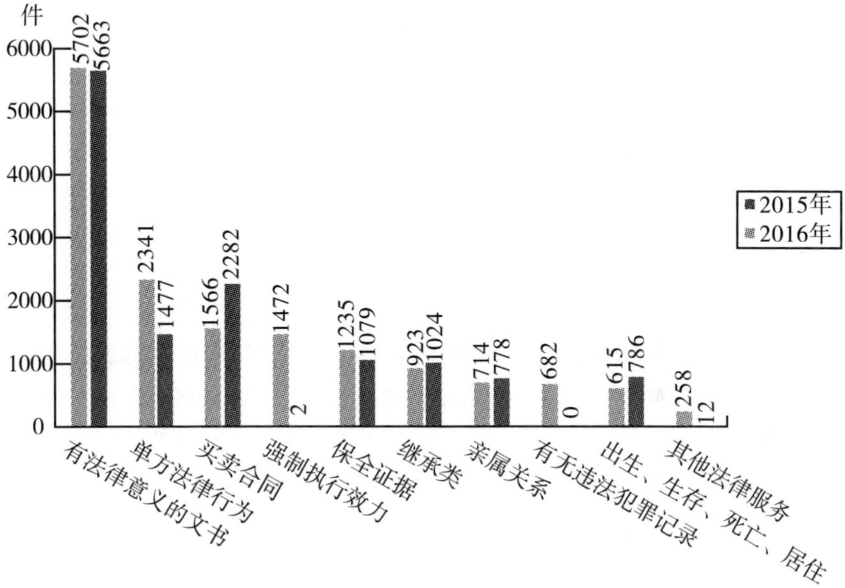

图 53 2015 年、2016 年卢湾公证处前十类公证事项对比

（十三）闵行公证处

2015 年 1 ~9 月，闵行公证处受理业务 28,003 件，其中排名前三位的公证事项是：有法律意义的文书，占 38.1%；单方法律行为，占 27.1%；买卖合同，占 7.6%。

2016 年 1 ~9 月，闵行公证处受理业务 29,720 件，其中排名前三位的公证事项是：有法律意义的文书，占 37.8%；单方法律行为，占 30.7%；买卖合同，占 7.8%。

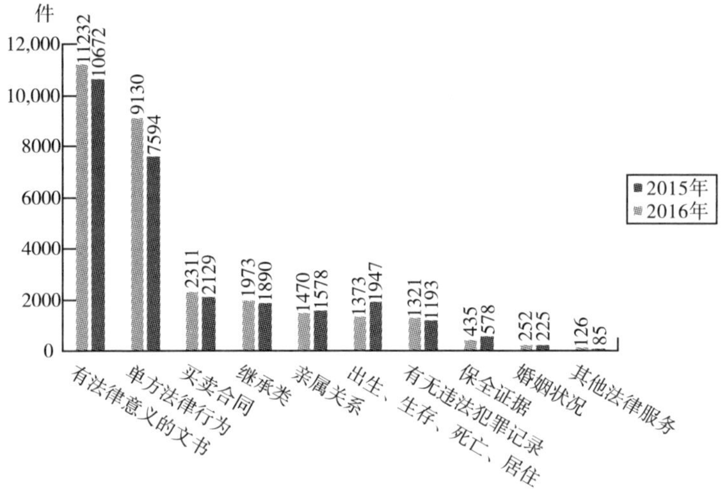

图 54　2015 年、2016 年闵行公证处前十类公证事项对比

(十四)浦东公证处

2015 年 1 ~9 月,浦东公证处受理业务 39,887 件,其中排名前三位的公证事项是:有法律意义的文书,占 37.6%;单方法律行为,占 24.7%;继承,占 12.3%。

2016 年 1 ~9 月,浦东公证处受理业务 40,946 件,其中排名前三位的公证事项是:其中排名前三位的公证事项是有法律意义的文书,占 34.9%;单方法律行为,占 29.0%;继承,占 12.4%。

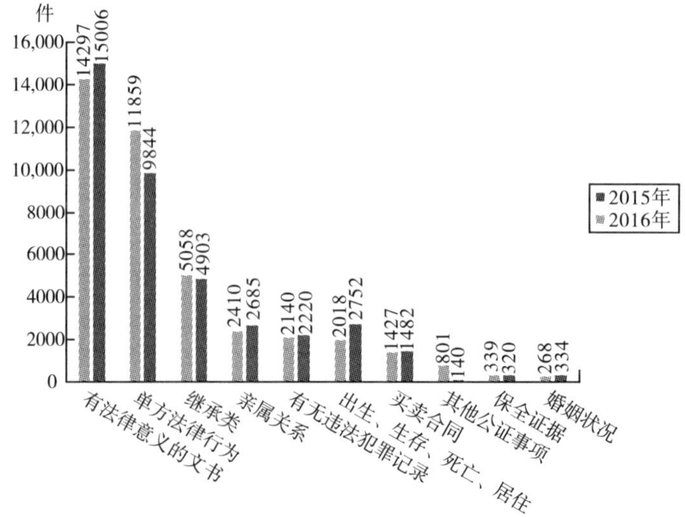

图 55　2015 年、2016 年浦东公证处前十类公证事项对比

（十五）普陀公证处

2015 年 1 ~9 月，普陀公证处受理业务 17,947 件，其中排名前三位的公证事项是：有法律意义的文书，占 28.3%；单方法律行为，占 18.1%；买卖合同，占 17.1%。

2016 年 1 ~9 月，普陀公证处受理业务 16,716 件，其中排名前三位的公证事项是：有法律意义的文书，占 32.5%；单方法律行为，占 21.4%；继承，占 10.8%。买卖合同大幅下滑，同比下降了 46.3%。

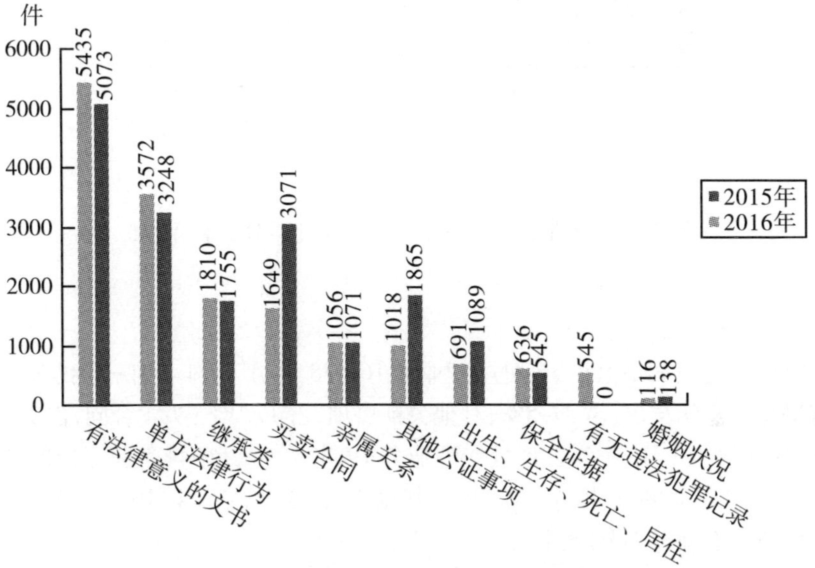

图 56　2015 年、2016 年普陀公证处前十类公证事项对比

（十六）青浦公证处

2015 年 1 ~9 月，青浦公证处受理业务 4136 件，其中排名前三位的公证事项是：有法律意义的文书，占 28.6%；单方法律行为，占 26.8%；其他公证事项，占 14.3%。

2016 年 1 ~9 月，青浦公证处受理业务 3950 件，其中排名前三位的公证事项是：单方法律行为，占 38.6%；有法律意义的文书，占 23.3%；买卖合同，占 9.4%。其他公证事项大幅下滑，同比下降79.2%。

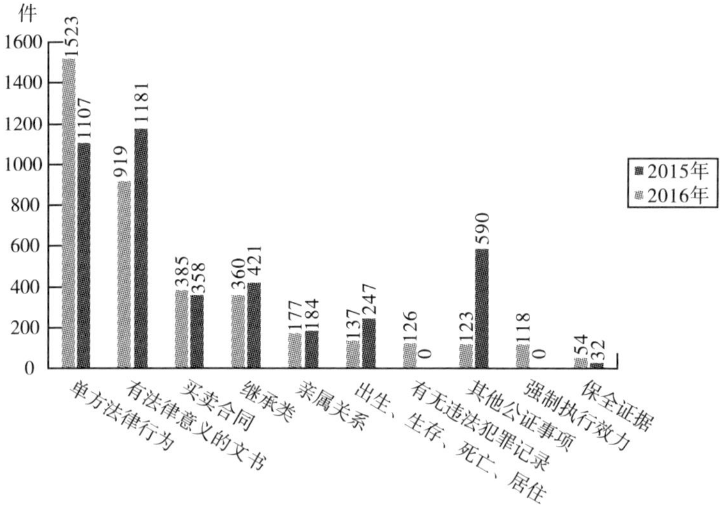

图 57　2015 年、2016 年青浦公证处前十类公证事项对比

（十七）松江公证处

2015 年 1 ~9 月，松江公证处受理业务 16,638 件，其中排名前三位的公证事项是：有法律意义的文书，占 47.5%；其他公证事项，占 17.9%；买卖合同，占 11.3%。

2016 年 1 ~9 月，松江公证处受理业务 19,805 件，其中排名前三位的公证事项是：有法律意义的文书，占 46.0%；其他公证事项，占 24.4%；买卖合同，占 8.9%。其他公证事项同比上升 103.1%。

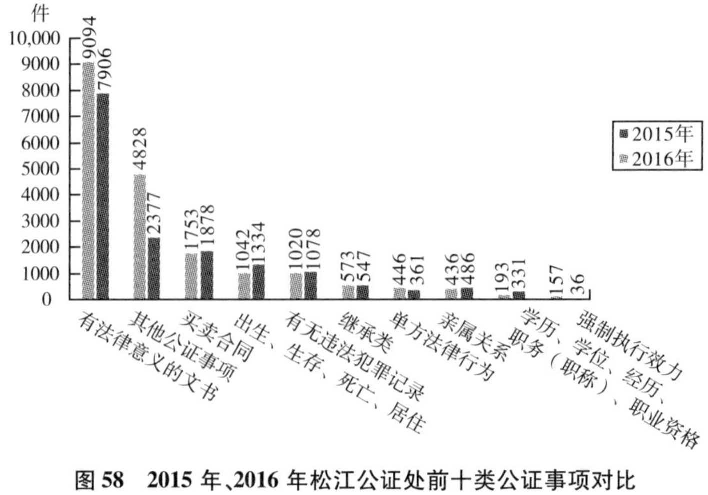

图 58　2015 年、2016 年松江公证处前十类公证事项对比

(十八)新黄浦公证处

2015年1~9月,新黄浦公证处受理业务7994件,其中排名前三位的公证事项是:有法律意义的文书,占35.3%;单方法律行为,占21.6%;买卖合同,占9.7%。

2016年1~9月,新黄浦公证处受理业务8555件,其中排名前三位的公证事项是:有法律意义的文书,占37.8%;单方法律行为,占25.6%;买卖合同,占6.8%。

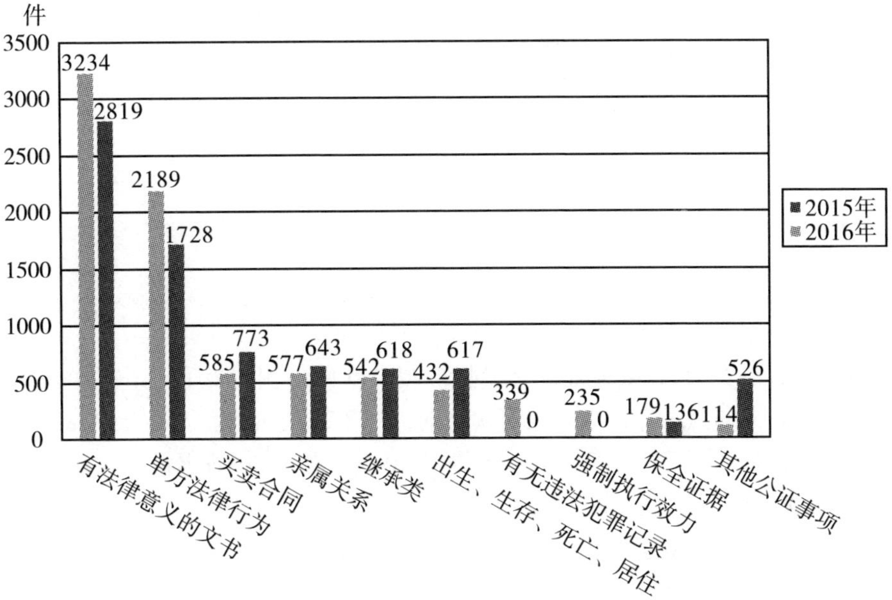

图59 2015年、2016年新黄浦公证处前十类公证事项对比

(十九)徐汇公证处

2015年1~9月,新黄浦公证处受理业务35,843件,其中排名前三位的公证事项是:有法律意义的文书,占36.8%;单方法律行为,占16.9%;买卖合同,占12.1%。

2016年1~9月,徐汇公证处受理业务37,500件,其中排名前三位的公证事项是:有法律意义的文书,占27.6%;单方法律行为,占21.6%;买卖合同,占14.8%。

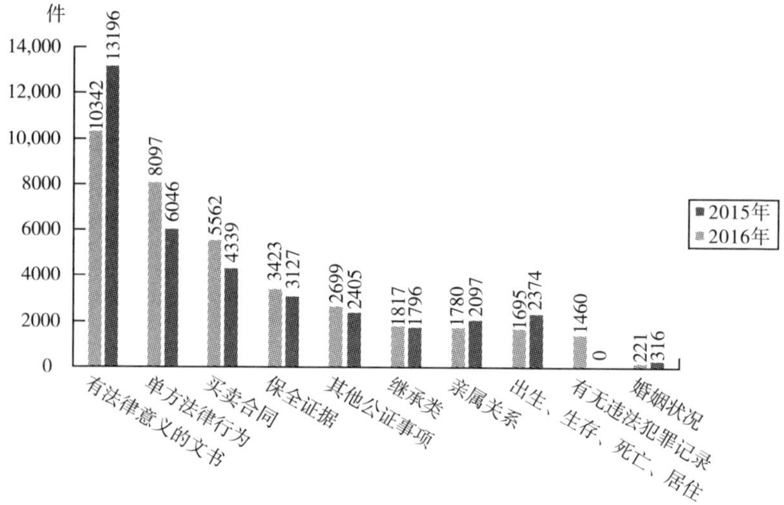

图 60　2015 年、2016 年徐汇公证处前十类公证事项对比

(二十)杨浦公证处

2015 年 1 ~9 月,杨浦公证处受理业务 29,446 件,其中排名前三位的公证事项是:有法律意义的文书,占 44.4%;买卖合同,占 17.7%;强制执行效力,占 8.2%。

2016 年 1 ~9 月,杨浦公证处受理业务 40,061 件,其中排名前三位的公证事项是:单方法律行为,占 29.9%;有法律意义的文书,占 29.1%;买卖合同,占 13.0%。单方法律行为大幅上升,同比上升了 506.6%。

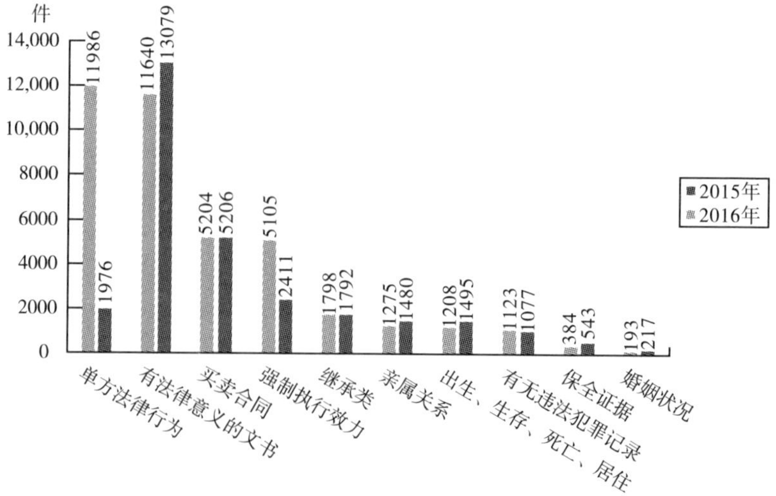

图 61　2015 年、2016 年杨浦公证处前十类公证事项对比

（二十一）闸北公证处

2015 年 1～9 月，闸北公证处受理业务 13,597 件，其中排名前三位的公证事项是：有法律意义的文书，占 48.7%；买卖合同，占 16.0%；继承，占 9.4%。

2016 年 1～9 月，闸北公证处受理业务 14,321 件，其中排名前三位的公证事项是：有法律意义的文书，占 54.2%；买卖合同，占 9.8%；继承，占 8.3%。

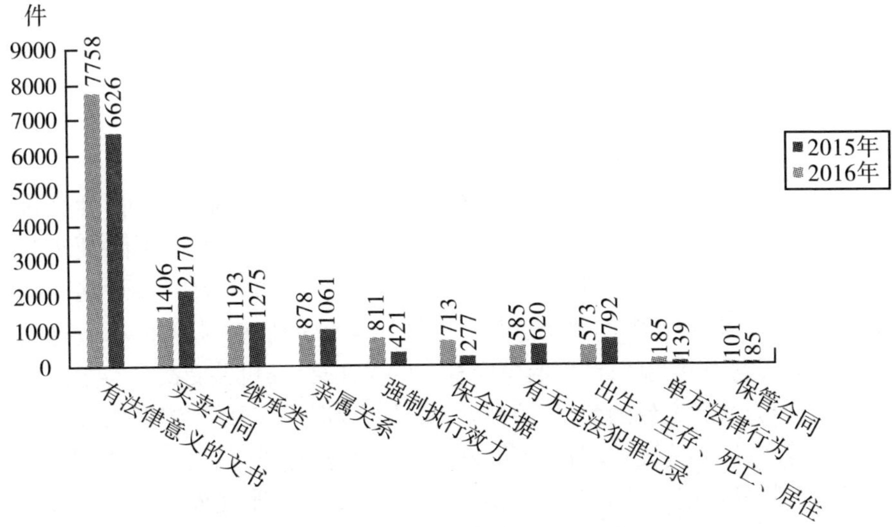

图 62　2015 年、2016 年闸北公证处前十类公证事项对比

五、建议

本次统计调研分析，依据的是上海市公证协会公证管理系统的数据。经过我处统计分析，提出以下建议：

1. 金融类公证事项没有单独列项，不利于及时分析，因此建议在公证业务管理系统中，添加金融类公证事项。

2. 各公证处在使用公证业务系统中，存在不规范的情况，造成有些数据不够准确，建议今后各公证处应当规范使用公证业务系统，确保数据准确。

3. 综合数据分析，在上述十类公证业务中，占比较大的是东方、浦东、徐汇、杨浦公证处；占比较小的是崇明、金山、国信、青浦公证处，该四家公证处在各类公证业务中大多数低于 1%。

公证工作对于构建和谐社会的价值和意义

吕其兵*

一、一起案件引发的思考

2014 年 7 月 20 日,上海福喜食品有限公司(以下简称福喜公司)使用过期食品的视频一经曝光,引起一阵哗然。后我处受理了福喜公司的申请,要求为福喜公司办理证据保全公证,目的是监督福喜公司将召回的产品从冷库运至动物无害化处理中心进行销毁的整个过程。一接到这个申请,顿时思绪翻涌,这是一起很有社会影响力的案件,已引起整个社会的关注;公证机关受邀参与案件处理的过程,应当为这起案件的公正、顺利处理,乃至及时回应社会关切,为社会公信力的恢复、稳定提供公证的积极价值,相关工作不容有任何瑕疵。该案中,上海承担了绝大部分过期食品的召回和销毁工作,无论从法律规范还是客观条件角度来看,都必须对公证的各个环节予以认真思考,以求公证工作的顺利、规范。

为了更好地完成本案,我处积极参与市各职能部门组织的协调会,并多次参与实地进行考察;同时,为了圆满地完成这次公证,我处与福喜公司一起模拟了从装货、运送到卸货的整个过程,从装货方式到运送车辆的铅封形态,甚至交接的表格等都进行了严密而翔实的论证。从表面上看,无论是出库还是进入无害化处理中心,相关职能部门都到场监督,公证人员只是一个旁观者,但是实际上,公证发挥了很强的作用:前期,公证员从方案的设定,到表格的修改都从法律上和程序上给出了客观而中肯的意见,并且在最后也得到了很好的落实;在办理的过程中,公证员从仓库提货,清点货物,到统计数据、运输、卸货等,事无巨细,最后,公证文书翔实地将整个过程进行了客观描绘和记录,通过公证证词完整地再现了装卸的过程和结果,使整个过程以看得见的方式在公众面前得到呈现。

此外,公证的介入,利用文字、图片的形式,客观地记录并再现了整个销毁的过程,使整个过程更为客观和透明,也增强了民众的信任度,同时也为职能部门减轻了负担。同时,因为公证员全程监督,有效地解决了突发事件——诸如载满

* 吕其兵,上海市虹口公证处主任、公证员。

货物的铅封因车辆颠簸毁损而货损引发的对货物是否原封不动的送至指定焚烧点的质疑。

"福喜"案件使社会面临公信力的缺失,如何协助福喜公司及相关部门度过公信力危机,面对公众应该怎么办。传统观点认为公证证据保全只是客观地见证事实的发生。然而,公证员利用专业的知识,客观地提出中肯的意见,深入介入案件的整个过程,为整个案件往良性方面发展起到添砖加瓦的作用。以往的公证是被动的,但其可以也应当能够主动;在当下构建和谐社会的过程中,公证更应当主动地承担起应有的社会职能,对于申请人提出的方案进行理性的思辨和探讨,确有必要的,提出整改的方法和措施,从而使操作过程更加流畅和规范,从以前的事后公证到当前的事前、事中的同步公证,在公证的同时,利用公证员的专业知识为公众服务,既公证案件,更为案件的发展、推进与不利后果的预防提供服务。我相信,只有这样的公证才是有价值的公证。

从这起案件中,我们可以看出公证员在提供法律服务、回应社会关切、解决社会纠纷中起到了不可替代的作用,这也正是构建社会主义和谐社会在公证行业中的重要体现。构建社会主义和谐社会是我国孜孜以求的目标,同时也是公证行业的追寻的终极目标。构建社会主义和谐社会,应该是民主法治、公平正义、诚信友爱、充满活力、安定有序、人与自然和谐相处的社会。公证承担着提供证明、防范纠纷和获得社会公信力等多元化的功能。公证在维护社会安定和团结,追求客观、公正的价值目标上与社会主义和谐社会的核心价值观不谋而合。

二、公证工作对构建和谐社会的价值和意义

(一)公证有利于社会民主与法治的实现

人类社会是一个人际交往的社会,小到家庭、生活的社区,大到国家社会都需要民主和法治。所谓"不以规矩,不能成方圆"。不说国家的大政方针,单是与人们生活休戚相关的社区生活,都需要民主和法治来进行规范。越是贴近民众的生活,越能对人们的利益产生实质性影响,就越能使人们真切地感受到民主和法治的力量。譬如,动用小区的维修基金、电梯改造等都需要根据法律和规章来操作,需要民主投票参与全过程,若能引入公证,通过公证处的介入,让一切变得公开而透明,变得合理而规范,这就等于让权利落到口袋里。这些方面,公证机构责无旁贷。这一方面有利于确保民众有实现民主权益的机会;另一方面也是民主权益实现的法治化。

公证工作有助于弘扬社会主义法治。公证员在进行咨询和办证的过程,也是一种普法和法治宣传的过程。公证人员利用自己的专业知识,厘清是非,运用法律,化解各种矛盾于无形。随着社会的发展,传统的建立在"地缘""血缘"关

系上的熟人社会慢慢消失,取而代之的是频繁的陌生人之间的商业往来,更有甚者,如今流行的电子商务,交易双方未曾谋面,就已经达成协议。这一方面,为市场交易带来便利;另一方面,却也诱发了更多的纠纷。公证的提前介入,客观中立的立场,严谨的专业知识,可以大幅减少和减低风险。

(二)公证有助于实现和弘扬社会主义公平和正义

一如本文最初所提及的福喜案件,当民众普遍对食品安全存在强烈不满,当职能部门由于地域管辖权限、工作方式等方面的诸多限制时,公证机构在坚持原则的情况下,介入该案,利用多媒体设备,还原整个过程;公证机构利用自身的公信力,让正义以一种看得见的方式得到实现。公证在程序上步步参与,在法律上严格把关,在真实性的基础上客观中立的见证事实发生的过程,从而使整个过程变得公开和透明,以公证的权威实现一种看得见的正义,从而推动社会的公平正义。公证人员与律师不一样,它一般不是受雇于一方,公证是出于客观中立立场对事件、行为等进行见证;正是因为公证赋予事实、行为等预期的公信力,从而预防后续纠纷的发生,有力地推动社会公平正义的实现。正如西班牙的句著名的法谚所说的,开一家公证处,等于关一家法院。我们追求的是,多一份公证文书,就会少一件诉讼纠纷,对整个社会公平正义的实现是显而易见的;特别是在当下熟人社会向陌生人社会过渡、司法公信力不高之时,公证对于维护社会交易的顺利、公平意义不可忽视。

(三)公证有助于实现社会主义的诚信有爱

哈贝马斯在交往行为理论中提出,任何处于交往活动中的人,在施行任何言语行为时,必须满足若干普遍的有效性要求并假定它们可以被验证。这些有效性要求就是言语的有效性基础,它包括表达的可领会性、陈述的真实性、表达的真诚性和言说的正当性。这四个方面是保证语言交流或话语沟通的基本原则,只有这四条原则得以兑现,理解与共识才能达成。〔1〕然而,人都是趋利避害的,陈述的真实性、言说的正当性,往往在利益面前,会被无情的摧毁。正如段厚省教授所言,在民事诉讼中,当事人之间在关涉法律的问题上所发生的异议,往往起源于利益上的冲突。从人性的一般动机来看,当事人之间在发生利益冲突时,他们首先选择的是各自维护自身的利益。在这种情况下,他们往往有着采取策略行为的冲动,也就是可能存在通过虚假陈述来追求自身利益最大化的可能。这种虚假陈述,可能是对事实的歪曲陈述,也可能是对立场的虚伪表达。〔2〕但

---

〔1〕[德]哈贝马斯:《交往行为理论·第一卷:行为合理性与社会合理性》,曹卫东译,上海人民出版社2004年版,第100页;刘少杰:《国外社会学导论》,高等教育出版社2006年版,第389页。

〔2〕段厚省:《商谈视野下的民事诉讼诚信原则》,载《民事程序法研究》2014年第2期。

是这种虚假陈述，往往使人们不但在诉讼中，甚至在日常的交往中，都有意识或者无意识地朝着对自己有利的方向进行陈述，从而使社会交往处于不稳定的因素。公证的加入，表面上似乎为人们之间的关系贴上了“值得信任”的标签，然而在另一方面，通过将关键证据固定化，使得事件、行为等的相关细节和过程以一种固化的形式得以呈现。这种先小人后君子的做法大为降低交往中通过虚假陈述而获得利益的可能性，反而促使了人与人之间的信任，将可能的不信任因素降低或者排除，增强了人际交往、商业往来的稳定性，从而促进了社会的安定有爱。因此，公证不仅是社会诚信体系的重要组成部分，而且是净化和升华社会诚信的良方。公证在维护着良性的社会秩序，这样的秩序完全尊重市场经济发展规律和现代法治精神，完全尊重市民自主权利。这样的秩序要求各个市场主体行为遵循规范化、程序化、制度化，从而把市场主体都纳入法治化轨道，使人与人之间充分信赖。

（四）公证预防纠纷的职能有助于维护社会主义秩序的安定有序

传统的司法介入的方式是在纠纷产生后由法院介入，对待证事实进行判断，由于我们国家的诚信意识不高，当事人法律意识不强，要接近或还原事实的真相变得举步维艰，这既需要花费很多国家及个人的人力物力和财力，同时却也未必能完美的解决纷争，因为客观事实的难以再现，这也为社会动荡埋下了隐患。此外，法院运行有赖于国家财政的支持，这使无讼的自然人耗费大量的税收对诉讼进行贴补，而这种贴补对这些自然人而言是一种纯粹的支出；另外，争讼主体不能实现预期目的，对裁判不满，容易激化社会矛盾。而公证的介入，让有需要固定事实的当事人提出申请，将保全证据的时间提前，虽然需要为之支付合理且不高昂的成本进行固定，但这对于最后实现甚至再现真实是事半功倍的。公证的介入，使原有的“法律行为—产生纠纷（大量）—解决纠纷（大量）”变更为“法律行为—预防纠纷（大量）—产生纠纷（少量）—解决纠纷（少量）”，既预防纠纷、减少纠纷，更为化解纠纷提供支持。公证的提前介入，无疑既维护了社会主义社会的稳定，也节约了司法成本。

三、公证工作面临的现实困境及对策

公证在构建社会主义和谐社会中的作用深刻而积极，然而，不可否认，公证工作在目前的情势下也面临着一些困境亟待解决，在一定程度上也影响其对构建和谐社会的积极促进作用。

（一）公证工作所涉及的社会生活的面还不够广泛

长期以来，公证主要集中于民事、家事案件，但对于经济领域，虽然也有部分涉及，但是其深度、精度和广度却还远远不够，这与公证工作的传统有关，更与公证人员的知识结构有关。当前,我国社会深刻变革与经济的迅速发展,各行各业对公证都有现实的需求。我们公证人应当及时回应社会,自我挖潜,丰富专业知识;公证机构也应改变传统的用人、育人机制,努力招收、培养和挖掘具有多方面知识的人才,完善公证人员的知识结构,使公证更好地为和谐社会的构建服务。

(二)公证服务的灵活性还有待提高

长期以来,公证受到严格的管理和规范,这在改革开放的初期,这是必要的、可行的。然而,随着人际交往的增多,社会生活的多元化,这种定式化的模式已经越来越难以满足现实生活的需要了。虽然我们现在的要素式公证文书在一定程度上解决了这个问题,但是这与社会的现实需要还是有一定的差距的;较为单一的服务机制,等案子而不是找案子的习惯性做法,与公证机构的服务定位也有不小的差距;固化的收费机制,虽可以防止滥用权力与不当收费,但也限制了公证服务的多样性,不仅影响公证行业自身的发展,也会延宕整个社会变革的进程。我们公证人不能简单局限地进行小范围内的服务,公证服务是一项专业服务,对公证涉及的相关法律问题都应该有正确的判断。为此,公证人要提高自身法律素养,主动拓展服务领域,为申请人提供灵活多样的公证法律服务。

(三)公证工作的操作过程缺乏程序性保障

与民事诉讼不同,公证工作的操作主体是公证员个人,申请人因对相关工作的不了解,也没有法律知识,无法真正介入,也缺少必要的监督,独立操作的公证人灵活性比较大。公证工作一般是以公证文书体现成果,存在典型的结果导向,容易忽略程序性的规范。既缺少其他有关人员的参与,又缺乏规范程序的保障,公证工作本身显得随意性较大;一旦最后发现文书有问题,已然产生不良的社会后果。[1] 针对这一问题,笔者认为可以通过强化公证人程序意识加以改进,使公证从业人员把公证程序规范转化为自身自觉自愿的执业行为。

(四)公证机构的信任度有待进一步提高

随着社会经济的发展,人际间的社会信任度却日渐降低;目前我国整个社会的信任度处于较低的水平,这与相关媒体的负面报道有关,但一些负面事件更起到了推波助澜的作用,如社会上的冤假错案、违法行政等。公证行业行使的是国家证明权,受到这一大趋势的影响,总体信任度也不高。公证行业是服务业,并非公众生产生活必需的服务,主要依靠公众的支持与信任。目前社会信任度不高的现状在一定程度上冲击行业发展。改变行业现状,提高公证的公信力,需要行业主动宣传,使公众了解公证、相信公证、选择公证。通过媒体的正面宣传,主动寻求相关部门的支持和帮助,不断树立公证公信力。这需要一代又一代公证

---

〔1〕 王士刚:《公证行业公信力研究》,载《中国司法》2010 年第 9 期。

人的不懈努力。

四、结语

公证是整个社会的一小部分，但是其对整个社会的促进作用却是一大步。当然，受限于我国当下的法治进程，公证在力促和谐社会的同时，也遇到诸多的发展“瓶颈”，这有待我们公证人不断扩展知识面、开拓新领域、宣传新公证。公证不仅是我们公证人谋生的手段，更是整个社会进步的催化剂。我们公证人应从整个社会着眼，从构建和谐社会与实现中国梦的历史高度，理解公证精神，践行公证要求，实现公证目标。

为了和谐社会，公证人永远在路上。

中欧涉外继承法律冲突研究

张 铮*

随着我国乃至亚洲的经济发展,越来越多的亚洲人和欧洲人互相在对方国家投资、工作、生活,涉外法律冲突在当今社会越来越普遍。公证人作为法律专家,有能力也有责任为客户解决相关专业问题,这就需要我们互相了解、熟悉对方的法律规定。

2012 年 7 月 4 日公布,并于 2015 年 8 月 17 日开始施行的《欧洲议会与欧盟理事会关于继承事务的管辖权、准据法、判决的承认与执行和作准证书的接受与执行,以及关于创制欧洲继承证书的欧盟第 650/2012 号条例》(以下简称欧盟继承条例)是第一部可以在成员国间直接适用的专门规定继承法律适用的超国家法,这在欧洲立法史上具有里程碑意义。2010 年 10 月 28 日,全国人大常委会通过了《涉外民事关系法律适用法》,这在我国立法史上也具有划时代的意义。

本文拟通过具体案例,分析与法律选择相关的欧盟继承条例第 22 条我国法律适用法之间的现实冲突。

一、典型案例

杜兰德先生是位居住在北京有 5 年了的法国公民。他与一位中国公民再婚了。感到余下的时日无多,在去法国另一城市马赛欢度 2015 年年底假日季的旅途中,他决定与一位公证人见面。马赛居住着他第一次婚姻的两个成年子女,他在那里与他们相聚。他的财产包括在一家法国银行分行里的一个投资组合以及在巴黎的一个共有产权财产。余下部分,他的财产完全由在北京的动产和不动产组成。[1]他想知道:(1)倘若他在北京过世并且没有根据欧盟继承条例第 22 条之规定选择法国法律的结果会如何;(2)他还想知道,即使继承发生在北京,他的法律选择是否会起作用。

---

* 张铮,上海市静安公证处副主任、公证员。

〔1〕 案例由 2016 年 10 月在巴黎召开的第 28 届国际公证联盟(UINL)年会组委会指定,具体细节根据国家不同而有所调整,目的是比较同一个案情下不同国家之间法律规定的异同。

二、欧盟继承条例的介绍

欧盟继承条例共包括84条法条，其中规定法律选择的第22条法条共包括4款内容，具体为：[1]

1. 当事人可以选择其作出选择时或死亡时的国籍国法调整继承关系整体；多重国籍的当事人可以选择其作出选择时或死亡时所具有的国籍的国籍国法。

2. 遗产处分人对遗产处分中的法律选项必须在声明中明确作出。

3. 法律选择行为的实质有效性由所选择的法律调整。

4. 任何修改或撤销法律的选择，应符合要求，以形成对死亡的财产处置的修改或撤销。

我们很容易看到，基于案例的情况，结合欧盟继承条例第22条的规定，在现实适用中势必与我国的《涉外民事关系法律适用法》产生冲突。

三、冲突分析

（一）未根据欧盟继承条例第22条之规定选择法国法律的分析

1. 法定继承方式

（1）根据我国《涉外民事关系法律适用法》第31条的规定："法定继承，适用被继承人死亡时经常居所地法律，但不动产法定继承，适用不动产所在地法律"。由此可见，我国涉外法定继承法律适用的主要连接点有两个：死亡时经常居所地和不动产所在地。杜兰德先生生前在北京居住了5年，中国就是其死亡时经常居所地，因此根据上述法条，其在中国的动产和不动产法定继承都是适用我国法律，其在法国的资产中证券、股票也是适用中国的法律，如果在法国还有不动产的话，则适用法国的法律。需要注意的是，我国不适用反致制度。

（2）《最高人民法院关于适用〈中华人民共和国涉外民事关系法律适用法〉若干问题的解释（一）》第15条明确了"经常居所"的认定。根据该条款，"经常居所"的确定应满足以下条件：（1）自然人在涉外民事关系产生或者变更、终止时在该地已经连续居住一年以上；（2）将该地作为生活中心；（3）就医、劳务派遣、公务等情形除外。

2. 遗嘱继承方式

倘若杜兰德先生生前立有遗嘱，则需要考察遗嘱方式、遗嘱效力等问题。根据我国《涉外民事关系法律适用法》相关规定，遗嘱方式符合遗嘱人立遗嘱时或死亡时经常居住地法律、国籍国法律或遗嘱行为地法律均成立；遗嘱效力适用遗

---

〔1〕 Official Journal of the European Union L 201/107，27.7.2012.

嘱人立遗嘱时或死亡时经常居所地法律或者国籍国法律。此外,《涉外民事关系法律适用法》规定,自然人的权利能力、行为能力适用其经常居住地法律。需要注意公共秩序保留原则,即《民法通则》第150条的规定,“适用外国法律或者国际惯例不得违背中华人民共和国的社会公共利益”。在司法实践中,外国人设立遗嘱处分其在中国境内的遗产或者中国人在外国设立遗嘱处分在中国境内的遗产,遗嘱内容不能剥夺缺乏劳动能力又没有生活来源的继承人的遗产份额,否则我国可以适用公共秩序保留原则确认其抵触部分无效。

(二)根据欧盟继承条例第22条之规定选择法国法律的分析

由于我国法律并未明确规定如何进行法律选择的问题,遗嘱行为作为一种单方法律行为,赋予了当事人自由选择的权利(事实上当事人对遗嘱地的选择可以认为是相当于对法律适用法的选择)。杜兰德先生既可以选择适用中国法,亦可选择适用法国法或第三国法。根据现行司法解释,“自然人在涉外民事关系产生或者变更、终止时已经连续居住一年以上且作为其生活中心的地方,人民法院可以认定为涉外民事关系法律适用法规定的自然人的经常居所地”。杜兰德先生已经在北京居住了5年,显然北京是他的经常居所地。在法定继承的情形下,按照《涉外民事关系法律适用法》第31条规定,连接点是唯一的,指向的准据法也是确定的。

在此主要分析遗嘱继承的情形:

1.1967年法国《关于补充民法典中国际私法内容的法律》草案第2307条规定,“继承适用死者居所地法,除非死者在遗嘱中明示地选择了其本国法”。第2308条规定:“立遗嘱人可以选择根据上条可适用的法律之外的法律,但调整继承的法律中的强行规则除外”。海牙国际私法会议1989年通过的《死者遗产继承法律适用公约》也明确规定涉外继承领域适用意思自治原则确定准据法。最重要的是,2012年生效的欧盟继承条例第22条允许当事人以明示的方式选择法律,系属公式是“其作出选择时的国籍国法”和“死亡时的国籍国法”。

2.目前,我国立法将遗嘱继承法律适用的关键问题分为形式要件的法律适用和实质要件的法律适用:

(1)形式要件。

杜兰德先生可以选择在法国或者中国订立遗嘱。法国是他的国籍国或遗嘱行为地,北京作为可能的立遗嘱时或者死亡时经常居所地或者遗嘱行为地,依照《涉外民事关系法律适用法》第32条规定,“遗嘱方式,符合遗嘱人立遗嘱时或者死亡时经常居所地法律、国籍国法律或者遗嘱行为地法律的,遗嘱均为成立”。因此无论在两地之中的任何一地订立的遗嘱,只要符合中国或法国的法律规定,都会有效成立。

（2）遗嘱的实质要件。

假设杜兰德先生是在北京订立遗嘱，则分为三种情况：

第一种情况：倘若其在遗嘱中明确所有财产分配都适用法国法律（由于我国在实践中对于反致制度的保守态度，他只能选择适用法国的实体法而非冲突法）。这样的法律选择是允许的，并且也会得到我国公证机构或司法裁判的支持。随后，涉及法国实体法律的查明。按照《最高人民法院关于贯彻执行〈中华人民共和国民法通则〉若干问题的意见（试行）》第193条的规定，对于应当适用的外国法律，可通过下列途径查明：①由当事人提供；②由与我国订立司法协助协定的缔约对方的中央机关提供；③由我国驻该国使领馆提供；④由该国驻我国使领馆提供；⑤由中外法律专家提供。此外，1988年2月8日生效的《中华人民共和国和法兰西共和国关于民事、商事司法协助的协定》第28条也规定：有关缔约一方的法律、法规、习惯法和司法实践的证明，可以由本国的外交或领事代表机关或者其他有资格的机关或个人以出具证明书的方式提交给缔约另一方法院。通过查明了法国法的规定，我们才能在办理继承公证的过程中了解到如何理解遗嘱的实质有效性。我国在实践中主张，通过各种途径仍不能查明外国法时，人民法院应适用我国的法律代替外国法。

第二种情况：倘若其在遗嘱中明确，所有财产分配都适用中国法律。如此，主要应当参照我国继承法及婚姻法的有关规定。继承法关于遗嘱继承在公证办理的程序上，关键在于向其他法定继承权人核实：是否知悉遗嘱的存在；是否有内容相悖的遗嘱或更新的遗嘱或效力更高的遗嘱（如公证遗嘱）；对遗嘱的实质处分内容是否认可并同意按照该内容由遗嘱继承人进行继承。

需要注意的是，遗产的形成时间是否是在杜兰德先生的婚姻存续期间。对于夫妻共同所有的财产，夫妻双方有平等的处理权（《婚姻法》第17条第2款），具体理解为：夫或妻在处理夫妻共同财产上的权利是平等的，其中因日常生活需要而处理夫妻共同财产的，任何一方均有权决定；非因日常生活需要对夫妻共同财产做重要处理决定，夫妻双方应平等协商，取得一致意见，如夫妻一方未取得配偶同意为非因日常生活需要处分重大夫妻共同财产行为的，应当视为侵害了配偶对夫妻共同财产享有的权利，另一方有权依法不予追认、申请撤销或者申请确认无效。就该处分的外部效力而言，第三人有理由相信该处分行为是夫妻共同意思表示的，另一方不得以不同意或不知道为由对抗该善意第三人（《最高人民法院关于适用〈中华人民共和国婚姻法〉若干问题的解释（一）》第17条）。因此，如果这些遗产系夫妻共同财产，杜兰德先生只能在遗嘱中处分属于他个人所有的那一部分。

第三种情况：倘若其在北京订立遗嘱时没有选择适用哪个国家的法律，则应当依照《涉外民事关系法律适用法》第33条规定“遗嘱效力,适用遗嘱人立遗嘱时或者死亡时经常居所地法律或者国籍国法律”来判断他所作出的财产处分遗嘱行为是否有效。

3. 司法实践中规避法律的可能性。

探究是否存在这样一种可能性:熟知中法两国法律的杜兰德先生为了规避我国法律的某些规定,在法国做一份遗嘱然后拿到中国来要求执行。

《继承法》规定,遗嘱内容不得违反强制性法律规定和社会公序良俗。同时,这也是法律选择的基本原则。我国法基于社会公共秩序、保护弱者等善良风俗(例如,《继承法》第28条规定,遗产分割时,应当保留胎儿的继承份额。胎儿出生时是死体的,保留的份额按照法定继承办理)的考量,无法执行规避这些基本原则的遗嘱。根据《最高人民法院关于贯彻执行〈中华人民共和国民法通则〉若干问题的意见(试行)》第194条的规定,当事人规避我国强制性或者禁止性法律规范的行为,不发生适用外国法律的效力。此外,境外订立的遗嘱一般应当经过当地法院确认,如果法院出具了认可遗嘱有效性的,并且具有执行性的裁定书,在理论上根据《中华人民共和国和法兰西共和国关于民事、商事司法协助的协定》第19条第1款的规定,“缔约一方法院在本协定生效后作出的已经确定的民事、商事裁决,除……的情况外,在缔约另一方领域内应予承认和执行”。尽管如此,在司法实践中,我国境内的财产执行问题更倾向于依据我国法律规定。

四、结语

欧盟继承条例第22条作为整个欧盟继承条例中举足轻重的一部分,在与涉外继承的司法实践相结合中,无可避免地与我国的法律适用法互相冲突,值得我们共同学习与探究。也对公证实践中的涉外继承案件的办理提供了有效解决的途径。

2016年10月16日至22日,由上海市公证协会派出、上海市静安公证处副主任张铮公证员任团长、东方公证处张雪公证员及长宁公证处史静公证员组成的中国公证人代表团出席了在法国巴黎举行的第28届国际公证联盟(UINL)年会,并由张铮公证员代表亚洲公证人在大会组委会指定的准据法专题圆桌会议讨论环节全部以英文发表“中国法视野下的涉外继承法律适用法问题”的主旨发言。全文以英文形式收录于大会论文全集中。这是自中国于2003年加入国际公证联盟后第一次由中国公证人在国际舞台上发表国际私法领域相关专业问题的英文演说及讲稿。

本文基于上述发言稿撰写,在此一并感谢东方公证处张雪公证员、上海市长宁公证处史静公证员,她们对本文有着重要贡献。

公证服务知识产权保护的现状及对策研究

刘 崴*

2008年6月5日，国务院颁布实施《国家知识产权战略纲要》，将知识产权工作上升到国家战略层面。2014年6月8日，国家主席习近平在同美国总统奥巴马举行的中美元首第二场会晤中再度强调："中国高度重视知识产权保护，认为知识产权保护不仅是中国履行国际义务的需要，更是中国构建创新型国家、实现自身经济社会发展目标的需要。中国遵守国际条约义务，依法加强知识产权保护"，[1]将中国政府对于知识产权的保护力度又上升到了一个更高的层面，也对公证行业参与知识产权保护提出了更高的要求和更多的挑战。

一、公证服务知识产权保护的现状及原因分析

自加入世贸组织以来，随着知识产权价值的提升和知识产权意识的觉醒，中国的知识产权市场逐渐形成，项目不断更新和增多，规模逐步扩大，人们对于知识产权保护的需求也日益增长。与此同时，中国的公证行业也在飞速发展中，特别在2006年《公证法》正式颁布实施后，公证机构的业务量和从业人员逐年增长，人员结构不断优化更新，业务范围不断拓宽。在这个过程中，以保全证据为主，包括声明书、许可协议等在内的知识产权类公证也有了飞跃式的发展，也取得了令人瞩目的成果。以上海市的情况为例，据统计，从2006年至2013年，全市公证机构共办理各类知识产权公证共98,436件，其中仅2013年一年就办理了18,514件，[2]呈明显的上升趋势。如今，知识产权公证已超越了许多传统公证成了公证行业新的业务支柱。

这种情况的出现可以归因为：

（一）知识产权价值的提升

知识产权价值，特别是经济价值的不断提升促使人们越来越重视通过法律

---

* 刘崴，上海市卢湾公证处公证员。

〔1〕《习近平与奥巴马举行中美元首第二场会晤》，载新华网2013年6月9日，http://news.xinhuanet.com/world/2013-06/09/c_124835936.htm。

〔2〕 该统计结果来自上海市公证协会业务系统查询结果。

手段保护知识产权。据世界银行对2000～2010年主要国家专利申请数量的统计,我国的专利申请量10年间增长了十余倍,其中居民专利申请数量与非居民专利申请数量之间的比例也由1∶1发展为超过3∶1。世界知识产权组织(WIPO)在其于2012年12月11日发布的《2012年世界知识产权指标》报告中指出:2011年,中国国家知识产权局受理来自国内外发明专利申请52.6412万件,超过美国的50.3582万件,居世界第一位。同时,其受理的发明、实用新型、外观设计三种专利数量达到163.3347万件,成为世界最大的专利受理国。[1] 到该组织再度发布《2015年世界知识产权指标》时,中国在专利、商标和工业产品外观设计等领域均排名第一位。[2] 这同时也为公证行业服务知识产权保护提供了广阔的市场。

(二)人们知识产权保护意识的加强

伴随着社会主义法治建设的不断深化,人们的法律意识日益加强,对于知识产权的保护意识也随之提高。以中国石油化学公司(以下简称中石化)为例,早在2005年,中石化就已累计在中国申请专利9500余项,其中发明专利达70%;同时,该公司还在世界上38个国家申请了国外专利900余项,拥有国内外授权的专利6000多项,注册商标1186件。根据世界银行发布的世界各国知识产权使用费的接受和支付数据,中国在两个方面都有了显著的增长(见下表)。

单位:美元

年份 知识产权使用费	2005	2006	2007	2008
支付	5,321,253,863	6,634,081,020	8,192,067,402	10,319,466,356
接受	157,401,786	204,503,785	342,634,075	570,536,223
年份 知识产权使用费	2009	2010	2011	2012
支付	11,065,271,082	13,039,546,459	14,706,108,691	17,748,983,437
接受	429,452,520	830,483,814	743,301,698	1,044,102,041

越来越高的知识产权保护意识为知识产权公证的开展提供了思想上的保障。

---

〔1〕 WIPO公布《2012年世界知识产权指标》,载国家知识产权局官方网站,http://www.sipo.gov.cn/dtxx/gw/2011/201112/t20111230_639599.html。

〔2〕《〈2015年世界知识产权指标〉报告评析》,载国家知识产权局官方网站,http://www.sipo.gov.cn/zlssbgs/zlyj/201609/t20160907_1290669.html。

（三）法院采信度的提高

早在1994年8月，司法部、国家版权局在《关于在查处著作权侵权案件中发挥公证作用的联合通知》的第1条中就指出："著作权行政管理部门在查处事实时，要求申请人和有关当事人提供证据的，应当对证据进行证据保全公证。对于公证机构出具的有关证据保全的公证文书，著作权行政管理部门应当作为查处侵权案件时认定事实的根据。"随后，最高人民法院在2001年12月的《关于民事诉讼证据的若干规定》中规定："下列事实，当事人无需举证证明：……（六）已为有效公证文书所证明的事实"；"人民法院就数个证据对同一事实的证明力可以依照下列原则认定：……（二）物证、档案、鉴定结论、勘验笔录或者经过公证、登记的书证其证明力一般大于其他书证、视听资料和证人证言"。2002年7月的《最高人民法院关于行政诉讼证据若干问题的规定》中又进一步规定："鉴定结论、现场笔录、勘验笔录、档案材料以及经过公证或者登记的书证优于其他书证、视听资料和证人证言"；"以有形载体固定或者显示的电子数据交换、电子邮件以及其他数据资料，其制作情况和真实性经对方当事人确认，或者以公证等其他有效方式予以证明的，与原件具有同等的证明效力"。2012年新修订的《民事诉讼法》中保留了之前对于公证证据优先效力的认可，其中第69条规定："经过法定程序公证证明的法律事实和文书，人民法院应当作为认定事实的根据，但有相反证据足以推翻公证证明的除外。"

正是基于这些规章和法律对于公证证据效力的认可，保全证据公证业已成为了知识产权争端解决实践中最为主要和重要的证据形式。从法院系统的数据显示，南京市中级人民法院从2005年到2007年的143份知识产权案件民事判决书中共有98份将公证书作为核心证据或者重要证据采纳；浙江省高级人民法院统计，2007年至2009年全省法院共审结一审知识产权民事纠纷案件5583件，其中涉公证证据的有3656件，占总数的65.48%；[1]重庆市第五中级人民法院的调研表明，2009年至2013年，全院受理知识产权一审纠纷1644件，其中涉公证证据案件1069件，占65%。涉公证证据知识产权一审案件中，又有671件以调撤方式结案，调撤率近63%。[2] 防止重要证据灭失、优先的证据效力和法院的高采信度，这三大优势推动了以保全证据公证为代表的知识产权公证的蓬勃发展。

---

〔1〕 浙江省高级人民法院课题组：《关于知识产权民事诉讼中公证证据审查与采信的调研》，载最高人民法院民三庭编：《知识产权审判指导》（2010年第2辑），人民法院出版社2011年版。

〔2〕《重庆五中院：知识产权纠纷公证证据处于核心地位》，载法制网，http://www.legaldaily.com.cn/Court/content/2015-07/03/content_6154438.htm。

（四）社会进步和新科技带来的变化

新科技与网络时代的发展从根本上改变了人们的生活方式，也使知识产权公证在业务形态上发生了显著的变化。

其一，随着网络购物平台的高速发展，保全证据公证办证方式发生了转变，一天之内批量办理十几甚至几十件已成为可能，极大推动了此类公证井喷式的发展。

其二，随着知识产权保护领域的不断延伸，保全证据公证业务种类更加丰富。特别是在国家广电总局于2010年11月12日下发了《广播影视知识产权战略实施意见》，意见明确规定严厉打击影视作品侵权行为。于是，各大视频网站纷纷谋求转型，并自购版权，案件的数量也随之下降。[1] 在这段鼎盛时期，几乎在所有的诉讼和调解中都运用了保全证据公证，极大提升了公证的效用，也集中体现了公证在理论与实践上对于知识产权保护的推动作用。

二、公证服务知识产权保护的发展趋势预测

（一）信息化时代带来的新挑战

随着社会信息化程度的不断提高，以云计算和大数据为代表的新兴产业在带给人们便捷的同时，也对包括公证行业在内的传统行业提出更高的要求。

1. 知识产权电子登记平台

2012年4月24日，北京市方圆公证处与北京国际版权交易中心携手，共同推出版权电子公证平台——“智慧保险箱”。以往，在频发的网络版权纠纷案件中，举证难给此类案件的审理带来难度。针对这一问题，公证机构在与版权管理部门的长期沟通论证和对国内外电子公证的发展现状进行充分调研的基础上，推出了“智慧保险箱”，为权利人的音乐、影视、文字、图片、动漫、实用设计、商业机密等文件、作品和电子文档提供数字登记、电子公证等服务。“智慧保险箱”登记过程简单，权利人登录北京国际版权交易中心网站，进行线上付费、文件上传之后，北京市方圆公证处的系统会同时对权利人的申请内容进行审核，“智慧保险箱”对权利人系统进行及时加密，在数分钟后会获取“智慧保险箱”证书。目前“智慧保险箱”已提供了890余件服务，而且申请数呈明显的上升趋势。[2]

2. 基于云存储的“公证云”

为了消除权利人从发现侵权到论证再到申办公证之间的“时间差”，各地公证机构广泛开展了基于云存储平台的“公证云”项目。2012年7月，厦门鹭江公

---

〔1〕 凌崧：《知识产权审判与网络证据保全公证实务》，载《上海公证》2012年第2期。

〔2〕 资料来源：北京市方圆公证处截至2014年6月的统计数字。

证处推出的国内首个云技术电子证据存证综合服务平台——“公证云”上线。同年 8 月，由上海市东方公证处自主研发、自主管理的电子证据保全平台——“公证证据宝”也开始对外提供服务。这种公证的“云服务”囊括了主叫录音、网页截取、微博内容、邮件代理、网络支付、聊天记录、电子合同、知识产权等多方面的存证功能。当用户安装并使用该平台登录 QQ、MSN 等聊天工具进行聊天，或者是收发邮件、浏览网页、进行网购、发布微博时，系统会在远程服务器端自动记录下用户的操作行为及显示器上的内容变化，并作为视频文件保存在远程服务器中，必要时可以向公证机构提取相关证据，极大提升了知识产权公证中保全证据的效率。

3. 以制发“网络身份证”为核心的“智慧公证”

根据《民事诉讼法》和《电子签名法》的有关规定，上海市卢湾公证处与上海数字认证中心有限公司合作，于 2014 年 4 月取得了数字证书授权受理点资格，可以向公证当事人制发经过公证和数字证书（电子签名）双重验证的“网络身份证”。“网络身份证”的持有者可以非常自由便捷地为自己的网络作品加注电子签名，所有电子签名的使用记录将保存于公证处的服务器中，确保了对于知识产权权利人的认定。

（二）知识产权时代带来的新发展

知识产权时代深入发展的一大标志就是知识产权的确认、交易、保护开始产生聚集性效应，向知识产权水平较为发达的地区凝聚，形成知识产权中心。

1. 北京打造“版权之都”

2012 年 6 月 26 日，来自 154 个世界知识产权组织成员国和 48 个国际组织的 721 名代表云集北京，共同缔结了《视听表演北京条约》（以下简称《北京条约》），标志着北京朝着打造“版权之都”“创意之都”和推进世界城市建设的目标，迈出了稳健扎实的重要一步。以此为契机，北京将加快实施科技创新、文化创新“双轮驱动”战略，不断完善知识产权创造、管理、保护、运用的体制机制，努力打造知识产权保护的首善之区和闻名中外的“版权之都”。

2. 上海打造“IP 新口岸”

围绕“汇聚 IP 服务，引领创新发展”的主题的首届 IP 新口岸知识产权服务年展于 2014 年 7 月在上海市举办。此次年展为知识产权服务行业搭建了一个极佳的交流合作平台，也提出了打造“IP 新口岸”的口号，力求在上海市乃至整个华东地区打造一个国际化的高端知识产权服务业聚集区。为改变知识产权分散执法现状，上海市自由贸易区将在全国首先尝试版权、商标、专利三种知识产权类型统一执法模式，并设立专门知识产权管理机构取代传统的专利授权、商标注册、版权登记等行政机关，统一实施行政执法权。

（三）职能转变带来的新要求

随着社会创新能力的不断提高，人们对于知识产权保护的重心也在发展变化。由于专利等传统知识产权在保护上的公开性要求，越来越多的权利人开始选择采用商业秘密、在先使用等隐秘性的保护方式，这在制药、化工等以知识产权为核心的行业中尤甚。这种转变也对公证的职能提出了另一种新的要求。以往公证总是在侵权行为产生后被动地接受权利人的申请，搜集用于诉讼仲裁的证据，承担的是一种防御性的职能。而如今，则需要大力公证发挥预防性的职能。一方面，在可能的纠纷出现前就对权利人的知识产权进行确认和固定，如针对作为商业秘密的文件、数据或工序进行先期的保全。另一方面，也需要提高公证对于知识产权保护的参与度，鼓励和推动公证机构、公证员与知识产权权利人形成长期稳定的合作关系，规范和指导权利人实施行之有效的知识产权战略。最大限度地提升公证在知识产权保护体系中的价值和作用。

三、桎梏知识产权公证发展的“瓶颈”

（一）缺乏宣传，社会对公证价值的认识产生偏差

长期以来，社会对于公证行业的认识始终停留在盖章收费的层面，有意无意间忽视了公证作为公信力证明背后巨大的附加价值。这种认识上的偏差一方面源于公证行业自身在职能定位上的模糊；另一方面也源于公证工作在过程的繁复和结果的简单上的巨大反差。要改变这种局面，公证行业应当通过形式多样的宣传途径，让社会和公众了解公证工作背后的艰辛和公证文书超然于其纸质载体之外的价值和效用。

（二）沟通不畅，公证行业无法表达诉求、消除误解

在许多知识产权公证中，公证机构和法院、知识产权局、卫生检验检疫部门、域名管理机构等部门之间是公证书制作和使用的两端。由于对公证的申办流程和文书格式不甚了解，使用部门的要求与公证机构的规定之间有时会产生差异，而由于公证文书无法获得使用，公证申请人又会直观地认为是公证机构的工作不到位。要消除这种误解，公证行业应当与使用部门形成良好的沟通机制，形成及时有效地反馈与互动。

（三）成本提高，公证机构的负担不断加大

与传统公证相比，知识产权公证（特别是其中的保全证据公证）的成本有了显著地提升。这种成本增加一方面体现在硬件升级上。为了适应此类公证中信息化、专业化的需求，公证机构需要添置新的电脑和打印设备、开通高速的网络接入。另一方面，则体现在公证员的劳动付出也不可同日而语。如今的公证员已极大改变了以往坐堂办证的形式，积极投身于取证现场，并且还需要花费大量

精力对办证过程进行梳理和记录。而相对应的，此类公证的收费却已有16年未作调整。这种成本与收费倒挂的情况不仅不符合社会经济发展的客观规律，也容易挫伤公证机构和公证员办理此类公证的积极性。

（四）发展不一，异地取证导致合规性的质疑

中国幅员辽阔，各地经济发展水平参差不齐，这也导致了公证，特别是知识产权公证，在各地开展情况的巨大差距。在“北上广”和东南沿海等经济较发达地区知识产权公证开展得已经相对成熟的同时，内地公证机构对于此类公证仍处于摸索甚至排斥的阶段。于是公证当事人从公证的顺利办理和避免地方保护主义的角度出发往往乐于邀请发达地区的公证机构派员进行异地取证，这就带来了另一个关于是否超越管辖权的问题。目前，各地高院对于这种“异地取证”的证据的认可程度不尽相同，有支持，有反对，也有确认证据效力却认为违反公证程序规则的。对于这种符合中国发展国情、符合当事人实际需求的程序问题，亟待通过公证行业的自身调研和与最高人民法院的沟通予以明确定性。

（五）恶意投诉，投诉人混淆视听难以规制

基于我国《民事诉讼法》第67条的规定，保全证据公证作为知识产权案件中最为重要的证据类型已经在审判实践中获得了高度的认可。由于在证据的证明力上无可辩驳，对方当事人往往会采用在公证书上咬文嚼字、偷换概念甚至质疑公证办理程序等方式向出具公证书的公证机构和主管部门恶意投诉，妄图撤销公证书。近年来，这类投诉随着保全证据公证数量的不断提升在绝对值上也有一定增长，而对这类恶意投诉的，公证机构又没有有效的规制手段，极大牵扯了公证机构的精力。

四、进一步提升服务知识产权保护能力的对策研究

（一）转变服务意识，提升公证参与度

在以往很长一段时间里，公证业务对于知识产权保护的参与度都是十分有限的。公证机构往往仅是根据公证当事人的申请才启动公证程序，在个案完成后也就与之脱离了关系。这种情况的产生固然有公证行业参与知识产权保护之初不断摸索的因素，但本质上没有跳出公证传统意义上结案即止的窠臼。这种以案件为核心的服务形式难以体现公证员创造性和差别性的劳动，一方面不利于公证员与公证当事人形成长期稳定的合作关系；另一方面也不利于整个公证行业对于知识产权案件的统计、归纳、整理与指导。

随着公证行业服务知识产权保护程度的不断深化，公证员中的许多有识之士开始注重对以往案件的总结与发展，从而逐步从被动接受转向了主动引导。如今，公证员已经开始全程参与到了包括企业知识产权保护战略的先期策划、产

生纠纷后的证据链构建、取证方案设计、现场指导和事后总结在内的各个方面，极大开阔了公证对于知识产权保护的参与面，形成了以公证员为核心的新的服务形式，提升了公证服务知识产权保护的能级，为今后此类业务的大力开展指明了方向。

（二）创新服务方式，凸显公证预防性职能

随着知识产权保护意识的不断提高，人们已越来越不满足于待侵权行为发生后再行追究责任，注意力开始转向先期保护，这也为公证凸显其预防性职能创造了条件。目前，商标转让中的转让协议和声明书公证、域外申请专利权的文件签名公证等已为确保知识产权的正常流转作出了突出的贡献。在此基础上，公证行业将结合社会经济的发展需要和人民群众的现实诉求，着力推进对于非涉诉知识产权公证的研究。一方面，大力研究推广包括知识产权公证保管托管、知识产权域内外权利取得、保护以及知识产权在先使用在内的创新型服务举措；另一方面，借助信息科技，瞄准空白领域，积极主动承担起为网络著作权等新兴知识产权进行登记确认的职责，并朝着最终成为获得主管部门和使用人员认可的登记机构的目标努力。目前，北京、上海、厦门等地的公证机构对此已经做了诸多有益的探索，这些项目的蓬勃开展翻开了公证行业创新发展、服务知识产权保护的新篇章。

（三）落实人才战略，提升公证服务水平

人才是公证行业发展的第一要素。随着社会分工的不断细化和专业性的不断提升，人们对于公证员的要求也从以往巨细靡遗的"全才"转向了专业化、精细化的"专才"。公证行业应当以本次被写入国家知识产权战略为契机，分三个层次大力发展人才战略：

第一，引进人才。为了适应以知识产权保护为代表的专业性公证业务的要求，公证行业需要大量引进具有相关专业知识背景和法律背景的复合型人才。从而从基础上更新行业的知识体系，开阔眼界，真正地做到"心有余，力也足"。

第二，内部挖潜。尽管自公证法颁布实施以来，公证行业在服务知识产权保护方面取得了令人瞩目的成绩，但从本质上来说，许多公证员的办证过程仍然多凭经验，对于知识产权、互联网等概念的认识尚有不足，"知其然，却不知其所以然"。因此，行业应当积极组织公证员进行定期或不定期培训，邀请专家传授专业知识技能。对知识产权公证这类专业性高、操作复杂的公证业务要采取准入制度，设定门槛，考核通过才能从事这些业务，以此来保证公证质量。

第三，借用外脑。荀子《劝学》中有语："假舆马者，非利足也，而致千里。假舟楫者，非能水也，而绝江河。君子性非异也，善假于物也。"意思是说，尽管个人的能力是有限的，但只要懂得借助外力，就能取得更大的成绩。公证员虽是公证法律方面的专家,但对于知识产权方面的新知识、新技术在与时俱进上有时会力有不逮。为了解决这种情况,公证行业可以广泛邀请各行业的专家建立智囊库,一方面及时为公证员提供咨询、排疑解惑;另一方面也可以增加公证行业与社会各界的良性互动。

(四)完善硬件系统,打造公证信息化平台

信息作为知识产权的核心价值,在知识产权形成、规范、保护以及价值化过程中具有重要意义。公证机构在办理知识产权公证中会累积大量原始、真实的信息,《公证法》对于提交、核实证明材料的严格要求,确保这些信息在还原、证明客观事实上具有更强的真实性、完整性和关联性。知识产权公证信息全面、系统的收集、统计在公证书使用部门获取准确信息、提高工作效率、降低行政风险等方面具有独特的职能优势,这些信息的科学分析在规范知识产权法律行为、保障知识产权交易安全、保护权利人合法权益以及维护知识产权市场秩序等方面更是发挥着重要作用。

在信息化时代的今天,公证行业要积极探索符合自身特点、凸显职能优势的信息数据统计、应用和管理模式,探索构建包括知识产权信用评估系统、知识产权信息风险提示系统、与法院、知识产权主管部门等公证书使用部门间的内部数据信息共享平台等知识产权公证信息数据体系,同时运用现代科技,加强数据信息的分析研究,为公证更好地服务知识产权提供数据信息支持。

(五)加强反馈沟通,改进公证服务品质

公证机构作为公证书的出具者与公证当事人、法院等公证书的使用者是一对矛盾的统一体。公证机构应当事人的申请出具公证书,公证书在司法实践中受到检验;反之,又会推动公证机构改进办证的程序与方法。公证书的价值在于它的效用,因此,公证行业应当一方面积极主动做好出证后的跟踪和反馈,避免闭门造车;另一方面要与法院、知识产权局等公证书使用较为频繁的部门保持长期稳定的沟通机制,了解他们对于公证书的意见和建议。在合理合法的基础上集思广益、从善如流,不断完善公证的证明力,提高公证书的采信度,推动公证行业的与时俱进。

(六)健全政策法规,适应知识产权公证新发展

自公证法颁布实施以来,中国公证协会及各省市的公证协会都陆续出台了许多针对知识产权公证,特别是保全证据公证的指导性意见。这些指导性意见的推出使此类公证的办理有章可循,为制定统一标准、保障公证质量作出了突出的贡献。但政策法规的更新又是滞后于社会经济的发展的,在日新月异的知识产权领域更是如此。例如,在程序方面,网络环境下的“无疆界性”对传统意义上公证机构的管辖权提出了挑战;又如,在实体方面,网络世界的匿名性使在网

络环境下确认文学作品的真正作者成了难题。诸如此类的问题层出不穷，将促使公证行业在不断总结的基础上修正原有的指导性意见，并最终推动《公证法》和《公证程序规则》等法律法规的完善。

（七）加强行业引领，确保总体规划落实

中国幅员辽阔，各地公证行业的发展程度很不一样，加之知识产权又是较为新兴的行业，因此，中国公证协会作为行业管理协调组织既要承担宣传落实行业相关政策法规的责任，又要承担行业发展的协调指导职能，主要包括以下四个方面：

第一，数据统计，把握业态走势。协会应定期对知识产权公证的情况进行调查统计形成数据库。通过对数据的分析了解知识产权公证的发展变化情况，从中分析原因、寻找规律。

第二，政策解读，紧跟趋势走向。地处首都北京，中国公证协会更多且更易获得国家有关知识产权的各种政策和消息，应组织专业人才对相关政策进行及时解读，获知知识产权未来的发展方向，并做出积极应对。

第三，总结指导，提高公证质量。协会应适时对知识产权公证中具有典型性和常态性的经验教训进行总结，形成统一的指导性意见。从而避免各地在同类型公证中因地域、经验、理解等方面的差异导致做法不一，产生公证质量问题，损害公证公信力。

第四，扩大宣传，提升行业形象。协会应加大对宣传工作的重视程度，广泛运用杂志、网站等多种宣传手段并借助公共媒体对知识产权公证的典型案例、实用效果和社会影响作出正面宣传，从力度、广度和深度上积极提升公证行业的知晓度和美誉度。

当前，创新已成为新时期的最显著特征，知识产权规则对经济社会发展的影响也日益加深，知识产权的地位和作用日益突出，知识产权战略已经成为国家的重要发展战略。在这个过程中，公证行业在权利的确认、流转和证据的收集、保全等方面都发挥了非常重要的作用，做出了令人瞩目的贡献。在新的发展形势之下，公证行业应继续努力提高公证法律服务的能力，使公证真正成为整个知识产权保护体系中的一个重要环节。在成为最主要、最重要的证据提供者的同时，扩大公证在促进当事人和解、降低诉讼率、节约社会和司法成本中的积极效用。

政府购买法律服务:
不动产登记引入公证的路径依赖

陶 蔚*

针对我国没有统一的不动产登记立法、登记机关、登记程序和权属证书等弊端,国务院已就建立统一的不动产登记制度排出时间表,同时对政府购买社会力量服务作出了部署,公证介入不动产登记则成为可能。

一、交叉叠加冲突:不动产登记制度的明显缺陷

长期以来,我国的不动产登记制度存在不动产登记管理体制不统一等明显缺陷,没有统一的登记立法、登记机关、登记程序和权属证书。

但是,世界上的发达国家和地区,大多建立了较为完善的不动产登记管理体制。例如德国,不动产登记统一适用《土地登记条例》,登记机关是属于地方普通法院系统的土地登记局;在我国台湾地区,统一适用"土地登记规则",其土地登记由土地所在地的市、县级地政机关办理。

我国在《物权法》颁布之前则未能形成统一的登记管理体制。表现在:其一,不动产登记的法律规范不统一。我国调整不动产登记的相关规定,散见于若干具体的法律规范中,既有全国人大制定的法律和国务院制定的行政法规,也有建设部、国土资源部颁布的部门规章。由于缺乏统一的法律规范,各个部门规范又过多地强调行政管理职能和部门利益,致使不动产登记的法律规范互相交叉、冲突,影响了其权威性、严肃性,不利于不动产物权正常秩序的形成和发展。其二,登记机关不统一。我国长期以来将登记作为行政管理职能,使登记机关呈现多头执政的局面。例如,土地登记在土地管理部门,房产登记在房地产管理机关,林权登记在林业主管部门等。这种局面既不利于当事人查阅登记以便获取全面的交易信息,也给当事人进行登记带来极大不便,使登记制度的公示作用大大减弱,不利于交易安全的保护。其三,登记程序不统一。由于不同的登记机关办理登记,其所依据的登记规则各不相同,如土地登记主要根据《土地登记规

* 陶蔚,上海市静安公证处公证员。

则》,而房产登记主要根据《城市房屋权属登记管理办法》。不同的登记规范对登记程序的规定不尽一致,导致登记机关各行其是,令当事人无所适从。其四,权属证书不统一。

目前我国土地部门颁发的权属证书有《国有土地使用证》、《集体土地所有证》、《集体土地使用证》及《土地他项权利证》;房产部门颁发的有《房屋所有权证》,《房屋共有权证》及《房屋他项权证》,林业部门则颁发《林权证》。不动产权属证书不统一,加重了权利人的经济负担,加剧了市场规范之间的矛盾,不利于明晰产权及化解纠纷。

二、整合配套立法:建立统一的不动产登记制度指日可待

为了弥补上诉缺陷,我国的《物权法》就不动产登记作出了专门规定,〔1〕条款达14条之多。《物权法》特别强调,"国家对不动产实行统一登记制度。统一登记的范围、登记机构和登记办法,由法律、行政法规规定"。〔2〕落实物权法关于统一不动产登记机构的规定,结合政府职能转变等要求,国务院又在相关方案中明确,"减少部门职责交叉和分散。最大限度地整合分散在国务院不同部门相同或相似的职责,理顺部门职责关系。房屋登记、林地登记、草原登记、土地登记的职责……分别整合由一个部门承担"〔3〕。

2013年11月20日,国务院总理李克强主持召开国务院常务会议,决定整合不动产登记职责,由国土资源部负责指导监督不动产统一登记职责,基本做到登记机构、登记簿册、登记依据和信息平台"四统一"。行业管理和不动产交易监管等职责继续由相关部门承担。各地在中央统一监督指导下,结合本地实际,将不动产登记职责统一到一个部门。此前,国务院还明确,"由国土资源部、住房城乡建设部会同法制办、税务总局等有关部门负责出台并实施不动产统一登记制度,2014年6月底前出台不动产登记条例"。〔4〕然而,未来的不动产登记条例将如何具体设定不动产登记的主体则不明朗。究竟是明确直接由国土资源系统的机关内设机构指导、监督和办理登记;还是由国土资源系统的机关内设机构指导、监督,所属参公管理的事业单位承担办理登记,则难以断定。鉴于各级行政

---

〔1〕《中华人民共和国物权法》(2007年3月16日第十届全国人民代表大会第五次会议通过)第2章第1节第9~22条。

〔2〕《中华人民共和国物权法》(2007年3月16日第十届全国人民代表大会第五次会议通过)第2章第1节第10条第2款。

〔3〕《国务院机构改革和职能转变方案》(2013年3月14日)第二部分(五)。

〔4〕国务院办公厅关于实施《国务院机构改革和职能转变方案》任务分工的通知(国办发〔2013〕22号)第一部分(四)。

机关及其人员精简的态势,选择后者的可能性较大。

即便如此,国土资源系统具体承担不动产登记事务的参公管理事业单位的编制,也不可能无限配置。该类机构的登记事务仍然可以委托公证等法律服务机构承接。不动产登记要求在不动产登记过程中,为确保申请登记的事项满足法律规定的登记条件,要求必须对申请登记事项予以实质性审查。也就是说,在不动产的登记过程中,登记机关在对材料进行审查的同时,还要审查材料反映出来的法律事实。要注意材料所反映的内容是否合法、真实、有效,特别是对一些导致房屋权利变更的法律事实和法律关系进行合法性、真实性的审查。由于登记机构存在自身能力等限制,因此使不动产登记引入公证成为可能,先由公证机构进行实质审查,再由登记机构对公证的文书予以形式审查,从而实现不动产登记的顺利实现。不动产登记引入公证的事项可以包括:自然人委托他人代为办理预告登记、处分登记、异议登记以及变更登记,并可能因此导致利益损失时的授权委托书;对于申请登记的不动产享有继承权或接受遗赠的证明;父母之外的人员对限制行为能力或无行为能力人享有监护权的证明;法律要求出具书面同意书,而自然人不能亲自到登记机构出具出面同意书的情况等。

三、政府购买服务:不动产登记引入公证的路径依赖

党的十八大强调,要加强和创新社会管理,改进政府提供公共服务方式。新一届国务院对进一步转变政府职能、改善公共服务作出重大部署,明确要求在公共服务领域更多利用社会力量,加大政府购买服务力度 2013 年 9 月 26 日,国务院办公厅印发了关于政府向社会力量购买服务的指导意见,主要就政府向社会力量购买服务提出了一系列指导意见,[1]为不动产登记引入公证提供了直接依据。当然,2014 年 6 月 30 日前出台的《不动产登记条例》,则更加应当在条款中明确以下具体事项:

(一)关于公证服务的购买主体

政府向公证机构[2]购买服务的主体是各级国土资源管理行政机关(如国土资源管理厅、局、所)或参照公务员法管理、具有不动产登记行政管理职能的事业单位(如各级不动产登记中心),可根据不动产登记行政管理实际需要,通过购买服务方式向社会提供公共服务。

(二)关于公证服务的承接主体

承接政府购买服务的主体主要是指依法取得司法行政机关行政许可并且持

---

〔1〕《国务院办公厅关于政府向社会力量购买服务的指导意见》(国办发〔2013〕96 号)。

〔2〕目前,全国绝大多数公证机构的性质为自收自支的事业单位,执业公证员一般没有公务员身份。

有执业证书的公证机构。通常来说,全国绝大多数执业的公证机构均具有独立承担民事责任的能力,具备提供服务所必需的设施、人员和专业技术的能力,具有健全的内部治理结构、财务会计和资产管理制度,具有良好的社会信誉,具有依法缴纳税收和社会保险的良好记录,并符合司法行政机关依法认定的其他条件。

(三)关于公证服务的购买内容

政府向公证机构购买服务的内容为适合采取市场化方式提供、公证机构能够承担的公共法律服务——不动产登记相关服务,突出了公共性。并且围绕不动产登记进行的公证服务,也可认定为基本公共服务领域,亟待加大政府向公证机构购买服务的力度。不动产登记有关政府部门应当按照有利于转变政府职能,有利于降低服务成本,有利于提升服务质量水平和资金效益的原则,在充分听取公证主管部门(司法行政机关)、公证行业组织和社会各界意见基础上,确定政府向公证机构购买服务的指导性目录,明确政府购买的服务种类、性质和内容。

(四)关于公证服务的购买机制

应当按照公开、公平、公正原则,建立健全政府向公证机构购买服务机制,及时、充分向社会公布购买的服务项目、内容以及对承接主体的要求和绩效评价标准等信息,建立健全项目申报、预算编报、组织采购、项目监管、绩效评价的规范化流程。购买工作应按照政府采购法的有关规定,采用公开招标、邀请招标、竞争性谈判、单一来源、询价等方式确定承接主体,严禁转包行为。购买主体应当按照合同管理要求,与公证机构签订合同,细化所购买服务的范围、标的、数量、质量要求,以及服务期限、资金支付方式、权利义务和违约责任等,按照合同要求支付资金,并加强对服务提供全过程的跟踪监管和对服务成果的检查验收。公证机构务必严格履行合同义务,按时完成服务项目任务,保证服务数量、质量和效果。

论婚前财产公证

赵 冰*

婚姻,是男女双方建立的极为特殊的法律关系,包括人身关系和财产关系。婚姻是“终身大事”,关系到一个人的前途命运、社会声誉、精神生活和物质生活的质量。婚姻会带来很多收益,同时也会带来很多风险。婚姻最大、最直接的风险,就是财产风险。根据我国《婚姻法》的规定,夫妻在婚姻关系存续期间所得的下列财产归夫妻共同所有,它们是:工资、奖金;生产、经营的收益;知识产权的收益;继承或赠与所得的财产,但该法第 18 条第 3 项规定的除外。其他应当归共同所有的财产。《婚姻法》第 18 条规定:有下列情形之一的,为夫妻一方的财产:(1)一方的婚前财产;(2)一方因身体受到伤害获得的医疗费、残疾人生活补助费等费用;(3)遗嘱或赠与合同中确定只归夫或妻一方的财产;(4)一方专用的生活用品;(5)其他应当归一方的财产。

随着社会的发展,个人财产的不断增加,比如汽车、房子基金、股票等。一旦夫妻离婚,这类财产都将面临严酷的归属问题。如何认定婚前财产的范围和产权归属成为司法实践中最棘手的问题之一,也是婚姻纠纷中双方经常争议的焦点。因此,《婚姻法》第 19 条同时规定夫妻可以约定婚姻关系存续期间所得的财产以及婚前财产归各自所有、共同所有或部分各自所有、部分共同所有。我国居民一般实行法定的财产共有制(除了几种例外情形),尽管 2001 年《婚姻法》修订后,已经废除了原婚姻法中,对婚前个人财产经过一定年限后变更为夫妻共有财产的规定,除非夫妻另有约定,否则婚前的个人财产将永远属于个人财产。但是,婚前个人财产在婚后依然会发生某种形式上的变化,比如说,婚前的存款和现金,婚后转到对方名下或联名的账户,或者婚后将婚前个人房产出售,将款项共同购置房产等。尽管法院在审理此类案件时会斟酌考虑到婚前财产的因素即便如此对即将步入婚姻的有房一族、有钱一族而言面对爱情与婚姻的不稳定性他们依然陷入两难境地。虽然实际生活中可以通过保留资金走向的证据等方式来证明事实,但最有助于保障夫妻双方合法权益的办法还是签订协议,写明资

* 赵冰,上海市黄浦公证处公证员。

金的来源和各自对新购置财产拥有的份额，或者约定个人财产在婚后收益的归属（如无约定，根据《最高人民法院关于适用〈中华人民共和国婚姻法〉若干问题的解释（三）》第5条的规定，除了自然增值和孳息，均为共同财产）。根据《最高人民法院关于民事诉讼证据的若干规定》第9条规定，已为有效公证文书所证明的事实，当事人无须举证证明。因此，婚前财产公证无疑是夫妻改变法定财产共同制的唯一途径。公证的概念也随之而来。公证是公证机构根据自然人、法人或者其他组织的申请，依照法定程序对民事法律行为、有法律意义的事实和文书的真实性、合法性予以证明的活动。公证制度是国家司法制度的组成部分，是国家预防纠纷、维护法制、巩固法律秩序的一种司法手段。随着我国市场经济的快速发展，个人财富的增长，离婚率的上升，使原本少人问津的夫妻财产约定一时间成为社会关注的焦点，甚至是人们追求的一种新的时尚，新人做婚前财产公证、夫妻做婚内财产公证的人数日益增多。那么，什么叫婚前财产公证？它对社会以及人类带来了什么呢？

一、婚前财产公证的发展

（一）婚前财产公证的认识和认定

首先我们必须了解我国的夫妻财产制。所谓夫妻财产制，是指规定夫妻财产关系的法律制度，其内容包括夫妻财产制的设立，变更与废止，夫妻婚前婚后财产的归属、管理、使用、收益、处分，以及家庭生活费用的负担，夫妻对外财产的责任，婚姻终止时的夫妻财产的清算和分割问题。夫妻财产制一般有约定财产制和法定财产制两种。我国2001年修订后的《婚姻法》，对夫妻财产制有较大的修改，该法中涉及夫妻财产制的规定主要有三条，明确了法定夫妻财产制和约定财产制，且夫妻约定财产制有优于法定财产制适用的效力。《婚姻法》第17条、第18条是关于夫妻法定财产制的规定，我国现行的法定夫妻财产制为“限定的婚后所得共同制”。该法第17条明确规定了夫妻在婚姻关系存续期间属于共同所有的财产类型。同时，又在第18条对夫妻共同财产进行了限定，该条所规定的五种情形下，为夫妻个人财产。《婚姻法》第19条规定，“夫妻可以约定婚姻关系存续期间所得的财产以及婚前财产归各自所有、共同所有或部分各自所有、部分共同所有。约定应当采用书面形式。没有约定或约定不明确的，适用本法第十七条、第十八条的规定。夫妻对婚姻关系存续期间所得的财产以及婚前财产的约定，对双方具有约束力。”约定协议包含着夫妻离婚时的财产清算分割问题，由此引发的婚姻纠纷也不少，因此，能防止此类纠纷的“夫妻财产公证”也随之产生。那么，什么叫“夫妻财产公证”呢？“夫妻财产公证”主要分为“婚前财产公证”和“婚后财产公证”两种形式。顾名思义，婚前财产公证是指夫妻或者是未婚夫妻对双方婚前的个人财产或者是婚后共同财产的界定。婚前财产公证是指公证机构依法对夫妻(未婚夫妻)双方就各自婚前财产和债务的范围和权利归属问题所达成的协议的真实性、合法性给予证明的活动。婚前财产公证有两种形式:一是未婚夫妻在结婚登记前达成协议,办理公证;二是夫妻双方在婚姻关系存续期间达成协议,办理公证。

(二)婚前财产公证的确立

过去,婚前财产公证对将要结婚的中国人来说是相当敏感的话题。曾经有年轻情侣登记前,出资购房一方家长提议办理婚前财产公证,就此引发小夫妻关系紧张最终导致离婚的结局;也有物质经济条件相差甚远的情侣,一方盲目贪图他方财产,婚后无法相互适应导致离婚造成他方蒙受巨大损失的情况。近年来,我国城市房价持续走高,单靠刚刚参加工作的年轻人的收入购房相当困难,子女结婚购房成为国人家长的沉重负担,工薪阶层的父母为了子女的婚房几乎耗尽一生积蓄。因此,出资购房父母希望通过婚前财产公证维权的意识尤为突出。一旦办理公证,结婚后发生离婚情况时可以按照之前办理的协议进行财产分割。故婚前双方家庭及未婚夫妻理性考虑婚后财产安排不失为一种对婚姻更为严肃的态度。我国《婚姻法》不仅规定夫妻可以对婚前、婚后财产进行约定,而且对于婚前、婚后房产的赠与也有相应的规定。《最高人民法院关于适用〈中华人民共和国婚姻法〉若干问题的解释(三)》第 6 条规定,婚前或者婚姻关系存续期间,当事人约定将一方所有的房产赠与另一方,赠与方在赠与房产变更登记之前撤销赠与,另一方请求判令继续履行的,人民法院可以按照《合同法》第 186 条的规定处理,而该条第 2 款则确认赠与合同订立后经公证证明的,赠与人不得任意撤销。换句话说,可以任意撤销的赠与合同限于未经公证的赠与合同。而赠与合同订立后,当事人交由公证部门公证,表明其赠与意愿的表达已十分慎重,因此经过公证证明的赠与合同,赠与人不得任意撤销。至此,婚前财产公证的法律效力在法律体系中被充分确立。当然,财产是否要公证还是要看夫妻或恋人的态度,纯属自愿,法律并无强迫之意。未婚男女慎重起见婚前订立协议但并没有以公证的方式加以固定最终导致协议无法兑现的案例在司法实践中也比较常见,令人惋惜,比如:

案例一:原、被告于 2008 年结婚。2009 年两人感情出现问题,很快离婚,孩子由被告抚养。后来,考虑到离婚对孩子身心的成长会造成不好影响,两人商量决定复婚。办复婚登记前,被告同意在房产证上加上原告名字并签订协议。两人如期复婚之后,原告多次要求被告按照婚前协议办理房屋过户手续,被告一直不肯。故而诉至法院。原告以确认财产所有权纠纷诉至法院,要求确认自己是房产的共有权人,并要求被告把自己名字加进房产证上。法院认为,在婚前协议中承诺登记结婚后将对方名字写进自己拥有产权的房产证上，应属于是对另一方的赠与。根据《合同法》及《婚姻法》司法解释（三）第6条的规定，在赠与的房产变更登记之前，赠与人有权行使任意撤销权。

案例二：冯先生与王女士在某国留学时相识。冯先生回国后购置了商品房两套。王女士回国后，两人于2002年2月登记结婚。婚后不久，两人即产生了矛盾。为平息矛盾，两人于7月签订了一份房产财产转让约定，冯先生声明将自己婚前购置的其中一套房子转让给妻子，上述房产自声明签订之日开始，属于王女士个人财产，与双方夫妻关系无关，不属于夫妻共同财产，王女士在受赠人栏内签字。但在房产交易中心，该套房屋的产权至诉讼时还在冯先生名下。同年11月，王女士即向法院起诉离婚，在法院判决双方离婚后，两人为了财产分割又接连打了几场官司，其中就涉及该套房屋的产权。王女士认为该套房屋的产权应当确认为自己所有。但冯先生则认为房屋尚未办理过户登记，自己可以要求撤销赠与。法院经认为，虽然冯先生与王女士的约定属于赠与协议，但根据合同法的有关规定，除了具有救灾、扶贫等社会公益、道德义务性质的赠与合同或者经过公证的赠与合同之外，赠与人在财产权利转移之前都可以撤销赠与。由于该套房屋未办理过户登记，房屋产权尚未发生转移，冯先生主张撤销是符合法律规定的。

二、婚前财产公证的不利因素

（一）婚前财产公证与爱情撞击

理想状态的婚姻是男女相识相爱，难舍难分，彼此尊重互相扶持与关爱携手步入婚姻，组成完美家庭。如果非要为了财产分清个你我，多少都有点伤害彼此纯真的感情，似乎婚前财产公证有点多余。相当一部分传统人士认为，婚前财产公证与我国传统的婚姻家庭观念相违背，刚结婚就想着离婚，既是对婚姻缺乏信心的表现，也是对夫妻感情的亵渎。如果在步入婚姻殿堂前进行婚前财产公证，无疑是对爱情的否定，谁会带着疑虑和怀疑走进婚姻的围城去过小心翼翼、担惊受怕的日子？为此，他们不赞同婚前做财产公证。但现实是，我国，特别是大中型城市离婚率年年攀升，离婚诉讼往往焦点在于财产的争执，因此越来越多的知识阶层选择做婚前财产公证，其目的都是为了将财产在婚姻关系存续期间明确归谁所有及对未来财产分割作出安排。这种对财产的安排一般不涉及第三人的利益，采用公证的办法更为便捷有效。近两年，北京、广东、上海等大城市，青年男女在婚前婚后兴起了夫妻财产公证的时尚。另外，随着人们观念的转变，丧偶者或离婚者再婚的比例日益增加。再婚者，尤其再婚的老年人作婚前财产公证的也越来越普遍。因此，尽管婚前财产公证从某种角度上来讲多少让人无法接受,但是随着时代的进步、社会的发展和法制的完善,人们的观念也越来越理性,对婚前财产公证的接受度也越来越高。

(二)婚前财产公证与现实的撞击

每个人有其对婚姻的独特期望,有的人是因为相爱而结婚,有的人是因为家庭压力而结婚,也有的人是因为贪图对方的财产而结婚。那么现实生活中哪些人群会考虑办理婚前财产公证呢?他们是未婚人士中本人无力购房而由父母出资购买的,双方社会地位经济地位特别悬殊的强势一方、再婚人士,特别是老年再婚群体、涉外婚姻等。在离婚率持续走高的趋势下婚前财产公证从某种程度上来说拯救了婚姻。对婚前财产进行公证,能起到防患于未然的作用。第一,婚前财产公证体现了人们对婚后生活的高度理性。通过婚前财产公证这种形式,使夫妻双方的财产各自独立,地位相对平等,体现了现代家庭应当具有的理性化和法制化,这与夫妻婚后所追求的互敬互爱、互相扶助的目标是一致的。第二,婚前财产公证不仅在一定程度上避免了以金钱、财产为幌子的“巧取豪夺型”、“功利型”婚姻,而且为人民法院及时妥善地解决离婚时的财产纠纷提供了重要的裁判依据。第三,可以有效保护妇女等弱势群体的合法权益,双方经济地位悬殊时,作为无过错方的弱势妻子提出离婚后,往往提不出财产的确切数额、银行账号等证据,处于被动局面。通过事先对财产进行公证,可以有效保障女方及子女的合法权益,无疑是一把维护弱势群体合法权益的“尚方宝剑”。因此婚前财产公证不愧为是一个理智的做法,有助于家庭的稳定,社会的发展。当然,婚前财产公证在对传统婚姻观念造成了一定的冲击的同时也必将会促进法律的进一步完善。

三、婚前财产公证的有利因素

它预防功利婚姻、消除再婚者的顾虑,尤其对有儿女的老年再婚者来说,选择婚前财产公证不失为保护自己和稳定家庭关系的一种策略。毕竟老年人再婚一般都涉及全家利益的重新分配,财产归属没有明确,婚姻不可能顺利。从法律角度来看,婚前财产公证还可以起到一个证据作用,以减少发生纠纷的可能。随着社会的发展,由于婚姻财产引起的法律纠纷问题日趋上升,如何认定婚前财产的范围和产权归属成为司法实践中最棘手的问题之一,也是婚姻纠纷中双方经常争议的焦点。所以,我国婚前财产约定协议公证是近几年来新开办的一项公证业务,它有助于明确婚前财产的数量、范围、价值和产权归属,是解决婚姻、财产纠纷的可靠的法律依据,同时也有利于节省司法资源,提高司法效率。结婚和离婚都是夫妻双方的权利。如果夫妻双方在婚前就办理了婚前财产公证,那么,当他们婚姻出现危机,迫不得已要选择离婚的时候,财产问题处理起来就十分容易。人民法院就可以通过对婚前财产约定中双方当事人的意思表示来认定财产的归属。这样做的好处在于,减少了政府和社会职能部门为界定财产利益、归属问题中需要进行的大量调查、取证、判断、执行等麻烦而且降低了社会运行成本,提高了司法效率。可见,婚前财产公证,是一种历史的进步,也是在现代人追求自主、平等的婚姻财产观念作用下产生的新生事物,是历史发展过程的必然。它有利于夫妻双方良好感情的维系,有利于保障夫妻双方的合法权益,一旦将来发生争执,感情破裂,就不必为财产问题争吵,用协议的形式约束当事人的行为,从而达到和谐社会、稳定家庭关系和财产关系的目的。

四、如何办理婚前财产公证

办理婚前财产公证程序是:当事人应当共同到有管辖权的公证处提出申请,填写公证申请表,并应当提交:(1)申请人的身份证明;(2)协议书草稿(当事人书写协议有困难的,公证机关可以代为书写);(3)有关的产权证明,如个人所有房产的房产证;(4)其他有关的证明材料。公证机构办理婚前财产约定协议公证,应当询问双方是否自愿签订协议,签订协议的目的,对协议内容是否清楚;协议所涉及重要财产的权属、来源、取得时间和现状;男女双方对协议所涉及财产的权属和现状是否清楚;对约定为各自所有的财产,男女双方是否对其占有、使用、收益和处分作出明确约定等。公证人员在认真核实后,认为当事人申请的财产约定协议事项符合法定的出证条件,应予出证。需要注意的是,一般情况下,协议符合法律规定一经订立既具有法律效力,但婚前财产约定协议的成立并不当然引起协议生效。婚前财产约定协议只有在当事人缔结婚姻以后才能生效,必须有双方缔结婚约这一法律事实,协议成立在婚前但生效则在结婚之后。另外,由于婚前财产约定是婚姻当事人自愿订立的,是特定主体间的一项法律行为,其效力不能当然及于第三人。只有在办理了某种公开手续或为第三人明知的情况下,财产协议对第三人才有抗辩力。

五、婚前财产公证的前景

婚前财产公证从不被大众看好到被大众接受,从纯粹的富人游戏到平民百姓理性面对,它和我国的改革开放一样一路经历了曲折的历程才成为目前公证领域里的年轻一员,据行业数据统计婚前财产公证的办证数量已经呈逐年递增态势而且办证动机从长辈督促向新婚夫妇自愿决定转变。尽管婚前财产公证业务量逐年递增,越来越被普通百姓接受,但在办理此类业务的同时,我们也注意到有些人利用此类业务的法律漏洞扰乱法律秩序的情况。比如,为了躲债、为了购房而办理婚前财产公证进行法律规避,公证处和司法机关一旦查明该部分的财产不应予以保护，必须对当事人严厉警告并拒绝办理。此外，随着案例的不断增加，司法实践的不断丰富，婚前财产公证也存在诸多需要改进的地方：

1. 夫妻财产约定协议没有明确的登记机构，建议婚前或婚后财产约定可以提交婚姻登记机关备案或在公证机关予以公证。

2. 建议建立夫妻财产约定协议查询制度，如第三人提交即将与夫妻双方或一方订立合同的证明的，其有权向婚姻登记机关或公证机关申请查询该夫妻双方的婚前或婚后协议。

3. 建议婚前或婚后财产约定生效以后，任何一方不得擅自变更和撤销，经双方协商一致方可变更。如婚前或婚后财产约定以提交婚姻登记机关备案或经公证机关公证的，须将变更后的协议提交原备案的婚姻登记机关备案或经原公证机关重新公证。

4. 婚前财产公证是否应该设定年限，例如婚前财产约定男方持有房产，女方没有，双方结婚十几年并有子女，但是尚未成年，在这时候发生婚变，女方在婚前公证时一无所有，那么她和孩子的处境将会十分艰难。如果对婚前财产公证进行了合理的年限的设置，结果会更加公平。

5. 目前我国的婚前财产公证仅仅只限于有形财产的约定，对于无形的婚前财产，例如知识产权等，法律应该做出更加明确的规定，谁拥有发明权就该归谁，如果是双方共同发明的则应该属于夫妻双方所有。

总之，婚前财产公证有助于明确协议双方对婚前财产的数量、范围、价值和产权的归属，是解决婚前财产纠纷的可靠法律依据，对稳定家庭关系、促进社会和谐起着重要的作用。我们专业人士更需精于学习完善制度，努力为社会创建和谐的氛围，维护婚姻家庭的健康和稳定发展。

上海市公证机构运用互联网技术情况分析

冯　雷　张　雯*

近年来,上海市公证广泛运用互联网技术推进行业发展,取得了丰硕成果。为深入分析本市公证行业信息化建设的发展概况,强化网络服务平台,提高公证服务水平,我们对全市 21 家公证处的“互联网 + ”服务进行调研,通过体验各公证机构网络服务、向本市网民征询意见等途径,共收到问卷有效回复 206 份,基本摸清了当前本市公证机构运用互联网技术的总体状况,并尝试寻求有效的改进对策。(以下数据截至 2016 年 12 月)

一、公证法律服务在互联网平台上的现状

(一)网站建设

网站是人们最早使用的网络沟通工具,也是公证机构最早使用的网络远程服务系统。公证处开通网站的便民优势在于市民可以在任意时间登录 PC 端平台,在线上办理公证业务。从提交公证申请,到上传公证申办所必需的证明材料扫描件,最后在线完成公证费的支付,从而实现足不出户便在平台人性化的引导下轻松完成整个在线申办公证的流程。目前,本市已有 16 家公证处建立网站(见表 1),占全市公证处的 76%,部分公证处已开通并使用网上办证、网上咨询等功能,且有 7 家公证处拥有网站特色项目(见图 1)。有的公证处除了在该平台上共享公证动态信息外,还集合了在线申办、在线咨询、在线预约、在线投诉、材料上传、查询办证进度、在线付费及短信通知等多种功能。

* 冯雷,上海市司法局公证工作管理处主任科员;张雯,上海市公证协会秘书处工作人员。

表1 16家公证处服务网站及特色项目

信息建设项目 / 公证处	域名	网站应用特色项目
东方	www. sh-notary. gov. cn	1.《公证服务平台》——公证证据宝 2. 自主办证系统 3. 电子公证书
浦东	www. pdnotary. com	暂无
徐汇	www. xh-notary. com	暂无
长宁	www. 6408. com. cn	1. 自主办证系统 2. 长宁公证之窗 (1)门户官网;(2)网上实体服务中心
普陀	www. ptgz. sh. cn	暂无
静安	无	无
闸北	www. zbnotary. com	暂无
虹口	无	无
杨浦	www. yp-notary. com	1. 网易公正邮 2.《在线申办公证平台》——提供咨询、预约、公证书查询、信息公示
黄浦	无	无
新黄浦	无	无
卢湾	www. lwnotary. gov. cn	1. 制发电子签名 2. "藏宝湾公证大数据平台"
闵行	www. mhnotary. com	1. 实时保 APP——网上证据保全(下载) 2. 合同专用邮箱备案查询 3. 通知专用邮箱备案查询
宝山	www. shbs-notary. com	暂无
嘉定	www. jdnotary. org	暂无

续表

信息建设项目 / 公证处	域名	网站应用特色项目
松江	gzc. songjiang. gov. cn	1.《松江公证报》电子版刊物阅读、下载 2. 实时保 APP——网上证据保全 3. 合同专用邮箱备案查询 4. 通知专用邮箱备案查询
青浦	无	无
奉贤	www. fx-gongzheng. com	1. 二手房直通车 2. 电子公证邮箱(企业即时证据保全平台)
金山	www. js-notary. net	暂无
国信	www. gxnotary. com	暂无
崇明	www. shcmnotary. com	暂无

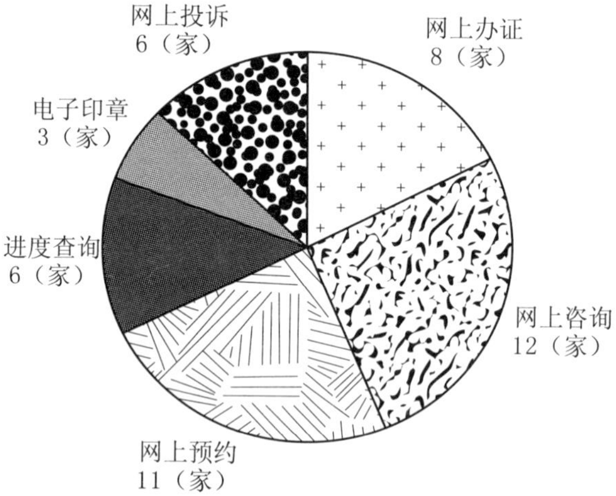

图1　公证处开通网上功能的情况

（二）微博平台

微博（Weibo），即微型博客的简称，也即博客的一种，是一种通过关注机制分享间断实施信息的广播式的社交网络平台。微博作为一种分享和交流平台，其主要功能比较单一，它更注重时效性和随意性。截至2016年年底，全市开通微博的有 8 家公证处，他们使用在线客户端组建各单位平台，以 140 字（包括标点符号）的文字，定期发布相关资讯，向公众展现公证文化、背景、发布各项办证指南和通知等，并实现即时分享。老百姓可以通过移动或电脑设备连接该平台，查看公证处更新的最新动态并进行交流。

（三）微信平台

微信（WeChat）是腾讯公司于 2011 年 1 月 21 日推出的一个为智能终端提供即时通讯服务的免费应用程序，目前全球已有 6 亿用户在使用，该应用软件已经覆盖中国 90% 以上的智能手机。鉴于微信的广泛性和便捷性特征，必然成为公证服务的重要领域。2015 年以来，上海市司法局公证工作管理处大力引导本市公证行业开拓微信服务渠道，多家公证机构积极响应，至今已有 16 家公证处与该公司合作，分别开通了公众号（包括服务号、订阅号），以及微信城市服务功能。

1. 微信公众号

本市公证机构建立的微信公众平台包括了服务号和一订阅号两个类别。服务号的功能主要提供功能服务，订阅号主要是提供信息和咨询。

不同于大多数的官方微信号，公证处官方微信的理念在于提供更优的综合法律服务。功能包括公证处基本介绍、信息推送和法律服务等内容，其中 9 家公证处（东方、长宁、卢湾、虹口、杨浦、闵行、宝山、嘉定、松江）已实现在移动终端上申办公证和查询进度，大大方便了市民通过互联网技术在公证处申办公证。具体内容见表 2：

表 2　公证处公众号具体内容

信息化项目 / 公证处	公众号	
	服务号	订阅号
东方	介绍全面，申办、预约、查询进度、真伪查询（开发中）、文书核实、线上咨询、申办、预约公证及法律服务	介绍全面
浦东	公证查询、信息发布、办证查验（暂无推送）、查询进度、文书核实	暂无推送
徐汇	信息推进、公证联络员、官网直通车、公证业务推广等	介绍全面
长宁	公证咨讯、业务办理、网上申办、网上预约公证推广、查询进度	公证法律资讯、公益活动
普陀	机构介绍	机构介绍

续表

信息化项目/公证处	公众号	
	服务号	订阅号
静安	简要介绍、信息分享	公证法律资讯、党团活动、公益活动
闸北	简单介绍、公证信息推送、投诉建议	公告通知
虹口	公证咨讯、业务办理、网上申办、网上预约文书核实、查询进度	公证推广、法律资讯、公益活动、党团建设
杨浦	公证咨讯、业务咨询、网上申办、网上预约查询进度	信息推送、公证资讯
黄浦	无	无
新黄浦	无	无
卢湾	介绍全面、公证收费、网上预约、网上申办、查询进度、提供公证法律服务	信息推送、活动介绍、公益推广
闵行	全面介绍、公证查询、收费、公证申办、wifi 推送	介绍全面、宣传公证知识、提供公益、便民服务信息
宝山	介绍全面,公证申办、预约、查询进度、线上咨询、法律服务、投诉建议	信息推送、活动介绍、公益推广
嘉定	公证介绍、申办(支付宝)、预约(官网)、查询进度(官网)、线上咨询(官网)、法律服务资讯	信息推送、公证法律服务介绍
松江	介绍全面,公证申办、查询进度	《松江公证》,公证信息推送
青浦	无	无
奉贤	介绍全面、宣传公证知识、提供公益、便民服务信息、不动产业务办理	法律服务资讯、公证咨询推送
金山	暂无推送	暂无推送
国信	无	无
崇明	无	无

以上海市东方公证处为例,微信用户关注公证处官方微信后,点击业务办理功能,便可直接通过手机或平板电脑选择申办公证的业务类型、使用国家或地

区、翻译语种、所需份数等相关信息，后台则会自动提示申请人所需上传的证明材料。而在此时，申请人可以轻松通过手机或平板电脑的拍照功能，直接上传相应文件，而后通过微信支付完成整个申办操作。较 PC 端的网上申办公证平台，微信申办公证将更便捷、更快速。而对由于不能在线上申办的公证，官方微信也提供了预约功能。除了业务办理，申请人可以通过官方微信查询已申办或预约公证的订单状况，补充上传资料等。

而在“用户中心”中，微信用户则可以与客服进行咨询，及时解决在办理公证中的各种疑问。据向上海市东方公证处办公室了解，其官方微信将会在后续开放公证书进度查询和真伪查询功能，方便公证当事人及时掌握已经在公证处接待大厅办理公证的相应进度，公证书使用方也可以快速辨别公证书的真伪，让伪造、编造公证书的情况“显现原形”，大大降低风险，从而净化社会风气。

2. 微信城市服务

微信城市服务是政府政务民生服务在微信上的统一服务平台，微信用户可以在“城市服务”下得到缴费、就医等多项便民公共服务。自 2016 年起，本市东方、杨浦、闵行、松江、金山 5 家公证处分别开通微信城市服务。微信用户可直接通过移动设备（打开微信—我—钱包—城市服务—公证服务），申办驾驶证、学历学位证书、结离婚证等证照类，出生、死亡、亲属关系等简单事实类共计 20 种公证事项，并自助完成公证事项、提交证明材料、支付公证费等环节（见图 2）。符合出证条件的，公证处先行出具公证书，待申请人领取公证书时再履行核验身份、比对证明材料及制作笔录等办证程序，经审核无误后再发放公证书。

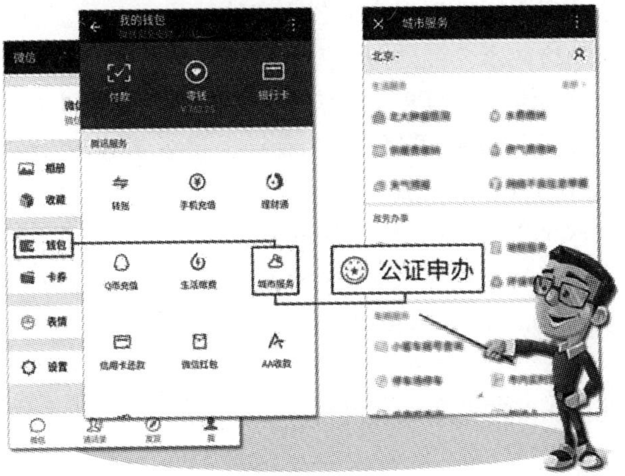

图 2　微信钱包 > > 城市服务 > > 公证申办

（四）支付宝平台

支付宝是阿里巴巴集团与蚂蚁金融服务集团、与新浪微博共同开发的“互联网”平台，其中的城市服务涵盖了日常生活的方方面面，已经成为广大网民的常用工具。目前，本市共有杨浦、宝山、嘉定3家公证处入驻该平台。功能主要有三块：申办公证、公证预约、公证查询。申办公证主要针对一些涉外事务开放，比如“出国留学、探亲旅游、定居移民”等共20余种公证事项。支付宝用户除了能了解到公证处的简介、办公时间和地址外，还能直接通过移动设备（打开支付宝—全部—城市服务—综合服务内公证服务），在线填写信息、提交材料，即可完成公证申请。对于那先尚未开放线上申办的公证事项，市民可以提前进行“公证预约”。除此之外，通过“公证查询”功能，可以实时查询到办理进度。

（五）APP

APP，是英文application的缩写，翻译成中文就是应用软件的意思。它是安装在手机上的第三方应用软件或称手机客户端，是一个独立的用户操作平台。在运用互联网技术过程中，本市多家公证处认识到公证业务APP的专业性和实用性优势，投入资金技术开发专用APP，进一步丰富了公证网络服务的形式，为广大群众提供了更加便捷的服务。

其中，“长宁公证处APP”在公证业务流程设计上具有一定的代表性。长宁公证处开发的“长宁公证处APP”，主要功能包括：网上申办公证（以涉外为主，包括预约、材料上传、支付、受理通知等），在线预约现场咨询/办理公证事宜，查询所办理公证的进度（来公证处现场和网上办理的，未发证以前均可查询）。目前在线预约的公证仅限于证据保全类公证和涉外公证。

此外，松江、闵行两家公证处与上海人科数据科技有限公司合作开发的网上证据保全服务平台“实时保APP”，和专门用于处理当事人涉外民事公证案件的公证自助业务受理机（“N－ATM”），在专项公证业务设计上具体突出的代表性。“实时保”为保全证据业务提供了远程取证、邮件取证、传真取证、电话录音取证等多样化的取证方式，最大限度地提升了取证的便捷性、功能性和安全性。公证自助业务受理机通过高拍仪，完成相关公证材料的自主扫描、核对，并上传至“实时保”服务器，从而实现材料的信息化收集。公证处工作人员通过登录“实时保”后台，对当事人上传的有关证件进行审核，并将有关材料进行打印制作成公证卷宗进行正常的业务处理流程。

二、“互联网＋公证”存在的问题分析

1. 互联网平台服务步伐参差不齐，网上信息更新仍存在滞后或停滞现象。到目前为止，仍有黄浦、新黄浦、青浦、国信、崇明公证处5家公证处，由于观念滞

后、技术薄弱等原因未开通任何网上公证服务平台，在运用互联网技术开展公证业务上处于较为落后的地位。与此同时，有部分已经建起互联网平台的公证机构中，仍不同程度存在信息维护不及时的问题。部分公证处的网站虽开通了网上预约办证等功能，但并未使用该项功能。个别公证处的“微信订阅号”和网站等信息滞后，或根本未更新。（见图3、图4、图5）

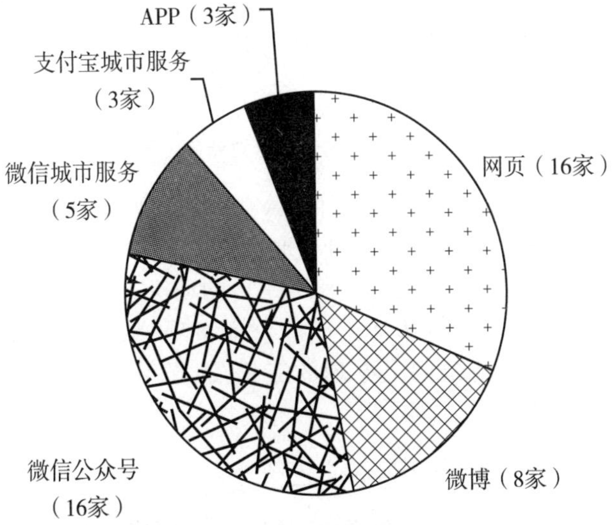

图3　本市公证处信息化建设汇总

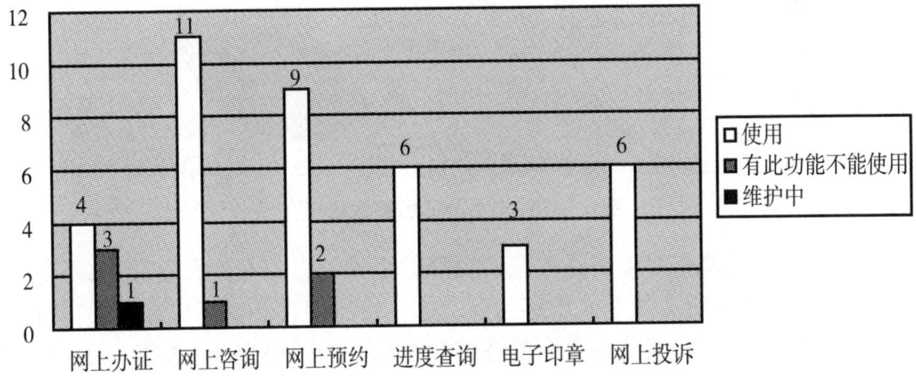

图4　网站功能的使用情况

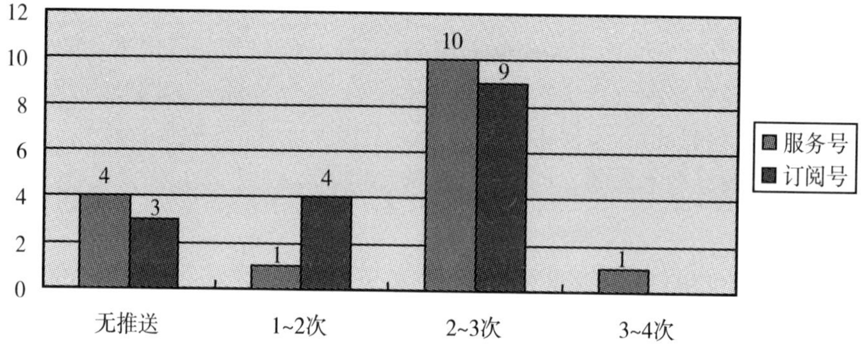

图5 微信公众号更新率

2. 公众对公证网络服务的知晓率低,公众在线申办公证的使用频率低。对公众的问卷调查结果显示,相当一部分普通市民从未申办过公证,对公证本身的不了解使得他们缺乏使用公证的网络服务平台的动机。69%的受调查对象表示不清楚公证的业务范围,不能选择正确的公证事项,从而中断在线办证申请。70%受调查对象表示不清楚网上办理的流程,因无引导介绍,不知如何办理。(见图6)

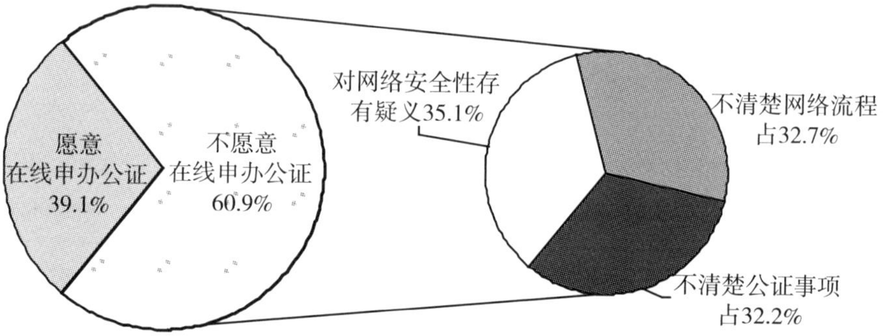

图6 在线申办公证的基本情况

此外,76%受调查对象对在线注册提交的个人信息安全性存有顾虑,不愿意在线提交办理公证所需的个人敏感信息。这一特点使许多网民放弃在线申办公证。相比之下,由于在线公证平台的咨询端无须注册或提交个人信息,因此使用率相对较高。

3. 网上办证的范围有限,亟须政策法规支持。限于《公证法》、《公证程序规则》及其他国家相关法律法规规制,一些民事类的公证事项,需要申请人亲自到场签字的公证事项不在在线受理之列。网上申办公证主要针对简单的民事公证及一些涉外事务开放,包括驾驶证、学历学位证书、结离婚证等证照类,出生、死亡、亲属关系等简单事实类共计20余种公证事项。

三、几点建议

为了进一步推进“互联网+”公证服务的平台建设，提高服务品质，现提出以下几点建议：

1. 大力宣传公证工作，提升公众知晓率和满意率。

部分群众对公证制度仍然缺乏了解，甚至出现有部分群众认为公证就是出个证明、盖个章而已，抱怨公证程序复杂、麻烦，不能充分认识公证的法律意义何在。网络公证平台的发展更加依赖宣传和口碑。对于潜在的公证客户而言，在线公证平台必须有响亮的名声才有足够的吸引力。

公证行业要加大宣传力度，扩大覆盖面、采取多种宣传方式，凭借“公证开放日”“公证敬老日”“公证公益服务月”“O2O公证讲座”等活动的机会，向社会宣传有关公证的基本知识，有效提升公证工作的公众知晓率和群众满意率。

大数据时代已经到来，互联网世界中产生了个人信息，家庭信息、位置信息、人与人的交互信息等大量的数据。通过对信息化项目建设实现与其他机构系统之间（如公安、工商局、民政局、房产局等）的信息共享。公证行业可以加强与相关部门的信息合作，利用这些数据，提高办证效率和公众满意率。图7显示了公众希望增加的网络服务内容。

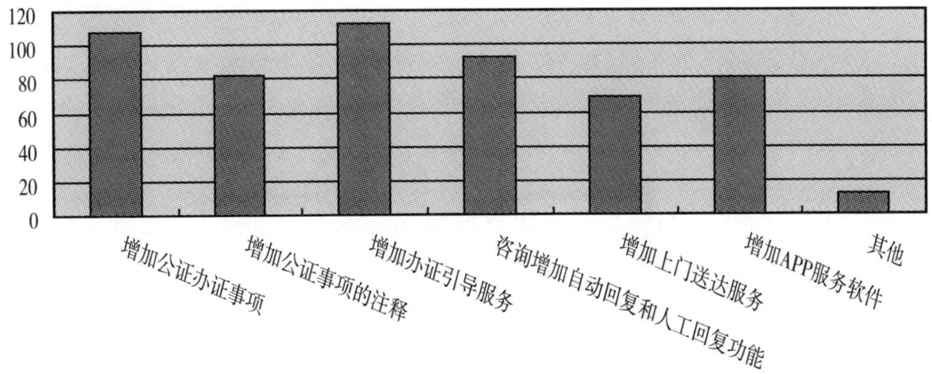

图7　希望增加哪些网络服务内容

2. 深入推进公证信息化建设，拓展公证“互联网+”的服务领域。

据支付宝方面提供的数据，截至目前，国内已有超过20%个城市的网民，开通使用“城市服务”平台，近30个城市50家公证处开通公证法律服务。（见图8）在支付宝平台上的行业集群已初具规模，先发优势已不再明显。要想在公证“互联网+”的道路上处于领先地位，就必须做出新的考量。对此，本市各公证处须结合自身公证业务发展的情况，加紧公证信息化服务平台的建设，一方面，须对自行开发的网络项目，定时做好维护和完善工作，杜绝“僵尸”服务平台的出现。另一方面，须提高公证人员的信息技术水平，引入专业网络信息技术人才，加强公证信息化内部队伍的建设。

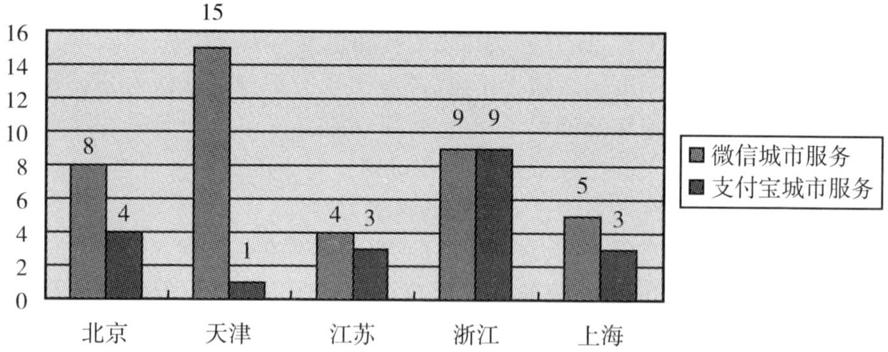

图 8　京津江浙沪城市服务开通情况

此外，我们现有的在线服务平台基本都是依靠相关网络服务公司开发的，合作公司屈指可数，开发的服务项目也相差无几。对此，公证机构应当积极探索与其他网站或服务部门合作，延伸“互联网＋公证”服务领域，增加服务项目等，不断开拓新的网上服务空间。

3. 不断探索公证互联网技术运用的规律，提供更加安全便捷的在线服务。

受现行《公证程序规则》影响，为保证公证的真实性和安全性，相关公证业务需要申请人在公证员面前直接办理，有关文书（如公证申请表、受理回执单、谈话笔录、送达回执）需直接签字。很多公证事项，公证员必须通过与当事人面对面的交流探求其真实意思表示。亲自审查公证事项的内容以及其他有关的材料，最后做出能否公证的决定。因此，在线申办平台仅受理简单民事类公证，一些需要申请人亲自到场签字的公证事项均不在受理之列。由此，程序规则与远程服务仍存在冲突，要解决这一问题，必须探索更加先进的互联网技术，进一步整合信息技术与程序规则，提供系统性解决方案，使公证顺应信息高速发展的时代趋势。

中西比较:公证制度的起源与发展

米　婷*

公证制度是一种预防性的司法证明制度,是现代社会司法制度系统的重要构成;公证作为一种非诉讼手段,对整个社会体系的顺利、高效运行和社会信用体系的构建发挥着至关重要的作用。公证制度的基本社会价值就是保证法律法规的有效实施,构建社会的公序良俗,对重要民事关系及重大产权交易等法律行为进行引导和适度干预,以期达到预防社会冲突,减少司法诉讼,保护公民、法人和其他组织的合法权益的目的。从发生学的角度来看,中西公证制度的发生与发展,在涉及政治、经济、文化等领域的诱发因素、推动因素及生存条件等方面确实存在着相当大的差异。我们可以通过对中西公证制度的发生、发展进行比较,找到一些规律性的东西,以利于现代中国公证制度的进一步完善与发展。

一、西方公证制度的起源

公证制度是社会分工和商品经济发展到一定阶段的产物。现代意义上的公证制度起源于古罗马。在罗马共和国末期,由于罗马法的繁杂及其明显的社会效果,再加上形式主义诉讼程序观念的不断强化,社会上出现了大量"Berufsschreiber"(职业代书人),他们是为有需要的人提供法律服务的代书人。这类代书人不仅能够代书不同形式的法律文书,同时也可以作为证人在文书上署名作证。[1] 这种代书人制度就是古代公证制度的雏形,也是现代公证人制度的真正源头。最早关于公证的书面记载是由罗马法学家阿尔比安(Ulpian)在公元212年记录的。到罗马帝国时期,"公证"已经成为典型的法律术语,公元529年颁布的《查士丁尼法典》中就有公证人制作公证遗嘱的规定。[2]

公元4世纪,基督教逐渐确立了对罗马帝国的宗教统治,随之出现了教会公证制度,从此宗教就和公证紧密地联系在一起。罗马帝国分裂之后,公证在东西罗马帝国有着不同的发展,在东罗马帝国被称为"Tabellio"(达比伦),而在西罗

* 米婷,上海市公证协会秘书处工作人员。

〔1〕 周家寅:《拉丁制度之起源》,载《公证法学》2005年第2期。

〔2〕 谷峰、怀咏:《中西方公证制度比较研究》,载《中国公证》2004年第12期。

马帝国,作为罗马法和日耳曼法的融合产生了“Notarius”(但在历史上,他们统称为 Tabellio),Tabellio 也被认为是现代公证员的鼻祖。“达比伦”为经过许可的私人工商业者代写证明文书。在后古典时期,如果“达比伦”能证明这种证明文书的真实性,并且见证了其公证的过程,那么这种文书在诉讼程序中就具有完全的证明效力。因为达比伦的证明文书得到了公众的信赖,具有了公信力所以他们由古罗马的高级官员监管,如果“达比伦”在公证职业活动中有违规行为,那么他将受到严厉的惩罚。[1]

公元 8 ~9 世纪,宗教公证员数量开始大幅度增加,他们不再仅仅为教廷服务,也开始为广大民众的日常生活提供帮助。随着王权的不断增强,从公元 9 世纪开始由国王任命的公证员逐步取代了宗教公证员,用来规范和管理公证的专门条例也已经产生。

从公元 10 ~11 世纪开始,公证逐渐显现出现代公证制度的特征,并从意大利北部逐渐传播到整个欧洲。11 世纪起,公证开始变得很普遍。北部意大利的法官们通常信奉这样一个信条,即公证必须由法院认可的代书人来完成,私人证明不再具有法律意义上的有效性,真正具有公信力的是由法官委托制作的公证书。随着时间的推移,人们慢慢接受了没有法官特别委任代书人所做出的公证。从 11 ~12 世纪,这种代书人完成了从法官的助手到不依赖法院的独立公证人的转型,从此公证员变成了一种特定的民间职业,这也标志着现代意义上公证制度的确立。

文艺复兴后,1512 年 10 月 8 日由德意志神圣罗马帝国皇帝马克西米利安二世颁布了世界上第一部公证法——《帝国公证法》。直到 1803 年法国《风月法》的颁布,统一了公证职业,明确了公证在法律体系中的地位,并且奠定了西方公证制度的基础,这才标志着欧洲第一部具有现代意义公证法的产生。

二、中国公证制度的演进

中国公证活动的萌芽可以追溯到西周。中国最早的有记录的公证活动产生于公元前 770 年的金文法,这是一种铸刻在钟鼎磬盂上的奴隶制法,这种法得到了统治者的认可与保护,具有法律效力。在当时的社会经济活动中,也出现了所谓的“质人、质剂和质工商”。比如,井田交易必须接受官方监管,对地界的勘查,只有在官员现场公证监督的情况下,土地交易才被认为是合法有效的。最早

---

〔1〕 Daniel Osterburg, *Das Notariat in der DDR – Aufgaben, Funktion, Ausbildung, Herkunft und Kontrolle der Notare*, Diss. Humboldt – Universität 2004, S. 3. 丹尼尔·奥斯特伯格:《公证在民主德国的任务、作用、渊源以及对公证员的监管》,洪堡大学 2004 年博士学位论文。

充当公证人的是诸如司马、司徒、司空等司法行政官员。除此之外,金文法还规定了"书于丹图"、"铭于宝器"、"执左藏官"的公证档案保管制度。[1]

中国古代真正具有现代意味的公证活动始于汉唐时期。汉唐沿用春秋战国时期的"券书"。"券书"由官府制发,为买卖关系成立的合法依据,在诉讼中可以作为有效证据,有的还由官府存档备查。此时,民间公证人已经成为普遍现象,私人证明取代了官方证明。例如,汉代订立遗嘱必须要有民间公证人参与才具有法律效力。而汉代"居延简"中也已有地方官员证明商业契约的记载。在唐代,政府机构又重新对证明进行干预,并实施实质审查——"公验以立券",是对重要契约进行公证审查,[2] 如果逃避国家公证监督,应承担相应的法律责任。[3] 尽管此类"券书"是以收缴税款为目的,但公证的法律证明效力已经有所显现。

宋代"红契"制度和"书铺"的出现标志着中国古代公证达到了顶峰。"红契"指经过官府验讫并加盖了红印的交易契约。"书铺"是中国历史上首次出现的非官方公证机构。书铺主要代人起草诉讼状,如证明案件当事人供状、验证田产买卖契约、证明婚约、为科考举人办理应考手续等。[4] 其中证明供状、契约、婚约和考场现场公证监督等内容,就其发挥的作用而言,与现代的公证几乎没有实质差别。

公证与税收制度在元朝出现短暂的分离之后,到明清又重新结合在一起,并在清朝逐渐向印花制转变。沈家本等人于1910年编撰完成的《大清民事诉讼律草案》中,在有关证据的内容中出现了关于公证的规定。如作为证据的私证书以有当事人签名或经过审判衙门或公证人认证者为限。这是"公证"一词首次在中国官方文件中正式出现。[5] 1912年北洋政府颁布《登记条例》,"公证"一词第一次在正式法律文本中出现。1935年7月30日,南京政府仿效当时日本的公证制度,以司法院的名义颁布《公证暂行规则》,该条例被普遍认为是中华民国的首部公证法规。[6] 1943年3月31日,民国政府颁布了《中华民国公证法》,并于同年12月以司法行政部名义颁布《中华民国公证法施行细则》。[7]

1946年,哈尔滨市人民法院率先开办公证业务,开我国公证制度及活动之

---

〔1〕 肖文、邹建华、毕宜才:《中国古代公证》,载《中国公证》2003年第2期。
〔2〕 《唐六典》卷二十,"太府寺两京诸市署令"。
〔3〕 肖文、邹建华、毕宜才:《中国古代公证》,载《中国公证》2003年第2期。
〔4〕 戴建国:《宋代的公证机构——书铺》,载《中国史研究》1988年第4期。
〔5〕 张晋藩:《中国民事诉讼制度史》,成都巴蜀书社1999年版,第253~254页。
〔6〕 陈丽茹:《中国公证制度的演进》,载《科技展望》2015年第15期。
〔7〕 江晓亮等:《公证实务指南》,中国社会科学出版社1993年版,第7页。

先河。新中国建立初期,北京、天津、上海等地人民法院相继设立公证处,开办公证业务。1951 年 9 月 3 日,中央人民政府委员会颁布了《中华人民共和国人民法院暂行组织条例》,其中规定:公证工作由市人民法院和县级人民法院办理,这是新中国涉及公证的第一个法律文件。[1]

改革开放以来,我国一直坚持以法治国理念,不断完善法律体系;20 世纪 90 年代中期开始,我国推行有中国特色的市场经济体制,社会结构发生了巨大变化,社会主体之间的利益关系日趋复杂,利益冲突变得更加尖锐,在这样的大背景下,我国的公证制度正式走上恢复重建之路。2005 年颁布的《中华人民共和国公证法》对公证的性质、业务范围、公证组织机构、公证员条件、公证管辖等都作了明确规定,此部法律沿用至今。

三、影响公证产生的主要因素比较分析

促进和推动法律产生和发展的因素十分复杂和繁多,本文仅在相对重要的经济,政治,文化和法律环境方面加以比较。

(一)经济因素

经济活动是社会生活中最普遍、扩展性最强的活动,也是集中反映人与人之间利益关系的活动。经济活动越复杂,人与人之间的利益关系就越复杂,利益冲突也就越多,且越难协调。按照马克思的说法,社会基本矛盾运动是法律产生的直接动因。公证作为预防社会冲突的司法制度安排,也是为了适应社会经济发展而产生的。

在古代欧洲,尤其是地中海沿岸,以私有产权为基础的商品交易活动比较发达,繁荣的商品经济导致了复杂的人际利益冲突和民事纠纷。这是催生古代欧洲公证制度萌芽的最直接、最有力的社会经济动因。

一般认为,中国公证制度发端于西周。西周实行的是典型的领主分封制,从政治制度层面来看,比古希腊罗马时代的奴隶制要先进得多,但从经济发展的总体水平来看,差别并不大。从经济组织方式来说,中国西周时代与古希腊罗马之间的区别还是很明显的。大体说来,古希腊罗马的以私人产权为基础的简单工商业活动的特征更突出,而西周时代的中国则更倾向于排斥私有产权的扩展。比如学术界通常认为,中国公证制度是由西周民间私证逐渐演化而来,部分学者反对这一流行观点。他们认为,当时的诸侯只享有土地的占有权和使用权,并不真正拥有土地的自由处置权,直到西周的中后期采邑制解体,不动产私有制才逐渐萌生并发展,私有财产的交易和流转活动才逐渐频繁,中国古代社会才真正进

[1] 谷峰、怀咏:《中西方公证制度比较研究》,载《中国公证》2004 年第 12 期。

入了古典商品经济发展时期。[1] 所以,中国的公证并非源于西周的民间私证。[2] 这就说明,中国与西方公证制度发生的基础是有较大差别的,发生方式也就不尽相同。

(二)政治因素

罗马共和国的国家形式非常特殊,它既不是单纯的民主制,也不是君主制,而是一种混合政体。它的统治高层由元老院,执政官和公民大会组成。这三种组成在一个国家形式里混合了贵族制、君主制、民主制三种政体的因素。

波利比阿(Polybius,约公元前204~122年)通常被认为是研究罗马共和国政治结构最著名的学者。他研究认为,罗马共和体制最本质的特征就是"制约"与"平衡"。波利比阿提出"混合政体"的概念,认为罗马共和政体集君主制、贵族制和民主制的优点于一身,既是社会各种集团力量之间的混合与平衡,也是各种不同性质的政治权力的混合与平衡。这一观点的核心正是国家权力体系各构成部分和机构之间的制约与平衡。各种力量中的"任何一个都不是绝对的"。任何一种力量想打破与其他部分的平衡,追求自身的绝对优势,都会遭到其他力量的抵制。结果是任何力量的侵略冲动必然会被制止,任一方都不敢轻举妄动,最终必须安于适当的位置。波利比阿总结说,"权力就是这样组织的,每个部分牵制其他部分,又与之合作,在所有紧急情况下,它们的联合又是非常适当的。所以,难以发现比这再好的政治制度了"。[3] 远在波利比阿之前,柏拉图最早提出混合政体理论,并在亚里士多德那里得到系统研究。亚里士多德既反对极端的君主制,也反对极端的民主制,因为这种极端的政治体制都会造成权力的滥用。他认为,为了确保政体的稳定,就必须"不让任何人在政治方面获得脱离寻常比例的超越地位"。[4] 混合政体理论最重要的思想指向从来都是通过各种权力平衡来制约权力的运行,一直到现代,这种权力均衡思想在西方政治学中依然拥有崇高地位。

权力均衡思想支配下的政治体制为商品经济的健康发展提供了较好的生存条件。对商品经济来说,罗马共和国提供了一个相对稳定的政治环境,更加促进了商品经济的发展。因此,混合政体的国家形式对公证在古罗马的出现起了重要的促进作用,也为整个西方公证理论和公证制度在近现代的发展完善提供了重要推动力。

---

〔1〕 孔庆明等:《中国民法史》,吉林人民出版社1996年版,绪论第1页。

〔2〕 詹爱萍:《中国公证起源之辩》,载《中国公证》2006年第10期。

〔3〕 Polybios,*Geschichte* Ⅰ,Ⅵ Ⅰ8-20,Artemis Verlag,1961,S.546.[古希腊]波利比阿:《历史》第6卷,第1节,第8~20段。

〔4〕 [古希腊]亚里士多德:《政治学》,商务印书馆1963年版,第232页。

中西在政治生态方面的差别很大,对于法律制度系统(包括公证制度)的形成和发展的影响也存在巨大差异。从周朝开始的封建社会在中国延续了3000多年,既创造过辉煌的成就,也由于其顽固保守而严重阻碍了中国社会发展的进程。专制主义中央集权制度,是中国封建社会的基本政治制度。君主掌握国家最高权力,并通过军政官僚机关管理、控制国家的政体。在上下数千年时间里,中国虽然历经王朝更替,但专制主义中央集权式的政治制度却总是一脉相承,变化不大。一般认为,中国传统政治制度具有三大突出特征:一是君主专制主义。君主专制主义在政治制度上的表现,在帝位终身制与皇统世袭制,皇权的不可让渡;皇权没有约束,皇权不受监督,皇帝集国家的立法权、行政权、司法权于一身。二是中央集权制,即地方政府在政治上、经济上、军事上和文化上,没有独立性可言,必须严格地服从中央政府的政令。三是官僚政治。中国的官僚政治是封建专制主义派生物。[1]

中国帝制社会是一个漫长的历史时期。在这个时期,中国在社会经济方面塑造了一个超稳定的生产关系结构,很少发生大的变化,导致生产力发展缓慢,以至于封建社会末期,严重阻碍了新兴资本主义生产关系的萌芽与发展;在政治思想方面表现为"罢黜百家,独尊儒术",钳制了思想变革;在社会治理方面,一贯崇尚"人治"、"德治"而轻视"法治",甚至往往把"法治"简单地等同于"刑治"。这种社会治理观念严重阻碍法治建设,严重阻碍了公证制度的确立与发展。

(三)传统文化因素

文化是制度之母,不同的文化必然塑造不同的制度。公证制度在发生、发展及其特征方面的区别必然根源于不同的文化。

西方文化的摇篮是古希腊和古罗马两大文明。经过漫长的发展演变,尤其是经过文艺复兴、宗教改革和思想启蒙运动的锤炼,西方文化日趋完善成熟,形成了一整套独具特色的文化传统。个体主义传统是西方文化最突出的特征之一,这一特征从古希腊时代就已经出现,文艺复兴时期有了进一步发展,资本主义时代进一步强化。个体主义倡导个人本位,强调对个人的人格、价值、尊严的肯定,宣扬人的独立性。西方私法的发达与这种个体本位主义传统密不可分。文化倡导个人本位,宣扬个人独立,相应的司法体系自然会强调个人产权的维护,人际利益冲突的预防以及针对复杂利益关系的协调。这一背景条件正是西方公证制度兴起的重要根源。

中国传统文化的主干是儒、释、道,其中儒家思想是核心。儒家的理想社会

---

〔1〕 白钢:《中国政治制度通史》(第1卷),人民出版社1996年版,第35~46页。

就是“天下为公”的大同社会,而实现这一理想最重要的方法是“内圣外王”,即通过内修的济世功用,实现个人理想和达济社会,进而实现王道社会这一中国传统政治理想。“内圣外王”既是一种人格理想,也是一种政治理想,它强调的是在既定的社会框架下的自身修行,不断完善、提升自身的精神层次,而不是诉诸外部的制度规则。虽然没有完全否定法律制度的作用,但法律却被明确置于辅助地位。诸如“以德配天,明德慎罚”、“德主刑辅,礼法合一”,就在一定程度上体现了这一基本思想。从这个意义上讲,中国传统文化不可能像以个体为本位的西方文化那样强调法律的重要性,自然也不会对所谓公证制度给予特别关注。

西方文化重视个体,中国文化重视整体。这种不同的文化倾向在某种程度上也决定了中西文化思维方式上的差异,也深刻影响了中西对制度规则理解上的思路和态度。西方私法文化发达,重视规则系统的完整性,追求程序的形式化和程序正义,形成了相对完整的民事性法律体系,甚至促使整个社会表现出某种强烈的法律情结,这些都与西方文化的个体化思维方式密切相关。中国传统文化的集体本位的总体精神更钟情于公法文化,更注重构造刑事性法律体系,不大重视制度规则协调社会关系的作用,甚至在某种程度上可以说,中国文化在灵魂深处具有藐视强制性规则的倾向。在中国文化系统中,通常视道德为制度规则的灵魂,而制度规则充其量只能扮演成就道德的工具,这也是导致中国向来就有的无讼息争乃到厌讼的普遍社会心理倾向的原因之一。即使是在今天,我们也可以从中西法律系统,包括公证制度系统的差别上看到中西文化指向上的显著差异。

四、中国公证制度的现代发展

中国公证制度经过漫长的历史演变和发展,到 20 世纪 50 年代,初步形成了中国现代公证制度。

改革开放之后,中国公证制度的发展进入快车道。1980 年,司法部颁发《关于公证处的设置和管理体制问题的通知》,1982 年 4 月,国务院正式颁发《中华人民共和国公证暂行条例》,使公证制度成为中国法律制度的重要组成部分。1991 年,司法部颁布《公证程序规则(试行)》;2000 年 7 月,国务院批准了司法部《关于深化公证工作改革的方案》,这标志着中国公证改革进入了实质性阶段。2006 年 3 月 1 日起,《中华人民共和国公证法》正式实施。这是新中国第一部公证法。它的颁布实施,是推动依法治国,完善中国特色社会主义法律体系的重要组成部分。[1]到 2013 年年底,我国公证制度的平台建设取得了长足的发

〔1〕 刘博:《我国公证制度的发展改革与创新》,载《中国司法》2011 年第 10 期。

展,全国共有公证机构2991家,公证员12,725人、其他从业人员16,314人,全年共办理各类公证事项1258.9万件。[1]

近年来,我国公证制度发展较快,也取得了许多重要成就。但由于历史原因,我们的公证制度系统还存在许多缺陷,需要通过调整进一步完善。我国公证制度系统存在的重要问题也存在于法律这个大系统中,或者说,一般法律系统和法律文化方面存在的问题严重制约了公证制度的健全与发展。最重要的问题其实并不是诸如公证机构和公证员的地位不独立、公证员准入制度不完善、公证队伍业务素质不高、公证监管不力等技术层面的问题,而是法律文化观念上所存在的价值层面的问题。自古以来,中国(法律)文化中重"公"轻"私"、重"刑"轻"民"的传统根深蒂固,对于我们构建现代法律体系,完善公证制度影响特别巨大。重"刑"轻"民"观念是造成民法传统缺失的根本原因之一,进而使公证制度的实体法依托被弱化。在这样一种情景下,很容易形成整个社会并没有真正把公证制度当作一种保障民事和经济法律实施的程序性法律制度的倾向,以及不重视公证制度的预防、引导、事前纠正功能的倾向。重"公"轻"私"则反映了中国传统中超强的国家权力观念,国家权力观念的强化必然意味着私法的边缘化,也就意味着公证制度的法律地位和社会地位的下降。

实际上,要真正克服中国公证制度存在的一些具有文化根源的缺陷,除我们对自身的检视和反省,不断深化中国公证制度的改革之外,还要通过借鉴西方法律文化在发展公证制度上的诸多优势来推动中国公证制度改革。只要把内源经验与外源经验充分结合起来,既充分调动内因,也重视外因的作用,就一定能够推动我国公证制度的现代化进程。

---

〔1〕 陈丽茹:《中国公证制度的演进》,载《科技展望》2015年第15期。

后　记

为了进一步规范公证工作,提升公证执业监管的规范化、标准化水平,我们对近年来上海市公证管理的重要文件进行认真梳理,与《公证法》和司法部有关规章汇编成册,完成了《规范与准则——上海市公证管理文件选编(2017 版)》。书中还收录了上海公证行业 20 余篇专业论文。

本书在上海市司法局副局长、市公证协会党委书记王协的亲自指导下,由王琼(男,上海市司法局公证工作管理处处长、上海中法公证法律交流培训中心董事、上海市司法行政工作研究会秘书长)担任主编,陈继军(男,上海市司法局公证工作管理处副处长)、邓燕(女,上海市司法局公证工作管理处主任科员)担任副主编,上海市司法局公证工作管理处和上海市公证协会秘书处徐青、赵金洪、冯雷、倪贇、张雯、盛丽琴同志参与编辑校对。

本书的顺利出版得到了法律出版社彭雨老师的大力支持和热忱帮助,书稿的编排因此更加科学合理。与法律出版社和彭雨老师的长期愉快合作如沐春风,使我们的编辑水平不断提升,在此特别表示感谢!

编　者
2017 年春

图书在版编目(CIP)数据

规范与准则:上海市公证管理文件选编:2017版/上海市司法局公证工作管理处编. —北京:法律出版社,2017
ISBN 978-7-5197-0989-1

Ⅰ.①规… Ⅱ.①上… Ⅲ.①公证制度—文件—汇编—中国—2017 Ⅳ.①D926.13

中国版本图书馆CIP数据核字(2017)第137598号

规范与准则:上海市公证管理文件选编:2017版
GUIFAN YU ZHUNZE:SHANGHAISHI GONGZHENG GUANLI WENJIAN XUANBIAN:2017BAN

上海市司法局公证工作管理处 编

策划编辑 彭 雨
责任编辑 彭 雨
装帧设计 李 瞻

出版 法律出版社
总发行 中国法律图书有限公司
经销 新华书店
印刷 三河市兴达印务有限公司
责任校对 杨锦华
责任印制 张建伟

编辑统筹 法律考试·职业教育出版分社
开本 720毫米×960毫米 1/16
印张 24.25
字数 430千
版本 2017年8月第1版
印次 2017年8月第1次印刷

法律出版社/北京市丰台区莲花池西里7号(100073)
网址/www.lawpress.com.cn
投稿邮箱/info@lawpress.com.cn
举报维权邮箱/jbwq@lawpress.com.cn
销售热线/010-63939792
咨询电话/010-63939796

中国法律图书有限公司/北京市丰台区莲花池西里7号(100073)
全国各地中法图分、子公司销售电话:
统一销售客服/400-660-6393
第一法律书店/010-63939781/9782
西安分公司/029-85330678
重庆分公司/023-67453036
上海分公司/021-62071639/1636
深圳分公司/0755-83072995

书 号:ISBN 978-7-5197-0989-1
光盘号:ISBN 978-7-900793-74-4
定价:54.00元